“十三五”国家重点出版物出版规划项目
材料科学研究与工程技术系列

沥青及沥青混合料实验教程

Experimental Course on Alsphalt & Alsphalt Mix

（第2版）

● 李 志　等编著

哈爾濱工業大學出版社

内 容 提 要

本书是涉及集料、沥青、沥青混合料方面的实验教程。全书包括两篇：第1篇为沥青及沥青混合料实验基本知识和技术，包括实验室的基本准则及与实验有关的技术标准等内容；第2篇为沥青及沥青混合料实验，包括集料实验、沥青实验及沥青混合料实验。本书偏重于对实验设计基本原理和过程的阐述。

本书可作为高等院校交通土木类、工业与民用建筑类相关专业的教材，也可供相关专业的技术人员参考。

图书在版编目(CIP)数据

沥青及沥青混合料实验教程/李志等编著. —2版.
——哈尔滨：哈尔滨工业大学出版社，2022.9
"十三五"国家重点图书出版规划项目. 材料科学研究与工程技术系列
ISBN 978-7-5767-0458-7

Ⅰ.①沥… Ⅱ.①李… Ⅲ.①沥青拌和料-实验-高等学校-教材 Ⅳ.①U414.7-33

中国版本图书馆CIP数据核字(2022)第173077号

材料科学与工程
图书工作室

策划编辑　杨　桦
责任编辑　张　颖
封面设计　高永利
出版发行　哈尔滨工业大学出版社
社　　址　哈尔滨市南岗区复华四道街10号　邮编150006
传　　真　0451-86414749
网　　址　http://hitpress.hit.edu.cn
印　　刷　哈尔滨圣铂印刷有限公司
开　　本　787mm×1092mm　1/16　印张23.5　字数554千字
版　　次　2015年1月第1版　2022年9月第2版
　　　　　2022年9月第1次印刷
书　　号　ISBN 978-7-5767-0458-7
定　　价　68.00元

第 2 版前言

《沥青及沥青混合料实验教程》初版于 2015 年 1 月出版，是为满足高等学校土木类专业及相关专业的实验教学要求撰写的，同时可作为工程实践中专业技术人员和实验检测人员的操作手册。该书初版后，受到高等学校师生和工程单位技术人员的广泛欢迎，在教学和工程实践中发挥了重要作用。近几年来，工程建设和工程技术发展很快，国家相关技术规范也做了一些调整，而本书撰写的主要依据是国家现行的各种工程技术规范，因此再版成为必要。

再版的《沥青及沥青混合料实验教程》以国家最新的土木工程类各种工程技术规范为依据，吸纳近年来教学和工程实践中的最新科技成果，参考广大师生和工程技术人员反馈的建议和观点，综合考虑各种因素，力争撰写出一部更加切合实验教学和工程应用的优秀教材和工具书。

本书初版前言中所列各种事项依然有效(参见初版前言)。另外，对本书的再版作如下说明：

1. 本书依据国家各种土木类规范，但国家规范很多、很杂，不可能作为学生学习的常备工具书，因此把重要的和常见的实验规程汇集起来形成实验教材，便于教师和学生学习、复习和查阅。

2. 本书依据国家规范但并非照抄国家规范，而是根据教学实践和工程实践的特点，结合各项工作中取得的丰富经验，适当增加了一些在实际工作中较为有用的知识。其中，集中叙述了实验室的基本准则和知识以规范教学管理和技术管理，书中实验原理的介绍为学生的学习和工程技术人员的思考提供帮助，每个实验后列出思考题以帮助读者思考和总结。

3. 土木类国家规范种类多而杂，一些工程单位很难将众多的规范购买齐全，对于一些较小的工程公司，尤其是各个实验室，由于条件或经费有限，更不可能购置全部的国家规范。本教程对常用的实验(试验)集中汇总，并结合一些独特的经验，可方便地供工程技术人员和实验检测人员查阅和使用。

4. 相对于初版，再版图书在大的结构上未作过多变动。

5. 对于初版教程中几个在工程实践中应用不多的实验，教学中限于课时一般也不安排专门的教学实验。限于篇幅，再版书中删除了几个不常做的实验。教学和工程实践中若有特殊需要,可参考国家有关规范。

6. 关于“试验”和“实验”的说明:

国家的试验规范和试验方法,主要是用来指导工程实践的。工程实践中的检测和试验,其结果都是未知的,即有的合格有的不合格,有的成功有的失败,有的指标好有的指标差,有时还会出现许多意想不到的情况,人们要根据发现的问题研究解决的方法,故工程实践中的检测和试验具有探索性和不确定性,因此只能是“试验”。

实验教学中,主要是根据国家规范提供的标准方法,教会学生在未来工作中测试材料和监理监测工程进展及施工质量的方法和步骤,是一种重复性的操作,其结果是可预知的(教学中与科学研究相结合的试验另当别论),因此本教程中的材料测试和相关训练,一律称“实验”。

本书正文中,涉及引用国家有关规范的名称,仍保留“试验”,某些教学过程中涉及探索性研究性的工作,也用“试验”描述,其他地方一律统一用“实验”。

基于上述,书中所述各种实验,虽然严格依照国家相应“技术规范”“试验规程”“试验方法”,但因其在教学中的特点,各个实验一律标注为“×××实验”而不是“×××试验”。

本书再版工作主要由山东交通学院有关专业的教师承担。主要撰写人员为:交通土建实验中心主任李志高级实验师、副主任张旭高级实验师、魏长宝讲师、张金升教授。撰写过程中得到山东交通学院王彦敏教授、葛颜慧副教授、李康文实验师等人的大力帮助,在此表示衷心感谢。书中引用了大量国内外技术资料和成果,谨向书中提及的和未提及的专家学者表示衷心感谢。

再版图书对初版图书中的某些文字错误和不严谨处作了订正。尽管我们本着精益求精的精神认真撰写,但限于作者水平,书中疏漏和不足之处仍然在所难免,敬请广大师生、工程技术人员和读者给予指正。

作　者

2022 年 6 月

前　　言

沥青及沥青混合料是最重要的公路、桥梁建设材料，沥青及沥青混合料实验则是保障公路桥梁建设施工质量的重要措施。世界各国由于国情和所处的自然环境不同，对于沥青及沥青混合料实验的规范要求不尽相同，我国根据多年的工程实践，借鉴国外经验，相应地制定了适应我国国情的沥青、集料、沥青混合料实验规程。

高等院校土木工程类专业方向，在沥青及沥青混合料的实验教学中，依据的都是国家的有关规范规程，这些规范规程内容全面，方法日益科学，但总量太多，无法作为教材呈现给学生。目前图书市场上还鲜见有关于沥青及沥青混合料实验方面的专门教材，许多学校在实验教学中没有固定的实验教材，主要依据理论教学中的基本原理和国家规范标准，但教学中的基本原理对于实验教学不一定有很强的针对性，国家规范标准又比较庞杂，一般学生接触不到或难以查阅。一些学校自编了实验教材，对实验教学很有帮助，但也存在局限，一是自编的实验教材不够系统、规范和全面；二是自编的教材多是根据自身的教学条件编写的，不具有普遍的指导性，因此适用性受限，也就难以广泛应用。

鉴于当前我国高等学校教学中沥青及沥青混合料实验资料的局限和不足，我们组织编写了这部实验教材，编写过程中考虑的主要因素和教材的特点如下：

1. 本书严格按照现行的国家有关规范规程编写。

2. 比较重要的实验基本都涵盖在内，书内包括近百个实验，比较全面；但由于实验门类众多，不可能包括所有实验，就数量而言，本书包含的实验数量仅仅是规范规程中实验总量的一小部分，未包含在内的实验，如有需要，请参照相关规范。

3. 本书主要论述沥青及沥青混合料方面的实验，但由于沥青及沥青混合料在使用过程中不可避免地都要涉及集料，故将集料实验单独作为一章。

4. 沥青及沥青混合料实验都是为沥青混合料设计和路面结构性能服务的，本应将涉及沥青混合料设计的有关实验纳入本书中，但考虑到篇幅限制以及关于沥青混合料设计的内容在许多书中都有介绍，故本书不再列入该方面内容，读者需要时可参阅《沥青和沥青混合料及其设计与应用》等相关书籍。

5. 考虑到国家对实验室规范化的要求以及许多高校的实验室同时兼具对实际工程的服务功能和工程质量检验监理功能，本书结合通用实验室管理技术和理论，对沥青及沥青混合料实验的基本知识和技术做了介绍。

6. 沥青及沥青混合料实验的依据是国家有关标准和规范，因此书中对涉及集料、沥青、沥青混合料的有关标准做了简要介绍。

7. 有关沥青及沥青混合料实验的国家规范中，主要对实验的技术方法做出规定，而对实验的理论依据和基本原理鲜有述及，受此影响，许多有关实验方法的资料中也都缺少实验原理的论述，实验室基本上依据理论教学中讲授的知识。但理论讲授和实际实验操作着眼点不同，因此单靠理论讲授并不特别适合实验教学的要求。鉴于此，本书对每个实验增写"实验原理"内容，详略不一。这应该是本书区别于现有叙述沥青及沥青混合料实验的有关资料的一个特点。

8. 结合我们多年的实验教学经验，总结沥青及沥青混合料实验教学中的规律，本书对每个实验中应注意的事项做出说明，为了进一步训练学生独立思考的能力，每个实验后都列出思考题。

9. 关于实验报告，基本上可分为两大类，一类是针对实际工程的，这类实验报告国家一般都有规范的要求；另一类是针对实验教学的，没有统一格式，各学校根据自身教学需要对学生提出相应的要求。每个实验报告的格式不尽相同，繁简不一，限于篇幅本书中未列出实验报告的格式以及实验报告的样本实例。

本书由山东交通学院材料科学与工程学院张金升教授，土木工程学院李志高级实验师，横店集团浙江英洛华电子陶瓷有限公司技术总监张贤军、葛颜慧博士负责撰写，撰写过程中得到山东交通学院庄传仪博士、王彦敏副教授、郝秀红讲师、贺忠国主任实验师、夏小裕讲师、张旭讲师、李超讲师、庞传琴副教授、李月华讲师、徐静讲师、王琨副教授等人的大力协助，在此表示衷心感谢。书中引用了大量国内外技术资料和成果，谨向书后参考文献中提及的和未提及的专家学者表示衷心的感谢。

限于编者水平，书中疏漏与不足之处在所难免，敬请教师、学生、读者给予指正。

作　者

2014 年 10 月

目　　录

第1篇　沥青及沥青混合料实验基本知识和技术

第2篇　沥青及沥青混合料实验

第 1 篇　沥青及沥青混合料实验基本知识和技术

第1章　绪　论

1.1　沥青及沥青混合料实验的任务、目的和要求

公路工程建筑材料种类繁多,分类方法也很多,按工程部位可分为路基材料、路面材料、桥梁材料等;按使用功能可分为结构材料、防护材料、交通工程设施材料等;按化学成分可分为金属材料、有机材料、无机非金属材料等;按材料组成和用途可分为土、水泥、砂石料、水泥混凝土、水泥砂浆、沥青及其混合料、钢材、土工合成材料、橡胶支座、伸缩缝装置、交通工程设施材料等。本书主要涉及沥青、沥青混合料以及与之密切相关的砂石集料,另外对沥青混合料的添加材料和配合比设计略有涉及。

公路工程材料实验的项目众多,主要分为材料基本性能实验和工艺性能实验,基本性能实验又分为物理性能实验和化学性能实验。对于沥青及沥青混合料来说,由于其化学组成的复杂性和化学性能的不确定性,以及受物理性能及材料组成的影响,影响沥青及沥青混合料使用的主要因素是物理性能、基本物理性质和基本力学性能。而工艺性能则是其基本性能的具体体现。

公路工程材料的主要物理性质包括:①密度、表观密度、自然密度和堆积密度;②密实度;③孔隙率与空隙率;④亲水性与憎水性;⑤抗渗性;⑥抗冻性;⑦热膨胀系数。主要力学性质包括:①强度,包括抗压、抗拉、抗弯(抗折)、抗剪强度等;②弹性与塑性;③冲击韧性与脆性;④硬度(布氏、洛氏、维氏、肖氏硬度等)与耐磨性。

1.1.1　沥青及沥青混合料实验的任务

沥青及沥青混合料实验的任务,就是根据国家和行业或企业的相关标准要求,按照相关技术规范和实验规程,对所提供的材料进行各项性能的检测。

无论实验室服务的主要对象是哪方面,实验与生产实践的结合都是非常重要的。只有在与生产实际结合中,才能实现对实验技术、操作方法、实验管理、实验设备等方面的不断更新和完善,才能更好地完成实验任务。即便主要针对学生课堂实验的实验室,与工程实践和生产实际的结合也是非常重要的。许多学校的实验室兼具科研功能和社会服务功能。

因此,标准化建设的实验室,都是按照国家法定检测机构的要求进行设计和运行的,一般要求进行计量认证,并按相关法规和质量标准考核。这样一方面有利于不断促进和完善实验室的标准化建设,另一方面标准化的实验室出具的实验数据具有真实性、科学性和有效性,有利于学校教学和学生科学素养的培育,学校教职工也可将实验室用于科学研究。另外,具备国家检验检测资质的实验室,可以对外进行材料和产品的质量检验检测,在服务社会的同时获得一定的经济效益,并在进行社会服务的同时密切结合工程实际,不断促进实验室建设。

1.1.2 沥青及沥青混合料实验的目的

①通过实验,了解材料的性能和质量状况,为材料工程应用和工程设计提供依据。

②通过材料性能测试,为工程质量检验检测和工程监理提供依据。

③通过对材料性能的了解,为改进材料的性能指明方向,并为探索材料性能改进方法提供信息。

1.1.3 沥青及沥青混合料实验的要求

沥青及沥青混合料直接用于路桥工程,涉及国计民生,建设成本高,材料的质量对工程质量及经济、建设和人民生活影响巨大,因此是一项十分严肃的工作,应予重视。沥青及沥青混合料实验主要有以下要求:

①严格按国家现行规范进行检测检验。

②所用仪器设备须为国家法定实验检测设备,并按期按规定进行校验。

③实(试)验人员必须熟悉国家有关规范规程,具备沥青及沥青混合料相关专业知识,熟练掌握沥青及沥青混合料实(试)验操作技术。

④实(试)验室应具备必要的条件,以保证实(试)验结果的准确性和权威性。

⑤分别按各类实验项目要求,按相关精度要求进行实验。

⑥实验数据异常时,应及时分析原因,作出说明,必要时向委托方提出建议。

⑦忠实于实验的科学性和严肃性,保持原始实验数据的真实性和可靠性。

⑧注明实验环境和条件,以备实验结果的分析和应用参考。

⑨实验结果处理要确保计算公式和使用单位正确,平行实验、结果精度满足实验规程要求。

1.2 沥青及沥青混合料实验的基本内容

沥青及沥青混合料实验项目繁多,本书主要涉及常用的实验项目,见表1.1。

表1.1 实验项目

<table>
<tr><th colspan="2">材料类别</th><th>性能类别</th><th>实验名称</th></tr>
<tr><td rowspan="8">集料</td><td rowspan="8">粗集料</td><td rowspan="7">物理性能</td><td>粗集料筛分实验(干筛、水筛)</td></tr>
<tr><td>粗集料密度及吸水率实验(网篮法)</td></tr>
<tr><td>粗集料密度及吸水率实验(容量瓶法)</td></tr>
<tr><td>粗集料含水率实验</td></tr>
<tr><td>粗集料松方密度(堆积密度)及空隙率实验</td></tr>
<tr><td>粗集料针片状颗粒含量实验(游标卡尺法)</td></tr>
<tr><td>粗集料破碎砾石含量实验</td></tr>
<tr><td>有害杂质</td><td>粗集料含泥量及泥块含量实验</td></tr>
</table>

续表 1.1

材料类别		性能类别	实验名称
集料	粗集料	有害杂质	粗集料坚固性实验
		耐久性	粗集料压碎值实验
		力学性能	粗集料磨耗实验(洛杉矶法)
			粗集料道瑞磨耗实验
			粗集料磨光值实验
			粗集料冲击值实验
			粗集料软弱颗粒实验
			集料碱值实验
	细集料	物理性质	细集料筛分实验(干筛、水筛)
			细集料表观密度实验(容量瓶法)
			细集料密度及吸水率实验(坍落筒法)
			细集料堆积密度及紧装密度实验
		有害杂质含量	细集料含泥量实验(水筛法)
			细集料泥块含量实验(水筛法)
			细集料砂当量实验
			细集料亚甲蓝实验
		棱角性	细集料棱角性实验(间隙率法)
			细集料棱角性实验(流动时间法)
	矿粉	物理性能	矿粉筛分实验(水洗法)
			矿粉密度实验
			矿粉亲水系数实验
			矿粉塑性指数实验
			矿粉加热安定性实验
沥青	道路石油沥青		沥青针入度实验
			沥青延度实验
			沥青软化点实验
			沥青密度与相对密度实验
			沥青蜡含量实验(蒸馏法)
			沥青与粗集料的黏附性实验(水煮法与水浸法)
			沥青闪点、燃点实验(克利夫兰开口杯法)
			沥青溶解度实验
			沥青动力黏度实验
			沥青标准黏度实验(含乳化沥青)
			沥青恩格拉黏度实验(乳化沥青、煤沥青)
			沥青蒸发损失实验
			沥青薄膜加热实验
			沥青旋转薄膜加热实验
			压力老化容器加速沥青老化实验

续表 1.1

材料类别		性能类别	实验名称
沥青	道路乳化沥青		乳化沥青破乳速度实验
			乳化沥青筛上剩余量(残留物)实验
			乳化沥青蒸发残留物实验
			乳化沥青储存稳定性实验
	道路改性沥青		(改性)沥青弹性恢复实验
			(改性)沥青黏韧性实验
			聚合物改性沥青离析实验(改性沥青储存稳定性)
沥青混合料	热拌沥青混合料		沥青混合料的制备和试件成型(击实法)
			沥青混合料的制备和试件成型(碾压法)
			沥青混合料试件制作方法(静压法)
			沥青混合料的旋转压实试件制作方法(SGC法)
			沥青混合料旋转压实和性能剪切实验(GTM旋转压实法)
			压实沥青混合料密度实验(表干法)
			压实沥青混合料密度实验(水中重法)
			压实沥青混合料密度实验(蜡封重法)
			压实沥青混合料密度实验(体积法)
			沥青混合料理论最大相对密度实验(真空法)
			沥青混合料理论最大相对密度实验(溶剂法)
			沥青混合料马歇尔稳定度实验(体积法)
			沥青路面芯样马歇尔实验
			沥青混合料的车辙实验(高温性能)
			沥青混合料的渗水实验
			沥青混合料弯曲实验(含低温抗裂性)
			沥青混合料劈裂实验
			沥青混合料冻融劈裂实验(评价水稳定性)
			沥青混合料的表面构造深度实验
			沥青混合料的沥青含量实验(离心分离法)
			沥青混合料的矿料级配检验方法
			沥青混合料的单轴压缩动态模量实验
			沥青混合料的四点弯曲疲劳寿命实验
	沥青玛琋脂(SMA)碎石混合料		沥青(玛琋脂碎石)混合料谢伦堡析漏实验
			沥青(玛琋脂碎石)混合料飞散实验
			乳化沥青稀浆封层混合料稠度实验
			乳化沥青稀浆封层混合料湿轮磨耗实验
			稀浆混合料破乳时间实验
			乳化沥青稀浆封层混合料黏聚力(初凝时间)实验
			稀浆混合料负荷轮粘砂实验(碾压实验)
	沥青混合料配合比设计方法		沥青混合料配合比设计矿料合成级配
			热拌沥青混合料配合比设计
			SMA沥青混合料配合比设计
			GOFC沥青混合料配合比设计

1.3 术语、单位和符号

沥青及沥青混合料常用术语和单位见表1.2。

表1.2 沥青及沥青混合料常用术语和单位

序号	名词术语	释义	单位
1	集料(骨料,aggregate)	在混合料中起骨架和填充作用的粒料,包括碎石、砾石、机制砂、石屑、砂等	
2	粗集料(coarse aggregate)	在沥青混合料中,粗集料是指粒径大于2.36 mm的碎石、破碎砾石、筛选砾石和矿渣等;在水泥混凝土中,粗集料是指粒径大于4.75 mm的碎石、砾石和破碎砾石	
3	细集料(fine aggregate)	在沥青混合料中,细集料是指粒径小于2.36 mm的天然砂、人工砂(包括机制砂)及石屑;在水泥混凝土中,细集料是指粒径小于4.75 mm的天然砂、人工砂	
4	天然砂(natural sand)	由自然风化、水流冲刷、堆积形成的,粒径小于4.75 mm的岩石颗粒,按生存环境分河砂、海砂、山砂等	
5	人工砂(manufactured sand,synthetic sand)	经人为加工处理得到的符合规格要求的细集料,通常指石料加工过程中采取真空抽吸等方法除去大部分土和细粉,或将石屑水洗得到的洁净的细集料。从广义上分类,机制砂、矿渣砂和煅烧砂都属于人工砂	
6	机制砂(crushed sand)	由碎石及砾石经制砂机反复破碎加工至粒径小于2.36 mm的人工砂,也称为破碎砂	
7	石屑(crushed stone dust,screenings,chips)	采石场加工碎石时通过最小筛孔(通常为2.36 mm或4.75 mm)的筛下部分,也称为筛屑	
8	混合砂(blend sand)	由天然砂、人工砂、机制砂或石屑等按一定比例混合形成的细集料的统称	
9	填料(fillcr)	在沥青混合料中起填充作用的、粒径小于0.075 mm的矿物质粉末。通常是指石灰岩等碱性料加工磨细得到的矿粉,水泥、消石灰、粉煤灰等矿物质有时也可作为填料使用	
10	矿粉(mineral filler)	由石灰岩等碱性石料经磨细加工得到的,在沥青混合料中起填料作用的以碳酸钙为主要成分的矿物质粉末	
11	堆积密度(accumulated density)	单位体积(含物质颗粒固体及其闭口、开口孔隙体积及颗粒间空隙体积)物质颗粒的质量,有干堆积密度及湿堆积密度之分	g/cm^3
12	表观密度(视密度,apparent density)	单位体积(含材料的实体矿物成分及闭口孔隙体积)物质颗粒的干质量	g/cm^3

续表 1.2

序号	名词术语	释义	单位
13	表观相对密度(视比重,apparent specific gravity)	表观密度与同温度水的密度的比值	无量纲
14	表干密度(饱和面干毛体积密度,saturated surface-dry density)	单位体积(含材料的实体矿物成分及其闭口孔隙、开口孔隙等颗粒表面轮廓线所包围的全部毛体积)物质颗粒的饱和面干质量	g/cm^3
15	表干相对密度(饱和面干毛体积相对密度,saturated surface – dry bulk specific gravity)	表干密度与同温度水的密度的比值	无量纲
16	毛体积密度(bulk density)	单位体积(含材料的实体矿物成分及其闭口孔隙、开口孔隙等颗粒表面轮廓线所包围的毛体积)物质颗粒的干质量	g/cm^3
17	毛体积相对密度(bulk specific gravity)	毛体积密度与同温度水的密度的比值	无量纲
18	石料磨光值(polished stone value)	按规定实验方法测得的石料抵抗轮胎磨光作用的能力,即石料被磨光后用摆式仪测得的摩擦系数	%
19	石料冲击值(aggregate impact value)	按规定方法测得的石料抵抗冲击荷载的能力,冲击实验后,小于规定粒径的石料的质量分数	%
20	石料磨耗值(weared stone value)	按规定方法测得的石料抵抗磨耗作用的能力,其测定方法分别有洛杉矶法、道瑞法和狄法尔法	
21	石料压碎值(crushed stone value)	按规定方法测得的石料抵抗压碎的能力,以压碎实验后小于规定粒径的石料质量分数表示	%
22	集料空隙率(间隙率,percentage of voids in aggregate)	集料的颗粒之间空隙体积占集料总体积的百分比	%
23	碱集料反应(alkali – aggregate reaction)	水泥混凝土中因水泥和外加剂中超量的碱与某些活性集料发生不良反应而损坏水泥混凝土的现象	
24	砂率(sand percentage)	水泥混凝土混合料中砂的质量与砂、石总质量之比,以百分率表示	%
25	针片状颗粒(flat and elongated particle in coarse aggregate)	指粗集料中细长的针状颗粒与扁平的片状颗粒。当颗粒形状的诸方向中的最小厚度(或直径)与最大长度(或宽度)的尺寸之比小于规定比例时,属于针片状颗粒	
26	标准筛(standard test sieves)	对颗粒性材料进行筛分实验用的符合标准形状和尺寸规格要求的系列样品筛。标准筛筛孔为正方形(方孔筛),筛孔尺寸依次为 75 mm、63 mm、53 mm、37.5 mm、31.5 mm、26.5 mm、19 mm、16 mm、13.2 mm、9.5 mm、4.75 mm、2.36 mm、1.18 mm、0.6 mm、0.3 mm、0.15 mm、0.075 mm。各类标准筛的尺寸及技术要求应符合附录 A 的要求	

续表 1.2

序号	名词术语	释义	单位
27	集料最大粒径(maximum size of aggregate)	集料100%都要求通过的最小的标准筛筛孔尺寸	
28	集料的公称最大粒径(nominal maximum size of aggregate)	集料可能全部通过或允许有少量不通过(一般容许筛余不超过10%)的最小标准筛筛孔尺寸,通常比集料最大粒径小一个粒级	
29	细度模数(fineness modulus)	表征天然砂粒径的粗细程度及类别的指标	
30	沥青(asphalt)	黑色到暗褐色的固态或半固态黏稠状物质,是含有某些矿物质,其主要成分和石油沥青相同的一种混合物(在北美,asphalt 和 bitumen 经常是混用的),加热时逐渐熔化。它全部以固态或半固态存在于自然界或由石油炼制过程制得,沥青主要由高分子的烃类和非烃类组成	
31	沥青混合料(asphalt mixtures)	用具有一定黏度和适当用量的沥青材料与一定级配的矿质集料,经过充分拌和形成的混合物。将这种混合物加以摊铺、碾压成型,即成为各种类型的沥青路面	
32	沥青的密度(density of bitumen)	沥青在规定温度下单位体积所具有的质量	g/cm^3
33	沥青的相对密度(specific gravity of bitumen)	在同一温度下,沥青质量与同体积的水质量的比值,或同一温度条件下沥青密度与水密度的比值	无量纲
34	针入度(penetration)	在规定温度和时间内,一定高度落差,附加一定质量的标准针垂直贯入沥青试样的深度	0.1 mm
35	针入度指数(penetration index)	沥青结合料的温度感应性指标,反映针入度随温度而变化的程度,由不同温度的针入度按规定方法计算得到	无量纲
36	延度(ductility)	规定形状的固体沥青试样,在规定温度下以一定速度受拉伸至断开时的长度	cm
37	软化点(环球法,softening point)	沥青试样在规定尺寸的金属环内,上置规定尺寸和质量的钢球,放于水或甘油中,以规定的速度加热,至钢球下沉达规定距离时的温度	℃
38	沥青的溶解度(solubility)	沥青试样在规定溶剂中可溶物的含量	%
39	蒸发损失(losss on heating)	沥青试样在163 ℃温度条件下加热并保持5 h后质量的损失	%
40	闪点(flash point)	沥青试样在规定的盛样器内按规定的升温速度受热时所蒸发的气体以规定的方法与试焰接触,初次发生一瞬即灭的火焰时的温度。盛样器对黏稠沥青是克利夫兰开口杯(简称COC),对液体沥青是泰格开口杯(简称TOC)	℃
41	弗拉斯脆点(fraass breaking point)	涂于金属片上的沥青薄膜在规定条件下,因冷却和弯曲而出现裂纹时的温度	℃

续表 1.2

序号	名词术语	释义	单位
42	沥青的组分分析(analysis for broad chemical component of bitumen)	按规定方法将沥青试样分离成若干个组成成分的化学分析方法	
43	沥青的黏度(viscosity of bitumen)	沥青试样在规定条件下流动时形成的抵抗力或内部阻力的量度,也称为黏滞度,不同规定下有不同量纲	
44	沥青混合料的密度(density of bituminous mixtures)	压实沥青混合料常温下单位体积的干燥质量	g/cm^3
45	沥青混合料的相对密度(specific gravity of bituminous mixtures)	同一温度条件下压实沥青混合料试件密度与水密度的比值,或同一温度条件下同体积压实沥青混合料试件质量与水质量的比值	无量纲
46	沥青混合料的理论最大密度(theoretical maximum density of bituminous mixtures)	假设压实沥青混合料试件全部为矿料(包括矿料自身内部的空隙)及沥青所占有、空隙率为零的理想状态下的最大密度	g/cm^3
47	沥青混合料的理论最大相对密度(theoretical maximum specific gravity of bituminous mixtures)	同一温度条件下沥青混合料理论最大密度与水密度的比值	无量纲
48	沥青混合料的表观密度(apparent density of bituminous mixtures)	沥青混合料单位体积(含混合料实体体积与不吸收水分的内部闭口孔隙体积之和)的干质量,又称为视密度,由水中重法测定(仅适用于吸水率小于0.5%的沥青混合料试件)	g/cm^3
49	沥青混合料的表观相对密度(apparent specific gravity of bituminous mixtures)	沥青混合料表观密度与同温度水密度的比值	无量纲
50	沥青混合料的毛体积密度(bulk density of bituminous mixtures)	压实沥青混合料单位体积(含混合料的实体矿物成分及不吸收水分的闭口孔隙、能吸收水分的开口孔隙等颗粒表面轮廓线所包围的全部毛体积)的干质量	g/cm^3
51	沥青混合料的毛体积相对密度(bulk specific gravity of bituminous mixtures)	压实沥青混合料毛体积密度与同温度水密度的比值	无量纲
52	沥青混合料试件的空隙率(percent air voids in bituminous mixtures)	压实沥青混合料内矿料及沥青以外的空隙(不包括矿料自身内部已被沥青封闭的空隙)的体积占混合料总体积的百分率,简称VV	%
53	沥青混合料试件的沥青体积百分率(percent bitumen volume in bituminous mixtures)	压实沥青混合料试件内沥青部分的体积占混合料总体积的百分率,简称VA	%

续表 1.2

序号	名词术语	释义	单位
54	沥青混合料试件的矿料间隙率(percent voids in mineral aggregate in bituminous mixtures)	压实沥青混合料试件中矿料部分以外的体积占混合料总体积的百分率,简称 VMA	%
55	沥青混合料试件的沥青饱和度(percent voids in mineral aggregate that are filled with asphalt in bituminous mixtures)	沥青混合料试件内沥青部分的体积占矿料部分以外的体积(VMA)百分率,简称 VFA。沥青混合料内有效沥青部分(即扣除被集料吸收的沥青以外的沥青)的体积占矿料部分以外的体积(VMA)的百分率,称为有效沥青饱和度	%
56	粗集料松装间隙率(percent voids in coarse mineral aggregate in the dry rodded condition)	干燥粗集料(通常指 4.75 mm 以上的集料)在标准容量桶中经捣实形成的粗集料部分以外的体积占粗集料总体积的百分率,简称 VCA_{DRC}	%
57	沥青混合料试件的粗集料间隙率(percent voids in coarse mineral aggregate in bituminous mixtres)	沥青混合料试件内粗集料部分以外的体积占混合料试件总体积的百分率,简称 VCA_{mix}	%
58	马歇尔稳定度(marshall stability)	按规定条件采用马歇尔实验仪测定的沥青混合料所能承受的最大荷载	kN
59	流值(flow value)	沥青混合料在马歇尔实验时相当于最大荷载时试件的竖向变形	mm
60	动稳定度(dynamic stability)	按规定条件进行沥青混合料车辙实验时,混合料试件变形进入稳定期后,每产生 1 mm 轮辙变形实验轮所行走的次数	次/mm
61	沥青材料的劲度模量(stiffness of bituminous materials)	沥青或沥青混合料在温度和加载时间一定的条件下,应力与应变的比值,是温度和荷载作用时间的函数,反映材料抵抗变形的能力	MPa
62	沥青含量①(asphalt content)	沥青混合料中沥青结合料质量与沥青混合料总质量的比值	%
63	油石比(asphalt aggregate ratio)	沥青混合料中沥青结合料质量与矿料总质量的比值	%
64	有效沥青含量(effective asphalt content)	沥青混合料中总的沥青含量减去被集料吸收入内部空隙的部分后,有效填充矿料间隙的沥青质量与沥青混合料总质量之比	%
65	稀浆混合料(slurry mixture)	乳化沥青或改性乳化沥青、粗细集料、填料、水、添加剂等按一定比例拌和所形成的浆状混合物	
66	稀浆混合料可拌和时间(mixing time)	当稀浆混合料变稠,手感到有力时,表明混合料有破乳的迹象,记录此刻的时间,即为可拌和时间	s

① 除特殊说明外,均指质量分数。

续表 1.2

序号	名词术语	释义	单位
67	稀浆混合料破乳时间(break time)	破乳时间是乳化沥青中的沥青和水分离,沥青微粒吸附到石料上而水析出所需要的时间	min
68	湿轮磨耗值(wet track abrasion test)	在成型后的稀浆混合料上用湿轮磨耗仪磨耗一定时间后,测定试件磨耗前后单位磨耗面积的质量差	g/m^2
69	负荷轮黏附砂量(load wheel test)	在成型后的稀浆混合料上用负荷轮实验仪模拟车轮碾压,通过一定作用次数后,测定试件单位负荷面积的黏附砂量,用于确定稀浆混合料最大沥青用量	g/m^2

说明:

①关于细集料的定义,国内外对水泥混凝土等建筑行业均以4.75 mm为粗细集料的分界,而对沥青路面和基层均以2.36 mm为分界。但是有时在沥青混合料中也常以起骨架作用的集料粒径作为粗集料,如SMA等嵌挤型混合料,SMA-10以2.36 mm以上为粗集料,SMA-13以上的混合料以4.75 mm以上的颗粒作为粗集料。

②我国对各种细集料的定义一向比较混淆,对人工砂、机制砂、石屑的名词使用混乱,有的将石屑经加工处理得到的人工砂也称为机制砂,将石屑称为人工砂等,国标试验规程对其进行了明确定义。

③在国外的规范中,对集料最大粒径有两个定义:集料最大粒径是指100%通过的最小的标准筛筛孔尺寸;而集料的公称最大粒径是指保留在最大尺寸的标准筛上的颗粒含量不超过10%的标准筛尺寸。

例如,某种集料,100%通过26.5 mm筛,在19 mm筛上的筛余小于10%,则此集料的最大粒径为26.5 mm,而公称最大粒径为19 mm。《公路工程集料试验规程》(JTG 42—2005)、《公路工程沥青及沥青混合料试验规程》(JTG E20—2011)、《公路工程水泥及水泥混凝土试验规程》(JTG 3420—2020)、《公路沥青路面施工技术规范》(JTG F40—2004)等标准规范中,实际上使用的级配名称都是采用公称最大粒径。

沥青及沥青混合料常用符号见表1.3。

表 1.3 沥青及沥青混合料常用符号

符号	意义	符号	意义
ρ	①集料的堆积密度;②密度	γ	②相对密度
ρ_a	①集料表观密度;②沥青混合料的表观密度	γ_a	①集料的表观相对密度(视比重);②沥青混合料的表观相对密度
ρ_b	①集料的毛体积密度;②沥青密度	γ_b	①集料的毛体积相对密度;②沥青与水的相对密度
ρ_s	①集料的表干密度;②沥青混合料的表干毛体积密度	γ_s	①集料的表干相对密度;②沥青混合料的表干毛体积相对密度(饱和面干毛体积相对密度)
ρ_f	沥青混合料的毛体积密度	γ_f	沥青混合料的毛体积相对密度

续表 1.3

符号	意义	符号	意义
ρ_t	沥青混合料的理论最大密度	γ_t	沥青混合料的理论最大相对密度
α_T	水温对水相对密度影响的修正系数	w	集料的含水率
n	集料的空隙率	w_x	集料的吸水率
Q_e	粗集料的针片状颗粒含量	w_s	集料的表面含水率
Q_n	集料的含泥量	WSV	粗集料的磨耗值(weared stone value)
Q_k	集料的泥块含量	AAV	粗集料的磨耗值(道瑞法)
Q_a	粗集料的压碎值	AIV	粗集料冲击值(aggregate impact value)
PSV	粗集料的磨光值(polished stone value)	SE	砂当量(sand equivalent value)
MBV	亚甲蓝值(methylene blue value)	P_b	沥青混合料的沥青含量(沥青用量)
M_x	砂的细度模数	P_a	沥青混合料的油石比
S_a	沥青混合料的吸水率	VV	沥青混合料的空隙率
S_b	沥青溶解度	VMA	沥青混合料的矿料间隙率
S_w	沥青混合料的饱水率	VCA_{DRC}	粗集料松装间隙率
L_T	沥青薄膜加热质量变化	VCA_{mix}	沥青混合料中的粗集料间隙率
P	沥青针入度	VFA	沥青混合料的沥青饱和度
D	延度	R_C	沥青混合料的抗压强度
SP	软化点	R_B	沥青混合料的抗弯强度
P_P	沥青中的蜡含量	R_T	沥青混合料的劈裂抗拉强度
η	沥青的动力黏度	MS	马歇尔稳定度
ν	沥青的运动黏度	FL	流值
E_v	沥青的恩格拉度	DS	车辙实验动稳定度
ν_S	沥青的赛波特黏度	c	黏结力
T_0	沥青黏韧性	φ	内摩擦角
T_e	沥青韧性		

注:①集料实验中意义;②沥青及沥青混合料实验中意义。

思考题

1. 中国高速公路沥青混凝土路面通常采用哪种类型的沥青混合料?
2. 沥青混合料实验的基本要求有哪些?
3. 沥青混凝土路面的优点有哪些?
4. 沥青路面与水泥混凝土路面相比有什么优缺点?

第2章　实验室的基本准则

2.1　技术要求

2.1.1　概　述

标准化建设的实验室，是按照国家相关行业的法规和标准建设的，具有产品质量检测功能。

学校的实验室也必须按标准化要求进行建设，只有这样才能保证实验教学的严肃性和科学性，才能保证人才培养的质量。

实验室建立的基本条件在组织上、财政上和技术上独立于生产和销售单位及其主管部门。实验室的组织机构包括质量保证体系，应能确保顺利完成各项批准的检验任务。实验室技术人员的配备应与承担的技术业务范围相适应，其比例以对技术工作有充分保证为原则。实验室应根据任务需要设置若干名检验质量保证负责人，负责对产品质量进行有效的监督管理，应具备与所承担任务相适应且符合技术规范要求的仪器、设备，应设立行之有效的安全保密制度和措施，以保证专利权和机密信息。

各行业主管部门对实验室都有相应的规定，对不同等级的实验室及相关人员、设备、环境等都有相应的要求。2017 年交通运输部公布《公路水运工程实验检测机构等级标准》，要求公司工程实验检测机构综合甲级实验室应具备：

①熟练掌握公路工程实验检测的标准、规定、规程及仪器设备的原理、性能和操作等，具有多年的从事公路工程综合实验检测工作经历和良好的工作业绩。

②持有实验检测人员证书总人数大于等于 50 人，持有实验检测师证书人数大于等于 20 人。持有实验检测师证书专业配置要求：道路工程专业证书配置大于等于 10 人，桥梁隧道工程专业证书配置大于等于 7 人，交通工程专业证书配置大于等于 3 人。相关专业高级职称（持有实验检测师证书）人数及专业配置要求：专业高级职称总人数大于等于 12 人，道路工程专业配置大于等于 6 人，桥梁隧道工程专业配置大于等于 5 人，交通工程专业配置大于等于 1 人。

③技术负责人和质量负责人应具有相关专业高级技术职称，持有实验检测师证书，熟悉实验检测工作，并有 8 年以上实验检测工作经历。

④实验检测人员持证上岗率达到 90%。

⑤强制性设备不得缺少；非强制性设备配置率应不低于 80%。

⑥实验检测环境要求：实验检测用房面积（不含办公面积）大于等于 1 300 m^2，并满足实验检测参数要求，布局合理，干净整洁。

因此,实验室的建立应以其所从事的检验项目,应用的产品标准和检测方法,配备检测人员的技术水平、工作能力,检测仪器和设备的功能、测量范围及准确度,检测环境与所从事检测工作要求的符合程度,以及所采用的保证检验工作质量的措施入手。从所建立的实验室具备的条件就能反映该实验室的测试水平及其等级。

不承担对外检测任务的实验室和条件达不到标准化建设的实验室,其技术要求及规章制度可适当放宽,或者根据具体情况进行要求。

2.1.2 组织机构的建设

实验室的建设首先是组织机构的建设。健全的组织机构是实验室检测质量的保证。检测对组织机构应有三方面的要求:第一,要有功能健全、能满足所开展的检测工作要求的组织机构;第二,要建立质量保证体系;第三,要建立保证检测工作质量的质量管理手册。

1. 组织机构

内部组织部门应包括管理部门、技术部门、检测部门、计量检测部门和后勤保障部门。

2. 质量保证体系

质量保证体系是质检工作的一个重要环节,它的功能是负责制订、修改、执行并检查有关保证检测工作质量的各种措施及规章制度,处理与检测工作质量有关的申诉。

3. 质量管理手册

《质量管理手册》全面规定了检测工作公正性的措施及检测工作的质量要求,是检测工作的指导性文件。《质量管理手册》的内容包括:产品质量检测机构基本情况概述;岗位责任制;检验仪器、设备的质量控制;检测人员技术要求;检测工作质量控制;原始记录及数据处理;检测报告;有关规章制度;《质量管理手册》执行情况的检查;《质量管理手册》的制订、批准、修改或补充方面的规定等。

2.1.3 人员配备

要保证检测工作的质量,必须配备合格的检测人员,包括高级的、中级的和一般的检测人员,其次要求这些人员的知识要不断更新,以满足检测工作的要求。

人员配备主要依据检测项目、专业及检测能力、实验室的等级,应合理配备各类管理人员、检测人员、计量检定人员及其他管理人员。对于各类人员应明确其职责范围、权限及质量责任,要分工明确。实验室的人员应按所进行的业务范围进行配置,各类工程技术人员、工程师以上人员不得低于20%。各业务岗位人员的配置应与所从事的检测项目相匹配。重要的检测项目应有两人,每个人员可兼做几个项目。

主要配备技术负责人、质量保证负责人、检测人员和计量检定人员。

2.1.4 仪器、设备的配置

在科学技术及检测工作中仪器是用于检查、测量、分析、计算或发送信号的器具(工具)或设备,具有较精密的结构和灵敏的反应,对产品质量检验的结果及其准确性有直接

的关系。因此,仪器设备的配置要求有以下4个方面的内容:

①所需的检测仪器、设备必须配齐,不仅参数要齐,而且量程和准确度要合适。

②所有仪器、设备必须处于正常工作状态。

③仪器、设备必须溯源到国家基准。

④检测仪器、设备必须账目清楚,档案齐全,管理有序并实行标志管理。

对于各级实验室,公路工程实验检测能力及主要仪器设备配置的基本要求如下:

1. 综合甲级实验室(公路工程实验检测机构等级标准)

(1)集料实验。

集料实验主要检测的参数:颗粒级配、针片状颗粒含量、压碎值、磨耗值、磨光值、细集料含泥量、砂当量、吸水率、密度、坚固性、碱活性、软弱颗粒含量、细集料棱角性、含水率、泥块含量、有机质含量、亚甲蓝值、矿粉塑性指数、矿粉加热稳定性、矿粉亲水系数。

集料实验的设备配置:标准筛(砂、石筛)、摇筛机、烘箱、电子天平、规准仪、游标卡尺、压碎值实验仪、压力机、洛杉矶磨耗机、加速磨光机、摆式摩擦系数测定仪、砂当量仪、李氏比重瓶、细集料棱角性测定仪、叶轮搅拌机、测长仪及配件、应力环及测试装置。

(2)沥青实验。

沥青实验主要检测的燃点溶解度参数:密度、针入度、针入度指数、延度、软化点、薄膜加热实验、旋转薄膜加热实验、闪点、燃点、溶解度、蜡含量、黏附性、动力黏度、布氏旋转黏度、标准黏度、改性沥青弹性恢复率、改性沥青的离析性、沥青化学组分、运动黏度、恩格拉黏度、黏韧性、乳化沥青蒸发残留物含量、乳化沥青筛上残留物含量、乳化沥青微粒粒子电荷、乳化沥青储存稳定性、乳化沥青破乳速度。

沥青实验的设备配置:比重瓶、分析天平、自动针入度仪、恒温水槽、烘箱、低温延度仪、软化点仪、闪点仪、薄膜烘箱、电子天平、旋转薄膜烘箱、蜡含量测定仪、真空减压毛细管黏度计、秒表、布氏旋转黏度仪、毛细管黏度计、真空泵、恩格拉黏度计、黏韧性实验仪、滤筛(1.18 mm)、电极板、沥青乳液稳定性实验管、标准筛、电炉、冰箱。

(3)沥青混合料实验。

沥青混合料实验主要检测的参数:配合比设计、密度、马歇尔稳定度、空隙率、矿料间隙率、流值、最大理论密度、动稳定度、沥青用量、矿料级配、抗弯拉强度、冻融劈裂强度、沥青析漏损失、飞散损失。

沥青混合料实验的设备配置:沥青混合料拌和机、浸水天平、电子天平、烘箱、马歇尔自动击实仪、马歇尔稳定度仪、恒温水槽、脱模器、真空负压装置、轮碾成型机、车辙实验机、沥青抽提仪(或燃烧炉)、标准筛、摇筛机、路面材料强度仪、恒温冰箱。

(4)水、外加剂实验(适用于水泥混凝土工程)。

水、外加剂实验主要检测的参数:pH、氯离子含量、减水率、泌水率比、抗压强度比、不溶物含量、可溶物含量、硫酸盐及硫化物含量、含气量、凝结时间差、外加剂的钢筋锈蚀、匀质差。

水、外加剂实验的设备配置:酸度计、分析天平、滴定设备、烘箱、压力机、混凝土贯入阻力仪、含气量测定仪、阳极极化仪或钢筋锈蚀测量仪。

2. 综合乙级实验室(公路工程实验检测机构等级标准)

(1)集料实验。

集料实验主要检测的参数:颗粒级配、针片状颗粒含量、压碎值、磨耗值、磨光值、细集料含泥量、砂当量、坚固性、密度、吸水率、软弱颗粒含量、细集料棱角性、含水率、泥块含量、有机质含量、亚甲蓝值、矿粉塑性指数、矿粉加热稳定性、矿粉亲水系数。

集料实验的设备配置:标准筛(砂、石筛)、摇筛机、烘箱、电子天平、规准仪、游标卡尺、压碎值实验仪、压力机、洛杉矶磨耗机、加速磨光机、摆式摩擦系数测定仪、砂当量仪、李氏比重瓶、细集料棱角性测定仪、叶轮搅拌机、测长仪及配件、应力环及测试装置。

(2)沥青实验。

沥青实验主要检测的参数:针入度、延度、软化点、闪点、燃点、黏附性、薄膜加热实验、密度、动力黏度、改性沥青弹性恢复率、改性沥青的离析性、乳化沥青储存稳定性、乳化沥青破乳速度、乳化沥青微粒粒子电荷、乳化沥青筛上残留物含量。

沥青实验的设备配置:自动针入度仪、烘箱、恒温水槽、低温延度仪、软化点仪、闪点仪、薄膜烘箱、电子天平、比重瓶、分析天平、真空减压毛细管黏度计、滤筛(1.18 mm)、沥青乳液稳定性实验管、电极板、标准筛、电炉、冰箱。

(3)沥青混合料实验。

沥青混合料实验主要检测的参数:马歇尔稳定度、流值、空隙率、矿料间隙率、沥青用量、矿料级配、动稳定度、最大理论密度。

沥青混合料实验的设备配置:沥青混合料拌和机、马歇尔自动击实仪、马歇尔稳定度仪、烘箱、恒温水槽、脱模器、沥青抽提仪(或燃烧炉)、电子天平、标准筛、摇筛机、轮碾成型机、车辙实验机(以上为强制性要求);最大理论密度测定仪、真空负压装置、路面材料强度测试仪。

(4)水、外加剂实验(适用于水泥混凝土工程)。

水、外加剂实验主要检测的参数:pH、氯离子含量、减水率、抗压强度比、泌水率比、不溶物含量、可溶物含量、硫酸盐及硫化物含量、含气量、凝结时间差、外加剂的钢筋锈蚀。

水、外加剂实验的设备配置:酸度计、分析天平、滴定设备、烘箱、压力机、混凝土贯入阻力仪、含气量测定仪、阳极极化仪或钢筋锈蚀测量仪。

3. 综合丙级实验室(公路工程实验检测机构等级标准)

(1)集料实验。

集料实验主要检测的参数:颗粒级配、压碎值、针片状颗粒含量、密度、含水率、泥块含量、矿粉亲水系数。

集料实验的设备配置:标准筛(砂、石筛)、摇筛机、压碎值实验仪、压力机、针片状规准仪、游标卡尺、李氏比重瓶。

(2)沥青实验。

沥青实验主要检测的参数:针入度、延度、软化点、黏附性、沥青密度。

沥青实验的设备配置:针入度仪、恒温水槽、烘箱、低温延度仪、软化点仪、电炉、比重瓶、分析天平。

(3)沥青混合料实验。

沥青混合料实验主要检测的参数:马歇尔稳定度、流值、空隙率、矿料间隙率、沥青用量、矿料级配。

沥青混合料实验的设备配置:沥青混合料拌和机、马歇尔自动击实仪、烘箱、马歇尔稳定度仪、恒温水槽、脱模器、沥青抽提仪(或燃烧炉)、电子天平、标准筛。

(4)水、外加剂实验(适用于水泥混凝土工程)。

水、外加剂实验主要检测的参数:减水率、抗压强度比、泌水率比、凝结时间差、含气量、外加剂的钢筋锈蚀。

水、外加剂实验的设备配置:压力机、混凝土贯入阻力仪、含气量测定仪、钢筋锈蚀测量仪。

2.1.5 检测环境

根据我国的实际情况,要求检测环境基本能满足其工作任务即可。

1. 理化实验室环境卫生要求

①检测实验室的环境条件应满足其工作任务的要求。

②不同的检测对象要求不同的环境条件,有的需要控制温度,有的要求电磁屏蔽,有的要求配备有害气体排放装置等。

③室内照明和场地的布置,虽然有些规范提供了一些参考数据,有些单位可能暂时无法实施,但应保证实验室内采光,以利于检测工作的进行。

④噪声大的实验设备应与操作人员的工作间隔离,工作间的噪声不得大于 70 dB。70 dB是对噪声大的实验室的基本要求,一般实验室应低于 55 dB,标准实验室应低于 45 dB。对于无法消除噪声的实验室应有隔离工作间。

⑤实验室应清洁整齐,检测仪器、设备的放置应便于操作。

⑥对要求高的实验应有环境条件(温度、湿度)的记录。

⑦需要更衣换鞋的实验室要保持衣、鞋放置清洁。

2. 安全要求

①为确保检测质量和人身安全,室内管道和电气线路的布置要按规范要求布置。水、电、气要求有安全管理措施。对恒温、恒湿室的温度、湿度要采取措施达到要求。有些精密仪器、设备对接地电阻有特殊要求,则应按规定使接地电阻达到要求以保证设备仪器不出故障,使检测质量得到保证。需使用易燃、易爆气体的实验室应有相应的措施防止事故,有防止钢瓶倾倒伤人及有害气体泄漏燃、爆等的措施。

②对电源应根据安全用电要求布置,不要超负荷使用,以免造成火灾和伤亡事故。

③实验室应有防火等安全措施,与检测无关的物品不得随意带入实验室内。

④危险物品的使用应严格管理,危险物品应按规定与周围的建筑设施、电源、火源间隔一定的距离,并按照其各自的要求,采取相应的安全措施。危险物品应采取限量发放,用多少,领多少,领用应严格执行审批手续。加强危险品仓库的安全保卫措施,凡有条件者都应设安全报警设施,建立晚间及节假日值班制度。

⑤应有专门领导主管技术安全工作,全体职工应自觉遵守安全制度和有关规定,严

格执行操作规程,正确使用仪器、设备、工具,不得违章作业。

⑥外来人员、新工人、见习人员应在接受安全教育后才能进入工作岗位。从事精密机械、电气、起重、锅炉、高压容器、焊接等工作的人员除进行安全教育外,还必须接受专门的技术训练和考试,要求持证上岗。

3. 三废处理要求

三废处理应满足环保部门的要求,实验室不得随意排放三废,污染环境。

2.1.6 量值溯源与能力验证

实验检测中心的功能和任务之一是按国家标准进行计量检测。计量工作需要认证,计量认证工作必须依据《中华人民共和国计量法》(2019 年颁布)、《计量法实施细则》(2021 年颁布)、《产品质量检验机构计量认证技术考核规范》(JJF 1021—1990)、(参考采用 ISO/IEC 导则 25 - 1982)、《产品质量检验机构计量认证/认可(验收)评审细则》(2000 年 10 月 24 日颁布,2001 年 12 月 1 日实施)、《中华人民共和国标准化法》、《CNAL 实验室认可准则》(CNAL/AC 01:2002)(2017 年 11 月 4 日颁布,2018 年 1 月 1 日实施)、《中华人民共和国认证认可条例》(2020 年 11 月 29 日实施)等相关法规。

计量认证工作中,量值溯源与能力验证十分重要。

1. 量值溯源

(1)计量及其溯源性。

计量是为实现单位统一、量值准确可靠而进行的科技、法制和管理活动,准确性、一致性、溯源性及法制性是计量工作的 4 大特点。

准确性是指测量结果和被测量值的一致程度。由于实际上不存在完全准确无误的测量,因此在给出量值的同时,必须给出适应于应用目的或实际需要的不确定度或误差范围,否则,所进行的测量的质量(品质)就无从判断,量值也就不具备充分的实用价值。所谓量值的准确,即在一定的不确定度、误差极限或允许误差范围内的准确。

一致性是指在统一计量单位的基础上,无论在何时、何地,采用何种方法,使用何种计量器具,以及由何人测量,只要符合相关的要求,其测量结果就应在给定的区间内一致。也就是说,测量结果应是可重复、可再现(复现)、可比较的。换言之,量值是确实可靠的,计量的核心是对测量结果及其有效性、可靠性的确认,否则,计量就失去其实际意义。计量的一致性不仅限于国内也适用于国际,例如,国际关键比对和辅助比对结果应在等小区间或协议区间内一致。

溯源性是指任何一个测量结果或计量标准的值,都能通过一条具有规定不确定度的不间断的比较链,使测量结果或测量标准的值能够与规定的参考标准(计量基准,通常是国家测量标准或国际测量标准)联系起来的特性。此概念常用形容词“可溯源的”来描述,这条不间断的链称为溯源链。这种特性使所有的同种量值都可以按这条比较链通过校准向测量的源头追溯,也就是溯源到同一个计量基准(国家基准或国际基准),从而使准确性和一致性得到技术保证。否则,量值出于多源或多头,必然会在技术上和管理上造成混乱。量值溯源是指自下而上通过不间断地校准而构成溯源体系;量值传递则是指自上而下通过逐级检定而构成检定系统。

法制性来自于计量的社会性，因为量值的准确可靠不仅依赖于科学技术手段，还要有相应的法律、法规和行政管理。特别是对国际民生有明显影响，涉及公众利益和可持续发展或需要特殊信任的领域，必须由政府主导建立起法制保障。否则，量值的准确性、一致性和溯源性就不可能实现，计量的作用也难以发挥。

由此可见，计量不同于一般的测量，测量是为确定量值而进行的全部操作，一般不具备计量的上述4个特点。所以，计量属于测量而又严于一般的测量，在这个意义上可以狭义地认为，计量是与测量结果置信度有关的、与不确定度联系在一起的规范化的测量。实际上，科技、经济和社会越发展，对单位统一、量值溯源的要求越高，计量的作用也就越显重要。

(2)溯源等级图。

溯源等级图是一种代表等级顺序的框图，用以表明计量器具的计量特性与给定量的基准之间的关系，有时也称为溯源体系表。它是对给定量或给定型号计量器具所用的比较链的一种说明，以此作为其溯源性的证据。

建立溯源等级图的目的，是要对所进行的测量在其溯源到计量基准的途径中尽可能减少环节和降低测量不确定度，能给出最大的可信度。为实现溯源性，用等级图的方式给出：①不同等级标准器的选择；②等级间的连接及其平行分支；③标准器的重要信息，如测量范围、不确定度或准确度等级、最大允许误差等；④溯源链中比较用的装置和方法。等级图是逐级分等的，即用$(n-1)$等级校准n等级，或由n等级向$(n-1)$级溯源。试图固定两个等级间的不确定度之比是不现实的，根据被测量的具体情况，这个比率通常为2~10。对某些量，准确度提高2倍也是可观的进步；但对另一些量，甚至可能达到10倍。

在等级图中应注意区别标准器复现量值的不确定度，以及经标准器校准的测量结果的不确定度。要指明不确定度是标准、合成还是扩展不确定度，当表示为扩展不确定度时，需给出包含因子或置信概率P，还要指明其不能超过的不确定度限。对于普通计量器具，也可以指出其最大允许误差。等级图中所反映的信息，应与有关法规、规程或规范的要求相一致。

对持有某一等级计量器具的部门或企业，至少应按溯源等级图提供其上一等级标准器特性的有关信息以便实现其向国家基准的溯源。

(3)检定系统表。

根据溯源等级图的概念，不同国家可以采取不同形式的比较链(通常被称为校准链)，并附有足够的文字信息，以保证不同国家建立的校准链有相当程度的一致性，便于溯源到国家基准并与国际基准相联系。

在我国，目前还是用国家计量检定系统表来代表国家溯源等级图，它是一种法定技术文件，由国务院计量行政部门组织制定并批准发布。这种系统表通常用图表结合文字的形式表达，其要求基本上与溯源等级图方式相一致。我国规定，一项国家计量基准对应一种检定系统表，并由该项基准的保存单位负责编制，经一定的审批手续，由国家计量行政部门批准发布。国家计量检定系统表的代号为JJF 2×××—××××，其中JJF为计量技术规范的缩写，2×××为检定系统表颁布的序号，××××为其颁布的年号。目前已经颁布了近100个检定系统表。国家计量检定系统表具有一定的法律地位,它规定了我国量值传递(也可认为是量值溯源的逆过程)体系。按检定系统表进行检定,既可确保备件计量器具的准确度,又可避免用过高准确度的计量标准检定低准确度的计量器具,也可指导企业、事业单位实现计量器具量值的溯源。

鉴定系统框图分三大部分:计量基准器具、计量标准器具和工作计量器具。在分割这三部分的点画线中说明其检定的方法,比如是直接测量还是间接测量或比对;在每一部分内部各级标准器间,也以一定方式表示其相互关系及比较的方法。该框图的第一级应为国家基准(或原级标准)。

实际上,现有的国家计量检定系统表仅适用于目前属于检定范畴的、已经建立了国家基准的计量器具的量值传递。对于大量的进行校准的计量器具,尚需制订出国家溯源等级图。

2. 能力验证

(1)能力验证的作用。

能力验证是利用实验室间比对来确定实验室能力的活动,实际上它是为确保实验室维持较高的校准和检测水平而对其能力进行考核、监督和确认的一种验证活动。参加能力验证计划,可为实验室提供评价其出具数据可靠性和有效性的客观证据。它的主要作用可归纳为以下4点:

①实验室是否具有胜任其所从事的校准/检测工作的能力,包括实验室自身、实验室客户以及认可或法定机构等其他机构对其进行的评价。

②通过实验室检测能力的外部措施,来补充实验室内部的质量控制程序。

③采用由技术专家进行实验室现场评审等手段,现场评审被认可是法定机构经常采用的方式。

④增加实验客户对实验室能力的信任。就实验室的生存与发展而言,用户对其能否持续出具可靠数据的信任度是非常重要的。

(2)能力验证的目的。

通常是利用实验室间的比对确定实验室检测能力,而开展这种比对活动的目的可归纳为以下7点:

①确定实验室进行某些特定检测或测量的能力,以及监控实验室的持续能力。

②识别实验室中的问题并制订相应的补救措施,这些措施可能涉及诸如个别人员的行为或仪器的校准等。

③确定新的检测和测量方法的有效性和可比性,并对这些方法进行相应的监控。

④增加实验室用户的信心。

⑤识别实验室间的差异。

⑥确定某种检测和测量方法的性能特征,通常称为协作实验。

⑦为参考物质赋值,并评价它们在特定检测或测量程序中应用的适应性。

能力验证是为实现上述目的①而进行的实验室间比对,即确定实验室的检测或测量能力,但能力验证计划的运作也常为上列其他目的提供信息。

(3)能力验证计划的类型。

为确定实验室在特定领域的检测、测量和校准能力而设计和运作的实验室间比对，称为能力验证计划。这一计划可覆盖某个特定类型的检测，或对某些特定的产品、项目或材料的检测。显然，所涉及的能力验证技术，根据被测物品的性质、所用的方法和参加实验室的数目不同，会随之发生变化。但大部分能力验证活动具有共同的特征，即将一个实验室所得的结果，与其他一个或多个实验室所得的结果进行比对。在某些计划中，参加的实验室之一可能具有控制、协调或参考的功能。最常用的能力验证计划有以下 6 种类型：

①实验室间校准计划（测量比对计划）。

②实验室间检测计划。

③分割样品检测计划。

④定性计划。

⑤已知值计划。

⑥部分过程计划。

(4)能力验证计划的实施。

能力验证计划的实施主要通过以下步骤：

①参加能力验证。对已获认可或申请认可的实验室是强制性的，特殊情况可申请暂不参加某一能力验证计划。

②能力验证纠正活动。在验证活动中出现不满意结果（离群）的实验室，需依照能力纠正活动的要求进行整改。

③能力验证的要求和评价。对申请认可的实验室，在能力验证方面需满足一定要求并按一定规则评价。

2.2 规章制度

工作制度是否健全，能否坚持贯彻执行，反映了一个单位的管理水平。对质检机构来说，它必然会影响到检测工作的质量。为了保证检测质量，从全面质量管理的角度出发，应对影响检测结构的各种因素（包括人的因素、物的因素和环境等方面的因素）进行控制，因此，实验室应建立一套科学完善的管理制度。

2.2.1 岗位责任制

岗位责任制是质检机构的一项重要制度，应明确组织机构框图中列出的各部门的职责范围和权限。各部门的职责范围应对“质量检测机构计量认证评审内容及考核办法”中规定的管理功能、技术功能全部覆盖，做到事事有人管。明确各部门的质量职责，明确其权限。对各类人员的职责应明确，如对各类管理人员、技术负责人、质量保证负责人、各部门负责人、质量检测人员、计量检定人员、资料保管员及其他管理人员明确其职责范围；对计量检定人员要根据其考核取证情况确定其检定工作范围；对质量检测人员要根据其考核取证情况确定其检测工作范围。

现就质量检测中心(机构)的各类人员及部门的岗位责任制加以叙述。

1. 各部门的岗位职责

施行岗位责任制,各部门都应有相应的岗位职责,岗位职责悬挂上墙,严格执行并定期检查。主要部门的岗位职责有:

①中心办公室岗位职责。

②资料室岗位职责。

③仪表室岗位职责。

④其他部门岗位职责。

2. 各类人员的岗位职责

各类人员,包括技术人员、管理人员、后勤服务人员等,都应制订相应的岗位职责,岗位职责悬挂上墙,严格执行并定期检查。主要人员的岗位职责有:

①中心主任岗位职责。

②技术负责人岗位职责。

③质量保证负责人岗位职责。

④各室主任岗位职责。

⑤检测人员岗位职责。

⑥计量检定人员岗位职责。

⑦资料保管员岗位职责。

⑧样品保管员岗位职责。

⑨空调机房值班员岗位职责。

⑩其他各类人员岗位职责。

2.2.2 计量标准器具、标准物质、检测仪器设备的管理制度

1. 计量标准器具管理

①计量标准器具是质检机构最高实物标准,用于量值传递,特殊情况必须用于产品质量检测时,经质检中心领导批准。

②计量标准器具的计量检定工作和维护保养工作,由仪表室派专人负责。

③计量标准器具保存环境应满足其说明书的要求,应使其经常保持最佳技术状态。

④计量标准器具的使用操作人员必须经考核合格并取得操作证书。每次使用计量标准器具后均应做使用记录。

2. 标准物质管理

①标准物质是质检机构的工作基准,它也是一种标准器。

②标准物质的购置由各使用单位提出申请,经中心主任批准后交办公室购买,不得购买无许可证的标准物质。

③标准物质的发放应履行登记手续。

④标准物质应按说明书(合格证)上规定的使用限定期更换。

⑤列表说明本单位所用的标准物质情况,内容包括:标准物质名称、技术指标、定级鉴定机构、批号、有效期和保管人。

3. 检测仪器设备

①画出检测能力一览表,以说明质检机构的测试能力与所检测的项目适应程度,内容包括:被检参数、检测仪器、设备型号、量程、分辨力、检定误差和检定单位。

②列出检测仪器设备检定周期表,内容包括:检测仪器设备名称、编号、检定周期、检定单位、最近检定日期和送检负责人。

③画出检测仪器设备的检定系统图,图中注明检测仪器设备名称、型号、量程和准确度。

4. 检测仪器设备的管理

①专管共用的检测仪器设备的保管人由实验中心确定,使用人在使用仪器设备前应征得保管人同意并填写使用记录。使用前后,由使用人和保管人共同检查仪器设备的技术状态,经确认以后,办理交接手续。

②专管专用的仪器设备的使用人即保管人。

③仪器设备的保管人应参加新购进设备的验收、安装、调试工作,填写并保管仪器设备档案,填写并保管仪器设备使用记录;负责仪器设备降级使用及报废申请等事宜。

④使用贵重、精密、大型仪器设备者,均应经培训考核合格,取得操作许可证。培训及考核发证工作由仪表室负责。

⑤贵重、精密、大型仪器设备的位置不得随意变动,如确定需要变动,事先应征得仪表室的同意,重新安装后,应对其安装位置、安装环境、安装方式进行检查,并重新进行检定或校准。

⑥仪器设备保管人应负责保管设备的清洁卫生、清洗、换旧,不用时,应罩上防尘罩。长期不用的电子仪器,每隔 3 个月应通电一次,每次通电时间不得少于 0.5 h。

⑦检测仪器设备不得挪作他用,不得从事与检测无关的其他工作。

⑧仪表室除对所有仪器设备按周期进行计量检定外,还应对它们进行不定期的抽查,以确保其功能正常、性能完好、精度满足检测工作的要求。

⑨全部仪器设备的使用环境均应满足说明书的要求。有温度、湿度要求者,确保温度、湿度方面的要求。

⑩仪器设备的借用:

a. 计量标准器具一律不出借,一般不能直接用于检测。

b. 实验中心内部仪器的借用,由各室自行商定,但仪器设备所有权的调动,须经中心领导同意,并在设备技术档案上备案。

c. 外单位借用仪器设备应办理书面手续,并经中心领导批准,借出与归还,都应检查仪器设备的功能是否正常,附件是否齐全,并办理交接手续。

5. 检测仪器检定系统表

说明检测仪器设备按国家技术监督局计量司"关于在计量认证工作中的仪器设备进行检定的规定"进行检定或检验,列出所拥有的检定规程、自编的校验方法或检验方法的目录,画出检定系统表。

6. 仪器设备说明书

仪器设备说明书是检测仪器、设备维护保养、正确使用的重要依据,要求保管好,并能方便使用。说明书一般应有中文本,如果是外文说明书,其中的使用方法和校准部分应翻译成中文(手抄本即可)。

7. 检测仪器设备档案

检测仪器设备必须建立档案,这对检测仪器设备的维护保养很重要。档案必须坚持不间断填写,必须保存完好。

8. 检测仪器设备的标志管理

对检测仪器设备进行标志管理,可减少误用不合格仪器而造成的差错。标志应使用国家技术监督局计量司统一规定的式样,应贴在明显的位置上。对于由多个可拆卸的检测仪表组成的设备,可以只有一个标志。但所有仪表中,任何一个不合格都认为是整个设备不合格。标志应贴在所属的仪表上。

标志的应用范围为:

①合格证(绿色):凡计量检测(包括自检)合格者。

②准用证(黄色):设备不必检定,经检查其功能正常者(如计算机、打印机等);设备无法检定,经对比或鉴定适用者;多功能检测设备,某些功能已丧失,但所做检验工作所用功能正常且经计量检定合格者;测试设备某一量程精度不合格,但所做检验工作所用量程精度合格者;设备降级使用者。

③停用证(红色):检测仪器设备损坏者、检测仪器设备经计量检定不合格者及检验仪器设备性能无法确定者。

9. 仪器设备的购置、验收、维修、降级和报废制度

①计量标准器具的购置由仪表室提出申请,中心主任批准后交办公室办理。测试仪器设备、标准物质的购置计划由各检测室提出,仪表室审核,经中心主任批准后交办公室办理。

②计量标准器具、标准物质、仪器设备到货后,由仪表室组织验收。验收合格的仪器设备,由仪表室负责填写设备卡片;不合格的仪器设备,由办公室联系返修或退货。

③测试仪器设备的维修由仪表室归口管理。各专业检测根据检测仪器设备的技术状态和使用时间,填写仪器设备的维修申请单,由仪表室在规定时间内进行维修。

④在计量检定中发现仪器设备损坏或性能下降时,由仪表室直接进行维修,维修情况应填入设备档案。

⑤修理后的仪器设备均由仪表室按检定结果分别贴上合格(绿)、准用(黄)或停用(红)3 种标志,其他人员均不得私自更改。3 种标志上均应有检定日期。

⑥材料实验机、疲劳实验机、振动台等实验设备的清洗和换油工作由各专业检测室的设备保管人负责,并在设备档案内详细记载。

⑦当检测仪器设备的技术性能降低或功能丧失、损坏时,应办理降级使用或报废手续。

⑧凡降级使用的仪器设备均应由各专业测试室提出申请,由仪表室确定其实际检定精度,提出使用范围的建议,经中心主任批准后实施。降级使用情况应载入设备档案。

⑨凡报废的仪器设备均应由各专业检测室填写“仪器设备报废申请单”,经仪表室确认后,由中心主任批准。设备报废应填入设备档案。已报废的仪器设备不应存放在实验

室内,其档案由资料室统一保管。

2.2.3 检测事故分析报告制度

检测过程中发生下列情况按事故处理:

①样品丢失、零部件丢失、样品损坏。

②样品生产单位提供的技术资料丢失或失密,检测报告丢失,原始记录丢失或失密。

③由于人员、检测仪器设备、检测条件不符合检测工作要求,实验方法错误、数据差错而造成的检测结论错误。

④检测过程中发生人员伤亡。

⑤检测过程中发生仪器设备损坏。

凡违反各项规定造成的事故均为责任事故,可按经济损失的大小、人员伤亡情况分成小事故、一般事故、大事故和重大事故。

大、重大事故发生后,应立即采取有效措施,防止事态扩大,抢救受伤人员,并保护现场,通知有关人员处理事故。

事故发生后3天内,由发生事故单位填写事故报告单,报办公室。

事故发生5天内,由中心负责人主持,召开事故分析会,对事故的直接责任者作出处理,对事故做善后处理并制订相应的办法,以防类似事故发生。

大、重大事故发生1周内,中心应向上级主管部门补交事故处理专题报告。

2.2.4 技术资料文件的管理及保密制度

技术资料的管理由资料室负责。应该长期保存的技术资料有:国家、地区、部门有关产品质量检测工作的政策、法令、文件、法规和规定;产品技术标准、相关标准、参考标准(国内的和国外的)、检测规程、规范、大纲、细则、操作规程和方法(国外的、国内的或自编的);计量检定规程、暂行校验方法;仪器说明书、计量合格证、仪器(仪表、设备)的验收、维修、大修、使用、降级和报废记录;仪器设备明细表和台账;产品图纸、工艺文件及其他技术文件。

其他属于定期保存的资料:各类原始记录,各类检测报告,用户反馈意见和处理结果,样品入库、发放及处理登记本,保管期均不少于2年。

长期保存的技术资料前4项由资料室负责收集、整理、保存,其他各项由主管工程师整理、填写技术资料目录,并对卷内资料进行编号,由资料室装订成册。

技术资料入库时应办理交接手续,统一编号填写资料索引卡片。

检测人员如需借阅技术资料,应办理借阅手续。与检测无关的人员不得查阅检测报告和原始记录。

检测报告和原始记录不允许复制。

资料室工作人员要严格为用户保守技术机密,否则以违反纪律论处。

超过保管期的技术资料应分门别类造册登记,经中心主任批准后才能销毁。

2.2.5 检测样品的管理制度

1. 样品的保管制度

样品保管室,由办公室指定专人负责。样品到达后,由办公室指定的负责人和有关专业室共同开封检查,确认样品完好后,编号入样品保管室保存,并办理入库登记手续。样品上应有明显的标志,确保不同工厂生产的同类产品不致混淆,确保未检样品与已检样品不致混杂。样品保管室的环境条件应符合该样品所需的保管要求,不致使样品变质、损坏、丧失或降低功能。样品保管室应做到账、物、卡三者相符。检测时由专业室填写样品领取单,到样品保管室领取样品,并会同样品保管员办理手续。

2. 样品的检后处理

检验工作结束,检测结果经核实无误后,应将样品送样品保管室保管,需保留样品的立即通知产品生产单位前来领取。检后产品的保管期一般为申诉有效期后的一个月。过期无人领取,则作无主物品处理。

破坏性检测后的样品,确认实验方法、检测仪器、检测环境、检测结果无误后,才准撤离实验现场。除非用户有特殊要求,一般不再保存。不管是以哪种方式处理,均应办理处理手续,处理人应签字。

2.2.6 实验室管理制度

①实验室是进行检测、检定工作的场所,必须保持清洁、整齐、安静。

②实验室内禁止随地吐痰、吸烟、吃东西,恒温恒湿室内不得喝水、禁止用湿布擦地、禁止开启门窗。禁止将与检测工作无关的物品带入实验室。

③要换鞋、换衣的实验室,不管何人进入,都要按规定更换工作服、鞋。

④实验室应建立卫生值日制度,每天有人打扫卫生,每周彻底清扫一次,空调通风管每季度彻底清扫一次。

⑤下班后与节假日,必须切断电源、水源、气源,关好门窗,以保证实验室的安全。

⑥仪器设备的零部件配件要妥善保管,连接线、常用工具应排列整齐,说明书、操作手册和原始记录表等应专柜保管。

⑦带电作业应由两人以上操作,地面应采取绝缘措施。电烙铁应放在烙铁架上,电源线应排列整齐,不得横跨过道。

⑧实验室内设置消防设施、消火栓和灭火桶。灭火桶应经常检查,任何人不得私自挪动位置,不得挪作他用。

2.2.7 检测质量申诉的收集和处理制度

检测质量的申诉,由质量负责人处理,并向中心主任报告处理结果。受理检测质量申诉的有效期最长为3个月,自发出检测报告之日起算。特殊检测项目申诉有效期可以另定,但应在检测报告上注明。超过有效期的检测质量申诉概不受理。

检测质量申诉包括以下几种:

①被检产品生产单位要求对检测结果作进一步解释,但未对检测质量表示明确的异

议。

②被检产品生产单位明确表示不同意检测结果,要求复检。

③被检产品生产单位未向质检机构提出异议,而直接向上级主管部门申诉。

检测质量争议处理程序如下:

①办公室接到质量申诉分类登记,交质量保证负责人处理。

②质量保证负责人会同专业检测室主任检查原检测报告,查阅原始记录、检测仪器、检测方法、测试环境、数据计算、处理、结论判断方法,如确实无误,应发一份确认原检测报告正确有效的文件,并办理登记手续。

③若经检查,确因原始记录、数据处理、检测报告、结构判断等环节因数据的错误而造成误判的,应发一份题为"对于原编号为×××的检测报告的更改"的报告,原检测报告作废,并办理登记手续。对造成错误的直接责任者进行适当处理。

④经检查,发现因原测试条件、检测仪器、检测方法的错误而造成误检的,应将备用样品重新检测,重新发送检测报告。一切费用由质检机构负担,并对责任者进行处理。若申诉方仍持异议,可由上级主管部门主持,重新抽样检测,经济责任及政治责任由败诉方负担。

不可重复性实验,原则上不受理申诉。

有关检测质量申诉的全部资料均应作为技术档案,在处理后的一个月内由质量保证负责人整理交资料室保管。

2.3 仪器设备的配置、使用、管理、检定、维护和保养

2.3.1 仪器设备的配置

实验室配备的必要实验仪器设备,常规仪器设备一般2台,1台用于正常检测,1台备用;大型仪器限于条件时可仅购置1台。

根据实验项目配备仪器设备,一个质检机构的仪器配备率应大于95%,按下式计算:

仪器配备率=实际能测参数个数÷产品技术标准中规定的应检测参数个数×100%

这是从检测参数的角度考虑的,是对质检机构检测能力的规定。一个好的质检机构,其仪器设备配备率必须达95%以上,而且没有配备的检测仪器不能是检测主要参数的仪器。所缺的5%以内的仪器,必须有合同保证可用,即可以利用其他单位各项要求合格的仪器,且必须有合同保证随时可以使用。用于产品可靠性实验的环境实验设备,可以通过合同与其他单位共用。

质检机构的检测仪器设备应当有一览表,其内容包括仪器名称、技术指标、制造厂家、购置日期、保管人等。计量检测仪器设备的技术指标要明确,在一览表中表示出它的量程、准确度、分辨率及检定单位、检定时间。要求检测仪器设备一览表按参数填写,因为有的质检机构检测的产品上百种,执行的标准上百个,但按参数来说,可归纳几十种。同时有的标准,标准内套标准,故为便于管理,要求参数分类填写,此外标准常有变化,主

要参数则常常变化不大,按参数填写,表不用有大变化。

有的质检机构,分成几个相对独立的质检单位,虽然是相同的检测参数,各小单位有其独立的设备,则应分别填写。同一检测参数,有几台仪器,都应填写。有条件的单位,应使用计算机管理,便于修改。有计算机管理者,可以不要表册。

在管理中应有仪器设备检定周期表,其内容包括:仪器设备名称、编号、检定周期、检定单位、最近检定日期和送检负责人。

2.3.2 仪器设备的使用和管理

依据《CNAL 实验室认可准则》(CNAL/AC 01:2002),仪器设备的使用和管理主要有以下几方面要求:

①实验室应配备正确进行检测和(或)校准(包括抽样、物品制备、数据处理与分析)所要求的所有抽样、测量和检测设备。当实验时需要使用固定控制之外的设备时,则应确保满足本准则的要求。

②用于检测、校准和抽样的设备及其软件应达到要求的准确度,并符合检测和(或)校准相应的规范要求。对结果有重要影响的仪器的关键量或值,应制订校准计划。设备(包括用于抽样的设备)在投入工作前应进行校准或核查,以证实其能够满足实验室的规范要求和相应的标准规范。设备在使用前应进行核查和(或)校准。

③设备应由经过授权的人员操作。设备使用和维护的最新版说明书(包括设备制造商提供的有关手册)应便于有关人员取用。

④用于检测和校准并对结果有影响的每一设备及其软件,如有可能,均应加以唯一性标志。

⑤应保存对检测和(或)校准具有重要影响的每一设备及其软件的记录。该记录至少应包括:

a. 设备及其软件的识别。

b. 制造商名称、型号标志、系列号或其他唯一性标志。

c. 对设备是否符合规范的检查。

d. 当前的处所(如果适用)。

e. 制造商的说明书(如果有),或其存放地点。

f. 所有校准报告和证书的日期、结果及复印件,设备调整、验收准则和下次校准的预定日期。

g. 设备维护计划以及已进行的维护(适当时)。

h. 设备的任何损坏、故障、改装或修理。

⑥实验室应具有安全处置、运输、存放、使用和有计划维护测量设备的程序,以确保其功能正常并防止污染或性能退化。

注:在实验室固定场所外使用测量设备进行检测、校准或抽样时,可能需要附加的程序。

⑦曾经过载或处置不当、给出可疑结果,或已显示出缺陷、超出规定限度的设备,均应停止使用。这些设备应予隔离以防误用,或加贴标签、标记以清晰表明该设备已停用,

直至修复并通过校准或检测表明能正常工作为止。实验室应检查这些缺陷或偏离规定极限对先前的检测和(或)校准的影响,并执行“不合格工作控制”程序。

⑧实验室控制下的需校准的所有设备,只要可行,应使用标签、编码或其他标志表明其校准状态,包括上次校准的日期、再校准或失效日期。

⑨无论什么原因,若设备脱离了实验室的直接控制,实验室应确保该设备返回后,在使用前对其功能和校准状态进行核查并能显示满意结果。

⑩当需要利用期间核查以维持设备校准状态的可信度时,应按照规定的程序进行。

⑪当校准产生了一组修正因子时,实验室应有程序确保其所有备份(例如计算机软件中的备份)得到正确更新。

⑫检测和校准设备包括硬件和软件应得到保护,以避免发生致使检测和(或)校准结果失效的调整。

2.3.3 仪器设备的检定

在产品质量检测中,所使用的计量检测仪器和实验设备品种繁多,应对这些仪器设备进行检定、校验或检测,以保证所用的计量检测仪器设备的量值准确可靠,性能完好;保证检测结果正确;保证在全国范围内检测结果统一可比。

仪器设备的检定主要由以下部分组成:

①通用计量器具的检定或校验。

②专用计量器具的检定或校验。

③标准物质的使用。

④实验设备的检验。

2.3.4 仪器设备的维护和保养

实验室仪器设备应定期维护和保养。一般设备使用人是指该设备的维护人和保养人。大型仪器、精密仪器和贵重仪器,常规保养由使用人负责,特殊的维护和保养由负责设备管理的专业人士负责。

思考题

1. 沥青混合料实验室需要具备的基本条件有哪些?
2. 进行沥青混合料实验应具备哪些专业知识?
3. 沥青实验室建设应具备哪些基本条件?
4. 公路工程实验检测机构等级标准的基本要求有哪些?

第3章　与实验有关的技术标准

3.1　集　料

集料(aggregate),又称为骨料、粒料,集料的本意是由胶结料汇结在一起能够发挥作用的物料。集料是混凝土(水泥混凝土、沥青混凝土等)的主要组成材料之一。集料主要起骨架作用和减小由于胶凝材料在凝结硬化过程中由干缩湿胀所引起的体积变化,同时还作为胶凝材料的廉价填充料。集料有天然集料和人造集料之分,前者如碎石、卵石、浮石、天然砂等,后者如煤渣、矿渣、陶粒、膨胀珍珠岩等。颗粒视密度小于1 700 kg/m^{3}的集料称为轻集料,用以制造普通混凝土;特别重的集料,用以制造重混凝土,如防辐射混凝土。集料按颗粒大小分为粗集料和细集料,一般规定粒径大于4.75 mm者为粗集料,如碎石和卵石;粒径小于4.75 mm 者为细集料,如天然砂。按化学成分和化学性能,可分为酸性集料和碱性集料,石灰石类集料为典型的碱性集料,花岗岩类集料为典型的酸性集料。

普通集料大部分是天然集料,也有一部分是工业废渣集料(如冶金渣等)。粗集料通称为石子;细集料通称为砂子。石子按其来源及表面状态,可分为碎石、卵石及碎卵石;砂子则分为河砂、山砂及海砂。各类集料又均以其粒径或粗细程度分级。集料的质量对所制成混凝土的性能影响很大,如粗、细集料的级配不良会使混凝土拌合物的和易性下降,水泥用量显著增加;粗集料中针、片状颗粒含量过多同样会影响混凝土拌合物的和易性,并导致高标号混凝土强度降低;集料含泥量过高会使混凝土的强度、抗冻性及抗渗性能明显下降;海砂中的氯盐含量过多会引起混凝土中钢筋锈蚀。

集料的使用量很大,尤其是制作普通混凝土用的砂、石,全世界每年耗用数十亿立方米,不少地区的集料已经面临资源枯竭。因此,开发各种新的天然集料资源,研制各种人造集料和寻找合适的代用材料,已成为目前混凝土集料发展的重要任务。其中,海砂及海卵石、工业废渣、二次集料等的应用,已取得较好效果。

3.1.1　粗集料

1. 沥青混合料用粗集料

在沥青混合料中,粗集料(coarse aggregate)是指粒径大于2.36 mm 的碎石、破碎砾石、筛选砾石和矿渣等;在水泥混凝土中,粗集料是指粒径大于4.75 mm 的碎石、砾石和破碎砾石。卵石和碎石颗粒的长度人于该颗粒所属相应粒级的平均粒径2.4 倍者为针状颗粒;厚度小于平均粒径0.4 倍者为片状颗粒。平均粒径指该粒级上、下限粒径的平均值。

粗集料包括岩石天然风化而成的卵石(砾石)及人工轧制的碎石。

砾石又称为日卵石，它是由天然岩石经自然风化、水流搬运和分选、堆积而成的，按其产源可分为河卵石、海卵石和山卵石等几种，其中以河卵石应用居多。

粗集料的技术性质包括物理性质和力学性质两方面。物理性质主要是指密度和吸水率等。密度又分为表观密度、毛体积密度、松方密度等多种。松方密度含有开口、闭口孔隙和颗粒间间隙；毛体积密度含有开口、闭口孔隙；表观密度只含有闭口孔隙。粗集料的松方密度是指集料单位体积(包括物质颗粒固体及其闭口、开口孔隙和颗粒间空隙体积)物质颗粒的质量。松方密度是计算粗集料空隙率的重要参数，它与表观密度的区别在于:测定的体积中包含了集料颗粒间的空隙体积，因此，松方密度是将集料填装在规定的容积筒中进行测定，根据粗集料颗粒在容积筒中排列的松紧程度不同，又包括(自然)堆积状态、振实状态和捣实状态下的 3 种松方密度。

粗集料的技术要求有以下几个方面：

①颗粒级配及最大粒径。粗集料中公称粒级的上限称为最大粒径。当集料粒径增大时，其比表面积减小，混凝土的水泥用量也减少，故在满足技术要求的前提下，粗集料的最大粒径应尽量选大一些。在钢筋混凝土工程中，粗集料的粒径不得大于混凝土结构截面最小尺寸的 1/4，并不得大于钢筋最小净距的 3/4。对于混凝土实心板，其最大粒径不宜大于板厚的 1/3，并不得超过 40 mm。泵送混凝土用的碎石不应大于输送管内径的 1/3，卵石不应大于输送管内径的 2/5。

②有害杂质。粗集料中所含的泥块、淤泥、细屑、硫酸盐、硫化物和有机物都是有害杂质，其含量应符合国家标准《建筑用卵石、碎石》(GB/T 14685—2022)的规定。另外粗骨料中严禁混入煅烧过的白云石或石灰石块。

③针、片状颗粒。粗集料中针、片状颗粒过多，会使混凝土的和易性变差，强度降低，故粗集料的针、片状颗粒含量应控制在一定范围内。

2. 粗集料的取样方法

粗集料的取样方法依据《公路工程集料试验规程》(JTG E42—2005)中的 T 0301—2005。

(1)适用范围。

该方法适用于对粗集料的取样，也适用于含粗集料的集料，混合料如级配碎石、天然砂砾等的取样方法。

(2)取样方法和试样份数。

①通过皮带运输机的材料如采石场的生产线、沥青拌和楼的冷料输送带、无机结合料稳定集料、级配碎石混合料等，应从皮带运输机上采集样品。取样时，可在皮带运输机骤停的状态下取其中一截的全部材料(图 3.1)，或在皮带运输机的端部连续接一定时间的料得到，将间隔 3 次以上所取的试样组成一组试样，作为代表性试样。

②在材料场同批来料的料堆上取样时，应先铲除堆脚等处无代表性的部分，再在料堆的顶部、中部和底部，各由均匀分布的几个不同部位，取得大致相等的若干份组成一组试样，务必使所取试样能代表本批来料的情况和品质。

图 3.1 在皮带运输机上取样的方法

③从火车、汽车、货船上取样时,应从各不同部位和深度处抽取大致相等的试样若干份,组成一组试样。抽取的具体份数,应视能够组成本批来料代表样的需要而定。如经观察,认为各节车皮、汽车或货船的碎石或砾石的品质差异不大时,允许只抽取一节车皮、一辆汽车、一艘货船的试样(即一组试样),作为该批集料的代表样品;如经观察,认为该批碎石或砾石的品质相差甚远时,则应对该品质有怀疑的集料分别取样和验收。

④从沥青拌和楼的热料仓取样时,应在放料口的全断面上取样,通常宜将一开始按正式生产的配比投料拌和的几锅(至少 5 锅以上)废弃,然后分别将每个热料仓放出至装载机上,倒在水泥地上,适当拌和,从 3 处以上的位置取样,拌和均匀,取要求数量的试样。

(3)取样数量。

对每一单项实验,每组试样的取样数量宜不少于表 3.1 所规定的最少取样量。需做几项实验时,如确能保证试样经一项实验后不致影响另一项实验的结果时,可用同一组试样进行几项不同的实验。

表 3.1 各实验项目所需粗集料的最小取样量

实验项目	相对于下列公称最大粒径(mm)的最小取样量/kg										
	4.75	9.5	13.2	16	19	26.5	31.5	37.5	53	63	75
筛分	8	10	12.5	15	20	20	30	40	50	60	80
表观密度	6	8	8	8	8	8	12	16	20	24	24
含水率	2	2	2	2	2	2	3	3	4	4	6
吸水率	2	2	2	2	4	4	4	6	6	6	8
堆积密度	40	40	40	40	40	40	80	80	100	120	120
含泥量	8	8	8	8	24	24	40	40	60	80	80
泥块含量	8	8	8	8	24	24	40	40	60	80	80
针片状含量	0.6	1.2	2.5	4	8	8	20	40	—	—	—
硫化物、硫酸盐	1.0										

注:①有机物含量、坚固性及压碎指标值实验,应按规定粒级要求取样,其实验所需试样数量按《公路工程集料试验规程》(JTG E42—2005)有关规定施行;

②采用广口瓶法测定表观密度时,集料最大粒径不大于 40 mm 者,其最少取样数量为 8 kg。

(4)试样的缩分。

①分料器法。将试样拌匀后,如图3.2所示,通过分料器分为大致相等的两份,再取其中的一份分成两份,缩分至需要的数量为止。

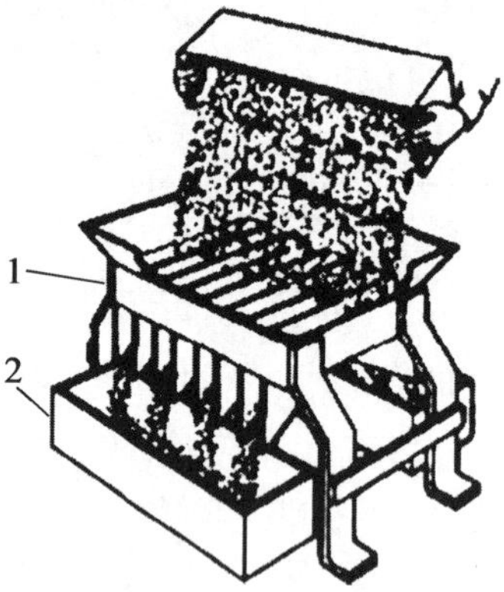

图3.2 分料器法示意图
1—分料漏斗;2—接料斗

②四分法。如图3.3所示,将所取试样置于平板上,在自然状态下拌和均匀,大致摊平,然后沿互相垂直的两个方向,把试样由中向边摊开,分成大致相等的4份,取其对角的两份重新拌匀,重复上述过程,直至缩分后的材料量略多于进行实验所必需的量。

缩分后的试样数量应符合各项实验规定数量的要求。

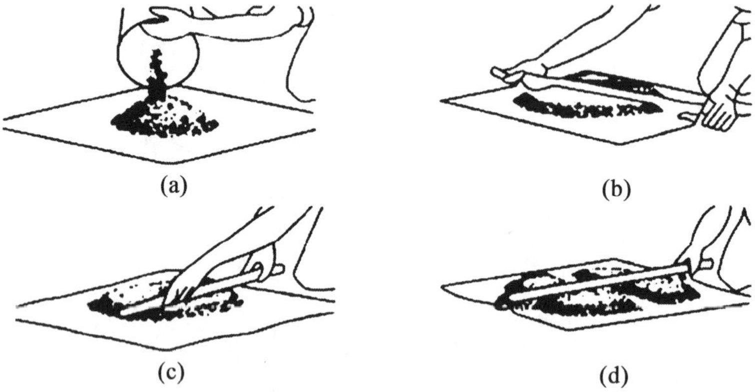

图3.3 四分法示意图

(5)试样的包装。

每组试样应采用能避免细料散失及防止污染的容器包装,并附卡片标明试样编号,取样时间、产地、规格,试样代表性数量、试样品质,要求检验项目及取样方法等。

材料取样的代表性非常重要,因为在不同的条件下,集料都有可能离析。它对沥青混合料的矿料级配影响很大。据美国的研究,施工质量管理的变异性是各种变异性的总和,可表示为

$$S_{\mathrm{QC/QA}}^2 = S_{\mathrm{S}}^2 + S_{\mathrm{t}}^2 + S_{\mathrm{mat./con.}}^2 \tag{3.1}$$

式中 $S_{QC/QA}$——检测指标总的变异性；

S_S——取样代表性不足造成的变异性，约占 23%；

S_t——实验方法精度方面造成的变异性，约占 43%；

$S_{mat./con.}$——材料及施工过程本身的变异性，约占 34%。

因而取样和实验方法是施工检测指标变异性的主要原因。所以为了了解和减小施工质量检验指标的变异性，首先需要认真取样，认真按实验规程实验。

该方法尽可能考虑到各种场合粗细集料离析的可能性，对取样的部位、点数作出了规定，然后均匀取样、混合使用，尤其是对公路工程广泛遇到的皮带运输机取样作了新的规定。如图 3.4 所示，在采石场的皮带连输机端部掉下的材料往往是中间细，粗的滚向外侧，如果在料堆上取样，真正要想得到均匀的有代表性的试样是很困难的，所以本方法规定在皮带运输机上取样（在拌和楼的热料仓），断面上的粒径分布也不一样。因此严格均匀取样对于实验结果，尤其是筛分结果的影响是非常大的。

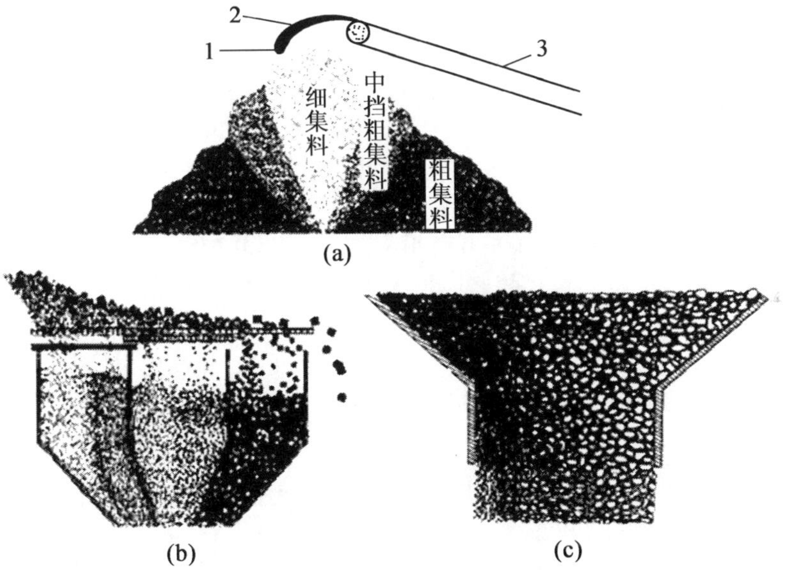

图 3.4 集料离析情况

1—细集料；2—粗集料；3—传送带

该取样法原来所指的粗集料都是从水泥混凝土材料的规定引用过来的，所以一般都规定 4.75 mm 以上的集料，或者用 4.75 mm 筛过筛。但是国内外的沥青混合料矿料部把 2.36 mm 作为粗细集料的分界，所以对水泥混凝土和沥青路面、基层的粗细集料的分界尺寸是有区别的。

3. 粗集料的技术标准

沥青层用粗集料包括碎石、破碎砾石、筛选砾石、钢渣、矿渣等，但高速公路和一级公路不得使用筛选砾石和矿渣。粗集料必须由具有生产许可证的采石场生产或施工单位自行加工。

粗集料应该洁净、干燥、表面粗糙，质量应符合表 3.2 的规定。当单一规格集料的质量指标达不到表 3.2 中要求，而按照集料配比计算的质量指标符合要求时，工程上允许使用。对受热易变质的集料，宜采用经拌和机烘干后的集料进行检验。

表 3.2　沥青混合料用粗集料质量技术要求

指标	单位	高速公路及一级公路		其他等级公路	实验方法
		表面层	其他层		
石料压碎值	%	≤26	≤28	≤30	T 0316
洛杉矶磨耗损失	%	≤28	≤30	≤35	T 0317
表观相对密度	—	≥2.60	≥2.50	≥2.45	T 0304
吸水率	%	≤2.0	≤3.0	≤3.0	T 0304
坚固性	%	≤12	≤12	—	T 0314
针片状颗粒含量(混合料)	%	≤15	≤18	≤20	T 0312
其中粒径大于 9.5 mm	%	≤12	≤15	—	
其中粒径小于 9.5 mm	%	≤18	≤20	—	
水洗法小于 0.075 mm 颗粒含量	%	≤1	≤1	≤1	T 0310
软石含量	%	≤3	≤5	≤5	T 0320

注：①坚固性实验可根据需要进行；

②用于高速公路、一级公路时，多孔玄武岩的表观密度可放宽至 2.45 t/m^3，吸水率可放宽至 3%，但必须得到建设单位的批准，且不得用于 SMA 路面；

③3 ~ 5 mm 的粗集料，针片状颗粒含量可不予要求，小于 0.075 mm 含量可放宽到 3%。

沥青混合料用粗集料的粒径规格应按表 3.3 的规定生产和使用。

表 3.3　沥青混合料用粗集料的粒径规格

规格名称	公称粒径/mm	通过下列筛孔(mm)的质量分数/%												
		106	75	63	53	37.5	31.5	26.5	19.0	13.2	9.5	4.75	2.36	0.6
S1	40 ~ 75	100	90 ~ 100	—	—	0 ~ 15	—	0 ~ 5						
S2	40 ~ 60		100	90 ~ 100	—	0 ~ 15	—	0 ~ 5						
S3	30 ~ 60		100	90 ~ 100	—	—	0 ~ 15	—	0 ~ 5					
S4	25 ~ 50			100	90 ~ 100	—	—	0 ~ 15	—	0 ~ 5				
S5	20 ~ 40				100	90 ~ 100	—	—	0 ~ 15	—	0 ~ 5			
S6	15 ~ 30					100	90 ~ 100	—	—	0 ~ 15	—	0 ~ 5		
S7	10 ~ 30					100	90 ~ 100	—	—	—	0 ~ 15	0 ~ 5		
S8	10 ~ 25						100	90 ~ 100	—	0 ~ 15	—	0 ~ 5		
S9	10 ~ 20							100	90 ~ 100	—	0 ~ 15	0 ~ 5		
S10	10 ~ 15								100	90 ~ 100	0 ~ 15	0 ~ 5		
S11	5 ~ 15								100	90 ~ 100	40 ~ 70	0 ~ 15	0 ~ 5	
S12	5 ~ 10									100	90 ~ 100	0 ~ 15	0 ~ 5	
S13	3 ~ 10									100	90 ~ 100	40 ~ 70	0 ~ 20	0 ~ 5
S14	3 ~ 5										100	90 ~ 100	0 ~ 15	0 ~ 3

采石场在生产过程中必须彻底清除覆盖层及泥土夹层。生产碎石用的原石不得含

有土块、杂物,集料成品不得堆放在泥土地上。

高速公路、一级公路沥青路面的表面层(或磨耗层)的粗集料磨光值应符合表3.4的要求。除SMA、OGFC路面外,允许在硬质粗集料中掺加部分较小粒径的磨光值达不到要求的粗集料,其最大掺加比例由磨光值实验确定。

3.4 粗集料磨光值与沥青的黏附性的技术要求

雨量气候区	1(潮湿区)	2(湿润区)	3(半干区)	4(干旱区)	实验方法
年降雨量/mm	>1 000	500~1 000	250~500	<250	附录A
粗集料的磨光值 高速公路、一级公路表面层	≥42	≥40	≥38	≥36	T 0321
粗集料与沥青的黏附性 高速公路、一级公路表面层	≥5	≥4	≥4	≥3	T 0616
高速公路、一级公路的其他层次 及其他等级公路的各个层次	≥4	≥4	≥3	≥3	T 0663

粗集料与沥青的黏附性应符合表3.4的要求,当使用不符合要求的粗集料时,宜掺加消石灰、水泥或用饱和石灰水处理后使用,必要时可同时在沥青中掺加耐热、耐水、长期性能好的抗剥落剂,也可采用改性沥青的措施,使沥青混合料的水稳定性检验达到要求。掺加外加剂的剂量由沥青混合料的水稳定性检验确定。

破碎砾石应采用粒径大于50 mm、含泥量(质量分数)不大于1%的砾石轧制,破碎砾石的破碎面应符合表3.5的要求。

表3.5 粗集料对破碎面的要求

路面部位或混合料类型	具有一定数量破碎面颗粒含量/%		实验方法
	1个破碎面	2个或2个以上破碎面	
沥青路面表面层 高速公路、一级公路 其他等级公路	 ≥100 ≥80	 ≥90 ≥60	T 0361
沥青路面中下面层、基层 高速公路、一级公路 其他等级公路	 ≥90 ≥70	 ≥80 ≥50	
SMA混合料	≥100	≥90	
贯入式路面	≥80	≥60	

筛选砾石仅适用于三级及三级以下公路的沥青表面处治路面。

经过破碎且存放期超过6个月以上的钢渣可作为粗集料使用。除吸水率允许适当放宽外,各项质量指标应符合表3.2的要求。钢渣在使用前应进行活性检验,要求钢渣中的游离氧化钙含量不大于3%,浸水膨胀率不大于2%。

3.1.2 细集料

1. 细集料

在沥青混合料中，细集料是指粒径小于2.36 mm的天然砂、人工砂（包括机制砂）及石屑；在水泥混凝土中，细集料是指粒径小于4.75 mm的天然砂、人工砂。

细集料的物理常数包括表观密度、堆积密度、空隙率等。

细集料分为天然砂和人工砂，天然砂是由岩石在自然条件下风化形成的；人工砂是由岩石轧碎而成的颗粒，表面有棱角，较洁净，但价格较高。

细集料的技术性质主要有3类：

（1）物理性质。

①表观密度：测定方法一般用比重瓶法。

②毛体积密度。

③松方密度或装填密度。

④空隙率。

（2）级配。

用筛分法测定砂的级配，标准筛筛孔尺寸分别为4.75 mm、2.36 mm、1.18 mm、0.6 mm、0.3 mm、0.15 mm、0.75 mm。筛分后，计算相关参数：分计筛余百分率、累计筛余百分率和通过百分率。

（3）粗度（或细度）。

砂的粗细用细度模数（fineness module）来表征。细度模数是表征天然砂粒径的粗细程度及类别的指标。

$$M_X = [(A_{0.15} + A_{0.3} + A_{0.6} + A_{1.18} + A_{2.36}) - 5A_{4.75}]/(100 - A_{4.75})$$

式中 M_X——细度模数；

$A_{0.15}$——粒径大于0.15 mm颗粒累计筛余百分率（%），其他以此类推。

砂子的粗细按细度模数分为4个等级，粗砂：细度模数为3.7～3.1，平均粒径为0.5 mm以上；中砂：细度模数为3.0～2.3，平均粒径为0.5～0.35 mm；细砂：细度模数为2.2～1.6，平均粒径为0.35～0.25 mm；特细砂：细度模数为1.5～0.7，平均粒径为0.25 mm以下。

细度模数越大，表示砂越粗。普通混凝土用砂的细度模数为3.7～1.6，以中砂为宜，或者用粗砂加少量的细砂，其比例为4:1。

细集料主要指砂，广泛应用于水泥混凝土及沥青混合料中，必须掌握好其各项技术指标、测定方法及技术标准，从而达到保证材料质量的目的。

2. 细集料的取样方法

同粗集料取样方法。

3. 沥青混合料用细集料的技术标准

沥青路面的细集料包括天然砂、机制砂和石屑。细集料必须由具有生产许可证的采石场、采砂场生产。

细集料应洁净、干燥、无风化、无杂质，并有适当的颗粒级配，其质量应符合表3.6的规定。细集料的洁净程度,天然砂以小于0.075 mm含量的质量百分数表示,石屑和机制砂以砂当量(适用于0~4.75 mm)或亚甲蓝值(适用于0~2.36 mm或0~0.15 mm)表示。

表3.6 沥青混合料用细集料质量要求

项目	单位	高速公路、一级公路	其他等级公路	实验方法
表观相对密度	—	≥2.50	≥2.45	T 0328
坚固性(>0.3 mm部分)	%	≥12	—	T 0340
含泥量(小于0.075 mm的含量)	%	≤3	≤5	T 0333
砂当量	%	≥60	≥50	T 0334
亚甲蓝值	g/kg	≤25	—	T 0346
棱角性(流动时间)	s	≥30	—	T 0345

注:①坚固性实验可根据需要进行。

天然砂可采用河砂或海砂,通常宜采用粗、中砂,其规格应符合表3.7的规定。砂的含泥量超过规定时应水洗后使用,海砂中的贝壳类材料必须筛除。开采天然砂必须取得当地政府主管部门的许可,并符合水利及环境保护的要求。热拌密级配沥青混合料中天然砂的用量通常不宜超过集料总量的20%,SMA和OGFC混合料不宜使用天然砂。

表3.7 沥青混合料用天然砂规格

筛孔尺寸/mm	通过各筛孔的质量分数/%		
	粗砂	中砂	细砂
9.5	100	100	100
4.75	90~100	90~100	90~100
2.36	65~95	75~90	85~100
1.18	35~65	50~90	75~100
0.6	15~30	30~60	60~84
0.3	5~20	8~30	15~45
0.15	0~10	0~10	0~10
0.075	0~5	0~5	0~5

石屑是采石场破碎石料时通过4.75 mm或2.36 mm筛孔的筛下部分,其规格应符合表3.8的要求。采石场在生产石屑的过程中应具备抽吸设备,高速公路和一级公路的沥青混合料,宜将S14与S16组合使用,S15可在沥青稳定碎石基层或其他等级公路中使用。

表3.8 沥青混合料用机制砂或石屑规格

规格	公称粒径/mm	水洗法通过各筛孔(mm)的质量分数/%							
		9.5	4.75	2.36	1.18	0.6	0.3	0.15	0.075
S15	0~5	100	90~100	60~90	40~75	20~55	7~40	2~20	0~10
S16	0~3	—	100	80~100	50~80	25~60	8~45	0~25	0~15

注:当生产石屑采用喷水抑制扬尘工艺时,应特别注意含粉量不得超过表中要求。

机制砂宜采用专用的制砂机制造,并选用优质石料生产,其级配应符合S16的要求。

3.1.3 填料

填料泛指被填充于其他物体中的物料。在化学工程中，填料指装于填充塔内的惰性固体物料，例如鲍尔环和拉西环等，其作用是增大气－液的接触面，使其相互强烈混合。在化工产品中，填料又称为填充剂、增量剂，是指用以改善加工性能、制品力学性能并(或)降低成本的固体物料。某些填料同时又是体质颜料。微细的填料具有良好的遮盖力，常用于涂料行业。

沥青混合料中用的填料主要有矿粉、水泥。填料主要起填充骨料间空隙，增加与沥青的接触面积(比表面积)的作用。

矿粉(mineral powder)指的是符合工程要求的石粉及其代用品的统称。矿粉是将矿石粉碎加工后的产物，是矿石加工冶炼的第一步骤，也是最重要的步骤之一。

矿粉和铁粉的区别：矿粉一般是指将开采出来的矿石进行粉碎加工后所得到的料粉，如铁矿粉，是指将不同类型含铁矿(如褐铁矿、磁铁矿等)粉碎球磨磁选后，所得的不同含铁量的矿粉，普通矿粉铁质量分数为60%～68%，超精矿粉铁质量分数为70%～72%；而铁粉相对含铁量比矿粉高，是采用不同加工工艺如还原法、水或气雾化法、机械粉碎法、电解法、熔盐分解法、蒸发冷凝法等获得高品位并达到使用要求的粒度的颗粒状铁粉。

矿渣微粉又称为矿粉，现在我国产的矿粉主要用于混凝土掺合料，由专业的工厂生产，制作混凝土时加入到混凝土中，掺量以占混凝土中水泥质量计。一般生产矿粉时也可以加入部分石膏，以 SO_3 质量分数计，一般为2%。矿粉又可以进一步分为普通矿粉和超细矿粉，以比表面积来分。

1. 矿粉的技术标准

沥青混合料的矿粉必须采用石灰岩或岩浆岩中的强基性岩石等憎水性石料经磨细得到的矿粉，原石料中的泥土杂质应除净。矿粉应干燥、洁净，能自由地从矿粉仓流出，其质量应符合表3.9的质量要求。

表3.9 沥青混合料用矿粉质量要求

项目		单位	高速公路、一级公路	其他等级公路	实验方法
表观相对密度		t/m^3	≥2.50	≥2.45	T 0352
含水量		%	≤1	≤1	T 0103 烘干法
粒度范围	<0.6 mm	%	100	100	T 0351
	<0.15 mm	%	90～100	90～100	
	<0.075 mm	%	75～100	70～100	
外观			无团粒结块		
亲水系数			<1		T 0353
塑性指数		%	<4		T 0354
加热安定性			实测记录		T 0355

拌和机的粉尘可作为矿粉的一部分回收使用，但每盘用量不得超过填料总量的

25%,掺有粉尘填料的塑性指数不得大于4%。

粉煤灰作为填料使用时,用量不得超过填料总量的50%,粉煤灰的烧失量应小于12%,与矿粉混合后的塑性指数应小于4%,其余质量要求与矿粉相同。高速公路、一级公路的沥青面层不宜采用粉煤灰作填料。

2. 石灰的技术标准

(1)石灰粉及其用途。

石灰粉是以碳酸钙为主要成分的白色粉末状物质。其应用范围非常广泛,最常见的是用于建筑行业,也就是工业用的碳酸钙;另外一种是食品级碳酸钙,作为一种常见的补钙营养强化剂,被广泛应用,常用的有两种:一种是重质碳酸钙,是石灰石经过粉碎到一定的细度用作食品添加剂;另一种是轻质碳酸钙,是石灰石经过煅烧制得。

石灰在土木工程中应用范围很广,主要用途如下:

①石灰乳和砂浆。用石灰膏或消石灰粉可配制石灰砂浆或水泥石灰混合砂浆,用于砌筑或抹灰工程。

②石灰稳定土。将消石灰粉或生石灰粉掺入各种粉碎或原来松散的土中,经拌和、压实及养护后得到的混合料,称为石灰稳定土。它包括石灰土、石灰稳定砂砾土、石灰碎石土等。石灰稳定土具有一定的强度和耐水性,广泛用作建筑物的基础、地面的垫层及道路的路面基层。

③硅酸盐制品。以石灰(消石灰粉或生石灰粉)与硅质材料(砂、粉煤灰、火山灰、矿渣等)为主要原料,经过配料、拌和、成型和养护后可制得砖、砌块等各种制品。因内部的胶凝物质主要是水化硅酸钙,所以称为硅酸盐制品,常用的有灰砂砖、粉煤灰砖等。

④建筑中使用的:三合土、石灰浆、刷墙壁($Ca(OH)_2 + CO_2 = CaCO_3\downarrow + H_2O$)等。

⑤农业上用于配制波尔多液作为农药($Ca(OH)_2 + CuSO_4 = CaSO_4 + Cu(OH)_2\downarrow$,硫酸钙微溶于水)。注意:配制时,不能在铁制的容器中进行,也不能用铁棒进行搅拌($Fe + CuSO_4 = Cu + FeSO_4$)。将适量的熟石灰加入土壤,可以中和酸性,改变土壤的酸碱性。

⑥工业上用于配制氢氧化钠(也称为火碱、烧碱、苛性钠)($Ca(OH)_2 + Na_2CO_3 = CaCO_3\downarrow + 2NaOH$)、配制价格低廉的漂白粉($2Cl_2 + 2Ca(OH)_2 = CaCl_2 + Ca(ClO)_2 + 2H_2O$)等。

(2)石灰的分类。

石灰按化学成分分为钙质石灰、镁质石灰及白云石质石灰,其分类界限见表3.10。按等级分为优等品、一等品、合格品。公路路面基层用石灰分为优等、一级、合格品(或称Ⅰ、Ⅱ、Ⅲ级)。石灰还可以用作石灰土路面的面层。

表3.10 钙质、镁质、白云石质石灰分类界限

品种	氧化镁含量		
	钙质石灰	镁质石灰	白云石质石灰
生石灰、生石灰粉	$w(MgO) \leqslant 5\%$	$w(MgO) \geqslant 5\%$	
消石灰粉	$w(MgO) < 4\%$	$4\% \leqslant w(MgO) < 24\%$	$24\% \leqslant w(MgO) < 30\%$

(3)建筑石灰的技术指标。

表3.11为建筑石灰质量技术要求。

表3.11 建筑石灰质量技术要求

品种	项目			钙质石灰			镁质石灰			白云石质石灰		
				优等品	一等品	合格品	优等品	一等品	合格品	优等品	一等品	合格品
生石灰	$w(CaO+MgO)$/%		≥	90	85	80	85	80	75			
	未消化残渣含量(5 mm圆孔筛余)/%		≤	5	10	15	5	10	15			
	$w(CO_2)$/%		≤	5	7	9	6	8	10			
	产浆量/($L \cdot kg^{-1}$)		≥	2.8	2.3	2.0	2.8	2.3	2.0			
生石灰粉	$w(CaO+MgO)$/%		≤	85	80	75	80	75	70			
	$w(CO_2)$/%		≤	7	9	11	8	10	12			
	细度	0.9 mm筛筛余/%	≤	0.2	0.5	1.5	0.2	0.5	1.5			
		0.125 mm筛筛余/%	≤	7.0	12.0	18.0	7.0	12.0	18.0			
消石灰粉	$w(CaO+MgO)$/%		≥	70	65	60	65	60	55	65	60	55
	游离水/%			0.4~2	0.4~2	0.4~2	0.4~2	0.4~2	0.4~2	0.4~2	0.4~2	0.4~2
	体积安定性			合格	合格		合格	合格		合格	合格	
	细度	0.9 mm筛筛余/%	≤	0	0	0.5	0	0	0.5	0	0	0.5
		0.125 mm筛筛余/%	≤	3	10	15	3	10	15	3	10	15
	$w(MgO)$/%			<4			4~24			24~30		

凡达不到合格品任何一项指标者均为等外品。

思考题

1. 阐述粗集料在沥青混合料中的作用。
2. 沥青混合料和水泥混凝土用粗集料、细集料有何相同及不同点?
3. 沥青混合料用粗集料是考虑哪些因素来选择的?
4. 阐述细集料在沥青混合料中的作用。
5. 阐述填料在沥青混合料中的作用。
6. 阐述在沥青混合料中掺加生石灰粉的作用。

3.2 沥　青

3.2.1 概　述

沥青是由不同相对分子质量的碳氢化合物及其非金属(硫、氧、氮等)衍生物组成的黑褐色复杂混合物,呈液态、半固态或固态,传统上是作为防水防潮和防腐的有机胶凝材料使用的。沥青作为基础建设材料，目前主要应用于交通运输、建筑业、农业、水利工程、工业（采掘业、制造业）、民用等领域。

沥青按用途通常分为道路沥青、建筑沥青、专用沥青。在专用沥青中现有的品种包括防水防潮石油沥青、管道防腐沥青、专用石油沥青、油漆石油沥青、电缆沥青、绝缘沥青、电池封口剂、橡胶沥青等。

按照沥青的产源不同我国通用的命名和分类方法见表 3.12。

表 3.12 沥青的分类

- 沥青
  - 地沥青
    - 天然沥青：石油在自然条件下，长时间经受地球物理因素作用形成的产物
    - 石油沥青：石油经各种炼制工艺加工而得的沥青产品
  - 焦油沥青
    - 煤沥青：煤经干馏所得的煤焦油，经再加工后得到煤沥青
    - 页岩沥青：页岩炼油工业的副产品

在公路和桥梁建设中应用的主要是石油沥青。

建筑工业用的石油沥青主要用于防水、防潮，也用于制造防水材料，如油毛毡、沥青油膏等。一般要求沥青具有良好的黏结性和防水性，在高温下不流淌，低温下不脆裂，并要求有良好的耐久性。建筑沥青标号较高，针入度为 5 ~40（0.1 mm）。

公路建设是沥青材料的主要应用方向，用于公路建设的沥青占沥青总产量的 80% ~ 90%。道路石油 A 级沥青可以用于各个等级的公路，适用于任何场合和层次。

1. 在面层中的应用

据考古资料记载，沥青混合料作为路面材料已有相当长的历史了。1832 ~1838 年间，英国人采用了煤沥青在格洛斯特郡修筑了第一段煤沥青碎石路；19 世纪 50 年代，法国人在巴黎采用天然岩沥青修筑了第一条地沥青碎石路；到了 20 世纪，石油沥青成为使用量最大的铺路材料；20 世纪 20 年代，在我国的上海开始铺设沥青路面。1949 年以后，随着我国自产路用沥青材料的发展，沥青路面已广泛应用于城市道路和公路干线，成为目前我国铺筑面积最多的一种高级路面，沥青混合料也成为沥青路面的主体材料。沥青是沥青混合料中最重要的组成材料，其性能优劣直接影响沥青混合料的技术性质。通常，为使沥青混合料获得较高的力学强度和较好的耐久性，沥青路面所用的沥青等级，宜按照公路等级、气候条件、交通性质、路面类型、在结构层中的层位及受力特点、施工方法等因素，结合当地的使用经验确定。

热拌沥青混合料适用于各种等级公路的沥青路面，分类见表 3.13。随着高速公路的飞速发展，高等级沥青路面的施工技术和路面质量有了很大提高，同时也诞生了许多新型的沥青路面材料，如改性沥青混凝土、纤维沥青混凝土、多碎石沥青混凝土（SAC）、沥青玛𤧛脂碎石混合料（SMA）、大粒径沥青混合料（LSAM）等，这些材料的路用性能较传统的沥青混凝土混合料和沥青碎石混合料的性能有了较大的改善。

表 3.13 热拌沥青混合料分类

混合料类型	密级配			开级配		半开级配	公称最大粒径/mm	最大粒径/mm
	连续级配		间断级配	间断级配		沥青碎石		
特粗式	—	ATB-40	—	—	ATPB-40	—	37.5	53.0
粗粒式	—	ATB-30	—	—	ATPB-30	—	31.5	37.5
	AC-25	ATB-25	—	—	ATPB-25	—	26.5	31.5
中粒式	AC-20	—	SMA-20	—	—	AM-20	19.0	26.5
	AC-16	—	SMA-16	OGFC-16	—	AM-16	16.0	19.0
细粒式	AC-13	—	SMA-13	OGFC-13	—	AM-13	13.2	16.0
	AC-10	—	SMA-10	OGFC-10	—	AM-10	9.5	13.2
砂粒式	AC-5	—	—	—	—	AM-5	4.75	9.5
设计空隙率/%	3~5	3~6	3~4	>18	>18	6~12	—	—

我国常以乳化沥青作为结合料，拌制乳化沥青混凝土混合料或乳化沥青碎石混合料。相对于热拌沥青混合料，常温沥青混合料的优点是施工方便、节约能源、保护环境。目前，我国经常采用的常温沥青混合料以乳化沥青碎石混合料为主。乳化沥青碎石混合料适用于一般道路的沥青路面面层、修补旧路坑槽及作一般道路旧路改建的加铺层用。常温沥青碎石混合料一般只适用于沥青路面的连接层或平整层。

2. 在基层中的应用

目前，虽然无机结合料稳定材料作为半刚性基层在高速公路中得到广泛应用，我国在修建半刚性基层沥青路面方面也积累了丰富的经验，但是半刚性基层存在不可忽视的弊端，易产生干缩裂缝和温缩裂缝，不仅影响路面的外观，而且给水侵入路基提供了通道，从而降低了路面的耐久性，由此引出了柔性基层。柔性基层的设计思路来自于美国，它与半刚性基层相比，具有结构整体水密性好，不易产生裂缝的优势。柔性基层一般采用沥青稳定碎石等黏弹性材料，韧性好，有一定的自愈能力。

(1)大粒径沥青混合料。

大粒径沥青混合料(Large-Stone Asphalt Mixes，LSAM)，一般是指含有矿料的最大粒径在25~63 mm之间的热拌热铺沥青混合料。

根据国内外研究成果和实践表明，大粒径沥青混合料具有以下4方面的优点：

①级配良好的LSAM可以抵抗较大的塑性和剪切变形，承受重载交通的作用，具有较好的抗车辙能力，提高了沥青路面的高温稳定性。特别对于低速、重车路段，需要的持荷时间较长时，设计良好的LSAM与传统沥青混合料相比，显示出十分明显的抗永久变形能力。

②大粒径集料的增多和矿粉用量的减少，使得在不减少沥青膜厚度的前提下，减少了沥青总用量，从而降低工程造价。

③可一次性摊铺较大的厚度，缩短工期。

④沥青层内部储温能力强，热量不易散失，利于寒冷季节施工，延长施工期。

根据大粒径沥青混合料的结构和使用功能不同，目前常用的种类有大粒径沥青混凝土混合料、大粒径透水式沥青混合料、沥青稳定碎石混合料和沥青碎石混合料。

设计良好的LSAM应该是粗骨料间能形成相互嵌挤，并由细集料、矿粉及沥青密实填充。但从现阶段我国的施工水平来看，要想达到完全紧排骨架结构还有一定的难度，但达到松排骨架结构相对要容易一些。如果从能够适用较广的应用范围和易于施工角度出发，为获得综合良好的沥青混合料路用性能，设计一种松排骨架密实结构，使其在发挥骨架作用的同时，也不降低沥青混合料的其他路用性能，是值得深入研究的。

(2)大粒径透水性沥青混合料。

作为LSAM的一种，大粒径透水性沥青混合料通常用作路面结构中的基层。大粒径透水性沥青混合料(Large Stone Porous Asphalt Mixes，LSPM)是指混合料最大公称粒径大于26.5 mm，具有一定空隙率，能够将水分自由排出路面结构的沥青混合料。由于大粒径透水性沥青混合料是一种新型的柔性基层材料，从设计理念、级配组成、施工工艺到质量标准均有别于普通沥青混合料，目前尚无系统的方法直接使用。山东省公路局几年前开展了这方面的课题，组织编写了《大粒径透水性沥青混合料柔性基层设计与施工指南》。2001年，自第一条大粒径透水性沥青混合料柔性基层实验路建成通车以来，这种结构已陆续在各地路网改建、高速公路的大修及新建高速公路等多项工程中成功使用。大粒径透水性沥青混合料柔性基层的应用，经历了从认识到研究，从研究到实践的长期过程，现已基本上形成了一个相对完整的体系。

LSPM除了大粒径沥青混凝土具有的优点外还有以下优势：

①LSPM具有较高的水稳定性和良好的排水功能，可以兼有路面排水层的功能。

②由于LSPM有着较大的粒径和较大的空隙，可以有效地减少反射裂缝。

③在大修改建工程中，可大大缩短封闭交通时间，社会经济效益显著。

LSPM的结构特点：

①LSPM是一种骨架型沥青混合料，由较大粒径(25～62 mm)的单粒径集料形成骨架，一定量的细集料形成填充。LSPM设计可采用半开级配或开级配，有着良好的排水效果，通常为开级配(空隙率为13%～18%)。

②LSPM既不同于一般的沥青处治碎石混合料(ATPB)基层，也不同于密级配沥青稳定碎石混合料(ATB)。沥青处治碎石(ATPB)的粗集料形成了骨架嵌挤，但基本上没有细集料的填充，因此空隙率很大，一般大于18%，具有非常好的透水效果，但由于没有细集料填充，空隙率过大导致混合料耐久性较差。密级配沥青稳定碎石混合料(ATB)也具有良好的骨架结构，空隙率一般为3%～6%，因此不具备排水性能。LSPM级配经过严格设计，形成了单一粒径骨架嵌挤，并且采用少量细集料进行填充，提高了混合料的模量与耐久性，在满足排水要求的前提下适当降低混合料的空隙率，其空隙率一般为13%～18%。因此LSPM既具有良好的排水性能，又具有较高模量与耐久性。

LSPM的缺点是耐疲劳性能较密级配沥青混合料低，需要通过良好的混合料设计与结构设计来改善。

3. 路面养护材料

由乳化沥青、石屑(或砂)、填料(水泥、石灰、粉煤灰、石粉)、外掺剂和水等按一定比例拌制而成的一种具有流动性的沥青混合料，简称为沥青稀浆混合料。石屑（或砂）、填料（水泥、石灰、粉煤灰、石粉）与聚合物改性乳化沥青、外掺剂和水等按一定比例拌制而成的一种具有流动性的沥青混合料，称为微表处。微表处主要用于高速公路和一级公路预防性养护及填补轻度车辙，也适用于新建公路的抗滑耐磨层。而稀浆封层主要用于二级及二级以下公路预防性养护，也适用于新建公路的下封层。

3.2.2 沥青的取样方法

1. 沥青的取样

依据《沥青取样法（标准》（GB/T 11147—2010）、《公路工程沥青及沥青混合料试验规程》（JTG E20—2011）、《沥青取样法（实验方法）》（T 0601—2011）。

（1）目的。

沥青取样的目的主要是在生产厂、储存或交货验收地点为检查沥青产品质量而采集各种沥青材料的样品。

（2）取样原则。

客户委托抽样时，根据与客户的协议要求按相应抽样标准组织抽样，保证抽取的样品具有代表性。

（3）取样地点。

委托单位的成品仓库、经生产方检验合格的产品、其他存放地或委托方送检的沥青样品。

（4）取样数量。

进行沥青性质常规检验的取样数量为：黏稠或固体沥青不少于 4.0 kg；液体沥青不少于 1 L；乳化沥青不少于 4 L。

进行沥青性质非常规实验所需的沥青数量，根据实际需要确定。

（5）仪器及其材料技术要求。

①盛样器：根据沥青的品种选择。液体或黏稠沥青采用广口、密封带盖的金属容器（如锅、桶等）；乳化沥青也可使用广口、带盖的聚氯乙烯塑料桶；固体沥青可用塑料袋，但需有外包装，以便携运。

②沥青取样器：容器由金属制成，上有带塞由聚四氟乙烯制成，塞上有金属长柄提手，其结构尺寸如图 3.5 所示。

③检查取样和盛样容器是否干净、干燥，盖子是否配合严密。使用过的取样器或金属桶等盛样容器必须洗净、干燥后才可使用。对供质量仲裁用的沥青试样，应采用未使用过的新容器存放，且由供需双方人员共同取样，取样后双方在密封纸上签字盖章。

（6）取样检验前准备及试样的准备工作。

①检查样品在运输、保管过程中有无污染，与抽样单或委托单上样品状态栏填写的内容是否相符。

②检查完毕后，双方当事人在样品记录单上签字，检验人员还要在原始记录样品情况中记录。

③检验前将样品编号，并在样品标签上注明。

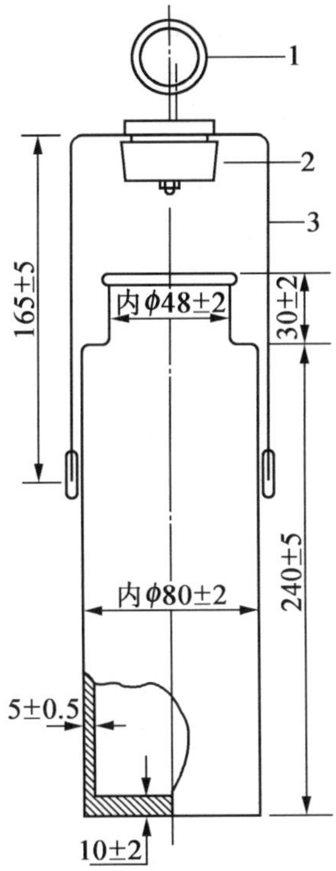

图 3.5　沥青取样器(尺寸单位:mm)

1—吊环;2—聚四氟乙烯塞;3—手柄

④检查检验用仪器设备是否正常。

⑤按《沥青取样法》(GB/T 11147—2010)、《公路工程沥青及沥青混合料试验规程》(JTG E20—2011)、《沥青取样法》(T 0601—2011)、《沥青试样准备方法》(T 0602—2011)准备沥青试样。

(7)取样方法与步骤。

使用符合国家标准要求的沥青取样器(图 3.6)取样。

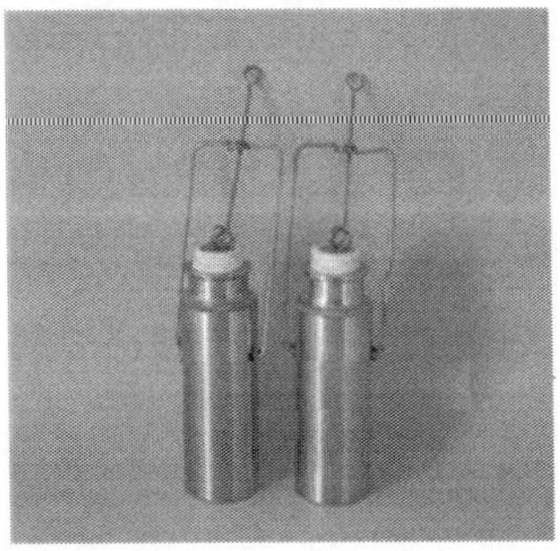

图 3.6　沥青取样器

①从无搅拌设备的储油罐中取样。

a. 液体沥青或经加热已经变成流体的黏稠沥青取样时,应先关闭进油阀和出油阀,然后取样。

b.用取样器按液面上、中、下位置(液面高各为1/3等分处,但距罐底不得低于总液面高度的1/6)各取规定数量样品。每层取样后,取样器应尽可能倒净。当储罐过深时,也可在流出口按不同流出深度分3次取样。对静态存取的沥青,不能仅从罐顶用小桶取样,也不能仅从罐底阀门流出少量沥青取样。

c.将取出的3个样品充分混合后取规定数量样品4 kg作为试样,样品也可分别进行检验。

②从有搅拌设备的储油罐中取样。将液体沥青或经加热已经变成流体的黏稠沥青充分搅拌后,用取样器从沥青层的中部取规定数量的试样。

③从槽车、罐车、沥青洒布车中取样。

a.设有取样阀(图3.7)时,可旋开取样阀,待流出至少4 kg或4 L后再取样。

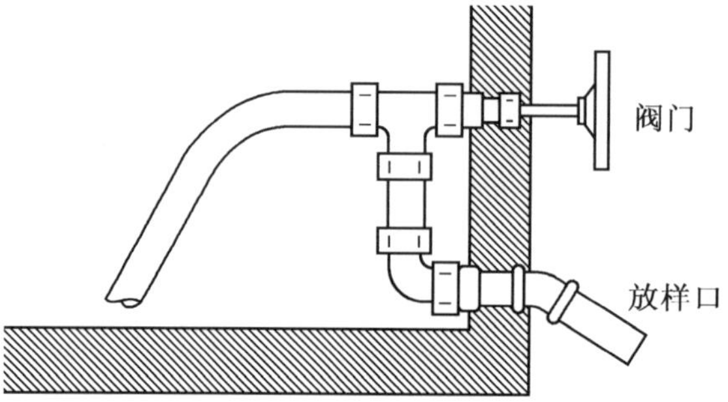

图3.7 沥青取样阀

b.仅有放料阀时,等放出全部沥青的一半时再取样。

c.从顶盖处取样,可用取样器从中部取样。

④在装料或卸料过程中取样。在装料或卸料过程中取样时,要按时间间隔均匀地取至少3个规定数量样品,然后将这些样品充分混合后取规定数量样品4 kg作为试样。样品也可分别进行检验。

⑤从沥青储存池中取样。沥青储存池中的沥青应待加热熔化后,经管道或沥青泵流至沥青加热锅之后取样。分间隔每锅至少取3个样品,然后将这些样品充分混匀后再取规定数量4 kg作为试样,样品也可分别进行检验。

⑥从沥青运输船取样。沥青运输船到港后,应分别从每个沥青仓取样,每个仓从不同的部位取3个样品,混合在一起,再从中取4 kg作为一个仓的沥青样品供检验用。在卸油过程中取样时,应根据卸油量,大体均匀地隔3次从卸油口或管道途中的取样口取样,然后混合作为一个样品供检验用。

⑦从沥青桶中取样。

a.当能确认是同一批生产的产品时,可随机取样。如果不能确认是同一批生产的产品时,应根据桶数按照表3.14规定或按总桶数的立方根数随机选出沥青桶数。

表3.14 选取沥青样品桶数

沥青桶总数	2~8	9~27	28~64	65~125	126~216	217~343	344~512	513~729	730~1 000	1 001~1 331
选取桶数	2	3	4	5	6	7	8	9	10	11

b.将沥青桶加热使桶中沥青全部熔化成流体后，按罐车取样方法取样。每个样品的数量，以充分混合后能满足供检验用样品的规定数量不少于4 kg要求为限。

c.当沥青桶不便加热融化沥青时，可在桶高的中部将桶凿开取样，但样品应在距桶壁5 cm以上的内部凿取，并采取措施防止样品散落地面沾有尘土。

⑧固体沥青取样。从桶、袋、箱装或散装整块中取样时，应在表面以下5 cm处采取。如沥青能够打碎，可用一个干净的工具将沥青打碎后取中间部分试样；若沥青是软塑的，则用一个干净的热工锯切割取样。当能确认是同一批生产的样品时，应随机取出一件按上法规定取4 kg供检验用。

⑨在验收地点取样。当沥青到达验收地点卸货时，应尽快取样。所取样品为两份，一份用于验收实验，另一份留存备查。

7. 样品的保护与存放

①除液体沥青、乳化沥青外，所有需加热的沥青试样必须存放在密封带盖的金属容器中，严禁在纸袋、塑料袋中存放。试样应放在阴凉干净处，注意防止试样污染。装有试样的盛样器加盖、密封好并擦拭干净后，在盛样器上（不得在盖上）标出识别标记，如试样来源、品种、取样日期、地点及取样人。

②冬季乳化沥青试样应注意采取妥善防冻措施。

③除试样的一部分用于检验外，其余试样应妥善保存备用。

④试样需加热取样时，应一次取够一批实验所需的数量装入另一盛样器，其余试样密封保存，应尽量减少重复加热取样。用于质检仲裁检验的样品，重复加热的次数不得超过两次。

2. 沥青试样准备方法

依据（JTG E20—2011）、（T 0602—2011）。

（1）目的与适用范围。

①按沥青取样法获取的沥青试样，在实验前需按以下方法进行试样准备。

②该方法适用于黏稠道路石油沥青、煤沥青、聚合物改性沥青等需要加热后才能进行实验的沥青试样，按此法准备的沥青供立即在实验室进行各项实验使用。

③该方法也适用于对乳化沥青试样进行各项性能测试。每个样品数量根据需要决定，常规测定不宜少于600 g。

（2）仪器与材料。

①烘箱：200 ℃，装有温度控制调节器。

②加热炉具：电炉或燃气炉（丙烷石油气、天然气）。

③石棉垫：不小于炉具上面积。

④滤筛：筛孔孔径为0.6 mm。

⑤沥青盛样器皿：金属锅或瓷坩埚。

⑥烧杯：1 000 mL。

⑦温度计：量程为0～100 ℃及0～200 ℃，分度值为0.1 ℃。

⑧天平：称量为2 000 g，感量不大于1 g；称量为100 g，感量不大于0.1 g。

⑨其他：玻璃棒、溶剂、棉纱等。

⑩沥青若干、乳化剂。

(3)方法与步骤。

①热沥青试样制备。

a. 将装有试样的盛样器带盖放入恒温烘箱中(烘箱温度80 ℃左右),加热至沥青全部熔化后供脱水用。当石油沥青中无水分时,烘箱温度宜为软化点温度以上90 ℃,通常为135 ℃左右。对取来的沥青试样不得直接采用电炉或燃气炉明火加热。

b. 当石油沥青试样中含有水分时,将盛样器皿放在可控温的砂浴、油浴、电热套加热脱水,若采用电炉、燃气炉加热脱水时必须加放石棉垫。加热时间不超过30 min,并用玻璃棒轻轻搅拌,防止局部过热。在沥青温度不超过100 ℃的条件下,仔细脱水至无泡沫为止,最后的加热温度不宜超过软化点以上100 ℃(石油沥青)或50 ℃(煤沥沥青)。

c. 将盛样器中的沥青通过0.6 mm的滤筛过滤,不等冷却立即一次灌入各项实验的模具中。当温度下降太多时,宜适当加热再灌模。根据需要也可将试样分装入擦拭干净并干燥的一个或数个沥青盛样器皿中,数量应满足一批实验项目所需的沥青样品。

d. 在沥青灌模过程中,若温度下降可放入烘箱中适当加热,试样冷却后反复加热的次数不得超过两次,以防沥青老化影响实验结果。为避免混进气泡,在沥青灌模时不得反复搅动沥青。

e. 灌模剩余的沥青应立即清洗干净,不得重复使用。

②乳化沥青试样制备。

a. 按沥青取样法取有乳化沥青的盛样器适当晃动,使试样上下均匀。试样数量较少时,宜将试样上下倒置数次,使上下均匀。

b. 将试样倒出要求数量,装入盛样器皿或烧杯中,供实验使用。

当乳化沥青在实验室自行配制时,可按下列步骤进行:

①按上述方法准备热沥青试样。

②根据所需制备的沥青乳液质量及沥青、乳化剂、水的比例计算各种材料的数量。沥青用量按式(3.2)计算;乳化剂用量按式(3.3)计算;水的用量按式(3.4)计算。

$$m_a = m_E \times P_a \tag{3.2}$$

式中 m_a——所需的沥青质量,g;

m_E——乳液总质量,g;

P_a——乳液中沥青含量,%。

$$m_e = m_E \times P_b / P_e \tag{3.3}$$

式中 m_e——乳化剂用量,g;

P_b——乳液中乳化剂的含量,%;

P_e——乳化剂浓度(乳化剂中有效成分含量),%。

$$m_W = m_E - m_E \times P_b \tag{3.4}$$

式中 m_W——配制乳液所需水的质量,g。

注:在倒入乳化沥青过程中,需随时观察乳化情况,如果出现异常,应立即停止倒入乳化沥青,并把乳化机中的沥青乳化剂混合液放出。

③称取所需质量的乳化剂放入1 000 mL烧杯中。

④向盛有乳化剂的烧杯中加入所需的水(扣除乳化剂中所含水的质量)。

⑤将烧杯放到电炉上加热并不断搅拌,直到乳化剂完全溶解,当需调节 pH 时可根据《公路工程沥青及沥青混合料试验规程》(JTG E20—2011)加入适量的外加剂,将溶液加热到 40 ~60 ℃。

⑥在容器中称取准备好的沥青并加热到 120 ~150 ℃。

⑦开动乳化机,用热水先把乳化机预热几分钟,然后把热水排净。

⑧将预热的乳化剂倒入乳化机中,随即将预热的沥青徐徐倒入,待全部沥青乳液在乳化机中循环 1 min 后放出,进行各项实验或密封保存。

3.2.3 沥青的技术标准

道路石油沥青技术标准:道路石油沥青的质量应符合表 3.15 规定的技术要求,各个沥青等级的适用范围应符合表 3.16 的规定。经建设单位同意,沥青的 PI 值、60 ℃动力黏度及 10 ℃延度可作为选择性指标。

表 3.16 道路石油沥青的适用范围

沥青等级	适用范围
A 级	各个等级的公路,适用于任何场合和层次
B 级	高速公路、一级公路沥青下面层及以下的层次,二级及二级以下公路的各个层次;用作改性沥青、乳化沥青、改性乳化沥青、稀释沥青的基质沥青
C 级	三级及三级以下公路的各个层次

沥青路面采用的沥青标号,宜按照公路等级、气候条件、交通条件、路面类型及在结构层中的层位及受力特点、施工方法等,结合当地的使用经验,经技术论证后确定。

对高速公路、一级公路,夏季温度高、高温持续时间长、重载交通、山区及丘陵区上坡路段、服务区、停车场等行车速度慢的路段,尤其是汽车荷载剪应力大的层次,宜采用稠度大、60 ℃黏度大的沥青,也可提高高温气候分区的温度水平选用沥青等级;对冬季寒冷的地区或交通量小的公路、旅游公路宜选用稠度小、低温延度大的沥青;对温度日温差、年温差大的地区宜注意选用针入度指数大的沥青。当高温要求与低温要求发生矛盾时应优先考虑满足高温性能的要求。

当缺乏所需标号的沥青时,可采用不同标号掺配的调和沥青,其掺配比例由实验决定。掺配后的沥青质量应符合表 3.15 的要求。

沥青必须按品种、标号分开存放。除长期不使用的沥青可放在自然温度下存储外,沥青在储罐中的储存温度不宜低于 130 ℃,并不得高于 170 ℃。桶装沥青应直立堆放,加盖苫布。

道路石油沥青在储运、使用及存放过程中应有良好的防水措施,避免雨水或加热管道蒸汽进入沥青中。

表 3.15　道路石油沥青技术要求

指标	单位	等级	沥青标号																	实验方法①
			160 号④	130 号④	110 号			90 号					70 号③					50 号	30 号④	
针入度(25 ℃, 5 s,100 g)	0.1 mm		140 ~ 200	120 ~ 140	100 ~ 120			80 ~ 100					60 ~ 80					40 ~ 60	20 ~ 40	T 0604
适用的气候分区⑥			注④	注④	2 - 1	2 - 2	3 - 2	1 - 1	1 - 2	1 - 3	2 - 2	2 - 3	1 - 3	1 - 4	2 - 2	2 - 3	2 - 4	1 - 4	注④	附录 A⑤
针入度指数 PI②		A	1.5 ~ +1.0																	T 0604
		B	-1.8 ~ +1.0																	
软化点	℃	A	≥38	≥40	≥43			≥45			≥44		≥46		≥45			≥49	≥55	T 0606
		B	≥36	≥39	≥42			≥43			≥42		≥44		≥43			≥46	≥53	
		C	≥35	≥37	≥41			≥42					≥43					≥45	≥50	
60 ℃动力黏度②	Pa · s	A	—	≥60	≥120			≥160			≥140		≥180		≥160			≥200	≥260	T 0620
10 ℃延度②	cm	A	≥50	≥50	≥40			≥45	≥30	≥20	≥30	≥20	≥20	≥15	≥25	≥20	≥15	≥15	≥10	T 0605
		B	≥30	≥30	≥30			≥30	≥20	≥15	≥20	≥15	≥15	≥10	≥20	≥15	≥10	≥10	8	
15 ℃延度	cm	A、B	≥100															≥80	≥50	
		C	≥80	≥80	≥60			≥50					≥40					≥30	≥20	
蜡含量(蒸馏法)	%	A	≤2.2																	T 0615
		B	≤3.0																	
		C	≤4.5																	
闪点	℃		≥230					≥245					≥260							T 0611
溶解度	%		≥99.5																	T 0607
密度(15 ℃)	g/cm³		实测记录																	T 0603
TFOT(或 RTFOT)后⑤																				T 0610 或 T 0609
质量变化	%		≤ ±0.8																	
残留针入度比	%	A	≥48	≥54	≥55			≥57					≥61					≥63	≥65	T 0604
		B	≥45	≥50	≥52			≥54					≥58					≥60	≥62	
		C	≥40	≥45	≥48			≥50					≥54					≥58	≥60	

续表 3.15

指标	单位	等级	沥青标号							实验方法①
			160 号④	130 号④	110 号	90 号	70 号③	50 号	30 号④	
残留延度(10 ℃)	cm	A	≥12	≥12	≥10	≥8	≥6	≥4	—	T 0605
		B	≥10	≥10	≥8	≥6	≥4	≥2	—	
残留延度(15 ℃)	cm	C	≥40	≥35	≥30	≥20	≥15	≥10	—	T 0605

注:①实验方法按照现行《公路工程沥青及沥青混合料实验规程》(JTG E20—2011)规定的方法执行,用于仲裁实验求取 PI 时的 5 个温度的针入度关系的相关系数不得小于 0.997;

②经建设单位同意,表中 PI 值、60 ℃动力黏度及 10 ℃延度可作为选择性指标, 也可不作为施工质量检验指标;

③70 号沥青可根据需要要求供应商提供针入度为 60 ~ 70 或 70 ~ 80 的沥青,50 号沥青可要求提供针入度为 40 ~ 50 或 50 ~ 60 的沥青;

④30 号沥青仅适用于沥青稳定基层,130 号和 160 号沥青除寒冷地区可直接在中低级公路上直接应用外,通常用作乳化沥青、稀释沥青、改性沥青的基质沥青;

⑤老化实验以 TFOT 为准,也可以 RTFOT 代替;

⑥气候分区参见《公路沥青路面施工技术规范》(JTG F40—2004)附录 A。

2. 道路用乳化沥青技术标准

乳化沥青适用于沥青表面处治路面、沥青贯入式路面、冷拌沥青混合料路面，修补裂缝，喷洒透层、黏层与封层等。乳化沥青的品种和适用范围宜符合表 3.17 的规定。

表 3.17　乳化沥青的品种及适用范围

分类	品种及代号	适用范围
阳离子乳化沥青	PC－1	表处、贯入式路面及下封层用
	PC－2	透层油及基层养生用
	PC－3	黏层油用
	BC－1	稀浆封层或冷拌沥青混合料用
阴离子乳化沥青	PA－1	表处、贯入式路面及下封层用
	PA－2	透层油及基层养生用
	PA－3	黏层油用
	BA－1	稀浆封层或冷拌沥青混合料用
非离子乳化沥青	PN－2	透层油用
	BN－1	与水泥稳定集料同时使用(基层路拌或再生)

乳化沥青的质量应符合表 3.18 的技术要求。在高温条件下宜采用黏度较大的乳化沥青，寒冷条件下宜使用黏度较小的乳化沥青。

表 3.18　道路用乳化沥青技术要求

实验项目		单位	品种及代号										实验方法
			阳离子				阴离子				非离子		
			喷洒用			拌和用	喷洒用			拌和用	喷洒用	拌和用	
			PC－1	PC－2	PC－3	BC－1	PA－1	PA－2	PA－3	BA－1	PN－2	BN－1	
破乳速度			快裂	慢裂	快裂或中裂	慢裂或中裂	快裂	慢裂	快裂或中裂	慢裂或中裂	慢裂	慢裂	T 0658
粒子电荷			阳离子(＋)				阴离子(－)				非离子		T 0653
筛上残留物(1.18 mm 筛)		%	≤0.1				≤0.1				≤0.1		T 0652
黏度	恩格拉黏度计 E_{25}		2－10	1～6	1～6	2～30	2～10	1～6	1～6	2～30	1～6	2～30	T 0622
	沥青标准黏度计 $C_{25,3}$	s	10～25	8～20	8～20	10～60	10～25	8～20	8～20	10～60	8～20	10～60	T 0621
蒸发残留物	残留分含量	%	≥50	≥50	≥50	≥55	≥50	≥50	≥50	≥55	≥50	≥55	T 0651
	溶解度	%	≥97.5				≥97.5				≥97.5	≥97.5	T 0607
	针入度(25 ℃)	0.1 mm	50～200	50～300	45～150		50～200	50～300	45～150		50～300	60～300	T 0604
	延度(15 ℃)	cm	≥40				≥40				≥40	≥40	T 0605
与粗集料的黏附性，裹附面积			≥2/3			—	≥2/3			—	≥2/3	—	T 0654

续表 3.18

实验项目	单位	品种及代号										实验方法
		阳离子				阴离子				非离子		
		喷洒用			拌和用	喷洒用			拌和用	喷洒用	拌和用	
		PC-1	PC-2	PC-3	BC-1	PA-1	PA-2	PA-3	BA-1	PN-2	BN-1	
与粗、细粒式集料拌和实验		—			均匀	—			均匀	—		T 0659
水泥拌和实验的筛上剩余	%	—				—				—	≤3	T 0657
常温储存稳定性： 1 天 5 天	%	 ≤1 ≤5				 ≤1 ≤5				 ≤1 ≤5		T 0655

注：①P 为喷洒型，B 为拌和型，C、A、N 分别表示阳离子、阴离子、非离子乳化沥青；

②黏度可选用恩格拉黏度计或沥青标准黏度计之一测定；

③表中的破乳速度、与集料的黏附性、拌和实验的要求与所使用的石料品种有关，质量检验时应采用工程上实际的石料进行实验，仅进行乳化沥青产品质量评定时可不要求此三项指标；

④储存稳定性根据施工实际情况选用实验时间，通常采用 5 天，乳液生产后能在当天使用时也可用 1 天的稳定性；

⑤当乳化沥青需要在低温冰冻条件下储存或使用时，尚需按 T 0656 进行 -5 ℃低温储存稳定性实验，要求没有粗颗粒、不结块；

⑥如果乳化沥青是将高浓度产品运到现场经稀释后使用时，表中的蒸发残留物等各项指标指稀释前乳化沥青的要求。

乳化沥青类型根据集料品种及使用条件选择。阳离子乳化沥青可适用于各种集料品种，阴离子乳化沥青适用于碱性石料。乳化沥青的破乳速度、黏度宜根据用途与施工方法选择。

制备乳化沥青用的基质沥青，对高速公路和一级公路，宜符合表 3.15 道路石油沥青 A、B 级沥青的要求，其他情况可采用 C 级沥青。

乳化沥青宜存放在立式罐中，并保持适当搅拌，储存期以不离析、不冻结、不破乳为度。

3. 道路改性沥青技术标准

改性沥青可单独或复合采用高分子聚合物、天然沥青及其他改性材料制作。

各类聚合物改性沥青的质量应符合表 3.19 的技术要求，其中 PI 值可作为选择性指标。当使用表 3.19 以外的聚合物及复合改性沥青时，可通过实验研究制订相应的技术要求。

表 3.19 聚合物改性沥青技术要求

指标	单位	SBS 类(Ⅰ类)				SBR 类(Ⅱ类)			EVA、PE 类(Ⅲ类)				实验方法①
		Ⅰ-A	Ⅰ-B	Ⅰ-C	Ⅰ-D	Ⅱ-A	Ⅱ-B	Ⅱ-C	Ⅲ-A	Ⅲ-B	Ⅲ-C	Ⅲ-D	
针入度(25 ℃,100 g,5 s)	dmm	>100	80~100	60~80	40~60	>100	80~100	60~80	>80	60~80	40~60	30~40	T 0604
针入度指数 PI(不小于)		-1.2	-0.8	-0.4	0	-1.0	-0.8	-0.6	-1.0	-0.8	-0.6	-0.4	T 0604
延度(5 ℃,5 cm/min)	cm	≥50	≥40	≥30	≥20	≥60	≥50	≥40	—				T 0605
软化点	℃	≥45	≥50	≥55	≥60	≥45	≥48	≥50	≥48	≥52	≥56	≥60	T 0606

续表 3.19

指标	单位	SBS 类(Ⅰ类)				SBR 类(Ⅱ类)			EVA、PE 类(Ⅲ类)				实验方法①
		Ⅰ-A	Ⅰ-B	Ⅰ-C	Ⅰ-D	Ⅱ-A	Ⅱ-B	Ⅱ-C	Ⅲ-A	Ⅲ-B	Ⅲ-C	Ⅲ-D	
运动黏度①(135 ℃)	Pa·s	≤3											T 0625 T 0619
闪点	℃	≥230				≥230			≥230				T 0611
溶解度	%	≥99				≥99			—				T 0607
弹性恢复(25 ℃)	%	≥55	≥60	≥65	≥75	—			—				T 0662
黏韧性	N·m	—				≥5			—				T 0624
韧性	N·m	—				≥2.5			—				T 0624
储存稳定性② 离析,48 h 软化点差	℃	≤2.5				—			无改性剂明显析出、凝聚				T 0661
TFOT(或 RTFOT)后残留物													
质量变化	%	≤±1.0											T 0610 或 T 0609
针入度比(25 ℃),不小于	%	50	55	60	65	50	55	60	50	55	58	60	T 0604
延度(5 ℃),不小于	cm	30	25	20	15	30	20	10	—				T 0605

注:①表中 135 ℃运动黏度可采用《公路工程沥青及沥青混合料试验规程》(JTG E20—2011)中的“沥青布氏旋转黏度实验方法(布洛克菲尔德黏度计法)”进行测定。若在不改变改性沥青物理力学性质并符合安全条件的温度下易于泵送和拌和,或经证明适当提高泵送和拌和温度时能保证改性沥青的质量,容易施工,可不要求测定;

②储存稳定性指标适用于工厂生产的成品改性沥青。现场制作的改性沥青对储存稳定性指标可不作要求,但必须在制作后,保持不间断的搅拌或泵送循环,保证使用前没有明显的离析。

制造改性沥青的基质沥青应与改性剂有良好的配伍性,其质量宜符合表 3.15 中 A 级或 B 级道路石油沥青的技术要求。供应商在提供改性沥青的质量报告时应提供基质沥青的质量检验报告或沥青样品。

天然沥青可以单独与石油沥青混合使用或与其他改性沥青混融后使用。天然沥青的质量要求宜根据其品种参照相关标准和成功的经验执行。

用作改性剂的 SBR 胶乳中的固体物含量不宜少于 45%,使用中严禁长时间曝晒或遭冰冻。

改性沥青的剂量以改性剂占改性沥青总量的百分数计算,胶乳改性沥青的剂量应以扣除水分以后的固体物含量计算。

改性沥青宜在固定式工厂或在现场设厂集中制作,也可在拌和厂现场边制造边使用,改性沥青的加工温度不宜超过 180 ℃。胶乳类改性剂和制成颗粒的改性剂可直接投入拌和缸中生产改性沥青混合料。

用溶剂法生产改性沥青母体时,挥发性溶剂回收后的残留量不得超过 5%。

现场制造的改性沥青宜随配随用,需作短时间保存,或运送到附近的工地时,使用前必须搅拌均匀,在不发生离析的状态下使用。改性沥青制作设备必须设有随机采集样品的取样口,采集的试样宜立即在现场灌模。

工厂制作的成品改性沥青到达施工现场后储存在改性沥青罐中,改性沥青罐中必须加设搅拌设备并进行搅拌,使用前改性沥青必须搅拌均匀。在施工过程中应定期取样检验产品质量,发现离析等质量不符合要求的改性沥青不得使用。

思考题

1. 沥青在沥青混合料中的作用?
2. 国产沥青和国外进口沥青在质量上有何相同及不同点?
3. 沥青的种类有哪些?
4. 沥青混合料用沥青是如何选择的?
5. 沥青混合料中沥青用量是如何确定的?

3.3 沥青混合料

3.3.1 沥青混合料概述

沥青混合料(bituminous mixtures(英),asphalt(美))是用具有一定黏度和适当用量的沥青材料与一定级配的矿质集料,经过充分拌和形成的混合物。将这种混合物加以摊铺、碾压成型,即成为各种类型的沥青路面。通常根据沥青混合料中材料的组成特性、施工的方式不同而将沥青混合料分成不同类型。

按照《公路沥青路面施工技术规范》(JTG F40—2004)的定义,沥青混合料是由矿料与沥青结合料拌和而成的混合料的总称。按材料组成及结构分为连续级配、间断级配混合料,按矿料级配组成及空隙率大小分为密级配、半开级配、开级配混合料,按公称最大粒径的大小可分为特粗式(公称最大粒径等于或大于 31.5 mm)、粗粒式(公称最大粒径 26.5 mm)、中粒式(公称最大粒径 16 mm 或 19 mm)、细粒式(公称最大粒径 9.5 mm 或 13.2 mm)、砂粒式(公称最大粒径小于 9.5 mm)沥青混合料,按制造工艺可分为热拌沥青混合料、冷拌沥青混合料、再生沥青混合料等。

沥青混合料分为沥青混凝土(AC)及沥青碎石(AM)。沥青混凝土又根据级配粗细的不同分为Ⅰ型和Ⅱ型。沥青混凝土与沥青碎石的区别仅在于是否加矿粉填料及级配比例是否严格,其实质是混合料的空隙率不同。国际上对沥青混合料的分类也没有统一的方法,一般都按压实后的空隙率划分,有的分成密实式(空隙率等于或小于 5%)、半密实式(空隙率为 5% ~10%)、半开式(空隙率为 10% ~15%)、开式(空隙率大于 15%)。

我国《公路沥青路面施工技术规范》(JTG F40—2004)参照国际上近年来的发展,对沥青混合料进行多种分类,按公称最大粒径分为砂粒式、细粒式、中粒式、粗粒式、特粗式;按空隙率分为密级配(3% ~6%)、半开级配(6% ~12%)、开级配(排水式,18% 以上)。对密级配混合料参照美国的方法按照关键性筛孔的通过率分为粗型及细型,同时也有与欧洲相同的分类系统。该规范对“沥青碎石”的定义需特别注意,同样按空隙率分为密级配、半开级配、开级配沥青碎石。“大粒径沥青混合料”是一种习惯性称呼,一般指公称最大粒径超过 25 mm 或者 31.5 mm 的沥青稳定碎石混合料。

在公路工程中,沥青混合料主要用于沥青路面的建设、路面的维护、路面的修补。

1. 沥青混合料在沥青路面结构中的应用

沥青路面的结构,大体可分为面层、基层以及垫层、土基,面层又分为上面层、中面层、下面层,基层又分为上基层、下基层、底基层,按其力学行为又可分为柔性基层、半刚性基层、刚性基层。

沥青混合料主要用于上面层、中面层、下面层和柔性基层中。

(1)上面层。

上面层一般采用优质材料,要求具有如抗滑、平整、降低噪声、抗车辙、抗推拥等功能。它必须避免路表水进入 HMA 下层、基层和路基。在上面层上也可以再铺筑磨耗层,如 OGFC、抗滑表层、稀浆封层,但是它一般不作为路面的承重结构参加受力计算,仅仅起到表面的功能性作用。在我国,新建高速公路等一般不专设磨耗层,上面层实际上起到双重的作用。

(2)中面层、下面层。

中面层、下面层或称黏结层,由上面层之下的一层或多层 HMA 构成。该层提高了上面层的结构强度,在将交通荷载向下层传递的同时,又不致产生永久变形。在我国,中面层、下面层(双层式没有中面层)也称为中间层。

(3)柔性基层。

柔性基层是置于 HMA 结构层下面的一层或多层的 HMA 基层、粒料基层或结合料稳定性基层,是路面结构的主要承重层。该层应使用耐久的集料,避免水损害或冻融破坏。柔性基层采用沥青结合料的称为沥青稳定基层,或者大空隙排水式沥青基层;有时粒径特别大,称为大粒径沥青稳定基层。采用水泥、石灰、粉煤灰等无机结合料稳定的称为半刚性基层。在国外,水泥混凝土或者贫混凝土、碾压混凝土也用来作基层,称为刚性基层。

交通等级,即预测交通轴载作用次数,是确定路面结构的设计层厚和 HMA 混合料类型的依据,其中货车或重载交通是最主要的因素。在我国,换算的当量轴载是以后轴 100 kN作为标准荷载的,设计年限对高速公路来说是 15 年。

2. 沥青混合料用于路面维护材料

用于路面维护材料的沥青混合料主要是细粒式沥青混合料,用于透层喷洒。

3. 沥青混合料用于路面修补材料

用于路面修补材料的沥青混合主要有面层修补沥青混合料、沥青稀浆封层混合料等。

3.3.2 沥青混合料取样法

1. 目的与适用范围

该方法用于在拌和厂及道路施工现场采集热拌沥青混合料或常温沥青混合料试样,供施工过程中的质量检验或在实验室测定沥青混合料的各项物理力学性质,所取的试样应有充分的代表性。

2. 仪具与材料

(1)搪瓷盘或其他金属盛样容器、塑料编织袋。

(2)温度计:分度为1 ℃,宜采用有金属插杆的插入式数显温度计,金属插杆的长度应不小于150 mm,量程为0 ~300 ℃。

(3)其他:标签、溶剂(煤油)、棉纱、铁锹、手铲等。

3. 取样方法

(1)取样数量:取样数量应符合下列要求:

①取样数量根据实验目的决定,宜不少于实验用量的2倍。按现行规范规定进行沥青混合料实验的每一组代表性取样见表3.20,平行实验应加倍取样,在现场取样直接装入试模或盛样盒成型时,也可等量取样。

表3.20 常用沥青混合料实验项目的样品数量

实验项目	目的	最少试样量/kg	取样量/kg
马歇尔实验、抽提筛分	施工质量控制	12	20
车辙实验	高温稳定性检验	40	60
浸水马歇尔实验	水稳定性检验	12	20
冻融劈裂实验	水稳定性检验	12	20
弯曲实验	低温性能检验	15	25

②取样材料用于仲裁实验时,取样数量除应满足本取样方法规定外,还应保留一份有代表性试样,直到仲裁结束。

(2)取样方法:沥青混合料取样应是随机的,并具有充分的代表性。以检查拌和质量(如油石比、矿料级配)为目的时,应从拌和机一次放料的下方或提升斗中取样,不得多次取样混合后使用。以评定混合料质量为目的时,必须分几次取样,拌和均匀后作为代表性试样。

①在沥青混合料拌和厂取样:在拌和厂取样时,宜用专用的容器(一次可装5 ~8 kg)装在拌和机卸料斗下方(图3.8),每放一次料取一次样,顺次装入试样容器中,每次倒在清扫干净的平板上,连续几次取样,混合均匀,按四分法取样至足够数量。

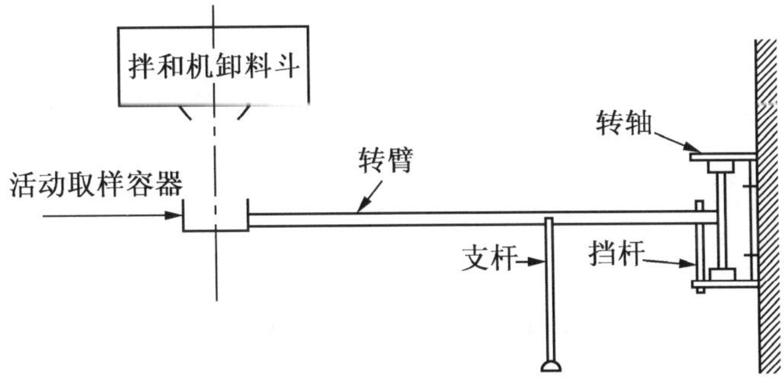

图3.8 装在拌和机上的沥青混合料取样装置

②在沥青混合料运料车上取样:在运料汽车上取沥青混合料样品时,宜在汽车装料一半后开出去,在汽车车厢内分别用铁锹从不同方向的3个不同高度处取样,然后混在一起用手铲适当拌和均匀,取出规定数量。这种车到达施工现场后取样时,应在卸掉一

半后从不同方向取样，宜从 3 辆不同的车上取样混合使用。注意：在运料车上取样时不得仅从满载的运料车车顶上取样，且不允许只在一辆车上取样。

③在道路施工现场取样：在道路施工现场取样时，应在摊铺后未碾压前在摊铺宽度的两侧$\frac{1}{2}$ ~ $\frac{1}{3}$位置处取样，用铁锹取该摊铺层的料。每摊铺一车料取一次样，连续 3 车取样后，混合均匀按四分法取样至足够数量。

热拌沥青混合料每次取样时，都必须用温度计测量温度，准确至 1 ℃。

④常温条件下取样：乳化沥青常温混合料试样的取样方法与热拌沥青混合料相同，但宜在乳化沥青破乳水分蒸发后装袋，对袋装常温沥青混合料也可直接从储存的混合料中随机取样。取样袋数不少于 3 袋，使用时将 3 袋混合料倒出作适当拌和，按四分法取出规定数量试样。

液体沥青常温沥青混合料的取样方法同上，当用汽油稀释时，必须在溶剂挥发后方可封袋保存。当用煤油或柴油稀释时，可在取样后立即装袋保存，保存时应特别注意防火安全。

从碾压成型的路面上取样时，应随机选取 3 个以上不同地点，钻孔、切割或刨取该层混合料。需重新制作试件时，应加热拌匀按四分法取样至足够数量。

(3)试样的保存与处理。

①热拌热铺的沥青混合料试样需送至中心实验室或质量检测机构作质量评定且二次加热会影响实验结果(如车辙实验)时，必须在取样后趁高温立即装入保温桶内，送实验室立即成型试件，试件成型温度不得低于规定要求。

②热混合料需要存放时，可在温度下降至 60 ℃后装入塑料编织袋内，扎紧袋口，并宜低温保存，应防止潮湿、淋雨等，且时间不要太长。

③在进行沥青混合料质量检验或进行物理力学性质实验时，由于采集的热拌混合料试样温度下降或稀释沥青溶剂挥发结成硬块已不符合实验要求时，宜用微波炉或烘箱适当加热至符合压实的温度，通常加热时间不宜超过 4 h，且只容许加热一次，不得重复加热。不得用电炉或燃气炉明火局部加热。

4. 样品的标记

(1)取样后当场实验时，可将必要的项目一并记录在实验记录报告上。此时，实验报告必须包括取样时间、地点、混合料温度、取样数量、取样人等。

(2)取样后转送实验室实验或存放后用于其他项目实验时，应附有样品标签，样品标签应记载下列事项：

①工程名称、拌和厂名称及拌和机型号。

②样品概况，包括沥青混合料种类及摊铺层次、沥青品种、标号、矿料种类、取样时混合料温度及取样位置或用以摊铺的路段桩号等。

③试样数量。

④取样人，提交试样单位及责任者姓名。

⑤取样目的或用途(送达单位)。

⑥样品标签填写人，取样日期。

⑦备注,其他应予注明的事项。

3.3.3 沥青混合料的技术性质和技术标准

作为高等级道路路面的主要结构形式之一,沥青混合料路面以其表面平整、坚实、无接缝、行车平稳、舒适、噪声小等优点,在国内外得到广泛的应用。为了保证高等级公路在高速、安全、经济和舒适4个方面的功能要求,沥青混合料除了要具备一定的力学强度,还要具备高温稳定性、低温抗裂性、耐久性、抗滑性、抗渗性等各项技术要求。因此道路工程建设过程中,对沥青混合料的各项性能进行准确的检测,以确保沥青路面的工程质量。

1. 一般规定

热拌沥青混合料(HMA)适用于各种等级公路的沥青路面,其种类按集料公称最大粒径、矿料级配、空隙率划分,分类见表3.21。

表3.21 热拌沥青混合料分类

混合料类型	密级配			开级配		半开级配	公称最大粒径/mm	最大粒径/mm
	连续级配		间断级配	间断级配		沥青稳定碎石		
	沥青混凝土	沥青稳定碎石	沥青玛琋脂碎石	排水式沥青磨耗层	排水式沥青碎石基层			
特粗式	—	ATB-40	—	—	ATPB-40	—	37.5	53.0
粗粒式	—	ATB-30	—	—	ATPB-30	—	31.5	37.5
	AC-25	ATB-25	—	—	ATPB-25	—	26.5	31.5
中粒式	AC-20	—	SMA-20	—	—	AM-20	19.0	26.5
	AC-16	—	SMA-16	OGFC-16	—	AM-16	16.0	19.0
细粒式	AC-13	—	SMA-13	OGFC-13	—	AM-13	13.2	16.0
	AC-10	—	SMA-10	OGFC-10	—	AM-10	9.5	13.2
砂粒式	AC-5	—	—	—	—	AM-5	4.75	9.5
设计空隙率①/%	3~5	3~6	3~4	>18	>18	6~12		

注:①空隙率可按配合比设计要求适当调整。

各层沥青混合料应满足所在层位的功能性要求,便于施工,不容易离析。各层应连续施工并联结成为一个整体。当发现混合料结构组合及级配类型的设计不合理时应进行修改、调整,以确保沥青路面的使用性能。

沥青面层集料的最大粒径宜从上至下逐渐增大,并应与压实层厚度相匹配。对热拌热铺密级配沥青混合料,沥青层一层的压实厚度不宜小于集料公称最大粒径的2.5~3倍,对SMA和OGFC等嵌挤型混合料不宜小于公称最大粒径的2~2.5倍,以减少离析,便于压实。

2. 沥青混合料的技术性质及技术标准

在荷载与自然因素的长期作用下,路面结构的使用性能在不断变化,为了保证公路尤其是高等级公路在高速、安全、经济和舒适4个方面的功能要求,沥青混合料应满足高温稳定性、低温抗裂性、水稳性、耐久性、抗滑性、抗老化性等方面的技术要求。沥青混合料技术性质的主要检测指标见表3.22。

表 3.22　沥青混合料技术性质的主要检测指标

技术性质	检测指标	技术性质	检测指标
高温稳定性	马歇尔稳定度、流值、动稳定度	耐久性	饱和度、沥青用量
低温抗裂性	低温破坏应变	抗滑性	集料的磨光值、沥青用量
水稳性	沥青与集料的黏附性、残留稳定度、冻融劈裂强度比		

(1)高温稳定性。

我国现行标准《公路沥青路面施工技术规范》(JTG F40—2004)主要以马歇尔稳定度、流值、动稳定度来控制沥青混合料高温稳定性。马歇尔稳定度、流值指标是通过标准马歇尔实验测定的,沥青混合料马歇尔实验技术标准见表 3.23、表 3.24(主要针对密级配沥青混合料和沥青稳定碎石混合料)。动稳定度是通过车辙实验测定的,沥青混合料车辙实验动稳定度技术要求见表 3.25。

表 3.23　密级配沥青混合料马歇尔实验技术标准

实验指标		单位	高速公路、一级公路				其他等级公路	行人道路
			夏炎热区(1-1、1-2、1-3、1-4 区)		夏炎热区及夏凉区(2-1、2-2、2-3、2-4、3-2 区)			
			中轻交通	重载交通	中轻交通	重载交通		
击实次数(双面)		次	75				50	50
试件尺寸		mm	$\phi 101.6 \times 63.5$					
空隙率 VV	深约 90 mm 以上	%	3~5	4~6	2~4	3~5	3~6	2~4
	深约 90 mm 以下	%	3~6		2~4	3~6	3~6	—
稳定度 MS		kN	≥8				5	3
流值 FL		mm	2~4	1.5~4	2~4.5	2~4	2~4.5	2~5
矿料间隙率 VMA /%, ≥	设计空隙率 /%		相应于以下公称最大粒径(mm)的最小 VMA 及 VFA 技术要求/%					
			26.5	19	16	13.2	9.5	4.75
	2		10	11	11.5	12	13	15
	3		11	12	12.5	13	14	16
	4		12	13	13.5	14	15	17
	5		13	14	14.5	15	16	18
	6		14	15	15.5	16	17	19
沥青饱和度 VFA/%			55~70		65~75		70~85	

注:①对空隙率大于 5% 的夏炎热区重载交通路段,施工时应至少提高压实度 1 百分点;

②当设计的空隙率不是整数时,由内插确定要求的 VMA 最小值;

③对改性沥青混合料,马歇尔实验的流值可适当放宽;

④本表适用于公称最大粒径小于等于 26.5 mm 的密级配沥青混凝土混合料。

表 3.24 沥青稳定碎石混合料马歇尔实验配合比设计技术标准

实验指标	单位	密级配级层（ATB）		半开级配面层（AM）	排水式开级配磨耗层（OGFC）	排水式开级配基层（ATPB）
公称最大粒径	mm	26.5	≥31.5	≤26.5	≤26.5	所有尺寸
马歇尔试件尺寸	mm	ϕ101.6 × 63.5	ϕ152.4 × 95.3	ϕ101.6 × 63.5	ϕ101.6 × 63.5	ϕ152.4 × 95.3
击实次数（双面）	次	75	112	50	50	75
空隙率 VV	%	3～6		6～10	≥18	≥18
稳定度	kN	≥7.5	≥15	≥3.5	≥3.5	—
流值	mm	1.5～4	实测	—	—	—
沥青饱和度 VFA	%	55～70		40～70	—	—
密级配级层 ATB 的矿料间隙率 VMA/%，≥		设计空隙率/%		ATB－40	ATB－30	ATB－25
		4		11	11.5	12
		5		12	12.5	13
		6		13	13.5	14

注：在干旱地区，可将密级配沥青稳定碎石基层的空隙率适当放宽到 8%。

表 3.25 沥青混合料车辙实验动稳定度技术要求

气候条件与技术指标		相应于下列气候分区所要求的动稳定度/（次·mm^{-1}）									实验方法
7 月平均最高气温（℃）及气候分区		＞30				20～30				＜20	
		夏炎热区				夏热区				夏凉区	
		1－1	1－2	1－3	1－4	2－1	2－2	2－3	2－4	3－2	
普通沥青混合料		≥800		≥1 000		≥600		≥800		≥600	T 0719
改性沥青混合料		≥2 400		≥2 800		≥2 000		≥2 400		≥1 800	
SMA 混合料	非改性	≥1 500									
	改性	≥3 000									
OGFC 混合料		1 500（一般交通路段）、3 000（重交通量路段）									

注：①如果其他月份的平均最高气温高于 7 月时，可使用该月平均最高气温；

②在特殊情况下，如钢桥面铺装、重载车特别多或纵坡较大的长距离上坡路段、厂矿专用道，可酌情提高动稳定度的要求；

③对因气候寒冷需使用针入度很大的沥青（如大于 100），动稳定度难以达到要求，或因采用石灰岩等不坚硬的石料，改性沥青混合料的动稳定度难以达到要求等特殊情况，可酌情降低要求；

④为满足炎热地区及重载车要求，在配合比设计时采取减少最佳沥青用量的技术措施时，可适当提高实验温度或增加实验荷载进行实验，同时增加试件的碾压成型密度和施工压实度要求；

⑤车辙实验不得采用二次加热的混合料，实验必须检验其密度是否符合实验规程的要求；

⑥如需要对公称最大粒径大于等于 26.5 mm 的混合料进行车辙实验，可适当增加试件的厚度，但不宜作为评定合格与否的依据。

（2）低温抗裂性。

我国的现行标准《公路沥青路面施工技术规范》（JTG F40—2004）规定：宜对密级配沥青混合料在温度 －10 ℃、加载速率 50 mm/min 的条件下进行弯曲实验，测定破坏强度、破坏应变、破坏劲度模量，并根据应力应变曲线的形状，综合评价沥青混合料的低温抗裂性能，其中沥青混合料的破坏应变宜不小于表 3.26 的要求。

表 3.26　沥青混合料低温弯曲实验破坏应变技术要求

气候条件与技术指标	相应于下列气候分区所要求的破坏应变									实验方法
年极端最低气温(℃)及气候分区	< -37.0		-21.5 ~ -37.0			-9.0 ~ -21.5		> -9.0		
	冬严寒区		冬寒区			冬冷区		冬温区		
	1 - 1	2 - 1	1 - 2	2 - 2	3 - 2	1 - 3	2 - 3	1 - 4	2 - 4	
普通沥青混合料	≥2 600		≥2 300			≥2 000				T0715
改性沥青混合料	≥3 000		≥2 800			≥2 500				

(3)水稳定性。

我国现行标准《公路沥青路面施工技术规范》(JTG F40—2004)规定：必须在规定实验条件下进行浸水马歇尔实验和冻融劈裂实验检验沥青混合料的水稳定性，沥青混合料的水稳定性检验技术指标应同时符合表 3.27 的要求。达不到要求时，应采取措施提高粗集料与沥青的黏附性，宜掺加消石灰、水泥或用饱和石灰水对粗集料进行处理，必要时可同时在沥青中掺加耐热、耐水、长期性能好的抗剥落剂，也可采用改性沥青等抗剥落措施，使粗集料与沥青的黏附性应符合表 3.28 的要求，然后调整最佳沥青用量后再次实验。

表 3.27　沥青混合料水稳定性检验的技术要求

气候条件与技术指标		相应于下列气候分区的技术要求/%				实验方法
年降水量(mm)及气候分区		>1 000	500 ~ 1 000	250 ~ 500	<250	
		潮湿区	湿润区	半干区	干旱区	
浸水马歇尔实验残留稳定度/%						
普通沥青混合料		≥80		≥75		T 0709
改性沥青混合料		≥85		≥80		
SMA 混合料	普通沥青	≥75				
	改性沥青	≥80				
冻融劈裂实验的残留强度比/%						
普通沥青混合料		≥75		≥70		T 0729
改性沥青混合料		≥80		≥75		
SMA 混合料	普通沥青	≥75				
	改性沥青	≥80				

表 3.28 粗集料与沥青的黏附性、磨光值的技术要求

雨量气候区	1（潮湿区）	2（湿润区）	3（半干区）	4（干旱区）	实验方法
年降雨量/mm	>1 000	500～1 000	250～500	<250	附录 A
粗集料的磨光值 PSV 高速公路、一级公路表面层	≥42	≥40	≥38	≥36	T 0312
粗集料与沥青的黏附性 高速公路、一级公路表面层高速公路	≥5	≥4	≥4	≥3	T 0616
一级公路的其他层次及其他等级公路的各个层次	≥4	≥4	≥3	≥3	T 0663

(4)渗水系数。

我国现行标准《公路沥青路面施工技术规范》(JTG F40—2004)规定:宜利用轮碾机成型的沥青混合料车辙实验试件,脱模架起进行渗水实验,沥青混合料试件渗水系数应符合表 3.29 要求。

表 3.29 沥青混合料试件浸水系数的技术要求

级配类型	浸水系数要求/(mL·min^{-1})	实验方法
密级配沥青混凝土	≤120	
SMA 混合料	≤80	T 0730
OGFC 混合料	不小于实测值	

对使用钢渣作为集料的沥青混合料,应按现行《公路工程集料试验规程》(JTG E42—2005)中 T 0348 进行活性和膨胀性实验,钢渣沥青混凝土的膨胀量不得超过 1.5%。

对改性沥青混合料的性能检验,应针对改性目的进行,以提高高温抗车辙性能为主要目的时,低温性能可按普通沥青混合料的要求执行;以提高低温抗裂性能为主要目的时,高温稳定性能可按普通沥青混合料的要求执行。

3. 沥青玛琋脂碎石混合料(SMA)和 OGFC 混合料的技术标准

《公路沥青路面施工技术规范》(JTG F40—2004)针对 SMA 和 OGFC 混合料,提出了相应的技术要求,分别见表 3.30 和表 3.31。

表 3.30 SMA 混合料马歇尔实验配合比设计技术要求

实验项目	单位	技术要求		实验方法
		不使用改性沥青	使用改性沥青	
马歇尔试件尺寸	mm	ϕ101.6×63.5		T 0702
马歇尔试件击实次数①	—	两面击实 50 次		T 0702
空隙率 VV②	%	3～4		T 0705
矿料间隙率 VMA②	%	≥17.0		T 0705
粗集料骨架间隙率 VCA_{mix}③,≤	—	VCA_{DRC}		T 0705

续表 3.30

实验项目	单位	技术要求		实验方法
		不使用改性沥青	使用改性沥青	
沥青饱和度 VFA	%	75～85		T 0705
稳定度[④]	kN	≥5.5	≥6.0	T 0709
流值	mm	2～5	—	T 0709
谢伦堡沥青析漏实验的结合料损失	%	≤0.2	≤0.1	T 0732
肯塔堡飞散实验的混合料损失或浸水飞散实验	%	≤20	≤15	T 0733

注：①对集料坚硬不易击碎，通行重载交通的路段，也可将击实次数增加为双面 75 次；

②对高温稳定性要求较高的重交通路段或炎热地区，设计空隙率允许放宽到 4.5%，VMA 允许放宽到 16.5%（SMA－16）或 16%（SMA－19），VFA 允许放宽到 70%；

③实验粗集料骨架间隙率 VCA 的关键性筛孔，对 SMA－19、SMA－16 是指 4.75 mm，对 SMA－13、SMA－10 是指 2.36 mm；

④稳定度难以达到要求时，容许放宽到 5.0 kN（非改性）或 5.5 kN（改性），但动稳定度检验必须合格。

表 3.31 OGFC 混合料技术要求

实验项目	单位	技术要求	实验方法
马歇尔试件尺寸	mm	ϕ101.6×63.5	T 0702
马歇尔试件击实次数	—	两面击实 50 次	T 0702
空隙率	%	18～25	T 0705
马歇尔稳定度	kN	≥3.5	T 0709
析漏损失	%	<0.3	T 0732
肯塔堡飞散损失	%	<20	T 0733

思考题

1. 沥青混合料的组成材料有哪些？
2. 沥青混合料的主要技术指标有哪些？为什么要控制这些指标？
3. 调查沥青混合料各组成材料价格，并计算（估算）1 t 沥青混合料的价格。
4. 沥青混合料类型有哪些？其适用范围？
5. 沥青混合料结构类型有哪些？有哪些优缺点？

3.4 添加剂

3.4.1 纤维稳定剂

纤维目前普遍使用于 SMA 混合料，在一般沥青混合料中也可以使用，目前常用木质素纤维，主要是絮状纤维。我国早期也使用石棉纤维，由于石棉粉尘属致癌物质，对人体有害，污染环境，绝大部分国家已禁止使用，我国使用也越来越少。近年来美国有一种观点认为木质素纤维拌制的沥青混合料不能再生使用，矿物纤维（大部分是玄武岩纤维）与集料品种一样，能再生使用，所以矿物纤维用量大为增加，这是一个值得重视的新动向。

纤维应在 250 ℃的干拌温度不变质、不发脆，使用纤维必须符合环保要求，不危害身体健康。纤维必须在混合料拌和过程中能充分分散均匀。

矿物纤维宜采用玄武岩等矿石制造，易影响环境及造成人体伤害的石棉纤维不易直接使用。

纤维应存放在室内或有棚盖的地方，松散纤维在运输及使用过程中应避免受潮，不结团。

纤维稳定剂的掺加比例以沥青混合料总量的质量百分率计算，通常情况下用于 SMA 路面的木质素纤维不宜低于 0.3%，矿物纤维不宜低于 0.4%，必要时可适当增加纤维用量。纤维掺加量的允许误差易不超过 ±5%。

3.4.2 木质纤维素

木质纤维素（methyl cellulose）（图 3.9）是天然可再生木材经过化学处理、机械法加工得到的有机絮状纤维物质，具有无毒、无味、无污染、无放射性。它广泛用于混凝土砂浆、石膏制品、沥青道路等领域，对防止涂层开裂、提高保水性、提高生产的稳定性和施工的和易性、增加强度、增强对表面的附着力等有良好的效果。其技术作用主要是：触变、防护、吸收、载体和填充剂。

(1) 木质纤维素的特点。

①木质纤维素不溶于水、弱酸和碱性溶液；pH 中性，可提高系统抗腐蚀性。

②木质纤维素密度小、比表面积大，具有优良的保温、隔热、隔声、绝缘和透气性能，热膨胀均匀、不起壳不开裂，湿膜强度更高及覆盖效果更好。

③木质纤维素具有优良的柔韧性及分散性，混合后形成三维网状结构，增强了系统的支撑力和耐久力，能提高系统的稳定性、强度、密实度和均匀度。

④木质纤维素的结构黏性，使加工好的预制浆料（干湿料）的均匀性保持原状稳定并减少系统的收缩和膨胀，使施工或预制件的精度大大提高。

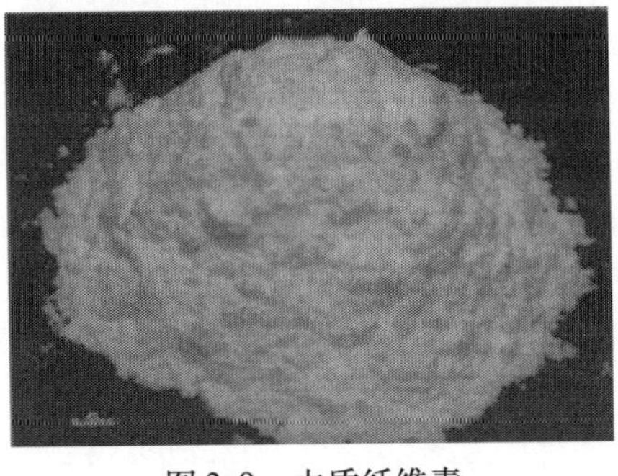

图 3.9 木质纤维素

⑤木质纤维素具有很强的防冻和防热能力，当温度达到 150 ℃能隔热数天；当高达 200 ℃能隔热数十小时；当超过 220 ℃也能隔热数小时。

(2)木质纤维素特性。

木质纤维素分为絮状和颗粒状两种,其原材料均为天然木纤维。采用高质天然木材,通过筛选、分裂、高温处理、漂白、化学处理、中和、分解所含的木质素和大部分纤维后,留下来的惰性有机纤维形成一种纤维结构链,然后筛分成不同长度和粗细度的纤维,以适应不同应用材料的需要。该纤维的微观结构呈带状弯曲,是凹凸不平、多孔的,交叉处是扁平的,在沥青中形成三维网络,阻碍沥青的流动。该产品具有良好的韧性、分散性和化学稳定性,吸水能力强,有非常优良的增稠抗裂性,可显著改善沥青混凝土路面的各种性能。

(3)木质纤维素在路面结构中的作用。

①显著提高沥青混凝土的抗车辙性能。

②防止沥青泛油,有效提高沥青混凝土的高温稳定性。

③明显增强沥青混凝土的柔韧性,提高其低温抗裂性。

④有效减少反射裂缝的生成。

⑤提高沥青混凝土的水稳定性。由于处理温度高达 260 ℃以上,所以得到的产品是化学上非常稳定的物质,不被一般的溶剂、酸、碱腐蚀,具有无毒、无味、无污染、无放射性的优良品质,不影响环境,对人体无害,属绿色环保产品,这是其他矿物质素纤维所不具备的。

⑥提高沥青混凝土的抗疲劳性、抗剥落性。

⑦改善沥青混凝土的抗拉、抗剪切性能。

(4)使用说明。

①推荐掺量:通常用量为沥青混合料质量的 0.3%,具体情况下请按照实际设计用量执行。

②施工工艺:与传统沥青混凝土的施工基本相同。间隙式拌和机可采用人工投料,投料时可将纤维整袋在热集料投料时一同投入;连续式拌和机可使用纤维投料机自动投料。

(5)应用领域。

木质纤维素主要应用在以下领域:高速公路与城市快速路、干线道路的抗滑表层;高寒地区,有效减少温缩裂缝;机场跑道、立交桥、匝道;公路重交通路段、重载及超载车多的路段;桥面铺装,特别是钢桥面铺装;高温多雨地区路面;城市道路的公交车专用道;城市道路的交叉口、公共汽车站、停车场、货场、港口码头等。

在沥青混合料中掺加的纤维稳定剂宜选用木质纤维素、矿物纤维等。木质纤维素的质量应符合表 3.32 的技术要求。

表 3.32 木质纤维素质量技术要求

项目	单位	指标	实验方法
纤维长度	mm	≤6	水溶液用显微镜观测
灰分含量	%	18 ±5	高温 590 ~ 600 ℃燃烧后测定残留物
pH	—	7.5 ±1.0	水溶液用 pH 试纸或 pH 计测定
吸油率	—	大于等于纤维质量的 5 倍	用煤油浸泡后放在筛上经振敲后称量
含水率(以质量计)	%	≤5	105 ℃烘箱烘 2 h 后冷却称量

3.4.3 矿物纤维

矿物纤维(图3.10)主要成分是无机物,又称为无机纤维,为无机金属硅酸盐类,是从矿物中提取的纤维,如石棉纤维等。公路工程中应用较多的是玄武岩矿物纤维等品种。

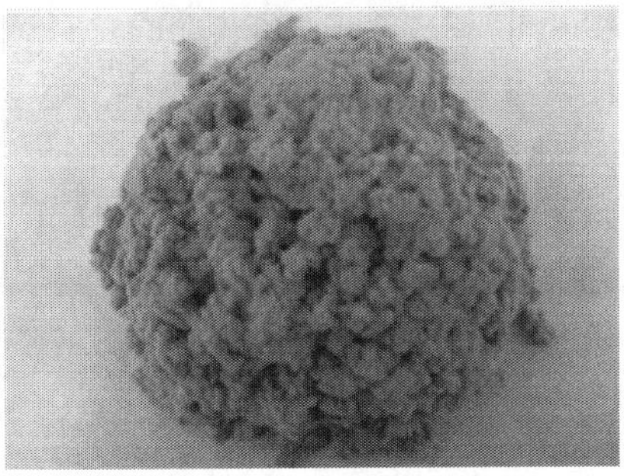

图3.10 矿物纤维

近年来,在沥青混凝土中加入纤维以改善沥青路面的性能得到了越来越多的重视和应用。各种矿物纤维作为继木质纤维素、聚合物纤维之后出现的又一类沥青混凝土加筋材料,以其优良的技术性能得到人们越来越多的关注。美国已经在佐治亚州铺筑了世界上第一条掺加玄武岩纤维的沥青路面,并且得到了良好的路用性能。我国从2006年开始进行玄武岩纤维沥青混合料的研究,对玄武岩纤维沥青混合料和聚酯纤维沥青混合料进行了水稳定实验和车辙实验,证明玄武岩纤维比聚酯纤维能更好地提高沥青混合料的水稳定性和高温稳定性。2008年以来,玄武岩纤维在多个实体工程上应用,如杭金衢高速公路路面养护实验段、湖南株洲绕城高速公路等。实际工程表明,沥青路面掺加玄武岩纤维能够有效减少裂纹产生,提高路面的抗车辙能力,从而提高路面的使用寿命,不仅在经济效益方面,而且在社会效益方面都具有良好的应用前景。

路用矿物纤维采用特选的玄武岩等矿石为原料,经特定的预处理、在1 600 ℃高温熔融、提炼抽丝并经特殊的表面处理而成。纤维外表平滑完整,使用安全性高不会造成人体伤害。

(1)矿物纤维性能特性。

①具有极大的比表面积:纤维极细,平均直径为5 μm,呈三维状分布,在沥青混合料中起吸附、稳定和加筋作用。

②表面浸润性好:与沥青能很好地黏合,在沥青中的分散性好,可确保对沥青的加筋加强作用,也可作为沥青的载体增大沥青用量,防止沥青流失。

③力学性能优异:具有很高的抗拉强度,可有效增强、增韧沥青混合料。

④工作温度范围大:熔点为1 600 ℃,纤维性能不受沥青混合料高温拌和影响,适应路面的各种高低温工作环境。

⑤化学稳定性好:拌和时不与沥青产生任何化学反应,适应沥青路面的各种酸碱工作环境。

⑥抗老化性能好:不老化、不变质退化,不受沥青高温拌和影响,因此矿物纤维沥青混合料能100%的再生利用。

⑦水稳定性好:不吸水、不怕潮,易于运输储存,也有助于抵制沥青氧化老化。

⑧绝热性好:有助于沥青油膜的高温稳定性。

⑨电绝缘性好:可防止沥青膜的电化学腐蚀。

(2)产品应用。

①增大沥青黏度与模量。SMA 及 OGFC 等沥青混合料采用了更多的粗集料,沥青膜厚度降低,从而容易产生氧化老化、水损害及疲劳破坏。矿物质纤维可有效增大沥青的黏度与模量,因此可有效增大沥青混合料的沥青用量及沥青膜厚度,是 SMA 及 OGFC 等嵌挤结构混合料不可缺少的纤维稳定剂。实验结果表明道路专用矿物纤维能有效地起到沥青载体作用,防止沥青流失。

②提高高温抗车辙变形能力。由于矿物质纤维可有效增大沥青的黏度与模量,因此是提高各种沥青混合料抗车辙变形的有效技术手段。

(3)添加量。

矿物纤维的添加量应视沥青混合料结构及性能要求而定。通常,对于 SMA 沥青混合料,添加量大于等于 0.4%;对于 OGFC 沥青混合料,添加量大于等于 0.5%;对于 AC 沥青混合料,添加量大于等于 0.4%。

(4)添加拌和工艺。

在沥青混合料中添加矿物纤维,可采用手工投入或机械自动投入两种方式。

①手工投入方式:利用拌和锅侧面的观察窗,由工人直接将纤维投入拌和锅中。每拌和一锅,投入相应数量的纤维。纤维的投入时间与粗集料放料同时进行,投料员应密切注意打开粗集料仓的信号,防止错过时间。或直接将纤维包加入集料提升斗,与集料同时投入拌和锅。

②机械自动投入方式:为保证按时按量投入纤维,大规模施工时一般采用机械自动投入方式。对于机械自动投入纤维的设备,纤维将被机械自动打散,再利用风力将打散的矿物纤维送入拌和机的拌和锅中。纤维的加入时间与集料投入同步进行,使其与集料一起干拌,然后喷入沥青进行湿拌。实验结果表明,沥青混合料“动稳定度”随矿物纤维用量增大而增加,从而说明矿物纤维可显著提高 SMA 混合料抗车辙变形能力。尤其值得指出的是,掺加矿物纤维的沥青混合料的温度敏感性大大降低,是解决极端高温条件下的路面车辙变形的最有效技术手段。

思考题

1. 木质纤维素在沥青混合料中的作用是什么?
2. 在掺加木质纤维素的工艺中应注意哪些问题?
3. 木质纤维素和矿物纤维素有哪些异同?各有什么优缺点?
4. 评价木质纤维素在 SMA 中性能。
5. 加入矿物纤维的沥青混合料在哪些性能上得到了改善?

第 2 篇　沥青及沥青混合料实验

第4章 集料实验

实验一 粗集料筛分实验(干筛、水筛)

1. 实验目的与适用范围

本方法适用于测定粗集料(碎石、砾石、矿渣等)的颗粒组成。对水泥混凝土用粗集料可采用干筛法筛分,对沥青混合料及基层用粗集料必须采用水洗法实验。

本方法也适用于同时含有粗集料、细集料、矿粉的集料混合料筛分实验,如未筛碎石、级配碎石、天然砂砾、级配砂砾、无机结合料稳定基层材料、沥青拌和楼的冷料混合料、热料仓材料、沥青混合料经溶剂抽提后的矿料等。

2. 实验原理

粗集料是由各种粒径颗粒组成的,各种粒径的颗粒在整个粗集料试样中所占的比例(称为颗粒级配)对粗集料的性能影响很大。利用一系列不同孔径的标准筛,可以将各种不同粒径的颗粒筛分开来,从而得到粗集料的颗粒级配。表征颗粒级配的主要指标是分计筛余、累计筛余、通过百分率、筛分损耗等。

某级筛孔的分计筛余是指,经上一级(更大孔径)标准筛筛分后通过筛下的物料,再经该级标准筛筛分后,该级标准筛筛上的物料占物料总量的百分率。某级筛孔的累计筛余是指,该级筛孔以上的所有标准筛(含该级标准筛)的分计筛余之和,也即仅仅经过某级标准筛筛分时筛上筛余占物料总质量的百分率。某级筛孔的通过百分率是指,经该级标准筛筛分后,通过该级标准筛的物料占物料总量的百分率,它与累计筛余之和为100,它也等于该级标准筛以下的各级标准筛的分计筛余及筛底存量之和。筛分实验的筛分损耗是指,各筛分计筛余量及筛底存量的总和与筛分前试样的干燥总质量 m_0 之差。

为了直观表达粗集料的颗粒级配,常以筛孔尺寸的0.45次方为横坐标、通过质量百分率为纵坐标(普通坐标),绘制成筛分曲线。筛分曲线对沥青混合料矿料级配设计具有重要意义。

3. 原材料、试剂及仪器设备

①实验筛:根据需要选用规定的标准筛。

②摇筛机。

③天平或台秤:感量不大于试样质量的0.1%。

④其他:盘子、铲子、毛刷等。

4. 实验步骤

(1)实验准备。

按规定将来料用分料器或四分法缩分至表4.1要求的试样所需量,风干后备用。根据需要可按要求的集料最大粒径的筛孔尺寸过筛，除去超粒径部分颗粒后，再进行筛分。

表 4.1 筛分用的试样质量

公称最大粒径/mm	75	63	37.5	31.5	26.5	19	16	9.5	4.75
试样质量/kg	≥10	≥8	≥5	≥4	≥2.5	≥2	≥1	≥1	≥0.5

（2）水泥混凝土用粗集料干筛法实验步骤。

①取试样一份置于(105 ± 5) ℃烘箱中烘干至恒重，称取干燥集料试样的总质量(m_0)，准确至总质量的 0.1%。

注：恒重是指相邻两次称取间隔时间大于 3 h（通常不少于 6 h）的情况下，前后两次称量之差小于该项实验所要求的称量精密度。

②用搪瓷盘作筛分容器，按筛孔大小排列顺序逐个将集料过筛。人工筛分时，需使集料在筛面上同时有水平方向及上下方向的不停顿的运动，使小于筛孔的集料通过筛孔，直至 1 min 内通过筛孔的质量小于筛上残余量的 0.1% 为止。当采用摇筛机筛分时，应在摇筛机筛分后再逐个由人工补筛。将筛出通过的颗粒并入下一号筛，和下一号筛中的试样一起过筛，按顺序进行，直至各号筛全部筛完为止。应确认 1 min 内通过筛孔的质量确实小于筛上残余量的 0.1%。

注：由于 0.075 mm 筛干筛几乎不能把沾在粗集料表面的小于 0.075 mm 部分的石粉筛过去，而且对水泥混凝土用粗集料而言，0.075 mm 通过率的意义不大，所以也可以不筛，且把通过 0.15 mm 筛的筛下部分全部作为 0.075 mm 的分计筛余，将粗集料的 0.075 mm通过率假设为 0。

③如果某个筛上的集料过多，影响筛分作业时，可以分两次筛分。当筛余颗粒的粒径大于 19 mm 时，筛分过程中允许用手指轻轻拨动颗粒，但不得逐颗筛过筛孔。

⑤称取每个筛上的筛余量，准确至总质量的 0.1%。各筛分计筛余量及筛底存量的总和与筛分前试样的干燥总质量 m_0 相比，相差不得超过 m_0 的 0.5%。

（3）沥青混合料及基层用粗集料水筛法实验步骤。

①取一份试样，将试样置于(105 ± 5) ℃烘箱中烘干至恒重，称取干燥集料试样的总质量(m_3)，准确至 0.1%。

②将试样置一洁净容器中，加入足够量的洁净水，将集料全部淹没，但不得使用任何洗涤剂、分散剂或表面活性剂。

③用搅棒充分搅动集料，使集料表面洗涤干净，细粉悬浮在水中，但不得破碎集料或有集料从水中溅出。

④根据集料粒径大小选择组成一组套筛，其底部为 0.075 mm 标准筛，上部为 2.36 mm或 4.75 mm 筛。仔细将容器中混有细粉的悬浮液倒出，经过套筛流入另一容器中，尽量不将粗集料倒出，以免损坏标准筛筛面。

注：无须将容器中的全部集料都倒出，只倒出悬浮液，且不可直接倒至 0.075 mm 筛上，以免集料掉出损坏筛面。

⑤重复②～④步骤，直至倒出的水洁净为止，必要时可采用水流缓慢冲洗。

⑥将每个筛子上的集料及容器中的集料全部回收在一个搪瓷盘中,容器上不得有黏附的集料颗粒。

注:沾在0.075 mm筛面上的细粉很难回收扣入搪瓷盘中,此时需将筛子倒扣在搪瓷盘上,用少量的水并用毛刷将细粉刷落入搪瓷盘中,注意不要散失。

⑦在确保细粉不散失的前提下,小心泌去搪瓷盘中的积水,将搪瓷盘连同集料一起置于(105±5)℃烘箱中烘干至恒重,称取干燥集料试样的总质量(m_4),准确至0.1%。以m_3与m_4之差作为0.075 mm的筛下部分。

⑧将回收的干燥集料按干筛方法筛分出0.075 mm筛以上各筛的筛余量,此时0.075 mm筛下部分应为0,如果尚能筛出,则应将其并入水洗得到的0.075 mm的筛下部分,且表示水洗得不干净。

5. 数据处理

(1)干筛法筛分结果的计算。

①计算各筛分计筛余量及筛底存量的总和与筛分前试样的干燥总质量m_0之差,作为筛分时的损耗,并计算损耗率,记入表4.2中。若损耗率大于0.3%,应重新进行实验。筛分损耗为

$$m_5 = m_0 - \left(\sum m_i + m_{底}\right) \tag{4.1}$$

式中 m_5——由于筛分造成的损耗,g;

m_0——用于干筛的干燥集料总质量,g;

m_i——各号筛上的分计筛余,g;

i——依次为0.075 mm,0.15 mm…至集料最大粒径的排序;

$m_{底}$——筛底(0.075 mm以下部分)集料总质量,g。

②干筛分计筛余百分率:干筛后各号筛上的分计筛余百分率按式(4.2)计算,记入表4.2中,精确至0.1%。

$$p_i' = \frac{m_i}{m_0 - m_5} \times 100\% \tag{4.2}$$

式中 p_i'——各号筛上的分计筛余百分率,%;

m_5——由于筛分造成的损耗,g;

m_0——用于干筛的干燥集料总质量,g;

m_i——各号筛上的分计筛余,g;

i——依次为0.075 mm,0.15 mm…至集料最大粒径的排序。

③干筛累计筛余百分率:各号筛的累计筛余百分率为该号筛以上各号筛的分计筛余百分率之和,记入表4.2中,精确至0.1%。

④干筛各号筛的质量通过百分率:各号筛的质量通过百分率P_i等于100减去该号筛累计筛余百分率,记入表4.2中,精确至0.1%。

⑤由筛底存量除以扣除损耗后的干燥集料总质量计算0.075 mm筛的通过率。

⑥实验结果以两次实验的平均值表示,记入表4.2中,精确至0.1%。当两次实验结果$P_{0.075}$的差值超过1%时,实验应重新进行。

表 4.2 粗集料干筛分记录

干燥试样总质量 m_0/g	第1组				第2组				平均
	3 000				3 000				
筛孔尺寸/mm	筛上质量 m_i/g	分计筛余/%	累计筛余/%	通过百分率/%	筛上质量 m_i/g	分计筛余/%	累计筛余/%	通过百分率/%	通过百分率/%
19	0	0	0	100	0	0	0	100	100
16	696.3	23.2	23.2	76.8	699.4	23.3	23.3	76.7	76.7
13.2	431.9	14.4	37.6	62.4	434.6	14.5	37.8	62.2	62.3
9.5	801.0	26.7	64.4	35.6	802.3	26.8	64.6	35.4	35.5
4.75	989.8	33.0	97.4	2.6	985.3	32.9	97.4	2.6	2.6
2.36	70.1	2.3	99.7	0.3	68.5	2.3	99.7	0.3	0.3
1.18	8.2	0.3	100.0	0.0	7.9	0.3	100.0	0.0	0.0
0.6	0.5	0.0	100.0	0.0	0.2	0.0	100.0	0.0	0.0
0.3	0.0	0.0	100.0	0.0	0.0	0.0	100.0	0.0	0.0
0.15	0.0	0.0	100.0	0.0	0.0	0.0	100.0	0.0	0.0
0.075	0.0	0.0	100.0	0.0	0.0	0.0	100.0	0.0	0.0
筛底集料质量 $m_{底}$/g	0.0	0.0	100.0		0.0	0.0	100.0	0.0	
筛分后总量 $\sum m_i$/g	2 997.8	100.0			2 998.2	100.0			
损耗 m_5/g	2.2				1.8				
损耗率/%	0.1				0.1				

(2)水筛法筛分结果的计算。

①按式(4.3)、式(4.4)计算粗集料中0.075 mm筛下部分质量$m_{0.075}$和含量$P_{0.075}$,记入表4.3中,精确至0.1%。当两次实验结果$P_{0.075}$的差值超过1%时,实验应重新进行。

$$m_{0.075}=m_3-m_4 \tag{4.3}$$

$$P_{0.075}=\frac{m_{0.075}}{m_3}=\frac{m_3-m_4}{m_3}\times 100\% \tag{4.4}$$

式中 $P_{0.075}$——粗集料中小于0.075 mm的含量(通过率),%;

$m_{0.075}$——粗集料中水洗得到的小于0.075 mm部分的质量,g;

m_3——用于水洗的干燥粗集料总质量,g;

m_4——水洗后的干燥粗集料总质量,g。

②计算各筛分计筛余量及筛底存量的总和与筛分前试样的干燥总质量m_4之差,作为筛分时的损耗,并计算损耗率记入表4.3中。若损耗率大于0.3%,应重新进行实验。

$$m_5=m_3-\left(\sum m_i+m_{0.075}\right) \tag{4.5}$$

式中 m_5——由于筛分造成的损耗,g;

m_3——用于水筛筛分的干燥集料总质量,g;

m_i——各号筛上的分计筛余,g;

i——依次为0.075 mm,0.15 mm,…至集料最大粒径的排序;

$m_{0.075}$——水洗后得到的 0.075 mm 以下部分质量(g),即 m_3-m_4。

③计算其他各筛的分计筛余百分率、累计筛余百分率、质量通过百分率,计算方法与干筛法相同。当干筛时筛分有损耗时,应按干筛法计算的方法从总质量中扣除损耗部分,将计算结果分别记入表 4.3 中。

④实验结果以两次实验的平均值表示,记入表 4.3 中。

表 4.3　粗集料水筛法筛分记录

干燥试样总质量 m_3/g		第 1 组				第 2 组				平均
		3 000				3 000				
水洗后筛上总质量 m_4/g		2 879				2 868				
水洗后 0.075 mm 筛下质量 $m_{0.075}$/g		121				132				
0.075 mm 粗集料通过率 $P_{0.075}$/%		4				4.4				
筛孔尺寸/mm		筛上质量 m_i/g	分计筛余/%	累计筛余/%	通过百分率/%	筛上质量 m_i/g	分计筛余/%	累计筛余/%	通过百分率/%	通过百分率/%
水洗后干筛法筛分	19	5	0.2	0.2	99.8	0	0	0	100	99.9
	16	696.3	23.2	23.4	76.6	680.3	22.7	22.7	77.3	76.9
	13.2	882.3	29.4	52.8	47.2	839.2	28	50.7	49.3	48.2
	9.5	713.2	23.8	76.6	23.4	778.5	26	76.7	23.3	23.4
	4.75	343.4	11.5	88.1	11.9	348.7	11.6	88.3	11.7	11.8
	2.36	70.1	2.3	90.4	9.6	68.3	2.3	90.6	9.4	9.5
	1.18	87.5	2.9	93.3	6.7	79.1	2.6	93.2	6.8	6.7
	0.6	67.8	2.3	95.6	4.4	59.3	2	95.2	4.8	4.6
	0.3	4.6	0.2	95.7	4.3	4.3	0.1	95.3	4.7	4.5
	0.15	5.6	0.2	95.9	4.1	3.8	0.1	95.5	4.5	4.3
	0.075	2.3	0.1	96	4	4	0.1	95.6	4.4	4.2
	筛底集料质量 $m_{底}$[①]	0				0				
	干筛后总质量 $\sum m_i$/g	2 878.1	96			2 865.5	95.6			
损耗 m_5/g		0.9				2.5				
损耗率/%		0.03				0.09				
扣除损耗后总质量/g		2 999.1				2 997.5				

注:①如果 $m_{底}$ 的值不是 0,应将其并入 $m_{0.075}$ 中重新计算 $P_{0.075}$。

6. 实验报告

筛分结果以各筛孔的质量通过百分率表示,宜记录为表 4.2 或表 4.3 的格式。

对用于沥青混合料、基层材料配合比设计用的集料,宜绘制集料筛分曲线,其横坐标为筛孔尺寸的 0.45 次方(表 4.4),如图 4.1 所示。

表 4.4 级配曲线的横坐标(按 $x = d_i^{0.45}$ 计算)

筛孔 d_i/mm	0.075	0.15	0.3	0.6	1.18	2.36	4.75	9.5	13.2	16	19	26.5	31.5	37.5
横坐标 x	0.312	0.426	0.582	0.795	1.077	1.472	2.016	2.745	3.193	3.482	3.762	4.370	4.723	5.109

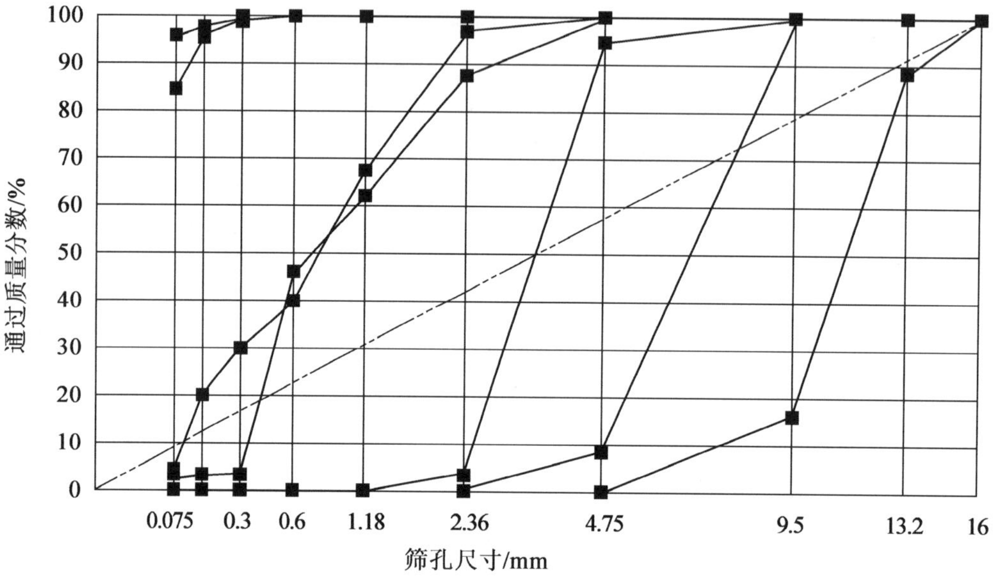

图 4.1 集料筛分曲线

同一种集料至少取两个试样平行实验两次,取平均值作为每号筛上筛余量的实验结果,绘制集料级配组成通过百分率及级配曲线。

7. 注意事项

①粗集料取样要严格按照取样方法,采用分料器或四分法来进行取样,否则平行实验不满足要求,致使筛分结果没有代表性。

②要充分筛分,尤其是大颗料要用手拨动是否能通过筛孔。

③数据处理要注意单位,计算公式不要错,平行实验、计算精度要满足实验规定要求。

思考题

1. 粗集料什么时候用干筛法? 什么时候用水筛法?
2. 粗集料筛分结果不满足规定要求,应如何处理?
3. 平行实验不满足规定要求该如何处理?
4. 简述平行实验、重复性实验、复现性(再现性)实验的概念。
5. 筛分实验在工程设计和工程应用中是如何体现的?

实验二 粗集料密度及吸水率实验(网篮法)

1. 实验目的与适用范围

本方法适用于测定各种粗集料的表观相对密度、表干相对密度、毛体积相对密度、表观密度、表干密度、毛体积密度以及粗集料的吸水率。

2. 实验原理

沥青混合料路面的密度对其路用性能有很大影响,影响路面材料密度的因素有多种,其中各种粗集料的密度是最基本的一类。

密度是在一定条件下测量的单位体积的质量,单位为 t/m^3 或 g/cm^3,通常以 ρ 表示。对于材料内部没有孔隙的匀质材料,测定的密度只有一种。但对于工程上用的粗细集料,由于材料状态及测定条件的不同,便衍生出各种各样的“密度”。计算密度用的质量有干燥质量与潮湿质量的不同,计算用的体积也因所包含集料内部的孔隙情况不同,因而计算结果就不一样,由此得出不同的密度定义。

①真实密度:矿粉的密度接近于真实密度,是指在规定条件下,材料单位体积(全部为矿质材料的体积,不计任何内部孔隙)的质量,也称为真密度。

②毛体积密度:其计算单位体积为表面轮廓线范围内的全部毛体积,包含了材料实体、开口孔隙及闭口孔隙。当质量以干质量(烘干)为准时,称绝干毛体积密度,即通常所称的毛体积密度。

③表干密度:其计算单位体积与毛体积密度相同,但计算质量以表干质量(饱和面干状态,包括了吸入开口孔隙中的水)为准时,称表干毛体积密度,即通常所称的表干密度。

④表观密度:材料单位体积中包含了材料实体及不吸水的闭口孔隙,但不包括能吸水的开口孔隙,也称为视密度。

⑤相对密度:材料的密度与 4 ℃(或标态下)水的密度的比值。随着密度表达方式的不同,有各种各样相对应的相对密度。

必须注意,在沥青混合料配合比设计时,仅需要测定集料的相对密度,而不是经过温度换算后的密度。由于集料相对密度的测定值很大程度上影响沥青混合料的理论最大相对密度和空隙率等一系列体积指标的准确性,所以准确测定集料的相对密度至关重要。许多工程混合料的空隙率不准都是因为相对密度测定不准确造成的。

材料的吸水率是指在一定条件下单位质量的物质所能吸收水分的多少。粗集料的吸水率与其空隙率和密度等因素有关,它影响沥青混合料的黏附性、强度、耐水性、抗老化性等指标。

本实验首先将粗集料中的细集料组分筛分出去,再把粘在粗集料上的矿粉和灰尘洗去,然后将处理过的粗集料装入网篮中,并将其浸入水中使试样饱水,按规定的操作步骤测定粗集料的相对密度及吸水率。

3. 原材料、试剂及仪器设备

①天平或浸水天平:可悬挂吊篮测定集料的水中质量,称量应满足试样数量称量要

求，感量不大于最大称量的0.05%。

②吊篮：耐锈蚀材料制成，直径和高度为150 mm左右，四周及底部用1～2 mm的筛网编制或具有密集的孔眼。

③溢流水槽：在称量水中质量时能保持水面高度一定。

④烘箱：能控制温度在(105±5)℃。

⑤毛巾：纯棉制，洁净，也可用纯棉的汗衫布代替。

⑥温度计。

⑦标准筛。

⑧盛水容器(如搪瓷盘)。

⑨其他：刷子等。

4. 实验步骤

(1)实验准备。

①将试样用标准筛过筛除去其中的细集料，对较粗的粗集料可用4.75 mm筛过筛；对2.36～4.75 mm集料，或者混在4.75 mm以下石屑中的粗集料，则用2.36 mm标准筛过筛。用四分法或分料器法缩分至要求的质量，分两份备用，对沥青路面用粗集料，应对不同规格的集料分别测定，不得混杂，所取的每一份集料试样应基本上保持原有的级配。在测定2.36～4.75 mm的粗集料时，实验过程中应特别小心，不得丢失集料。

②经缩分后供测定密度和吸水率的粗集料质量应符合表4.5的规定。

表4.5 测定密度所需要的试样最小质量

公称最大粒径/mm	4.75	9.5	16	19	26.5	31.5	37.5	63	75
每份试样的最小质量/kg	0.8	1	1	1	1.5	1.5	2	3	3

③将每一份集料试样浸泡在水中，并适当搅动，仔细洗去附在集料表面的尘土和石粉，经多次漂洗干净至水完全清澈为止。清洗过程中不得散失集料颗粒。

(2)具体实验操作。

①取试样一份装入干净的搪瓷盘中，注入洁净的水，水面至少应高出试样20 mm，轻轻搅动石料，使附着在石料上的气泡完全逸出，在室温下保持浸水24 h。

②将吊篮挂在天平的吊钩上，浸入溢流水槽中，向溢流水槽中注水，水面高度至水槽的溢流孔，将天平调零，吊篮的筛网应保证集料不会通过筛孔流失，对2.36～4.75 mm粗集料应更换小孔筛网，或在网篮中加放入一个浅盘。

③调节水温在15～25 ℃，将试样移入吊篮中，溢流水槽中的水面高度由水槽的溢流孔控制，维持不变，称取集料的水中质量(m_w)。

④提起吊篮，稍稍滴水后，较粗的粗集料可以直接倒在拧干的湿毛巾上。将较细的粗集料(2.36～4.75 mm)连同浅盘一起取出，稍稍倾斜搪瓷盘，仔细倒出余水，将粗集料倒在拧干的湿毛巾上，用毛巾吸走从集料中漏出的自由水。此步骤需特别注意不得有颗粒丢失，或有小颗粒附在吊篮上。再用拧干的湿毛巾轻轻擦干集料颗粒的表面水，至表面看不到发亮的水迹，即为饱和面干状态。当粗集料尺寸较大时，宜逐颗擦干，注意对较

粗的粗集料,拧湿毛巾时不要太用劲,防止拧得太干。对较细的、含水较多的粗集料,毛巾可拧得稍干些,擦颗粒的表面水时,既要将表面水擦掉,又千万不能将颗粒内部的水吸出,整个过程中不得有集料丢失,且已擦干的集料不得继续在空气中放置,以防止集料干燥。

注:对 2.36 ~4.75 mm 集料,用毛巾擦拭时容易黏附细颗粒集料从而造成集料损失,此时宜改用洁净的纯棉汗衫布擦拭至表干状态。

⑤立即在保持表干状态下,称取集料的表干质量(m_f)。

⑥将集料置于浅盘中,放入(105 ±5) ℃的烘箱中烘干至恒重,取出浅盘,放在带盖的容器中冷却至室温,称取集料的烘干质量(m_a)。

注:恒重是指相邻两次称量间隔时间大于 3 h 的情况下,其前后两次称量之差小于该项实验要求的精密度,即 0.1%。一般在烘箱中烘烤的时间不得少于 4 ~6 h。

⑦对同一规格的集料应平行实验两次,取平均值作为实验结果。

5. 数据处理

(1)计算。

①表观相对密度 γ_a、表干相对密度 γ_s、毛体积相对密度 γ_b 按式(4.6) ~(4.8)计算,精确至小数点后 3 位。

$$\gamma_a = \frac{m_a}{m_a - m_w} \tag{4.6}$$

$$\gamma_s = \frac{m_f}{m_f - m_w} \tag{4.7}$$

$$\gamma_b = \frac{m_a}{m_f - m_w} \tag{4.8}$$

式中 γ_a——集料的表观相对密度,无量纲;

γ_s——集料的表干相对密度,无量纲;

γ_b——集料的毛体积相对密度,无量纲;

m_a——集料的烘干质量,g;

m_f——集料的表干质量,g;

m_w——集料的水中质量,g。

②集料的吸水率以烘干试样为基准,按式(4.9)计算,精确至 0.01%。

$$w_x = \frac{m_f - m_a}{m_a} \times 100 \tag{4.9}$$

式中 w_x——粗集料的吸水率,%。

③粗集料的表观密度(视密度)ρ_a、表干密度 ρ_s、毛体积密度 ρ_b,按式(4.10) ~(4.12)计算,准确至小数点后 3 位。不同水温条件下测量的粗集料表观密度需进行水温修正,不同实验温度下水的密度 ρ_T 及水的温度修正系数 α_T 按附录 B 附表 B.1 选用。

$$\rho_a = \gamma_a \times \rho_T \text{或} \rho_a = (\gamma_a - \alpha_T) \times \rho_w \tag{4.10}$$

$$\rho_s = \gamma_s \times \rho_T \text{或} \rho_s = (\gamma_s - \alpha_T) \times \rho_w \tag{4.11}$$

$$\rho_b = \gamma_b \times \rho_T \text{或} \rho_b = (\gamma_b - \alpha_T) \times \rho_w \tag{4.12}$$

式中 ρ_a——粗集料的表观密度,g/cm^3;

ρ_s——粗集料的表干密度,g/cm^3;

ρ_b——粗集料的毛体积密度,g/cm^3;

ρ_T——实验温度为 T 时水的密度,g/cm^3,按附录 B 附表 B.1 取用;

α_T——实验温度为 T 时的水温修正系数;

ρ_w——水在 4 ℃时的密度,1.000 g/cm^3。

(2)精密度或允许差。

重复实验的精密度,对表观相对密度、表干相对密度、毛体积相对密度两次结果相差不得超过 0.02,吸水率不得超过 0.2%。

6. 实验报告

按实验数据整理有关表格和实验报告。

7. 注意事项

①用网篮法测 2.36 ~4.75 mm 粗集料密度时,不得遗失集料。

②烘干集料时要充分烘干,以免造成实验结果失真。

③粗集料需要在室温下保持浸水 24 h,保证集料的开口孔隙全部被水充满。

④在擦拭集料水分时,要用拧干的湿毛巾,不能使用干毛巾,既要将表面水擦掉,又不能将开口孔隙中的水吸出。

⑤数据处理要注意单位,计算公式不要错,平行实验、计算精度要满足规定要求。

思考题

1. 用网篮法测密度时,避免或减少集料遗失的方法有哪些?
2. 测密度时为什么要充分浸泡 24 h,不充分浸泡对实验结果会有什么影响?
3. 测定前为什么要将集料表面充分洗净,洗净的标准是什么?
4. 表观相对密度、表干相对密度和毛体积相对密度有什么区别。
5. 密度实验在工程设计和工程应用中是如何体现的?

实验三 粗集料密度及吸水率实验（容量瓶法）

1. 实验目的与适用范围

本方法适用于测定碎石、砾石等各种粗集料的表观相对密度、表干相对密度、毛体积相对密度、表观密度、表干密度、毛体积密度以及粗集料的吸水率。

本方法测定的结果不适用于仲裁及沥青混合料配合比设计计算理论密度时使用。

2. 实验原理

密度与吸水率的基本概念见本章实验二。

本方法同样是将粗集料中的细集料部分和浮尘等除去，将处理后的粗集料放入装有水的容量瓶中，使其饱和吸水，然后按规定的步骤测定粗集料的相对密度，测定吸水率。

3. 原材料、试剂及仪器设备

①天平或浸水天平：可悬挂吊篮测定集料的水中质量，称量应满足试样数量称量要求，感量不大于最大称量的0.05%。

②容量瓶：1 000 mL，也可用磨口的广口玻璃瓶代替，并带玻璃片。

③烘箱：能控制温度在(105 ±5) ℃。

④标准筛：4.75 mm、2.36 mm。

⑤其他：刷子、毛巾等。

4. 实验步骤

①将取来样过筛，对水泥混凝土的集料采用4.75 mm筛，沥青混合料的集料用2.36 mm筛，分别筛除筛孔以下的颗粒，然后用四分法或分料器法缩分至表4.6要求的质量，分两份备用。

表4.6 测定密度所需要的试样最小质量

公称最大粒径/mm	4.75	9.5	16	19	26.5	31.5	37.5	63	75
每份试样的最小质量/kg	0.8	1	1	1	1.5	1.5	2	3	3

②将每份集料试样浸泡在水中，仔细洗去附在集料表面的尘土和石粉，经多次漂洗干净至水清澈为止。清洗过程中不得散失集料颗粒。

③取试样一份装入容量瓶(广口瓶)中，注入洁净的水(可滴入数滴洗涤灵)，水面高出试样，轻轻摇动容量瓶，使附着在石料上的气泡逸出，盖上玻璃片，在室温下浸水24 h。

注：水温应为15 ~25 ℃，浸水最后2 h内的水温相差不得超过2 ℃。

④向瓶中加水至水面凸出瓶口，然后盖上容量瓶塞，或用玻璃片沿广口瓶瓶口迅速滑行，使其紧贴瓶口水面，玻璃片与水面之间不得有空隙。

⑤确认瓶中没有气泡，擦干瓶外的水分后，称取集料试样、水、瓶及玻璃片的总质量(m_2)。

⑥将试样倒入浅搪瓷盘中，稍稍倾斜搪瓷盘，倒掉流动的水，再用毛巾吸干漏出的自由水，需要时可称取带表面水的试样质量(m_4)。

⑦用拧干的湿毛巾轻轻擦干颗粒的表面水，至表面看不到发亮的水迹，即为饱和面干状态。当粗集料尺寸较大时，可逐颗擦干。注意拧湿毛巾时不要太用劲，防止拧得太干。擦颗粒的表面水时，既要将表面水擦掉，又不能将颗粒内部的水吸出。整个过程中不得有集料丢失。

⑧立即称取饱和面干集料的表干质量(m_3)。

⑨将集料置于浅盘中，放入(105 ±5)℃的烘箱中烘干至恒重。取出浅盘，放在带盖的容器中冷却至室温，称取集料的烘干质量(m_0)。

注：恒重是指相邻两次称量间隔时间大于 3 h 的情况下，其前后两次称量之差小于该项实验所要求的精密度，即 0.1%。一般在烘箱中烘烤的时间不得少于 4 ~6 h。

⑩将瓶洗干净，重新装入洁净水，盖上容量瓶塞，或用玻璃片紧贴广口瓶瓶口水面，玻璃片与水面之间不得有空隙。确认瓶中没有气泡，擦干瓶外水分后称取水、瓶及玻璃片的总质量(m_1)。

1. 数据处理

(1)计算。

①表观相对密度 γ_a、表干相对密度 γ_s、毛体积相对密度 γ_b 按式(4.13) ~(4.15)计算，精确至小数点后 3 位。

$$\gamma_a = \frac{m_0}{m_0 + m_1 - m_2} \tag{4.13}$$

$$\gamma_s = \frac{m_3}{m_3 + m_1 - m_2} \tag{4.14}$$

$$\gamma_b = \frac{m_0}{m_3 + m_1 - m_2} \tag{4.15}$$

式中 γ_a——集料的表观相对密度，无量纲；

γ_s——集料的表干相对密度，无量纲；

γ_b——集料的毛体积相对密度，无量纲；

m_0——集料的烘干质量，g；

m_1——水、瓶及玻璃片的总质量，g；

m_2——集料试样、水、瓶及玻璃片的总质量，g；

m_3——集料的表干质量，g。

②集料的吸水率 w_x、含水率 w 以烘干试样为基准，按式(4.16)、式(4.17)计算，精确至 0.1%。

$$w_x = \frac{m_3 - m_0}{m_0} \times 100 \tag{4.16}$$

$$w = \frac{m_4 - m_0}{m_0} \times 100 \tag{4.17}$$

式中 m_4——集料饱和状态下含表面水的湿质量，g；

w_x——集料的吸水率,%;

w——集料的含水率,%。

③当水泥混凝土集料需要以饱和面干试样作为基准求取集料的吸水率 w_x 时,按式(4.18)计算,精确至0.1%,但需在报告中予以说明。

$$w_x = \frac{m_3 - m_0}{m_3} \times 100 \tag{4.18}$$

式中 w_x——集料的吸水率,%。

④粗集料的表观密度 ρ_a、表干密度 ρ_s、毛体积密度 ρ_b 按式(4.19)、式(4.20)、式(4.21)计算至小数点后3位。

$$\rho_a = \gamma_a \times \rho_T \text{或} \rho_a = (\gamma_a - \alpha_T) \times \rho_w \tag{4.19}$$

$$\rho_s = \gamma_s \times \rho_T \text{或} \rho_s = (\gamma_s - \alpha_T) \times \rho_w \tag{4.20}$$

$$\rho_b = \gamma_b \times \rho_T \text{或} \rho_b = (\gamma_b - \alpha_T) \times \rho_w \tag{4.21}$$

式中 ρ_a——集料的表观密度,g/cm^3;

ρ_s——集料的表干密度,g/cm^3;

ρ_b——集料的毛体积密度,g/cm^3;

ρ_T——实验温度 T 时水的密度,g/cm^3,按附录B附表B.1取用;

α_T——实验温度 T 时的水温修正系数,按附录B附表B.1取用;

ρ_w——水在4 ℃时的密度,1.000 g/cm^3。

(2)精密度或允许差。

重复实验的精密度、两次结果之差对相对密度不得超过0.02,对吸水率不得超过0.2%。

6. 实验报告

按实验数据整理有关表格和实验报告。

7. 注意事项

①测定粗集料吸水率时,保证吸水后测的质量是表干质量。

②测定粗集料密度时要根据粗集料的最大公称粒径来选择粗集料的数量。

③注意区分粗集料的表观密度 ρ_a、表干密度 ρ_s、毛体积密度 ρ_b 以及相应的各种相对密度。

④数据处理要注意单位,计算公式不要错,平行实验、计算精度要满足规定要求。

思考题

1. 粗集料饱和面干状态的评定方法,怎样操作才能减少表干质量的误差?

2. 在工地快速检测,采用什么方法来测定粗集料的相对密度?此方法与容量瓶法测定有什么不同?

实验四　粗集料含水率实验

1. 实验目的与适用范围

本方法适用于测定碎石或砾石等各种粗集料的含水率。

2. 实验原理

在自然状态下，由于各种原因，粗集料会从环境（如大气）中吸附一定的水分（不一定达到饱和状态），这部分吸附的水对沥青混合料配合比的计算、沥青混合料路面的施工、沥青与集料的黏结性、沥青路面的各项性能都有一定关系。

本方法通过称量自然状态下吸附一定水分的（全部）粗集料和经干燥恒重的粗集料，然后计算粗集料的吸附水占干燥粗集料质量的百分率，即为粗集料的含水率。

3. 原材料、试剂及仪器设备

①烘箱：能使温度控制在(105 ±5) ℃。

②天平：称量 5 kg，感量不大于 5 g。

③容器：浅盘等。

4. 实验步骤

①根据最大粒径，按粗集料的取样方法取代表性试样，分成两份备用。

②将试样置于干净的容器中，称量试样和容器的总质量(m_1)，并在(105 ±5) ℃的烘箱中烘干至恒重。

③取出试样，冷却后称取试样与容器的总质量(m_2)。

5. 数据处理

(1)计算。

含水率按式(4.22)计算，精确至0.1%。

$$w = \frac{m_1 - m_2}{m_2 - m_3} \times 100 \tag{4.22}$$

式中　w——粗集料的含水率，%；

m_1——烘干前试样与容器总质量，g；

m_2——烘干后试样与容器总质量，g；

m_3——容器质量，g。

(2)报告。

以两次平行实验结果的算术平均值作为测定值。

6. 实验报告

按实验数据整理有关表格和实验报告。

7. 注意事项

①采用酒精燃烧法测定粗集料含水率时要充分燃烧。

②数据处理要注意单位，计算公式不要错，平行实验、计算精度要满足规定要求。

思考题

1. 工程快速检测通常采用酒精燃烧法测定含水率,燃烧到什么标准可以停止?
2. 两种含水率测定方法的优缺点及适用范围有什么不同?

实验五 粗集料松方密度(堆积密度)及空隙率实验

1. 实验目的与适用范围

本方法适用于测定粗集料的堆积密度,包括自然堆积状态、振实状态、捣实状态下的堆积密度以及堆积状态下的间隙率。

2. 实验原理

粗集料的松方密度是指集料单位体积(包括物质颗粒固体及其闭口、开口孔隙和颗粒间空隙体积)物质颗粒的质量。松方密度是将集料填装在规定的容积筒中进行测定,根据粗集料颗粒在容积筒中排列的松紧程度不同,又包括(自然)堆积状态、振实状态和捣实状态下的3种松方密度。

由上可知,集料的松方密度是直观上表现出来的密度,是实际应用中最基础的一种密度,也是出现最多的一种密度。由松方密度和集料的其他性能数据,可以计算表观密度、毛体积密度及相应的相对密度。

3. 原材料、试剂及仪器设备

①天平或台秤:感量不大于称量的0.1%。

②容量筒:适用于粗集料堆积密度测定的容量筒应符合表4.7的要求。

表4.7 容量筒的规格要求

粗集料公称最大粒径/mm	容量筒容积/L	容量筒规格/mm			筒壁厚度/mm
		内径	净高	底厚	
≤4.75	3	155±2	160±2	5.0	2.5
9.5~26.5	10	205±2	305±2	5.0	2.5
31.5~37.5	15	255±5	295±5	5.0	3.0
≥53	20	355±5	305±5	5.0	3.0

③平头铁锹。

④烘箱:能控制温度在(105±5)℃。

⑤振动台:频率为(3 000±200)次/min,负荷下的振幅为0.35 mm,空载时的振幅为0.5 mm。

⑥捣棒:直径为16 mm、长为600 mm、一端为圆头的钢棒。

4. 实验步骤

(1)实验准备。

按第4章粗集料的取样方法取样、缩分,质量应满足实验要求,在(105±5)℃的烘箱中烘干,也可以摊在清洁的地面上风干,拌匀后分成两份备用。

(2)具体实验操作。

①自然堆积密度。取试样 1 份,置于平整干净的水泥地(或铁板)上,用平头铁锹铲起试样,使石子自由落入容量筒内。此时,从铁锹的齐口至容量筒上口的距离应保持为 50 mm 左右,装满容量筒并除去凸出筒口表面的颗粒,并以合适的颗粒填入凹陷空隙,使表面稍凸起部分和凹陷部分的体积大致相等,称取试样和容量筒总质量(m_2)。

②振实密度。按堆积密度实验步骤,将装满试样的容量筒放在振动台上,振动3 min,或者将试样分 3 层装入容量筒:装完一层后,在筒底垫放一根直径为 25 mm 的圆钢筋,将筒按住,左右交替颠击地面各 25 下;然后装入第二层,用同样的方法颠实(但筒底所垫钢筋的方向应与第一层放置方向垂直);然后再装入第三层,用同样的方法颠实。待 3 层试样装填完毕后,加料填到试样超出容量筒口,用钢筋沿筒口边缘滚转,刮下高出筒口的颗粒,用合适的颗粒填平凹处,使表面稍凸起部分和凹陷部分的体积大致相等,称取试样和容量筒总质量(m_2)。

③捣实密度。根据沥青混合料的类型和公称最大粒径,确定起骨架作用的关键性筛孔(通常为4.75 mm或 2.36 mm 等)。将矿料混合料中此筛孔以上颗粒筛出,作为试样装入符合要求规格的容器中达 1/3 的高度,由边至中用捣棒均匀捣实25 次。再向容器中装入 1/3 高度的试样,用捣棒均匀地捣实 25 次,捣实深度约至下层的表面。然后重复上一步骤,加最后一层,捣实 25 次,使集料与容器口齐平。用合适的集料填充表面的大空隙,用直尺大体刮平,目测估计表面凸起部分与凹陷部分的容积大致相等,称取容量筒与试样的总质量(m_2)。

④容量筒容积的标定。用水装满容量筒,测量水温,擦干筒外壁的水分,称取容量筒与水的总质量(m_w),并按水的密度对容量筒的容积作校正。

5. 数据处理

①容量筒的容积按式(4.23)计算。

$$V=\frac{m_w-m_1}{\rho_T} \tag{4.23}$$

式中 V——容量筒的容积,L;

m_1——容量筒的质量,kg;

m_w——容量筒与水的总质量,kg;

ρ_T——实验温度 T 时水的密度,g/cm^3,按附录 B 附表 B.1 选用。

②堆积密度(包括自然堆积状态、振实状态、捣实状态下的堆积密度)按式(4.24)计算,精确至小数点后 2 位。

$$\rho=\frac{m_2-m_1}{V} \tag{4.24}$$

式中 ρ——与各种状态相对应的堆积密度,t/m^3;

m_1——容量筒的质量,kg;

m_2——容量筒与试样的总质量,kg;

V——容量筒的容积,L。

③水泥混凝土用粗集料振实状态下的空隙率按式(4.25)计算。

$$V_c = (1 - \frac{\rho}{\rho_a}) \times 100 \tag{4.25}$$

式中 V_c——水泥混凝土用粗集料的空隙率,%;

ρ_a——粗集料的表观密度,t/m^3;

ρ——按振实法测定的粗集料的堆积密度,t/m^3。

④沥青混合料用粗集料骨架捣实状态下的间隙率按式(4.26)计算。

$$VCA_{DRC} = (1 - \frac{\rho}{\rho_b}) \times 100 \tag{4.26}$$

式中 VCA_{DRC}——捣实状态下粗集料骨架间隙率,%;

ρ_b——按 T 0304 确定的粗集料的毛体积密度,t/m^3;

ρ——按捣实法测定的粗集料的自然堆积密度,t/m^3。

6. 实验报告

按实验数据整理有关表格和实验报告。

以两次平行实验结果的平均值作为测定值。

7. 注意事项

①测定粗集料松方密度时,粗集料取样及装料要严格按照规范进行,否则平行实验不满足要求,影响实验结果的准确性。

②测定密度时,容量筒的体积要按照规定进行标定。

思考题

1. 水泥混凝土粗集料与沥青混合料粗集料堆积状态下的空隙率有什么异同?
2. 自然堆积密度、振实密度、捣实密度有什么区别?
3. 如何标定容量筒的容积?

实验六 粗集料针片状颗粒含量实验(游标卡尺法)

1. 实验目的与适用范围

本方法适用于测定粗集料的针状及片状颗粒含量,以百分率计。

本方法测定的针片状颗粒,是指用游标卡尺测定的粗集料颗粒的最大长度(或宽度)方向与最小厚度(或直径)方向的尺寸之比大于3的颗粒。有特殊要求采用其他比例时,应在实验报告中注明。

本方法测定的粗集料中针片状颗粒的含量,可用于评价集料的形状和抗压碎能力,以评定石料生产厂的生产水平及该材料在工程中的适用性。

2. 实验原理

沥青与集料的黏附性取决于沥青和集料的本性、集料表面状态、集料的比表面积等因素,因此希望集料有一定的破碎面和非立方体(非球形)形状,一定的针片状颗粒有利于沥青混合料的黏结和嵌挤,但过多的针片状颗粒却对沥青混合料的性能产生不利影响。

通过室内实验研究了不同针片状颗粒的质量分数(0、15%、20%、40%、60%)对AC－13C型沥青混合料空隙率、水稳定性、高温稳定性、抗疲劳性能和集料破碎率的影响。结果表明,当针片状颗粒的质量分数超过15%时,沥青混合料的空隙率明显增大,水稳定性和抗疲劳性能明显降低;当针片状颗粒的质量分数超过20%时,沥青混合料的高温稳定性明显降低;随着针片状颗粒含量的增大,集料破碎率也随之增大;针片状颗粒含量对4.75 mm以上筛孔的集料破碎率影响较大。

世界各国对针片状颗粒的定义不同,日本和欧洲都明确针片状颗粒的定义是最长端与最薄部分的比例L/t为3:1,经过论证,我国也采用L/t为3:1作为针片状颗粒的判定标准。粗集料的针片状颗粒含量测定适用于4.75 mm以上的颗粒,对4.75 mm以下的3～5 mm石屑一般不作测定。

本方法将粗集料颗粒以较稳定的状态平摊在桌面上,首先目测排除距针片状颗粒标准较远的、近立方体形状的颗粒,然后用卡尺逐一测量剩余的L和t尺寸,称量符合要求的针片状颗粒的质量,除以粗集料试样的总质量,即得粗集料针片状颗粒含量。

3. 原材料、试剂及仪器设备

①标准筛:方孔筛4.75 mm。

②游标卡尺:精密度为0.1 mm。

③天平:感量不大于1 g。

4. 实验步骤

①按粗集料的取样方法,采集粗集料试样。

②按分料器法或四分法选取1 kg左右的试样。对每一种规格的粗集料,应按照不同的公称粒径,分别取样检验。

③用 4.75 mm 标准筛将试样过筛，取筛上部分供实验用，称取试样的总质量 m_0，准确至 1 g，试样数量应不少于 800 g，并不少于 100 颗。

注：对 2.36 ~4.75 mm 级粗集料，由于卡尺量取有困难，故一般不作测定。

④将试样平摊于桌面上，首先用目测挑出接近立方体的颗粒，剩下的可能属于针状（细长）和片状（扁平）的颗粒。

⑤按图 4.2 所示的方法将欲测量的颗粒放在桌面上成一稳定的状态，图中颗粒平面方向的最大长度为 L，侧面厚度的最大尺寸为 t，颗粒最大宽度为 $w(t < w < L)$，用卡尺逐颗测量石料的 L 及 t，将 $L/t \geqslant 3$ 的颗粒（即最大长度方向与最大厚度方向的尺寸之比大于 3 的颗粒）分别挑出作为针片状颗粒。称取针片状颗粒的质量 m_1，准确至 1 g。

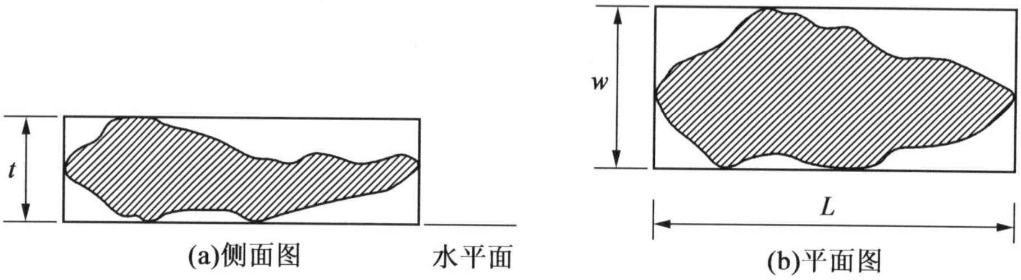

图 4.2 针片状颗粒稳定状态

注：稳定状态是指平放的状态，不是直立状态，侧面厚度的最大尺寸 t 为图 4.2 中稳定状态的颗粒顶部至平台的厚度，是在最薄的一个面上测量的，但并非颗粒中最薄部位的厚度。

5. 数据处理

按式（4.27）计算针片状颗粒含量。

$$Q_e = \frac{m_1}{m_0} \times 100 \tag{4.27}$$

式中 Q_e——针片状颗粒含量，%；

m_1——实验用的集料总质量，g；

m_0——针片状颗粒的质量，g。

6. 实验报告

按实验数据整理有关表格和实验报告。

①实验要平行测定两次，计算两次结果的平均值，如两次结果之差小于平均值的 20%，取平均值为实验值；如果大于或等于 20%，应再测定一次，取 3 次结果的平均值为测定值。

②实验报告应报告集料的种类、产地、岩石名称及用途。

7. 注意事项

数据处理要注意单位，计算公式不要错，平行实验、计算精度要满足规定要求。

思考题

1. 粗集料的针片含量测定方法有几种？分析几种方法之间的区别。
2. 怎样确定针片状颗粒，应注意些什么？

实验七　粗集料破碎砾石含量实验

1. 实验目的与适用范围

本方法用于测定砾石经破碎机破碎后，具有要求数量（一个或两个）破碎面的粗集料占粗集料总量的比例，以百分率表示。本方法规定被机械破碎的面积大于等于该颗粒最大横截面积的1/4者为破碎面（图4.3），具有符合要求破碎面的集料称为破碎砾石。

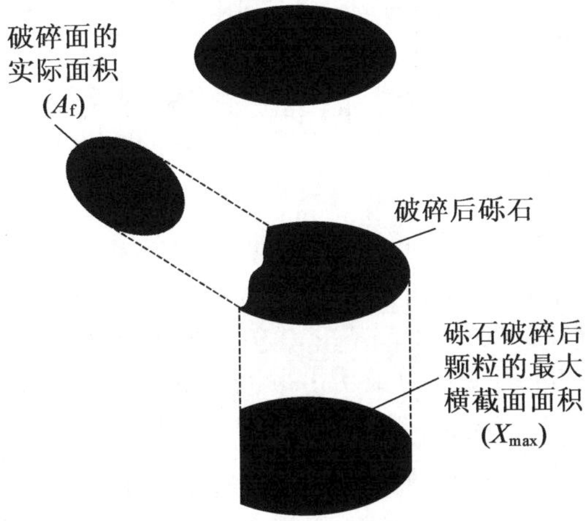

图4.3　破碎面的定义

2. 实验原理

砾石是指风化岩石经水流长期搬运而成的粒径为2～60 mm无棱角的天然粒料，是沉积物类中的一种。其特点是无棱角、表面较光滑，天然形成的砾石针片状颗粒含量较大。为使砾石的工程性能提高，必须对砾石进行破碎。破碎砾石是指经破碎机械破碎后具有符合标准要求破碎面的集料。规定破碎面的实际面积（A_f）大于砾石破碎后颗粒的最大横截面积（X_{max}）的0.25倍的砾石为破碎砾石。

颗粒粗糙程度及形状对强度的影响并不十分明确。许多研究人员认为粗糙的颗粒表面将会产生较大的强度，并且轧制的、有棱角的以及破碎面多的颗粒与未轧制的、棱角光滑的颗粒相比能够提供更高的刚度以及较好的荷载分布特性。然而，一些研究人员却认为轧制的砾石要比轧制的石灰岩要好。

首先用目测的方法对砾石大致分为①破碎砾石；②非破碎砾石；③难以判断是否为破碎砾石的砾石，然后按规定的方法对第三种砾石做甄别判断，将第三种砾石的含量分解减少到规定比例以下。称量几次甄别出破碎砾石的质量和砾石试样的总质量，从而计算得到粗集料的破碎砾石含量。

3. 原材料、试剂及仪器设备

①天平：感量不大于1 g。

②标准筛。

③刮刀。

4. 实验步骤

(1)实验准备。

将已干燥的试样用4.75 mm标准筛过筛,利用四分法分样,取大于4.75 mm的粗集料供实验用,试样质量应符合表4.8的要求。当最大粒径大于或等于19.0 mm时,再用9.5 mm筛筛分成两部分,每部分的试样均不得少于200 g,两部分试样分别测试后取平均值。

表4.8 试样质量要求

公称最大粒径/mm	9.5	13.2	16.0	19.0	26.5	31.5	37.5	50
最少实验质量/g	200	500	1 000	1 500	3 000	5 000	7 500	15 000

(2)具体实验操作。

①将两部分的试样置于4.75 mm或9.5 mm筛上,用水冲洗,至干净为止,用烘箱烘干至恒重,冷却,准确称重至1 g。

②将试样摊开在面积足够大的平面上,如图4.3所示,以符合$A_f > 0.25X_{max}$要求的面作为破碎面,逐颗目测判断挑出具有一个以上破碎面的破碎砾石,以及肯定不满足一个破碎面的砾石分别堆放成堆,将难以判断是否满足一个破碎面定义的砾石另堆成一堆。

③分别对3堆集料称重,计算难以判断是否满足一个破碎面定义的砾石试样占集料总量的百分率Q,若Q大于15%,则应从中再次仔细挑拣,直至此部分比例小于15%为止。重新称量,计算各部分的百分率。

④重复步骤②及③,从具有一个以上破碎面的破碎砾石中挑出两个以上破碎面的破碎砾石以及只有一个破碎面的砾石分别堆放成两堆,将难以判断是否满足两个破碎面定义的砾石堆成第3堆。计算第3堆集料占集料总量的百分率Q,重复挑拣至Q小于15%为止。对各部分称量,计算各部分的百分率。

⑤每种试样需平行实验不少于两次。

5. 数据处理

破碎砾石占集料总量的百分率按式(4.28)计算。

$$P = \frac{F + Q/2}{F + Q + N} \times 100 \tag{4.28}$$

式中 P——具有一个以上或两个以上破碎面砾石占集料总量的百分率,%;

F——满足一个或两个破碎面要求的集料的质量,g;

N——不满足一个或两个破碎面要求的集料的质量,g;

Q——难以判断是否满足具有一个或两个破碎面要求的集料的质量,g。

6. 实验报告

按实验数据整理有关表格和实验报告。

7. 注意事项

①测定前要将集料洗净、烘干后再进行破碎砾石含量的测定。

②严格按照规范要求和方法，仔细找出破碎砾石颗粒。

思考题

1. 怎样判定颗粒是否为破碎砾石？

2. 为什么不能将砾石直接分为破碎砾石、非破碎砾石？

3. 难以判断是否满足两个破碎面定义的砾石堆的百分率小于15%时，实验的最大误差为多少？是否满足要求？

实验八　粗集料含泥量及泥块含量实验

1. 实验目的与适用范围

本方法适用于测定碎石或砾石中小于 0.075 mm 的尘屑、淤泥和黏土的总含量及 4.75 mm以上泥块颗粒含量。

2. 实验原理

粗集料中混进的细泥组分，严重影响胶结料和集料之间的结合性，从而影响路面结构和质量，因此必须对粗集料中的含泥量和泥块含量作出限定。含泥量是指粗集料中所有泥土组分（小于0.075 mm 的尘屑、淤泥和黏土）占粗集料试样总质量的百分比；粗集料中泥块的定义为粒径大于4.75 mm 的泥块（粒径小于4.75 mm 的泥块不计入），泥块含量是指粗集料中的泥块质量占粗集料中粒径大于4.75 mm 的粗集料的百分比，可以看出泥块含量计算中不包括粒径小于4.75 mm 的粗集料。

对于含泥量测定，用湿筛法，将完全被水浸透粉化的泥土组分筛除，计算筛除的部分（总质量减去筛上筛余质量）占总质量的百分率；对于泥块含量测定，首先用干筛法筛除干燥试样中4.75 mm 以下组分，然后将干筛后得到的4.75 mm 以上的粗集料完全被水浸透粉化，用湿筛法筛除泥土组分，计算湿筛步骤筛除的部分（4.75 mm 以上的粗集料质量减去湿筛法筛上筛余质量）占4.75 mm 以上的粗集料质量的百分率。

3. 原材料、试剂及仪器设备

①台秤：感量不大于称量的0.1%。

②烘箱：能控制温度在(105 ±5) ℃。

③标准筛：测泥含量时用孔径为1.18 mm 及0.075 mm 的方孔筛各1只；测泥块含量时，则用2.36 mm 及4.75 mm 的方孔筛各1只。

④容器：容积约为10 L 的桶或搪瓷盘。

⑤浅盘、毛刷等。

4. 实验步骤

(1)实验准备。

按粗集料的取样方法取样，将试样用四分法或分料器法缩分至表4.9 所规定的量（注意防止细粉丢失并防止所含黏土块被压碎），置于温度为(105 ±5) ℃的烘箱内烘干至恒重，冷却至室温后分成两份备用。

表4.9　含泥量及泥块含量实验所需试样最小质量

公称最大粒径/mm	4.75	9.5	16	19	26.5	31.5	37.5	63	75
试样的最小质量/kg	1.5	2	2	6	6	10	10	20	20

(2)具体实验操作。

①含泥量实验步骤。

a. 称取试样 1 份(m_0)装入容器内,加水,浸泡 24 h,用手在水中淘洗颗粒(或用毛刷洗刷),使尘屑、黏土与较粗颗粒分开,并使之悬浮于水中;缓缓地将浑浊液倒入1.18 mm及0.075 mm 的套筛上,滤去小于0.075 mm 的颗粒。实验前筛子的两面应先用水湿润,在整个实验过程中,应注意避免大于0.075 mm 的颗粒丢失。

b. 再次加水于容器中,重复上述步骤,直到洗出的水清澈为止。

c. 用水冲洗余留在筛上的细粒,并将 0.075 mm 筛放在水中(使水面略高于筛内颗粒)来回摇动,以充分洗除小于0.075 mm 的颗粒。然后将两只筛上余留的颗粒和容器中已经洗净的试样一并装入浅盘,置于温度为(105 ±5) ℃的烘箱中烘干至恒重,取出冷却至室温后,称取试样的质量(m_1)。

②泥块含量实验步骤。

a. 取试样 1 份。

b. 用4.75 mm 筛将试样过筛,称出筛除4.75 mm 以下颗粒后的试样质量(m_2)。

c. 将试样在容器中摊平,加水使水面高出试样表面,24 h 后将水放掉,用手捻压泥块,然后将试样放在2.36 mm 筛上用水冲洗,直至洗出的水清澈为止。

d. 小心地取出2.36 mm 筛上试样,置于温度为(105 ±5) ℃的烘箱中烘干至恒重,取出冷却至室温后称量(m_3)。

5. 数据处理

①碎石或砾石的含泥量按式(4.29)计算,精确至0.1%。

$$Q_n = \frac{m_0 - m_1}{m_0} \times 100 \tag{4.29}$$

式中 Q_n——碎石或砾石的含泥量,%;

m_0——实验前烘干试样的质量,g;

m_1——实验后烘干试样的质量,g。

以两次实验的算术平均值作为测定值,两次结果的差值超过0.2%时,应重新取样进行实验,对沥青路面用集料,此含泥量记为小于0.075 mm 颗粒含量。

②碎石或砾石中黏土泥块含量请按式(4.30)计算,精确至0.1%。

$$Q_k = \frac{m_2 - m_3}{m_2} \times 100 \tag{4.30}$$

式中 Q_k——碎石或砾石中黏土泥块含量,%;

m_2——4.75 mm 筛筛余量,g;

m_3——实验后烘干试样的质量,g。

以两个试样两次实验结果的算术平均值为测定值,两次结果的差值超过0.1%时,应重新取样进行实验。

6. 实验报告

按实验数据整理有关表格和实验报告。

7. 注意事项

①测定粗集料含泥量时，不得直接用水冲在0.075 mm筛上，以免造成造成筛孔损坏。

②冲洗时要冲洗干净，以免造成实验结果出现偏差。

思考题

1. 粗集料中含泥量或泥块含量多少会对混凝土产生什么影响?
2. 测定含泥量时，为什么要用1.18 mm及0.075 mm的两个筛子?
3. 泥块含量的物理意义是什么? 含泥量和泥块含量有什么区别?

实验九　粗集料坚固性实验

1. 实验目的与适用范围

本方法是确定碎石或砾石经饱和硫酸钠溶液多次浸泡与烘干循环,承受硫酸钠结晶压而不发生显著破坏或强度降低的性能,是测定石料坚固性能(也称安定性)的方法。

2. 实验原理

粗集料的坚固性是影响沥青混合料强度的重要因素之一,另一重要因素是粗集料与沥青的黏附性——与粗集料的酸碱性有关。

当粗集料被硫酸钠溶液浸泡时,硫酸钠会渗入到粗集料的空隙中,脱水干燥后,粗集料空隙内的硫酸钠很容易结晶,硫酸钠结晶会产生一定的体积效应,在粗集料空隙内形成一定的膨胀应力(称为结晶压)。在结晶压的反复作用下,粗集料会产生粉化掉渣现象。利用硫酸钠溶液多次浸泡与烘干循环的方法,称量粗集料粉化掉渣的质量,检测粗集料耐受结晶压的能力,以此表征粗集料的坚固性。

3. 原材料、试剂及仪器设备

①烘箱:能使温度控制在(105 ±5) ℃。

②天平:称量 5 kg,感量不大于 1 g。

③标准筛:根据试样的粒级,按表 4.10 选用。

表 4.10　坚固性实验所需的各粒级试样质量

公称粒级/mm	2.36 ~4.75	4.75 ~9.5	9.5 ~19	19 ~37.5	37.5 ~63	63 ~75
试样质量/g	500	500	1 000	1 500	3 000	5 000

注:①粒级为 9.5 ~19 mm 的试样中,应含有 9.5 ~16 mm 粒级颗粒 40% ,16 ~19 mm 粒级颗粒 60% ;

②粒级为 19 ~37.5 mm 的试样中,应含有 19 ~31.5 mm 粒级颗粒 40% ,31.5 ~37.5 mm 粒级颗粒 60% ;

④容器:搪瓷盆或瓷缸,容积不小于 50 L;

⑤三脚网篮的外径为 100 mm,高为 150 mm,采用孔径不大于 2.36 mm 的铜网或水锈钢丝制成,检验 37.5 ~75 mm 的颗粒时,应采用外径和高均为 250 mm 的网篮;

⑥试剂为无水硫酸钠和十水结晶硫酸钠(工业用)。

4. 实验步骤

(1)实验准备。

①硫酸钠溶液的配制。

取一定数量的蒸馏水(多少取决于试样及容器大小),加温至 30 ~50 ℃,每 1 000 mL 蒸馏水加入无水硫酸钠(Na_2SO_4)300 ~350 g 或十水硫酸钠($Na_2SO_4 \cdot 10H_2O$)700 ~1 000 g,用玻璃棒搅拌,使其溶解并饱和,然后冷却至 20 ~25 ℃,在此温度下静置 48 h,其相对密度应保持在 1.151 ~1.174。实验时容器底部应无结晶存在。

②试样的制备。

将试样按表4.10的规定分级，洗净，放入(105±5)℃的烘箱内烘干4 h，取出并冷却至室温，然后按表4.10规定的质量称取各粒级试样质量 m_i。

(2)具体实验操作。

①将所称取的不同粒级的试样分别装入三脚网篮并浸入盛有硫酸钠溶液的容器中，溶液体积应不小于试样总体积的5倍，温度应保持在20～25 ℃，三脚网篮浸入溶液时应先上下升降25次以排除试样中的气泡，然后静置于该容器中。此时，网篮底面应距容器底面约30 mm(由网篮脚高控制)，网篮之间的间距应不小于30 mm，试样表面至少应在液面以下30 mm。

②浸泡20 h后，从溶液中提出网篮，放在(105±5)℃的烘箱中烘烤4 h，至此，完成了第一个实验循环。待试样冷却至20～25 ℃后，即开始第二次循环。从第二次循环起，浸泡及烘烤时间均可为4 h。

③完成5次循环后，将试样置于25～30 ℃的清水中洗净硫酸钠，再放入(105±5) ℃的烘箱中烘干至恒重，待冷却至室温后，用试样粒级下限筛孔过筛，并称量各粒级试样实验后的筛余量 m_i'。

注：试样中硫酸钠是否洗净，可按下法检验：取洗试样的水数毫升，滴入少量氯化钡($BaCl_2$)溶液，如无白色沉淀，即说明硫酸钠已被洗净。

④对粒径大于19 mm的试样部分，应在实验前后分别记录其颗粒数量，并作外观检查，描述颗粒的裂缝、剥落、掉边和掉角等情况及其所占的颗粒数量，以作为分析其坚固性时的补充依据。

5. 数据处理

①试样中各粒级颗粒的分计质量损失百分率按式(4.31)计算。

$$Q_i = \frac{m_i - m'_i}{m_i} \times 100 \tag{4.31}$$

式中 Q_i——各粒级颗粒的分计质量损失百分率，%；

m_i——各粒级试样实验前的烘干质量，g；

m_i'——经硫酸钠溶液法实验后各粒级筛余颗粒的烘干质量，g。

②试样总质量损失百分率按式(4.32)计算，精确至1%。

$$Q = \frac{\sum m_i Q_i}{\sum m_i} \tag{4.32}$$

式中 Q——试样总质量损失百分率，%；

m_1——试样中各粒级的分计质量，g；

Q_i——各粒级的分计质量损失百分率，%。

6. 实验报告

按实验数据整理有关表格和实验报告。

7. 注意事项

①粗集料的取样方法要严格按照规定进行，否则实验不具有代表性。

②粗集料第一次浸入饱和溶液时要上下升降25次，排除集料间的气泡，保证集料与溶液全面接触。

思考题

1. 集料坚固性对沥青混凝土质量有什么影响？在工程实际应用上有何体现？

2. 粗集料坚固性实验为什么要对粒径进行分级？

3. 粗集料坚固性实验是否可用氯化钠？为什么选择硫酸钠作膨胀剂？硫酸钠作膨胀剂有何优点？

实验十 粗集料压碎值实验

1. 实验目的与适用范围

集料压碎值用于衡量石料在逐渐增加的荷载下抵抗压碎的能力，是衡量石料力学性质的指标，以评定其在公路工程中的适用性。

2. 实验原理

粗集料在受压过程中会形成部分细碎颗粒，粗集料抵抗压碎的能力反映粗集料的力学强度，可以用压碎值表征。

本实验采用静压法，在石料压碎值实验仪中，对粗集料缓慢施加静压，检测粗集料抵抗静压压碎的能力。粗集料装入压碎值实验仪上的金属筒中，使用9.5 ~ 13.2 mm 的粗集料试样进行实验。以2.36 mm 粒径作为粗集料压碎的标准，即计算经压碎值实验后压碎至2.36 mm 以下的颗粒占实验前试样(9.5 ~ 13.2 mm 的粗集料)质量的百分数。

3. 原材料、试剂及仪器设备

①石料压碎值实验仪：由内径150 mm、两端开口的钢制圆形试筒、压柱和底板组成，其形状如图4.4 所示，尺寸见表4.11。试筒内壁、压柱的底面及底板的上表面等与石料接触的表面都应进行热处理，使表面硬化，达到维氏硬度65，并保持光滑状态。

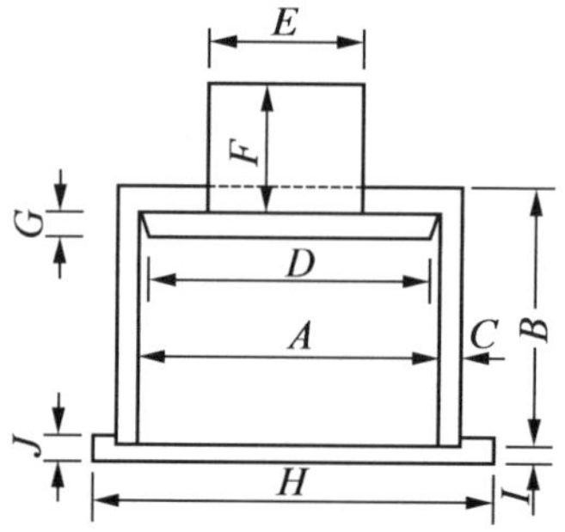

图4.4 压碎指标值测定仪

表4.11 试筒、压柱和底板尺寸

部位	试筒			压柱				底板		
符号	*A*	*B*	*C*	*D*	*E*	*F*	*G*	*H*	*I*	*J*
名称	内径	高度	壁厚	压头直径	压杆直径	压柱总长	压头厚度	直径	厚度(中间部分)	边缘厚度
尺寸/mm	150 ±0.3	125 ~ 128	≥12	149 ±0.2	100 ~ 149	100 ~ 110	≥25	200 ~ 220	6.4 ±0.2	10 ±0.2

②金属棒：直径10 mm，长450 ~ 600 mm，一端加工成半球形。

③天平：称量2 ~ 3 kg，感量不大于1 g。

④标准筛：筛孔尺寸为13.2 mm、9.5 mm、2.36 mm 方孔筛各一个。

⑤压力机：量程500 kN，应能在10 min 内达到400 kN。

⑥金属筒:圆柱形,内径 112.0 mm,高 179.4 mm,容积 1 767 cm^3。

4. 实验步骤

(1)实验准备。

①采用风干石料用13.2 mm 和9.5 mm 标准筛过筛,取9.5 ~13.2 mm 的试样3 组各 3 000 g,供实验用。如过于潮湿需加热烘干时,烘箱温度不得超过 100 ℃,烘干时间不超过4 h。实验前,石料应冷却至室温。

②每次实验的石料数量应按下述方法确定,满足夯击后石料在试筒内的深度为 100 mm。

在金属筒中确定石料数量的方法:将试样分 3 次(每次数量大体相同)均匀装入试模中,每次均将试样表面整平,用金属棒的半球面端在石料表面上均匀捣实 25 次。最后用金属棒作为直刮刀将表面仔细整平。称取量筒中试样质量(m_0)。以相同质量的试样进行压碎值的平行实验。

(2)具体实验操作。

①将试筒安放在底板上。

②将要求质量的试样分 3 次(每次数量大体相同)均匀装入试模中,每次均将试样表面整平,用金属棒的半球面端在石料表面上均匀捣实 25 次。最后用金属棒作为直刮刀将表面仔细整平。

③将装有试样的试模放到压力机上,同时加压头放入试筒内石料面上,注意使压头摆平,勿使压头挤压试模侧壁。

④开动压力机,均匀地施加荷载,在 10 min 左右的时间内达到总荷载 400 kN,稳压 5 s,然后卸荷。

⑤将试模从压力机上取下,取出试样。

⑥用2.36 mm 标准筛筛分经压碎的全部试样,可分几次筛分,均需筛到在1 min 内无明显的筛出物为止。

⑦称取通过 2.36 mm 筛孔的全部细料质量(m_1),准确至 1 g。

5. 数据处理

石料压碎值按式(4.33)计算,精确至0.1%。

$$Q'_a = \frac{m_1}{m_0} \times 100 \tag{4.33}$$

式中　Q'_a——石料压碎值,%;

m_0——实验前试样质量,g;

m_1——实验后通过 2.36 mm 筛孔的细料质量,g。

6. 实验报告

按实验数据整理有关表格和实验报告。

以 3 个试样平行实验结果的算术平均值作为压碎值的测定值。

7. 注意事项

①粗集料取料方法严格按照规定要求进行取样。

②压碎值实验前集料烘干的温度和时间要严格控制。

思考题

1. 水泥混凝土和沥青混凝土中粗集料的压碎值实验方法有什么异同?
2. 压碎值在实际工程设计和应用中是如何体现的?

实验十一　粗集料磨耗实验(洛杉矶法)

1. 实验目的与适用范围

测定标准条件下粗集料抵抗摩擦、撞击的能力,以磨耗损失(%)表示。

本方法适用于各种等级规格集料的磨耗实验。

2. 实验原理

粗集料的强度与粗集料抵抗摩擦、撞击的能力有关,磨耗实验可以在某一方面反映粗集料的强度特征,用以评价粗集料的质量。

粗集料的抗磨耗性以磨耗损失表征,磨耗损失定义为经磨耗实验磨耗掉的粗集料质量占试样原质量的百分率。磨耗损失越大,抗磨耗性越差。

实验在洛杉矶磨耗实验机中进行,将干燥洁净的、一定粒径范围内的粗集料置于磨耗机圆形钢筒中,与钢球一同旋转研磨(干法研磨)一定转数。过筛、冲洗、干燥后称量粗集料磨耗后损失的质量(试样原质量与经过筛、冲洗、干燥的磨耗后质量之差),计算磨耗值(磨耗损失)。

粗集料的洛杉矶磨耗损失是集料使用性能的重要指标,尤其是沥青混合料和基层集料,它与沥青路面的抗车辙能力、耐磨性、耐久性密切相关,一般磨耗损失小的集料,集料坚硬、耐磨、耐久性好。软弱颗粒含量多、风化严重的石料经过磨耗实验,粉碎严重,这个指标很难通过。所以,世界各国的沥青路面规范都对粗集料的洛杉矶磨耗损失提出了要求。对要求粗集料嵌挤能力强的 SMA 等,磨耗损失的要求更有所提高。洛杉矶磨耗实验也是优选石料的一个重要手段。

由于洛杉矶磨耗损失与集料粒径尺寸大小有很大关系,统一粒级十分重要,我国采用表 4.12 中的粒级规定。

3. 原材料、试剂及仪器设备

①洛杉矶磨耗实验机:圆筒内径(710 ±5) mm,内侧长(510 ±5) mm,两端封闭,投料口的钢盖通过紧固螺栓和橡胶垫与钢筒紧闭密封。钢筒的回转速率为 30 ~33 r/min。

②钢球:直径约为 46.8 mm,质量为 390 ~445 g,大小稍有不同,以便按要求组合成符合要求的总质量。

③台秤:感量 5 g。

④标准筛:符合要求的标准筛系列,以及筛孔为 1.7 mm 的方孔筛一个。

⑤烘箱:能使温度控制在(105 ±5) ℃。

⑥容器:搪瓷盘等。

4. 实验步骤

①将不同规格的集料用水冲洗干净,置烘箱中烘干至恒重。

②对所使用的集料,根据实际情况按表 4.12 选择最接近的粒级类别,确定相应的实验条件,按规定的粒级组成备料、筛分。其中水泥混凝土用集料宜采用 A 级粒度;沥青路面及各种基层、底基层的粗集料,表中的 16 mm 筛孔也可用 13.2 mm 筛孔代替。对非规

格材料,应根据材料的实际粒度,从表 4.12 中选择最接近的粒级类别及实验条件。

表 4.12 粗集料洛杉矶实验条件

粒度类别	粒级组成/mm	试样质量/g	试样总质量/g	钢球数量/个	钢球总质量/g	转动次数/转	适用的粗集料	
							规格	公称粒径/mm
A	26.5 ~ 37.5 19.0 ~ 26.5 16.0 ~ 19.0 9.5 ~ 16.0	1 250 ± 25 1 250 ± 25 1 250 ± 10 1 250 ± 10	5 000 ± 10	12	5 000 ± 25	500		
B	19.0 ~ 26.5 16.0 ~ 19.0	2 500 ± 10 2 500 ± 10	5 000 ± 10	11	4 850 ± 25	500	S6 S7 S8	15 ~ 30 10 ~ 30 10 ~ 25
C	9.5 ~ 16.0 4.75 ~ 9.5	2 500 ± 10 2 500 ± 10	5 000 ± 10	8	3 230 ± 20	500	S9 S10 S11 S12	10 ~ 20 10 ~ 15 5 ~ 15 5 ~ 10
D	2.36 ~ 4.75	5 000 ± 10	5 000 ± 10	6	2 500 ± 15	500	S13 S14	3 ~ 10 3 ~ 5
E	63 ~ 75 53 ~ 63 37.5 ~ 53	2 500 ± 50 2 500 ± 50 5 000 ± 50	10 000 ± 100	12	5 000 ± 25	1 000	S1 S2	40 ~ 75 40 ~ 60
F	37.5 ~ 53 26.5 ~ 37.5	5 000 ± 50 5 000 ± 25	10 000 ± 75	12	5 000 ± 25	1 000	S3 S4	30 ~ 60 25 ~ 50
G	26.5 ~ 37.5 19 ~ 26.5	5 000 ± 25 5 000 ± 25	10 000 ± 50	12	5 000 ± 25	1 000	S5	20 ~ 40

注:①表中 16 mm 也可用 13.2 mm 代替;

②A 级适用于未筛碎石混合料及水泥混凝土用集料;

③C 级中 S12 可全部采用 4.75 ~ 9.5 mm 颗粒 5 000 g;S9 及 S10 可全部采用 9.5 ~ 16 mm 颗粒5 000 g;

④E 级中 S2 中缺 63 ~ 75 mm 颗粒可用 53 ~ 63 mm 颗粒代替。

③分级称量(准确至 5 g),称取总质量(m_1),装入磨耗机圆筒中。

④选择钢球,使钢球的数量及总质量符合表 4.12 中规定,将钢球加入钢筒中,盖好筒盖,紧固密封。

⑤将计数器调整到零位,设定要求的回转次数,对水泥混凝土集料,回转次数为 500 r,对沥青混合料集料,回转次数应符合表 4.12 的要求。开动磨耗机,以 30 ~ 33 r/min 转速转动至要求的回转次数为止。

⑥取出钢球,将经过磨耗后的试样从投料口倒入接收容器(搪瓷盘)中。

⑦将试样用 1.7 mm 的方孔筛过筛,筛除试样中被撞击磨碎的细屑。

⑧用水冲洗干净留在筛上的碎石,置于(105 ± 5) ℃烘箱中烘干至恒重(通常不少于 4 h),准确称量(m_2)。

5. 数据处理

按式(4.34)计算粗集料洛杉矶磨耗损失,精确至0.1%。

$$Q = \frac{m_1 - m_2}{m_1} \times 100 \tag{4.34}$$

式中 Q——洛杉矶磨耗损失,%;

m_1——装入圆筒中试样质量,g;

m_2——实验后在1.7 mm筛上洗净烘干的试样质量,g。

6. 实验报告

按实验数据整理有关表格和实验报告。

①实验报告应记录所使用的粒级类别和实验条件。

②粗集料的磨耗损失取两次平行实验结果的算术平均值为测定值,两次实验的差值应不大于2%,否则须重做实验。

7. 注意事项

①粗集料各粒径集料质量和钢球数量、质量要满足规定要求。

②实验时选择合适的粒级(洛杉矶实验条件)很重要。

思考题

1. 粗集料的磨耗值与沥青路面的哪些性能有关?
2. 磨耗值实验在现实工程中有哪些应用?

实验十二 粗集料道瑞磨耗实验

1. 实验目的与适用范围

本实验用于评定公路路面表层所用粗集料抵抗车轮撞击及磨耗的能力。

2. 实验原理

本实验在道瑞磨耗机中进行，将一定粒径范围内的干燥、洁净粗集料按规定的方法预先制备成试件并养生，将养生好的试件置于道瑞磨耗实验机上。调整试件与研磨转盘之间的距离，通过研磨转盘的旋转带动溜砂（一定规格要求的标准砂）冲击磨蚀试件表面。按规定程序完成磨耗实验后，计算粗集料的道瑞磨耗值。

道瑞磨耗值定义为粗集料单位表干密度条件下，道瑞磨耗损失质量的 3 倍。道瑞磨耗值越高，粗集料的抗磨耗性越低。

3. 原材料、试剂及仪器设备

①道瑞磨耗实验机：主要由直径不小于 600 mm 的经过加工的、圆形铸铁或钢研磨平板组成，圆平板（或称为转盘）能以 28 ~ 30 r/min 的速度做水平旋转。实验机装有转数记器并配有下列附件：

a. 至少 2 个经过机加工的金属模子，用于制备试件。试模的端板可拆卸，其内部尺寸为 91.5 mm × 53.5 mm × 16.0 mm，公差均为 ±0.1 mm。

b. 至少 2 个经过机加工的金属托盘，用于固定制备好的试件。盘子用 5 mm 厚的低碳钢板制成，其内部尺寸为 92.0 mm × 54.0 mm × 8.0 mm，公差均为 ±0.1 mm。

c. 至少 2 块用 5 mm 厚低碳钢板通过机加工制成的平板（垫板），用于制备试件。其尺寸为 115 mm × 75 mm，公差均为 ±0.1 mm。

d. 托盘固定装置：两个托盘支架径向相对且长边转盘转动的方向一致。托盘在支架中应能纵向自由活动而在水平面内不能移动。

e. 两只配重：圆底，用于保证试件对转盘表面的压力，可调整自重以使试件、托盘和配重的总质量满足 2 kg ± 10 g。

f. 溜砂装置和砂的清除及收集装置：这些装置能以 700 ~ 900 g/min 的速率将砂连续不断地撒布在试件前面的转盘上，在通过试件之后再将砂清除并重新收集起来。

②标准筛：方孔筛尺寸为 13.2 mm、9.5 mm、1.18 mm、0.9 mm、0.6 mm、0.45 mm、0.3 mm。

③烘箱：要求能控制温度在（105 ± 5）℃。

④天平：感量不大于 0.1 g。

⑤磨料：石英砂，粒径为 0.3 ~ 0.9 mm，其中 0.45 ~ 0.6 mm 范围粒径的质量分数不少于 75%；应干燥而且未使用过，每块试件约需用石英砂 3 kg。

⑥胶结料：环氧树脂（6010）和固化剂（793）。在保证同等黏结性能的条件下可用其他型号代替。

⑦作为脱模剂的肥皂水和作为清洁剂的丙酮。

⑧细砂：0.1～0.3 mm，0.1～0.45 mm。

⑨其他：医用洗耳球、调剂匙、镊子、油灰刀、小毛刷、量筒 20 mL、烧杯 100 mL、电炉、小号医用托盘或其他容器。

4. 实验步骤

（1）实验准备。

①试样准备。

a. 按粗集料取样的方法取样。

b. 将试样筛分，取粒径为 9.5～13.2 mm 的部分用于制作试件。

c. 试样在使用前应清洗除尘，并保持表面干燥状态加热干燥时，加热时间不得超过 4 h，加热温度不得超过 110 ℃，且必须在做试件前将其冷却至室温。

（2）试件制作。

①试模准备。清洁试模，然后拧紧端板螺钉；在试模内表面用细毛刷涂刷少量肥皂水，将试模放在烘箱内烘干。

②排料。用镊子夹起集料，单层排放在试模内，且较平的面放在模底；试模中应排放尽可能多的粒料，在任何情况下集料颗粒都不得少于 24 粒；集料颗粒须具有代表性。

③吹砂。集料颗粒之间的空隙要用细砂（0.1～0.3 mm）充填，充填高度约为集料颗粒高度的 3/4，充填时先用调剂匙均匀撒布，然后再用洗耳球吹实找平，并吹去多余的砂。

④拌制环氧树脂砂浆。先将环氧树脂和固化剂搅匀，然后加入 0.1～0.45 mm 干砂拌和均匀。砂浆按 m（环氧树脂）∶v（固化剂）∶m（细砂）= 1 g∶0.25 mL∶3.8 g 的比例配制。2 块试件约需环氧树脂 30 g，固化剂 7.5 mL，干细砂 114 g。

⑤填模成型。将拌制好的环氧树脂砂浆填入试模，尽量填充密实，但注意不可碰动排好的集料，然后用烧热的油灰刀在试模表面来回刮抹，使砂浆表面平整。

⑥养生。在垫板的一面涂上肥皂水，然后将填好砂浆的模子倒放在垫板上（以防砂浆渗到集料表面）。常温下的养生时间一般为 24 h。

⑦拆模。拧松端板螺钉，卸下 2 个端扳，用橡皮锤轻敲将试件取出，用刮刀或砂纸去除多余的砂浆，用细毛刷清除松散的砂。

（3）具体实验操作。

①分别称出 2 块试件的质量（m_1），准确至 0.1 g。在操作之前应使机器在溜砂状态下空转一圈，以便在转盘上留有一层砂。

②将 2 块试件分别放入 2 个托盘内，注意确保试件与托盘之间紧密配合，称出试件、托盘和配重的质量并将合计质量调整到 2 kg ± 10 g。

③将试件连同托盘放入磨耗机内，使其径向相对，试件中心到研磨转盘中心的距离为 260 mm，集料裸露面朝向转盘，然后将相应的配重放在试件上。

④以 28～30 r/min 的转速转动转盘 100 圈，同时将符合如上要求的研磨石英砂装入料斗，使其连续不断地溜在试件前面的转盘上。溜砂宽度要能覆盖整个试件的宽度，溜砂速率为 700～900 g/min（料斗溜砂缝隙约为 1.3 mm）。

用橡胶刮片将砂清除出转盘，刮片的安装要使得橡胶边轻轻地立在转盘上，刮片宽度应与研磨转盘的外缘环部宽度相等。

⑤将集料斗中回收的砂过 1.18 mm 的筛，重复使用数次，直至整个实验完成时废弃。

⑥取出试件，检查有无异常情况。

⑦重复上述步骤，再磨 400 圈，可分 4 个 100 圈重复 4 次磨完，也可连续 1 次磨完。在连续磨时必须经常掀起磨耗机的盖子观察溜砂情况是否正常。

⑧转完 500 转后从磨耗机内取出试件，拿开托盘，用毛刷清除残留的砂，称出试件的质量(m_2)，准确至 0.1 g。

如果由于集料易磨耗而磨到砂浆衬时要中断实验，记录转数。相反，有些非常硬的集料可能会划伤研磨盘，在这种情况下应对研磨转盘进行刨削处理。

5. 数据处理

每块试件的集料磨耗值按式(4.35)计算。

$$AAV = \frac{3(m_1 - m_2)}{\rho_s} \times 100 \tag{4.35}$$

式中 AAV——集料的道瑞磨耗值；

m_1——磨耗前试件的质量，g；

m_2——磨耗后试件的质量，g；

ρ_s——集料的表干密度，g/cm^3。

6. 实验报告

按实验数据整理有关表格和实验报告。

用两块试件的实验平均值作为集料磨耗值，如果单块试件磨耗值与平均值之差大于后者的 10%，则实验重做，并以 4 块试件的平均值作为集料磨耗值的实验结果。

7. 注意事项

①试件使用前必须清洗除尘，并保持表面干燥状态；采用加热干燥时，必须满足规定要求。

②溜砂(磨料)要符合规定要求。

③注意溜砂宽度和流速。

思考题

1. 粗集料洛杉矶磨耗值与道瑞磨耗值分别反映了粗集料的什么指标？它们之间有什么联系？

2. 试件制作时为什么要进行填砂和吹砂？

实验十三　粗集料磨光值实验

1. 实验目的与适用范围

集料磨光值是利用加速磨光机磨光集料，用摆式摩擦系数测定仪测定集料经磨光后的摩擦系数值，以 PSV 表示。

本方法适用于各种粗集料的磨光值测定。

2. 实验原理

沥青混合料路面经受车轮的反复摩擦，会出现磨光现象，使路面摩擦系数降低，造成车轮打滑、漂移、路面眩光等，影响行车安全。沥青混合料路面的磨光性直接与粗集料的抗磨性有关，可以用粗集料的磨光值表征粗集料的磨光性能。集料磨光值是关系到一种集料是否能用于沥青路面抗滑磨耗层的重要决定性指标，所以在工程上选取集料品种时应对此特别重视。

首先按要求制作试件并养生，将养生好的试件安装在加速磨光实验机的道路轮上进行磨光操作（粗砂磨光和细砂磨光）；磨光操作后，在摆式摩擦系数测定仪上对试件进行磨光值测定。

磨光值的测定主要是测试试件表面的摩擦系数（摩擦力）。磨光后的试件固定在摆式仪测试平台的固定槽内，当摆头在试件表面划过时，由于摩擦力摆头摆动的高度会降低，降低幅度越小，试件的摩擦力越小，则试件的磨光程度越大。记录摆头摆动的高度（转换成降低百分率），以此表征试件的磨光值。

集料磨光值是关系到一种集料能否用于沥青路面抗滑磨耗层的重要决定性指标，所以在工程上选取集料品种时应对此特别重视。为此，交通部又列了专题“高速公路沥青路面抗滑技术标准”，对原磨光值实验方法及摆式摩擦系数实验仪使用中反映的一些问题进行了深入的研究。新修订的试验规程更加注重与国际标准的可比性和实验结果的准确性。

3. 原材料、试剂及仪器设备

（1）加速磨光实验机。

加速磨光实验机如图 4.5 所示，应符合相关仪器设备的标准，由以下部分组成：

①传动机构：包括电机、同步齿轮等。

②道路轮：外径为 406 mm，用于安装 14 块试件，能在周边夹紧，以形成连续的石料颗粒表面，转速为（320 ± 5） r/min。

③橡胶轮：直径为 200 mm，宽为 44 mm，用于磨粗金刚砂的橡胶轮标记 C，用于磨细金刚砂的橡胶轮标记 X，轮胎初期硬度为（69 ± 3） IRHD。

注：橡胶轮过度磨损时（一般 20 轮次后）必须更换。

④磨料供给系统：用于储存磨料和控制溜砂量。

⑤供水系统。

⑥配重：包括调整臂、橡胶轮和配重锤。

⑦试模：8 副。

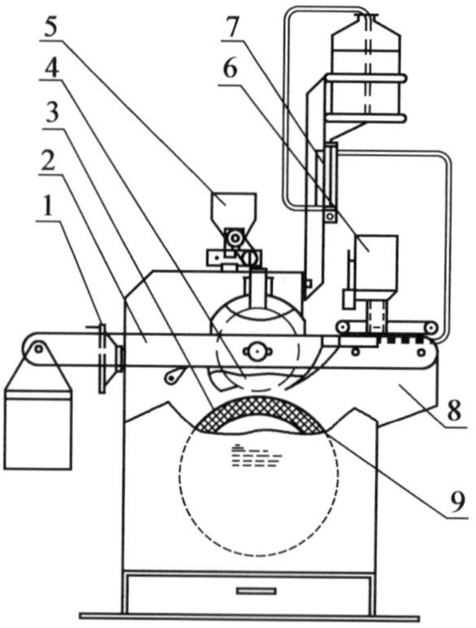

图 4.5 加速磨光实验机

1—荷载调整系统;2—调整臂(配重);3—道路轮;4—橡胶轮;5—细料储砂斗;
6—粗料储砂斗;7—供水系统;8—机体;9—试件(14 块)

⑧荷载调整机构:包括手轮、凸轮,能支撑配重,调节橡胶轮对道路轮的压力为(725 ±10) N,并保持使用过程中恒定。

⑨控制面板。

(2)摆式摩擦系数测定仪。

摆式摩擦系数测定仪简称摆式仪,如图 4.6 所示,应符合相关仪器设备的标准,由以下部分组成:

①底座:由 T 形腿、调平螺丝和水准泡组成。

②立柱:由立柱、导向杆和升降机构组成。

③悬臂和释放开关:能挂住摆杆使之处于水平位置,并能释放摆杆使摆落下摆动。

④摆动轴心:连接和固定摆的位置,保证摆在摆动平面内能自由摆动。由摆动轴、轴承和紧固螺母组成。

⑤示数系统:指示摆值。

⑥摆头及橡胶片:它对摆动中心有规定力矩,对路面有规定压力,本身有前与后、左与右的力矩平衡,橡胶片尺寸为 31.75 mm ×25.4 mm ×6.35 mm。

(3)磨光试件测试平台。

磨光试件测试平台供固定试件及摆式摩擦系数测定仪用。

(4)天平。

感量不大于 0.1 g。

(5)烘箱。

装有温度控制器。

(6)黏结剂。

能使集料与砂、试模牢固黏结,确保在实验过程中不致发生试件摇动或脱落,常用环氧树脂6101(E-44)及固化剂等。

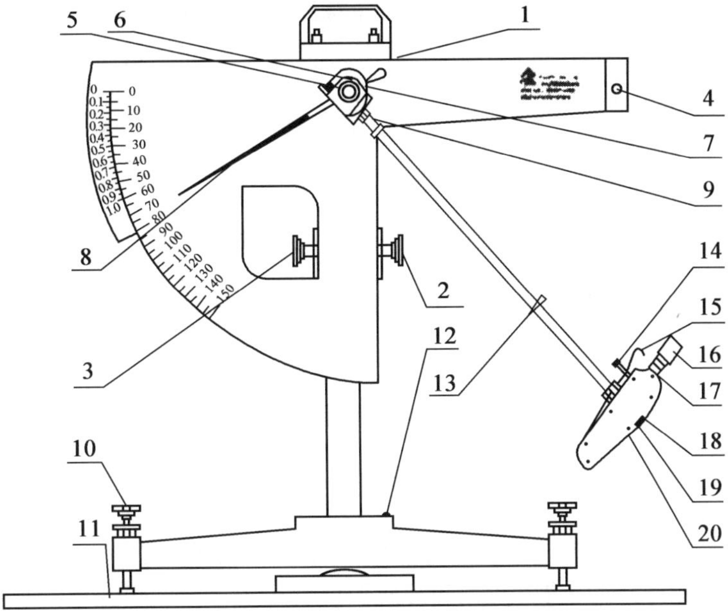

图4.6 摆式摩擦系数测定仪

1—紧固把手;2、3—升降把手;4—释放开关;5—转向节螺盖;6—调节螺母;7—针簧片或毡垫;8—指针;9—连接螺母;10—调平螺栓;11—底座;12—水准泡;13—卡环;14—定位螺丝;15—举升柄;16—平衡锤;17—并紧螺母;18—滑溜块;19—橡胶片;20—止滑螺丝

(7)丙酮。

(8)砂。

粒径小于0.3 mm,洁净、干燥。

(9)金刚砂。

30号(棕刚玉粗砂)、280号(绿碳化硅细砂)用作磨料,只允许一次性使用,不得重复使用。

(10)橡胶石棉板。

橡胶石棉板厚1 mm。

(11)标准集料试样。

由指定的集料产地生产的符合规格要求的集料,每轮两块,只允许使用一次,不得重复使用。

(12)其他。

油灰刀、洗耳球、各种工具等。

4. 实验步骤

(1)实验准备。

①实验前应按相关实验规程对摆式仪进行检查或标定。

②将集料过筛,剔除针片状颗粒,取9.5~13.2 mm的集料颗粒用水洗净后置于温度

为(105 ±5) ℃的烘箱中烘干。

注:根据需要,也可采用4.75 ~9.5 mm 的粗集料进行磨光值实验。

③将试模拼装并涂上脱模剂(或肥皂水)后烘干。安装试模端板时要注意使端板与模体齐平(使弧线平滑)。

④用清水淘洗小于0.3 mm 的砂,置于(105 ±5) ℃的烘箱中烘干成为干砂。

⑤预磨新橡胶轮:新橡胶轮正式使用前要在安装好试件的道路轮上进行预磨,C 轮用粗金刚砂预磨6 h,X 轮用细金刚砂预磨6 h,然后方能投入正常实验。

(2)试件制备。

①排料:每种集料宜制备6 ~10 块试件,从中挑选4 块试件供两次平行实验用。将9.5 ~13.2 mm 集料颗粒尽量紧密地排列于试模中(大面、平面向下)。排料时应除去高度大于试模的不合格颗粒。采用4.75 ~9.5 mm 的粗集料进行磨光实验时,各道工序需更加仔细。

②吹砂:用小勺将干砂填入已排妥的集料间隙中,并用洗耳球轻轻吹动干砂,使之填充密实。然后再吹去多余的砂,使砂与试模台阶大致齐平,但台阶上不得有砂。用洗耳球吹动干砂时不得碰动集料,且不使集料试样表面附有砂粒。

③配制环氧树脂砂浆:将固化剂与环氧树脂按一定比例(如使用6101 环氧树脂时为1:4)配料、拌匀制成黏结剂,再与干砂按1:4 ~1:4.5 的质量比拌匀制成环氧树脂砂浆。

注:一块试模中的环氧树脂砂浆各组成材料的用量通常为环氧树脂9.0 g,固化剂2.4 g,干砂48 g,允许根据所选用的黏结剂品种及试件的强度对此用量作适当调整。用4.75 ~9.5 mm 的集料实验时,环氧树脂砂浆用量应酌情增加。

④填充环氧树脂砂浆:用小油灰刀将拌好的环氧树脂砂浆填入试模中,并尽量填充密实,但不得碰动集料。然后用热油灰刀在试模上刮去多余的填料,并将表面反复抹平,使填充的环氧树脂砂浆与试模顶部齐平。

⑤养护:通常在40 ℃烘箱中养护3 h,再自然冷却9 h 拆模;如在室温下养护,时间应更长,使试件达到足够强度。有集料颗粒松动脱落,或有环氧树脂砂浆渗出表面时,试件应予废弃。

(3)磨光实验。

①试件分组:每轮1 次磨14 块试件,每种集料为2 块试件,包括6 种实验用集料和1 种标准集料。

②试件编号:在试件的环氧树脂砂浆衬背和弧形侧边上用记号笔对6 种集料编号为1 ~12,1 种集料赋以相邻两个编号,标准试件为13、14 号。

③试件安装:按表4.13 的序号将试件排列在道路轮上,其中1 号位和8 号位为标准试件。试件应将有标记的一侧统一朝外(靠活动盖板一侧),每两块试件间加垫一片或数片1 mm 厚的橡胶石棉板垫片,垫片与试件端部断面相仿,但略低于试件高度2 ~3 mm。然后盖上道路轮外侧板,边拧螺钉边用橡胶锤敲打外侧板,确保试件与道路轮紧密配合,以避免磨光过程中试件断裂或松动。随后将道路轮安装到轮轴上。

表 4.13 试件在道路轮上的排列次序

位置号	1	2	3	4	5	6	7	8	9	10	11	12	13	14
试件号	13	9	3	7	5	1	11	14	10	4	8	6	2	12

(4)磨光过程操作。

①试件的加速磨光应在室温(20 ±5) ℃的房间内进行。

②粗砂磨光。

a. 把标记 C 的橡胶轮安装在调整臂上,盖上道路轮罩,下面置一积砂盘,给储水支架上的储水罐加满水,调节流量阀,使水流暂时中断。

b. 准备好 30 号金刚砂粗砂,装入专用储砂斗,将储砂斗安装在橡胶轮侧上方的位置上并接上微型电机电源。转动荷载调整手轮,使凸轮转动放下橡胶轮,将橡胶轮的轮幅完全压着道路轮上的集料试件表面。

c. 调节溜砂量:用专用接料斗在出料口接住溜出的金刚砂,同时开始计时,1 min 后移出料斗,用天平称出溜砂量,使流量为(27 ±7) g/min。如不满足要求,应用调速按钮或调节储料斗控制闸板的方法调整。

d. 在控制面板上设定转数为 57 600 r,按下电源开关启动磨光机开始运转,同时按动粗砂调速按钮,打开储砂斗控制闸板,使金刚砂溜砂量控制为(27 ±7) g/min。此时立即调节流量计,使水的流量达 60 mL/min。

e. 在实验进行 1 h 和 2 h 时磨光机自动停机(注意不要按下面板上复零按钮和电源开关),用毛刷和小铲清除箱体上和沉在机器底部积砂盘中的金刚砂,检查并拧紧道路轮上有可能松动的螺母,再启动磨光机,至转数显示屏上显示 57 600 r 时磨光机自动停止,所需的磨光时间约为 3 h。

f. 转动荷载调整手轮使凸轮托起调整臂,清洗道路轮和试件,除去所有残留的金刚砂。

③细砂磨光。

a. 卸下 C 标记橡胶轮,更换为 X 标记橡胶轮按“(4)②a.”方法安装。

b. 准备好 280 号金刚砂细砂,按“(4)②b.”方法装入专用储砂斗。

c. 重复“(4)②c.”步骤,调节溜砂量使流量为(3 ±1) g/min。

d. 按“(4)②d.”步骤设定转数为 57 600 r,开始磨光操作,控制金刚砂溜砂量为(3 ±1) g/min,水流速度达 60 mL/min。

e. 将试件磨 2 h 后停机作适当清洁,按“(4)②e.”方法检查并拧紧道路轮螺母,然后再启动磨光机至 57 600 r 时自动停机。

f. 按“(4)②c.”方法清理试件及磨光机。

(5)磨光值测定。

①在实验前 2 h 和实验过程中应控制室温为(20 ±2) ℃。

②将试件从道路轮上卸下并清洗试件,用毛刷清洗集料颗粒的间隙,去除所有残留的金刚砂。

③将试件表面向下放在 18 ~ 20 ℃的水中 2 h,然后取出试件,按下列步骤用摆式摩

擦系数测定仪测定磨光值。

a. 调零:将摆式仪固定在测试平台上,松开固定把手,转动升降把手使摆升高并能自由摆动,然后锁紧固定把手,转动调平旋钮,使水准泡居中,当摆从右边水平位置落下并拨动指针后,指针应指零。若指针不指零,应拧紧或放松指针调节螺母,直至空摆时指针指零。

b. 固定试件:将试件放在测试平台的固定槽内,使摆可在其上面摆过,并使滑溜块居于试件轮迹中心。应使摆式仪摆头滑溜块在试件上的滑动方向与试件在磨光机上橡胶轮的运行方向一致,即测试时试件上作标记的弧形边背向测试者。

c. 测试:调节摆的高度,使滑溜块在试件上的滑动长度为 76 mm,用喷水壶喷洒清水润湿试件表面(注意,在实验中的任何时刻,试件都应保持湿润),将摆向右提起挂在悬臂上,同时用左手拨动指针使之与摆杆轴线平行。按下释放开关使摆回落向左运动,当摆达到最高位最后下落时,用左手将摆杆接住,读取指针所指(小度盘)位置上的值,记录测试结果,准确到 0.1。

注:摆式仪使用新橡胶片时应该预磨使之达到稳定状态,预磨的方法是用新橡胶片在干燥瞄的试块上(不用磨光后的试件)摆动 10 次,然后在湿润的试块上摆动 20 次。另外,橡胶片不得被油类污染。

d. 一块试件重复测试 5 次,5 次读数的最大值和最小值之差不得大于 3。取 5 次读数的平均值作为该试件的磨光值读数(PSV_r)。标准试件的磨光值读数用 PSV_{br}表示。

e. 每种集料重复测试 2 次,每次都需同时对标准集料试件进行测试。

5. 数据处理

①按式(4.36)计算两次平行实验 4 块试件(每轮 2 块)的算术平均值 PSV_{ra},精确到 0.1。但 4 块试件的磨光值读数 PSV_r 的最大值与最小值之差不得大于 4.7,否则实验作废,应重新实验。

$$PSV_{ra} = \sum PSV_{ri}/4 \tag{4.36}$$

式中 $i=1\sim4$,PSV_{ri}为 4 块试件的磨光值读数。

②按式(4.37)计算两次平行实验 4 块标准试件(每轮 2 块)的算术平均值 PSV_{bra},准确到 0.1。但 4 块标准试件的磨光值读数的平均值 PSV_{bra}必须在 46 ~ 52 范围内,否则实验作废,应重新实验。

$$PSV_{bra} = \sum PSV_{bri}/4 \tag{4.37}$$

式中 $i=1\sim4$,PSV_{bri}为 4 块标准试件的磨光值读数。

③按式(4.38)计算集料的磨光值 PSV,取整数。

$$PSV = PSV_{ra} + 49 - PSV_{bra} \tag{4.38}$$

6. 实验报告

按实验数据整理有关表格和实验报告。

7. 注意事项

①实验用的集料应该去除针片状颗粒。

②磨光机实验过程中必须特别注意安全,实验全过程都必须盖上机盖,以免掉粒伤

人。在停机检查或维修时均应先切断电源。

思考题

①粗集料磨耗实验在工程有何应用？在工程中采用什么方法进行测定粗集料的磨耗值？

②实验中为什么要设定转数为57 600 r？

实验十四　粗集料冲击值实验

1. 实验目的与适用范围

粗集料冲击值实验用以测定路面用粗集料抗冲击的性能，以击碎后小于 2.36 mm 部分的质量百分率表示。

2. 实验原理

粗集料的抗冲击性能也是一种粗集料力学强度的量度。

取粗集料粒径为 9.5 ~ 13.2 mm 的部分作为试样(筛选)，先用人工捣实的方法在量筒中对筛选出的集料进行捣实，然后将人工捣实后的集料装入冲击实验仪的冲击杯中，进行机械自动捣实实验。捣实实验后部分试样会破碎，筛除 2.36 mm 以下破碎的集料，以 2.36 mm 以下破碎的集料质量占机械自动捣实前试样总质量的百分率作为粗集料的冲击值。破碎集料越多，冲击值就越大，表征粗集料的抗冲击能力越小，即粗集料的强度越低。

3. 原材料、试剂及仪器设备

①冲击实验仪：形状及尺寸如图 4.7 所示，冲击锤的质量为(13.75 ±0.05) kg。

②量筒：内径 76 mm，内高 51 mm，壁厚 31 mm。

③冲击杯：内径 102 mm、内高 50 mm 的圆形网筒，内侧表面经钢化处理。

④捣棒：钢棒，直径 10 mm，长 230 mm，一端为半球面。

⑤标准筛：孔径为 2.36 mm、9.5 mm、13.2 mm 的方孔筛。

⑥天平：称量 1 kg，感量不大于 0.1 g。

⑦其他：小铲、浅盘、恒温箱、钢板、橡胶锤、毛刷等。

4. 实验步骤

(1)实验准备。

①将集料通过 13.2 mm 及 9.5 mm 的筛，取粒径为 9.5 ~ 13.2 mm 的部分作为试样。

②将试样在空气中风干或在温度为(105 ±5) ℃的烘箱中烘干后冷却至室温，试样应不少于 1 kg。

(2)具体实验操作。

①用铲将集料的 1/3 从量筒上方不超过 50 mm 处装入量筒，用捣棒半球形端将集料捣实 25 次，每次捣实应从量筒上方不超过 50 mm 处自由落下，落点应在集料表面均匀分布。用同样方法，再装入 1/3 集料并捣实，然后再装入另 1/3 集料并捣实。3 次盛料完成后，用捣棒在容器顶滚动，除去多余的集料，对阻碍棒滚动的集料用手除去，并外加集料填满空隙。

②将量筒中盛满的集料倒于天平中，称取集料质量(m)(准确至 0.1 g)，以此进行实验。

③将冲击实验仪置于实验室坚硬地面上并在仪器底座下放置铸铁垫块。

④将称好的集料倒入仪器底座上的金属冲击杯中，并用捣杆单独捣实 25 次，以便压实。

⑤调整锤击高度，使冲击锤在集料表面以上(380 ±5) mm。

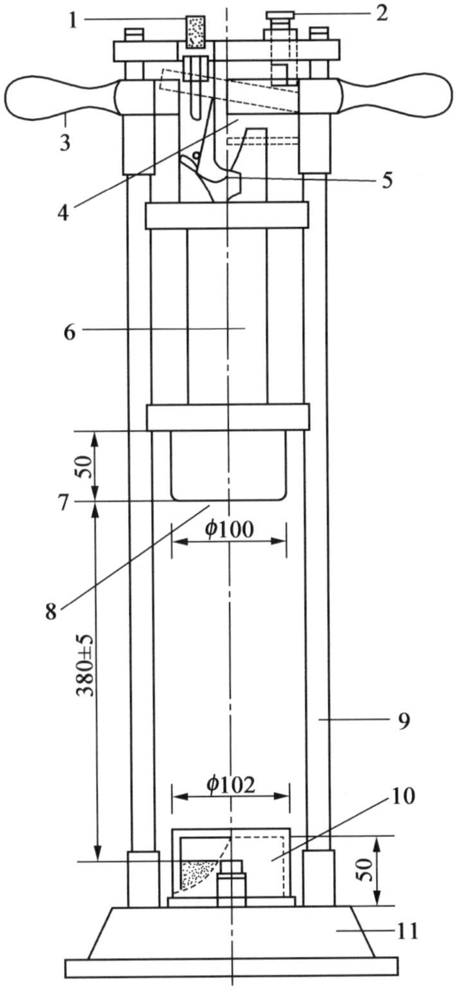

图 4.7 冲击实验仪(尺寸单位:mm)

1—卸机销钉;2—可调的卸机制动螺栓;3—手提把;4—冲击计数器;5—卸机钩;6—冲击锤;7—削角;8—钢化表面;9—冲击锤导杆;10—圆形钢筒内侧钢化表面;11—圆形基座

⑥使锤自由落下连续锤击集料 15 次,每次锤击间隔不少于 1 s。第一次锤击后,对落高不再调整。

⑦筛分和称量。

将杯中击碎的集料倒至清洁的浅盘上,并用橡胶锤锤击金属杯外面,用硬毛刷刷内表面,直至集料细颗粒全部落在浅盘上为止。

将冲击实验后的集料用 2.36 mm 筛筛分,分别称取保留在 2.36 mm 筛上及筛下的石屑质量(m_1,m_2),准确至 0.1 g。如果(m_1+m_2)与 m 之差超过 1 g,实验无效。

⑧用相同质量(m)的试样,进行第二次平行实验。

5. 数据处理

集料的冲击值按式(4.39)计算。

$$AIV = \frac{m_2}{m} \times 100 \tag{4.39}$$

式中　AIV——集料的冲击值,%;

m——试样总质量,g;

m_2——冲击破碎后通过 2.36 mm 筛的试样质量,g。

6. 实验报告

按实验数据整理有关表格和实验报告。

7. 注意事项

①粗集料的粒径大小要满足规定要求。

②冲击锤第一次锤击后不再进行落锤高度调整。

思考题

1. 怎样判定实验是否有效?确保实验有效要注意哪些环节?
2. 机械捣实前,人工捣实的作用和意义?

实验十五 粗集料软弱颗粒实验

1. 实验目的与适用范围

本实验方法用于测定碎石、砾石及破碎砾石中软弱颗粒含量。

2. 实验原理

某种粒径的颗粒当面朝下在相应的压力下被压碎的,称为软弱颗粒。软弱颗粒的力学强度较低,会影响沥青混合料的结构和强度。

分别选择粗集料中4.75~9.5 mm、9.5~16 mm、16 mm以上部分的颗粒作为试样,将每份试样中每一个颗粒大面朝下稳定平放在压力机平台中心,按颗粒大小分别加以0.15 kN、0.25 kN、0.34 kN荷载,弃去破裂的软弱颗粒,称出未破裂颗粒的质量(m_2),计算未破裂颗粒质量占施加载荷压碎前试样质量的百分率作为粗集料的压碎值。注意计算出的压碎值分别为粗集料中粒径范围内部分的颗粒压碎值。

美国ASTM C 235及日本道路协会规定的软石含量测定是用硬度为65~75、直径为1.6 mm的黄铜棒,施加9.81 N的力在碎石上逐个划痕,留下划痕的即为软石。

3. 原材料、试剂及仪器设备

①天平或台秤:称量5 kg,感量不大于5 g。

②标准筛:孔径为4.75 mm、9.5 mm、16 mm方孔筛。

③压力机。

④其他:浅盘、毛刷等。

4. 实验步骤

称风干试样2 kg(m_1),如果颗粒粒径大于31.5 mm,则称4 kg。过筛分成4.75~9.5 mm、9.5~16 mm、16 mm以上各1份。将每份中每一个颗粒大面朝下稳定平放在压力机平台中心,按颗粒大小分别加以0.15 kN、0.25 kN、0.34 kN荷载,破裂的颗粒即属于软弱颗粒,将其弃去,称出未破裂颗粒的质量(m_2)。

5. 数据处理

按式(4.40)计算软弱颗粒含量,精确至0.1%。

$$P = \frac{m_1 - m_2}{m_1} \times 100 \tag{4.40}$$

式中 P——粗集料的软弱颗粒含量,%;

m_1——各粒级颗粒总质量,g;

m_2——实验后各粒级完好颗粒总质量,g。

6. 实验报告

按实验数据整理有关表格和实验报告。

7. 注意事项

①不同粒径的颗粒要进行筛分,分开加载。

②实验中的试样风干即可,不必烘干。

思考题

1. 怎样判定哪些颗粒是软弱颗粒？
2. 为什么要进行筛分分级？

实验十六 集料碱值实验

1. 实验目的与适用范围

本方法适用于评价集料与沥青的黏附性。

2. 实验原理

本方法的基本原理是:不同集料的碱性不同,接收质子的能力不同,消耗掉的氢离子浓度也是不相同的,并以分析纯的碳酸钙作为基准,测定集料消耗氢离子浓度与基准状态下消耗的氢离子浓度的比值,作为集料的碱值。

以带有球形回流冷凝器的控温油浴锅作为集料酸性反应的恒温条件,集料与硫酸钠溶液反应后,用精密酸度计测定反应后溶液的 pH,评定集料消耗氢离子的能力,用以比较计算粗集料的碱值。

3. 原材料、试剂及仪器设备

①精密酸度计。

②硫酸:分析纯。

③碳酸钙:分析纯,粒径小于 0.075 mm。

④移液管:100 mL。

⑤圆底烧瓶:250 mL,带标准磨口。

⑥球形回流冷凝器:60 cm,具有与烧瓶相配合的标准磨口。

⑦控温油浴锅。

⑧烘箱。

⑨标准筛:孔径为 0.075 mm。

⑩精密天平:感量不大于 0.000 1 g。

⑪粉碎集料用的锤、研钵。

⑫其他:蒸馏水、烧杯、1 L 容量瓶。

4. 实验步骤

(1)实验准备。

①硫酸标准溶液的配制。

取分析纯硫酸 13.6 mL 慢慢地贴壁加入盛有 500 mL 蒸馏水的 1 L 容量瓶中,然后用蒸馏水稀释至 1 L 刻度,即得到浓度约为 0.25 mol/L 的硫酸标准溶液。

②用精密酸度计测定硫酸标准溶液的氢离子浓度 N_0。

(2)具体实验操作。

①按粗集料的取样方法规定的方法准备代表性集料试样,清洗后烘干,破碎,用研钵研磨粉碎,过 0.075 mm 筛,称取石粉(2 ±0.000 2) g,置于圆底烧瓶中。

②用移液管向烧瓶中加入浓度为 0.25 mol/L 的硫酸标准溶液 100 mL,随后放入 130 ℃的油浴锅中回流 30 min(回流时必须开启冷却管中的冷凝水),移去油浴锅,冷却至室温(4 ~6 h)。

③用精密酸度计插入上层清液中，测定清液的氧离子浓度 N_1。

④称取(2 ±0.000 2) g 的分析纯碳酸钙粉末，置于另一个圆底烧瓶中，按上述完全相同的步骤，测定氢离子浓度 N_2。

5. 数据处理

按式(4.41)计算集料的碱值。

$$C = \frac{N_0 - N_1}{N_0 - N_2} \tag{4.41}$$

式中 C——集料的碱值；

N_0——硫酸标准溶液的氢离子浓度；

N_1——检测集料与硫酸反应后的清液的氢离子浓度；

N_2——纯碳酸钙与硫酸反应后的清液的氢离子浓度。

6. 实验报告

按实验数据整理有关表格和实验报告。

7. 注意事项

①烧瓶放入油浴回流时必须开启冷却管中的冷凝水。

②注意碱值实验试样称量精度要求很高。

思考题

1. 本方法测定集料碱值的原理是什么？
2. 集料碱值与沥青的黏附性有何联系？怎样通过本方法评价集料与沥青的黏附性？

实验十七 细集料筛分实验(干筛、水筛)

1. 实验目的与适用范围

本方法用于测定细集料(天然砂、人工砂、石屑)的颗粒级配及粗细程度。对水泥混凝土用细集料可采用干筛法,如果需要也可采用水洗法筛分;对沥青混合料及基层用细集料必须用水洗法筛分。

注:当细集料中含有粗集料时,可参照此方法用水洗法筛分,但需特别注意保护标准筛筛面不遭损坏。

2. 实验原理

细集料是指公称粒径小于4.75 mm(沥青混合料小于2.36 mm)集料。筛分的目的是为了了解细集料的颗粒组成。

首先筛除试样中的超粒径材料,然后将样品在潮湿状态下充分拌匀,用分料器法或四分法缩分,干燥,烘干至恒重并冷却,用摇筛机或手筛进行干法筛分或湿法筛分。

同粗集料筛分类似,细集料筛分的指标有分计筛余百分率、累计筛余百分率、质量通过率等,最后绘出细集料级配曲线供配合比设计用。可参照粗集料筛分实验中的筛分原理。

对沥青路面来说,矿料级配中0.075 mm通过率至关重要,所以国外在对细集料筛分时要求进行水筛,以准确测定0.075 mm以下部分的含量,这对于石屑等粉尘含量大的材料影响更大,所以对沥青路面用细集料规定了水洗法筛分方法,而对水泥混凝土用砂,因考虑到级配的影响不大,故仍保留原来的干筛方法。

3. 原材料、试剂及仪器设备

①标准筛。

②天平:称量1 000 g,感量不大于0.5 g。

③摇筛机。

④烘箱:能控制温度在(105 ±5) ℃。

⑤其他:浅盘和硬、软毛刷等。

4. 实验步骤

(1)实验准备。

根据样品中最大粒径的大小,选用适宜的标准筛,通常为9.5 mm筛(水泥混凝土用天然砂)或4.75 mm筛(沥青路面及基层用天然砂、石屑、机制砂等)筛除其中的超粒径材料,然后将样品在潮湿状态下充分拌匀,用分料器法或四分法缩分至每份不少于550 g的试样两份,在(105 ±5) ℃的烘箱中烘干至恒重,冷却至室温后备用。

注:恒重是指相邻两次称量间隔时间大于3 h(通常不少于6 h)的情况下,前后两次称量之差小于该项实验所要求的称量精密度,下同。

(2)具体实验操作。

1)干筛法实验步骤。

①准确称取烘干试样约500 g(m_1),准确至0.5 g,置于套筛的最上面一只,即

4.75 mm筛上，将套筛装入摇筛机，摇筛约 10 min，然后取出套筛，再按筛孔大小顺序，从最大的筛号开始，在清洁的浅盘上逐个进行手筛，直到每分钟的筛出量不超过筛上剩余量的 0.1% 时为止，将筛出通过的颗粒并入下一号筛，和下一号筛中的试样一起过筛，以此顺序进行至各号筛全部筛完为止。

注意：试样如为特细砂时，试样质量可减少到 100 g；如试样含泥量超过 5%（质量分数），不宜采用干筛法；无摇筛机时，可直接用手筛。

b. 称量各筛筛余试样的质量，精确至 0.5 g。所有各筛的分计筛余量和底盘中剩余量的总量与筛分前的试样总量，相差不得超过后者的 1%。

②水洗法实验步骤。

a. 准确称取烘干试样约 500 g(m_1)，准确至 0.5 g。

b. 将试样置一洁净容器中，加入足够数量的洁净水，将集料全部淹没。

c. 用搅棒充分搅动集料，将集料表面洗涤干净，使细粉悬浮在水中，但不得有集料从水中溅出。

d. 用 1.18 mm 筛及 0.075 mm 筛组成套筛，仔细将容器中混有细粉的悬浮液慢慢倒出，经过套筛流入另一容器中，但不得将集料倒出。

注：不可直接倒至 0.075 mm 筛上，以免集料掉出损坏筛面。

e. 重复②~④步骤，直至倒出的水洁净且小于 0.075 mm 的颗粒全部倒出。

f. 将容器中的集料倒入搪瓷盘中，用少量水冲洗，使容器上黏附的集料颗粒全部进入搪瓷盘中，将筛子反扣过来，用少量的水将筛上集料冲入搪瓷盘中，操作过程中不得有集料散失。

g. 将搪瓷盘连同集料一起置于(105 ±5) ℃烘箱中烘干至恒重，称取干燥集料试样的总质量(m_2)，准确至 0.1%。m_1 与 m_2 之差即为通过 0.075 mm 筛部分。

h. 将全部要求筛孔组成套筛（但不需 0.075 mm 筛），将已经洗去小于 0.075 mm 部分的干燥集料置于套筛上（通常为 4.75 mm 筛），将套筛装入摇筛机，摇筛约 10 min，然后取出套筛，再按筛孔大小顺序，从最大的筛号开始，在清洁的浅盘上逐个进行手筛，直至每分钟的筛出量不超过筛上剩余量的 0.1% 时为止，将筛出通过的颗粒并入下一号筛，和下一号筛中的试样一起过筛，以这样顺序进行，直至各号筛全部筛完为止。

注：如为含有粗集料的集料混合料，套筛筛孔根据需要选择。

i. 称量各筛筛余试样的质量，精确至 0.5 g。所有各筛的分计筛余量和底盘中剩余量的总质量与筛分前后试样总量 m_2 的差值不得超过后者的 1%。

5. 数据处理

①计算分计筛余百分率。

各号筛的分计筛余百分率为各号筛上的筛余量除以试样总量(m_1)的百分率，精确至 0.1%。对沥青路面细集料而言，0.15 mm 筛下部分即为 0.075 mm 的分计筛余，由上述实验步骤⑦测得的 m_1 与 m_2 之差即为小于 0.075 mm 的筛底部分。

②计算累计筛余百分率。

各号筛的累计筛余百分率为该号筛及大于该号筛的各号筛的分计筛余百分率之和，准确至 0.1%。

③计算质量通过百分率。

各号筛的质量通过百分率等于100减去该号筛的累计筛余百分率,准确至0.1%。

④根据各筛的累计筛余百分率或通过百分率,绘制级配曲线。

⑤天然砂的细度模数按式(4.42)计算,精确至0.01。

$$M_X = \frac{(A_{0.15} + A_{0.3} + A_{0.6} + A_{1.18} + A_{2.36}) - 5A_{4.75}}{100 - A_{4.75}} \tag{4.42}$$

式中 M_X——砂的细度模数;

$A_{0.15}, A_{0.03}, \cdots\cdots, A_{4.75}$——0.15 mm,0.3 mm,……,4.75 mm各筛上的累计筛余百分率,%。

⑥进行两次平行实验,以实验结果的算术平均值作为测定值,如果两次实验所得的细度模数之差大于0.2,应重新进行实验。

6. 实验报告

按实验数据整理有关表格和实验报告。

7. 注意事项

①细集料取样要严格按照取样方法,采用分料器或四分法来进行取样,否则平行实验不满足要求,致使筛分结果没有代表性。

②采用水筛时,将悬浮液倒于1.18 mm筛和0.075 mm筛的套筛上,不得直接倒在0.075 mm筛上。

③数据处理要注意单位,计算公式不要错,平行实验、计算精度要满足规定要求。

思考题

1. 细集料什么时候用干筛?什么时候用水筛?
2. 细集料筛分结果如果不满足规定要求,应如何处理?
3. 平行实验不满足规定要求该如何处理?
4. 细集料筛分实验在工程设计和工程应用中是如何体现的?

实验十八　细集料表观密度实验(容量瓶法)

1. 实验目的与适用范围

用容量瓶法测定细集料(天然砂、石屑、机制砂)在23 ℃时对水的表观相对密度和表观密度。本方法适用于含有少量大于2.36 mm部分的细集料。

2. 实验原理

表观密度:材料单位体积中包含了材料实体及不吸水的闭口孔隙,但不包括能吸水的开口孔隙。表观相对密度指表观密度与标态下水的密度的比值,无量纲。

容量瓶法测表观密度的基本原理是,水中重法测量饱水后试样的体积(包含材料实体及不吸水的闭口孔隙,但不包括能吸水的开口孔隙),除以试样的干燥质量,得到试样的表观密度。表观密度在实际应用中更重要,表观相对密度理论意义更重要。

由于水的密度受温度的影响,因此本实验直接测得的是表观相对密度,然后换算为表观密度。

称量干燥试样的质量(m_0)。首先测得容量瓶中一定体积的饱水后试样、水以及容量瓶的总质量(m_2),然后测得容量瓶中同体积刻度的水以及容量瓶的总质量(m_1)。m_1中不包含试样,但水的体积比m_2中多,多出的水为试样实体和闭口气孔排开水的体积。由于集料密度大于水的密度,因此m_2大于m_1,(m_2-m_1)为同体积的试样与水的质量之差。

$m_0-(m_2-m_1)=(m_0+m_1-m_2)$为与试样实体和闭口气孔同体积的水的质量,它与温度有关,4 ℃以上随温度升高而降低;此值乘以水温对水密度影响的修正系数α_T即为试样排开水的体积。一定温度下试样的质量除以同温度下试样排开水的体积为其表观密度,此表观密度除以同温度下水的密度ρ_T($\rho_T=\alpha_T\times$标准状态下水的密度ρ_w,ρ_w取为1.00)即为表观相对密度,如此,表观相对密度$\gamma_a=$表观密度$\times\alpha_T\times 1=m_0/$(试样排开水的体积)$\times\alpha_T=m_0/((m_0+m_1-m_2)/\alpha_T)\times\alpha_T=m_0/(m_0+m_1-m_2)$。表观相对密度$\gamma_a$可以由直接测量值计算,并可以此反算细集料相对密度。

T 0328、T 0329、T 0330都是用来测定细集料的各种相对密度及密度、吸水率的实验方法。不同的是采用的方法不同,T 0328是容量瓶,T 0329是比重瓶,而T 0330是在采用坍落筒的同时得出饱和面干状态,再用T 0328或T 0329方法测定毛体积相对密度。

3. 原材料、试剂及仪器设备

①天平:称量1 kg,感量不大于0.1 g。

②容量瓶:500 mL。

③烘箱:能控制温度在(105±5) ℃。

④烧杯:500 mL。

⑤洁净水。

⑥其他:干燥器、浅盘、铝制料勺、温度计等。

4. 实验步骤

(1)实验准备。

将缩分至650 g左右的试样在温度为(105 ±5) ℃的烘箱中烘干至恒重,并在干燥器内冷却至室温,分成两份备用。

(2)具体实验操作。

①称取烘干的试样约300 g(m_0),装入盛有半瓶洁净水的容量瓶中。

②摇转容量瓶,使试样在已保温至(23 ±1.7) ℃的水中充分搅动以排除气泡,塞紧瓶塞,在恒温条件下静置24 h左右,然后用滴管加水,使水面与瓶颈刻度线平齐,再塞紧瓶塞,擦干瓶外水分,称其总质量(m_2)。

③倒出瓶中的水和试样,将瓶的内外表面洗净,再向瓶内注入同样温度的洁净水(温差不超过2 ℃)至瓶颈刻度线,塞紧瓶塞,擦干瓶外水分,称其总质量(m_1)。

注:在砂的表观密度实验过程中应测量并控制水的温度,实验期间的温差不得超过1 ℃。

5. 数据处理

①细集料的表观相对密度按式(4.43)计算,精确至小数点后3位。

$$\gamma_a = \frac{m_0}{m_0 + m_1 - m_2} \tag{4.43}$$

式中 γ_a——集料的表观相对密度,无量纲;

m_0——集料的烘干质量,g;

m_1——水及容量瓶的总质量,g;

m_2——试样、水及容量瓶的总质量,g。

②表观密度按式(4.44)计算,精确至小数点后3位。

$$\rho_a = \gamma_a \times \rho_T \text{或} \rho_a = (\gamma_a \cdot \alpha_T) \times \rho_w \tag{4.44}$$

式中 ρ_a——细集料的表观密度,g/cm^3;

ρ_t——水在4 ℃时的密度,g/cm^3;

α_T——实验时的水温对水密度影响的修正系数,按附录B附表B.1取用;

ρ_w——实验温度T时水的密度,g/cm^3,按附录B附表B.1取用。

6. 实验报告

按实验数据整理有关表格和实验报告。

以两次平行实验结果的算术平均值作为测定值,如果两次结果之差值大于0.01 g/cm^{3}时,应重新取样进行实验。

7. 注意事项

①在实验过程中要严格控制水温,并且在水中浸泡24 h,这样水就能充满细集料的开口孔隙,24 h后还要用滴管加水,使水面与瓶颈刻度线平齐。

②实验时水温控制为(23 ±1.7) ℃。

思考题

1. 能否采用李氏比重瓶代替容量瓶进行细集料的表观密度测定?
2. 砂和石屑两种材料哪种材料更适合作为沥青混合料的细集料?为什么?

实验十九　细集料密度及吸水率实验（坍落筒法）

1. 实验目的与适用范围

①用坍落筒法测定细集料（天然砂、机制砂、石屑）在23 ℃时对水的毛体积相对密度、表观相对密度和表干相对密度（饱和面干相对密度）。

②用坍落筒法测定细集料（天然砂、机制砂、石屑）处于饱和面干状态时的吸水率。

③用坍落筒法测定细集料（天然砂、机制砂、石屑）的毛体积密度、表观密度及表干密度（饱和面干密度）。

④本方法适用于小于2.36 mm以下的细集料。当含有大于2.36 mm的成分时，如0～4.75 mm石屑，宜采用2.36 mm的标准筛进行筛分，其中大于2.36 mm的部分采用实验三"粗集料的密度与吸水率测定方法"测定，小于2.36 mm的部分用本方法测定。

2. 实验原理

本实验在饱和面干状态下测定细集料的密度和吸水率。饱和面干状态是指试样饱和水但表面没有吸附水的状态，在本实验中用饱和面干试模（含坍落筒）调整试样至饱和面干状态。

在饱和面干状态下，称量试样质量，测定试样排开水的体积（基本原理可参考容量瓶法），然后按公式计算细集料（天然砂、机制砂、石屑）在23 ℃时对水的毛体积相对密度、表观相对密度、表干相对密度（饱和面干相对密度）以及毛体积密度、表观密度、表干密度（饱和面干密度）。

单位饱和面干试样质量的饱和面干含水率即为细集料处于饱和面干状态时的吸水率。

3. 原材料、试剂及仪器设备

①天平：称量1 kg，感量不大于0.1 g。

②饱和面干试模：上口径(40 ±3) mm，下口径(90 ±3) mm，高(75 ±3) mm的坍落筒（图4.8）。

③捣棒：金属棒，直径(25 ±3) mm，质量(340 ±15) g。

④烧杯：500 mL。

⑤容量瓶：500 mL。

⑥烘箱：控制温度在(105 ±5) ℃。

⑦洁净水，温度为(23 ±1.7) ℃。

⑧其他：干燥器、吹风机（手提式）、浅盘、铝制料勺、玻璃棒、温度计等。

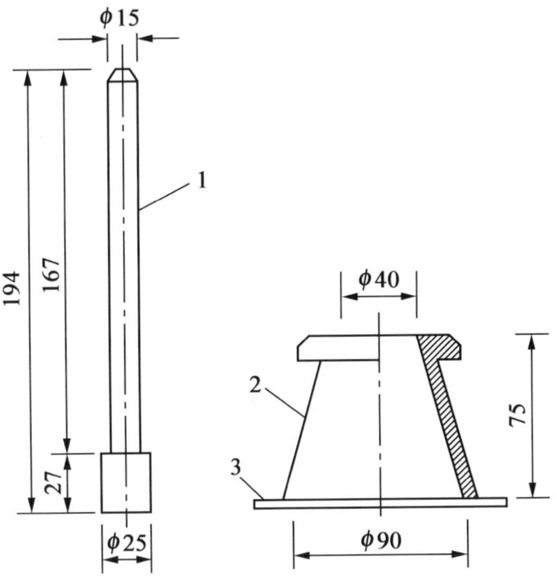

图 4.8 饱和面干试模及其捣棒(尺寸单位:mm)
1—捣棒;2—试模;3—玻璃板

4. 实验步骤

(1)实验准备。

①将来样用 2.36 mm 标准筛过筛,除去大于 2.36 mm 的部分。在潮湿状态下用分料器法或四分法缩分细集料至每份约 1 000 g,拌匀后分成两份,分别装入浅盘或其他合适的容器中。

②注入洁净水,使水面高出试样表面 20 mm 左右(测量水温并控制在(23 ±1.7) ℃),用玻璃棒连续搅拌 5 min,以排除气泡,静置 24 h。

③细心地倒去试样上部的水,但不得将细粉部分倒走,并用吸管吸去余水。

④将试样在盘中摊开,用手提吹风机缓缓吹入暖风,并不断翻拌试样,使集料表面的水在各部位均匀蒸发,达到估计的饱和面干状态。注意吹风过程中不得使细粉损失。

⑤将试样松散地一次装入饱和面干试模中,用捣棒轻捣 25 次,捣棒端面距试样表面距离不超过 10 mm,使之自由落下,捣完后刮平模口,如留有空隙也不必再装满。

⑥从垂直方向徐徐提起试模,如试样保留锥形没有坍落,则说明集料中尚含有表面水,应继续按上述方法用暖风干燥,直至试模提起后试样开始出现坍落为止。如试模提起后试样坍落过多,则说明试样已干燥过分,此时应将试样均匀洒水约 5 mL,经充分拌匀,并静置于加盖容器中 30 min 后,再按上述方法进行实验,至达到饱和面干状态为止。判断饱和面干状态的标准,对天然砂,宜以“在试样中心部分上部成为 2/3 左右的圆锥体,即大致坍塌 1/3 左右”作为标准状态;对机制砂和石屑,宜以“当移去坍落筒第一次出现坍落时的含水率即最大含水率作为试样的饱和面干状态”。

(2)具体实验操作。

①立即称取饱和面干试样约300 g(m_3)。

②将试样迅速放入容量瓶中,勿使水分蒸发和集料粒散失,而后加洁净水至约450 mL刻度处,转动容量瓶排除气泡后,再仔细加水至500 mL刻度处,塞紧瓶塞,擦干瓶外水分,称其总量(m_2)。

③全部倒出集料试样,洗净瓶内外,用同样的水(每次需测量水温,宜为(23 ±1.7) ℃,两次水温相差不大于2 ℃),加至500 mL刻度处,塞紧瓶塞,擦干瓶外水分,称其总量(m_1)。将倒出的集料样置于(105 ±5) ℃的烘箱中烘干至恒重,在干燥器内冷却至室温后,称取干样的质量(m_0)。

5. 数据处理

(1)计算。

①细集料的表观相对密度γ_a、表干相对密度γ_s及毛体积相对密度γ_b按式(4.45)、式(4.46)、式(4.47)计算,精确至小数点后3位。

$$\gamma_a=\frac{m_0}{m_0+m_1-m_2} \tag{4.45}$$

$$\gamma_s=\frac{m_3}{m_3+m_1-m_2} \tag{4.46}$$

$$\gamma_b=\frac{m_0}{m_3+m_1-m_2} \tag{4.47}$$

式中 γ_a——集料的表观相对密度,无量纲;

γ_s——集料的表干相对密度,无量纲;

γ_b——集料的毛体积相对密度,无量纲;

m_0——集料烘干后质量,g;

m_1——水和瓶总质量,g;

m_2——饱和面干试样、水及瓶总质量,g;

m_3——饱和面干试样质量,g。

②细集料的表观密度ρ_a、表干密度ρ_s及毛体积密度ρ_b按式(4.48)、式(4.49)、式(4.50)计算,精确至小数点后3位。

$$\rho_a=(\gamma_a-\alpha_T)\rho_w \tag{4.48}$$

$$\rho_s=(\gamma_s-\alpha_T)\rho_w \tag{4.49}$$

$$\rho_b=(\gamma_b-\alpha_T)\rho_w \tag{4.50}$$

式中 ρ_a——集料的表观密度,g/cm^3;

ρ_s——集料的表干密度,g/cm^3;

ρ_b——集料的毛体积密度,g/cm^3;

ρ_w——水在4 ℃时的密度,g/cm^3。

α_T——实验时水温对水密度影响的修正系数,按附录B附表B.1取用。

③细集料的吸水率按式(4.51)计算,精确至0.01%。

$$w_x = \frac{m_3 - m_0}{m_0} \times 100\% \tag{4.51}$$

式中 w_x——细集料的吸水率,%;

m_3——饱和面干试样质量,g;

m_0——烘干试样质量,g。

④如因特殊需要,需以饱和面干状态的试样为基准求取细集料的吸水率时,细集料的饱和面干吸水率按式(4.52)计算,精确至0.01%,但需在报告中注明。

$$w_x' = \frac{m_3 - m_0}{m_3} \times 100 \tag{4.52}$$

式中 w_x'——细集料的饱和面干吸水率,%;

m_3——饱和面干试样质量,g;

m_0——烘干试样质量,g。

(2)精度与允许差。

①毛体积密度及饱和面干密度以两次平行实验结果的算术平均值为测定值,如果两次结果与平均值之差大于0.01 g/cm^3 时,应重新取样进行实验。

②吸水率以两次平行实验结果的算术平均值作为测定值,如果两次结果与平均值之差大于0.02%,应重新取样进行实验。

6. 实验报告

按实验数据整理有关表格和实验报告。

7. 注意事项

①细集料取样要严格按照取样方法,采用分料器或四分法来进行取样,否则平行实验不满足要求,致使筛分结果没有代表性。

②在使用吹风机吹干试样的过程中不得使细粉损失。

③这里特别需要注意的是,实验得出的毛体积相对密度和饱和面干毛体积相对密度是两个性质不同的指标,不能混淆。毛体积相对密度是以烘干状态(绝干)为基准与试样毛体积的比值,它常用于热拌沥青混合料体积指标的计算;而饱和面干毛体积相对密度是以表干状态为基准与试样毛体积的比值,它常用于水泥混凝土用量的计算。

思考题

1. 细集料中有大于2.36 mm的颗粒,应如何处理?

2. 怎样判断细集料是否达到饱和面干状态?当没有达到饱和面干状态时该如何处理?

实验二十　细集料堆积密度及紧装密度实验

1. 实验目的与适用范围

本实验测定(自然)堆积状态下的密度(简称堆积密度)、振实状态下的密度(紧装密度)和相应状态下的空隙率。

2. 实验原理

广义上的堆积密度又称为松方密度,包括(自然)堆积状态、振实状态和捣实状态下的3种松方密度(参见实验五粗集料松方密度及孔隙率实验)。

在干燥状态下,在距容量筒筒口50 mm左右处将细集料自然流入容量筒中,测定单位容积试样的质量即为细集料的堆积密度。在干燥状态下,用规定的振实方法将细集料装入容量筒中,测定单位容积试样的质量即为细集料的紧装密度。

细集料的堆积密度(含有闭口空隙、开口空隙、松散颗粒间空隙)或紧装密度(含有闭口空隙、开口空隙、振实后颗粒间空隙)均较其表观密度(仅含有闭口空隙)低。堆积密度与表观密度的比值可以表示相应堆积状态下的物料体积分数,其余数,即1减去相应堆积状态下的物料体积分数,为堆积状态细集料空隙率或紧装状态细集料空隙率。

3. 原材料、试剂及仪器设备

①台秤:称量5 kg,感量5 g。

②容量筒:金属制,圆筒形,内径108 mm,净高109 mm,筒壁厚2 mm,筒底厚5 mm,容积约为1 L。

③标准漏斗(图4.9)。

④烘箱:控制温度在(105 ±5) ℃。

⑤其他:小勺、直尺、浅盘等。

4. 实验步骤

(1)实验准备。

①试样制备:用浅盘装来样约5 kg,在温度为(105 ±5) ℃的烘箱中烘干至恒重,取出并冷却至室温,分成大致相等的两份备用。

注:试样烘干后如有结块,应在实验前先捏碎。

②容量筒容积的校正方法:以温度为(20 ±5) ℃的洁净水装满容量筒,用玻璃板沿筒口滑移,使其紧贴水面,玻璃板与水面之间不得有空隙。擦干筒外壁水分,然后称量,接式(4.53)计算筒的容积V。

$$V = m_2' - m_1' \tag{4.53}$$

式中　V——容量筒的容积,mL;

m_1'——容量筒和玻璃板总质量,g;

m_2'——容量筒、玻璃板和水总质量,g。

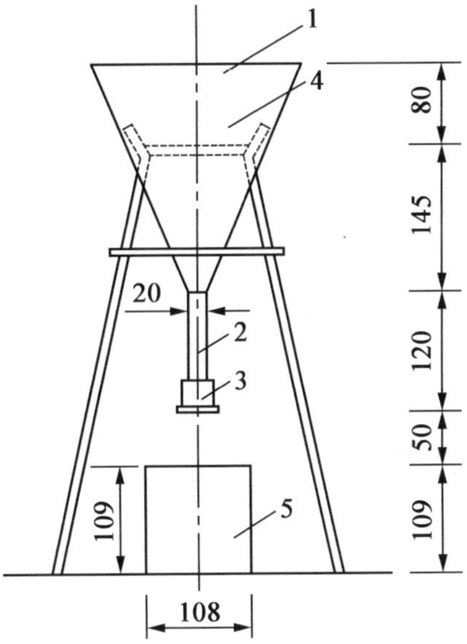

图 4.9 标准漏斗(尺寸单位:mm)
1—漏斗;2—20 mm 管子;3—活动门;4—筛;5—金属量筒

(2)具体实验操作。

①堆积密度:将试样装入漏斗中,打开底部的活动门,将砂流入容量筒中,也可直接用小勺向容量筒中装试样,但漏斗出料口或料勺距容量筒筒口均应为 50 mm 左右,试样装满并超出容量筒筒口后,用直尺将多余的试样沿筒口中心线向两个相反方向刮平,称取质量(m_1)。

②紧装密度:取试样 1 份,分两层装入容量筒。装完一层后,在筒底垫放一根直径为 10 mm的钢筋,将筒按住,左右交替颠击地面各 25 下,然后再装入第二层。

第二层装满后用同样方法颠实(但筒底所垫钢筋的方向应与第一层放置方向垂直)。两层装完并颠实后,添加试样超出容量筒筒口,然后用直尺将多余的试样沿筒口中心线向两个相反方向刮平,称其质量(m_2)。

5. 数据处理

①堆积密度及紧装密度分别按式(4.54)和式(4.55)计算,精确至小数点后 3 位。

$$\rho = \frac{m_1 - m_0}{V} \tag{4.54}$$

$$\rho' = \frac{m_2 - m_0}{V} \tag{4.55}$$

式中 ρ——砂的堆积密度,g/cm^3;

ρ'——砂的紧装密度,g/cm^3;

m_0——容量筒的质量,g;

m_1——容量筒和堆积砂的总质量,g;

m_2——容量筒和紧装砂的总质量，g；

V—容量筒容积，mL。

②砂的空隙率按式(4.56)计算，精确至0.1%。

$$n = (1 - \frac{\rho}{\rho_a}) \times 100 \tag{4.56}$$

式中　n——砂的空隙率，%；

ρ——砂的堆积或紧装密度，g/cm³；

ρ_a——砂的表观密度，g/cm³。

6. 实验报告

按实验数据整理有关表格和实验报告。

以两次实验结果的算术平均值作为测定值。

7. 注意事项

①实验前容量筒容积必须进行校正。

②测自然堆积密度装料时，漏斗出料口或料勺距容量筒筒口均应为50 mm左右，保持自然堆积状态。

思考题

1. 细集料的堆积密度实验有什么用途？
2. 堆积密度有几种状态？它与表观密度有何联系和区别？

实验二十一　细集料含泥量实验(水筛法)

1. 实验目的与适用范围

本方法仅用于测定天然砂中粒径小于0.075 mm的尘屑、淤泥和黏土的含量。

本方法不适用于人工砂、石屑等矿粉成分较多的细集料。

2. 实验原理

实验要求测出的泥料颗粒中不应包含细砂颗粒,因此用悬浊液法,泥料颗粒悬浮于悬浊液中,细砂颗粒沉于水下,避免细砂颗粒与泥料颗粒相混而被水冲走。某些较轻的细集料颗粒(多孔物质、不易分解的黏性土等)或细集料中含有的其他组分(木屑、草梗等杂质)可能因密度较低而处于悬浊液中,此部分不应计入细泥料中,因此悬浊液要进行过滤(用孔径为1.18 mm及0.075 mm的套筛)。

过滤掉的粒径小于0.075 mm的尘屑、淤泥和黏土的质量占初始干燥试样质量的百分率为细集料的含泥量。以初始干燥试样质量减去过滤后剩余的试样总量(包括淘洗筒中洗净沉积下来的试样和1.18 mm及0.075 mm两筛上筛余的颗粒试样)来计算得到过滤掉的细泥料质量。

3. 原材料、试剂及仪器设备

①天平:称量1 kg,感量不大于1 g。

②烘箱:能控制温度在(105 ±5) ℃。

③标准筛:孔径为0.075 mm及1.18 mm的方孔筛。

④其他:筒、浅盘等。

4. 实验步骤

(1)实验准备。

将来样用四分法缩分至每份约1 000 g,置于温度为(105 ±5) ℃的烘箱中烘干至恒重,冷却至室温后,称取约400 g(m_0)的试样两份备用。

(2)具体实验操作。

①取烘干的试样一份置于筒中,并注入洁净的水,使水面高出砂面约200 mm,充分拌和均匀后,浸泡24 h,然后用手在水中淘洗试样,使尘屑、淤泥和黏土与砂粒分离,并使之悬浮水中,缓缓地将浑浊液倒入1.18 mm至0.075 mm的套筛上,滤去小于0.075 mm的颗粒,实验前筛子的两面应先用水湿润,在整个实验过程中应注意避免砂粒丢失。

注:不得直接将试样放在0.075 mm筛上用水冲洗,或者将试样放在0.075 mm筛上后在水中淘洗,以免误将小于0.075 mm的砂颗粒当作泥冲走。

②再次加水于筒中,重复上述过程,直至筒内砂样洗出的水清澈为止。

③用水冲洗剩留在筛上的细粒,并将0.075 mm筛放在水中(使水面略高出筛中砂粒的上表面)来回摇动,以充分洗除小于0.075 mm的颗粒。然后将两筛上筛余的颗粒和筒中已经洗净的试样一并装入浅盘,置于温度为(105 ±5) ℃的烘箱中烘干至恒重,冷却至室温,称取试样的质量(m_1)。

5. 数据处理

砂的含泥量按式(4.57)计算,准确至0.1%。

$$Q_n = \frac{m_0 - m_1}{m_0} \times 100 \tag{4.57}$$

式中 Q_n——砂的含泥量,%;

m_0——实验前的烘干试样质量,g;

m_1——实验后的烘干试样质量,g。

以两个试样实验结果的算术平均值作为测定值。如果两次结果的差值超过0.5%时,应重新取样进行实验。

6. 实验报告

按实验数据整理有关表格和实验报告。

7. 注意事项

①本实验方法不适用于人工砂、石屑等矿粉成分较多的细集料。

②不得直接将试样放在0.075 mm筛上用水冲洗,或者将试样放在0.075 mm筛上后在水中淘洗,以难免误将小于0.075 mm的砂颗粒当作泥冲走。

注:本方法含泥量应该是指天然砂中的含泥量,是将天然砂放在水中淘洗,让砂沉淀,悬浮液倒走,并用0.075 mm筛过滤的方法区别砂与土,所以实验时务必不使砂(有不少细砂颗粒会小于0.075 mm)随水一起冲走,否则就不一定是含“泥”量了。但淘洗后,小于0.075 mm部分的细砂粒沉淀很慢,是很容易随土一起倾走的。有的实验室在实验时直接用0.075 mm筛在水中淘洗或者直接将砂放在0.075 mm筛上用水冲洗,将通过0.075 mm部分部当作“泥”看待,这种做法是不对的。因此严格来说,本方法是测不准真正的含泥量的。对机制砂、石屑等细粉成分较多的细集料,不适用于本方法。这些材料的洁净程度在《公路沥青路面施工技术规范》(JTG F40—2004)中是这样规定的,细集料的洁净程度,天然砂以小于0.075 mm含量的百分数表示,石屑和机制砂以砂当量(适用于0~4.75 mm)或亚甲蓝值(适用于0~2.36 mm或0~0.15 mm)表示。

思考题

1. 测定细集料含泥量方法有哪几种?本实验方法能否准确测定出细集料含泥量并分析原因?

2. 细集料含泥量的大小对沥青混凝土的质量会产生什么影响?

实验二十二　细集料泥块含量实验(水筛法)

1. 实验目的与适用范围

本实验方法用于测定水泥混凝土用砂中颗粒粒径大于1.18 mm的泥块的含量,也可用于测定沥青混凝土用砂中泥块的含量。

2. 实验原理

细集料中干燥状态下粒径大于1.18 mm的泥土颗粒,其中水洗粉化后的0.6 mm以下的颗粒含量,属于细集料中的泥块范围。泥块粒径必须大于1.18 mm(干燥状态下),但在大于1.18 mm的泥块中,水洗粉化后粒径为0.6~1.18 mm的泥土颗粒,不在泥块范围之内(当属砂类)。对比含泥量定义,含泥量中包含了泥块含量中的细粒成分(0.075 mm以下),不含有0.075~0.6 mm的泥土颗粒;泥块含量中,包含含泥量中的一部分,不含有干燥状态下小于1.18 mm的泥土颗粒中0.075 mm以下的颗粒(含泥量中有此一部分)。

本实验用水筛法对规定范围内的泥块进行筛分。

3. 原材料、试剂及仪器设备

①天平:称量2 kg,感量不大于2 g。

②烘箱:控制温度在(105±5)℃。

③标准筛:孔径0.6 mm及1.18 mm。

④其他:洗砂用的筒及烘干用的浅盘等。

4. 实验步骤

(1)实验准备。

将来样用分料器法或四分法缩分至每份约2 500 g,置于温度为(105±50)℃的烘箱中烘干至恒重,冷却至室温后,用1.18 mm筛筛分,取筛上的砂约400 g分为两份备用。

(2)具体实验操作。

①取试样1份200 g(m_1)置于容器中,并注入洁净的水,使水面至少超出砂面约200 mm,充分拌混均匀后,静置24 h,然后用手在水中捻碎泥块,再把试样放在0.6 mm筛上,用水淘洗至水清澈为止。

②筛余下来的试样应小心地从筛里取出,并在(105±5)℃的烘箱中烘干至恒重,冷却至室温后称量(m_2)。

5. 数据处理

砂中泥块含量按式(4.58)计算,精确至0.1%。

$$Q_k = \frac{m_1 - m_2}{m_1} \times 100 \tag{4.58}$$

式中　Q_k——砂中大于1.18 mm的泥块含量,%;

m_1——实验前存留于1.18 mm筛上的烘干试样质量,g;

m_2——实验后的烘干试样质量,g。

取两次平行实验结果的算术平均值作为测定值,两次结果的差值如果超过0.4%,应重新取样进行实验。

6. 实验报告

按实验数据整理有关表格和实验报告。

7. 注意事项

用分料器法或四分法缩分试样,否则没有代表性。

思考题

1. 含泥量与泥块含量有何不同？各自有何工程意义？
2. 比较细集料泥块含量测定与粗集料泥块含量测定。

实验二十三　细集料砂当量实验

1. 实验目的与适用范围

本方法适用于测定天然砂、人工砂、石屑等各种细集料中所含的黏性土或杂质的含量,以评定集料的洁净程度。

本方法适用于公称最大粒径不超过4.75 mm的集料。

2. 实验原理

天然砂、人工砂、石屑等各种细集料中所含的黏性土或杂质不易被水粉化分解,等同于细集料中的泥块含量。砂当量的含义可理解为粒径在4.75 mm以下的细集料中细砂部分占黏性土和杂质部分的权重。

按规定的方法配制冲洗液,将冲洗液与细集料混合,在振荡条件下细集料中所含的黏性土或杂质会形成絮状物。静置一定时间(20 min),测定试筒中集料沉淀物的高度(mm)、絮凝物和沉淀物的总高度(mm),计算沉淀物的高度(砂含量)占絮凝物和沉淀物的总高度(砂和泥块总量)的百分数,表示砂当量。

3. 原材料、试剂及仪器设备

(1)仪具。

①透明圆柱形试筒:如图4.10所示,透明塑料制,外径(40 ±0.5) mm,内径(32 ±0.25) mm,高度(420 ±0.25) mm。在距试筒底部100 mm、380 mm处刻划刻度线,试筒口配有橡胶瓶口塞。

②冲洗管:如图4.11所示,由一根弯曲的硬管组成,不锈钢或冷锻钢制,其外径为(6 ±0.5) mm,内径为(4 ±0.2) mm。管的上部有一个开关,下部有一个不锈钢,两侧带孔尖头,孔径为(1 ±0.1) mm。

③透明玻璃或塑料桶:容积5 L,有一根虹吸管放置桶中,桶底面高出工作台约1 m。

④橡胶管(或塑料管):长约1.5 m,内径约5 mm,同冲洗管联在一起,用于吸液,配有金属夹,以控制冲洗液流量。

⑤配重活塞:如图4.12所示,由长(440 ±0.25) mm的杆、直径(25 ±0.1) mm的底座(下面平坦、光滑,垂直杆轴)、套筒和配重组成,且在活塞上有3个横向螺丝可保持活塞在试筒中间,并使活塞与试筒之间有一条小缝隙。

⑥套筒:为黄铜或不锈钢制,厚(10 ±0.1) mm,大小适合试筒并且引导活塞杆,能标记筒中活塞下沉的位置。套筒上有一个螺钉用以固定活塞杆,配重为1 kg ±5 g。

⑦机械振荡器:可以使试筒产生横向的直线运动振荡,振幅(203 ±1.0) mm,频率(180 ±2)次/min。

⑧天平:称量1 kg,感量不大于0.1 g。

⑨烘箱:能使温度控制在(105 ±5) ℃。

⑩秒表。

⑪标准筛:筛孔为4.75 mm。

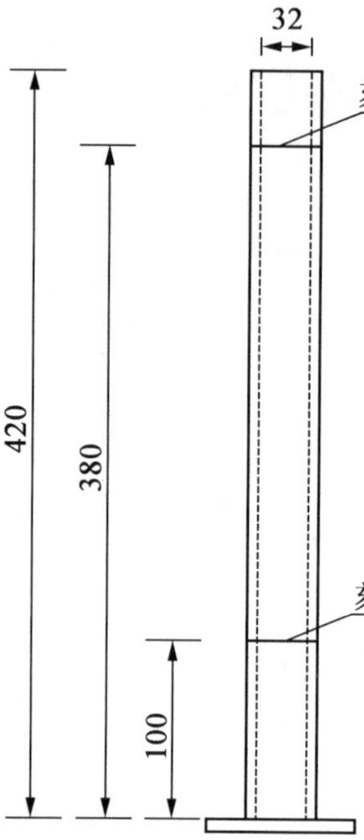

图 4.10 透明圆柱形试筒(尺寸单位:mm)

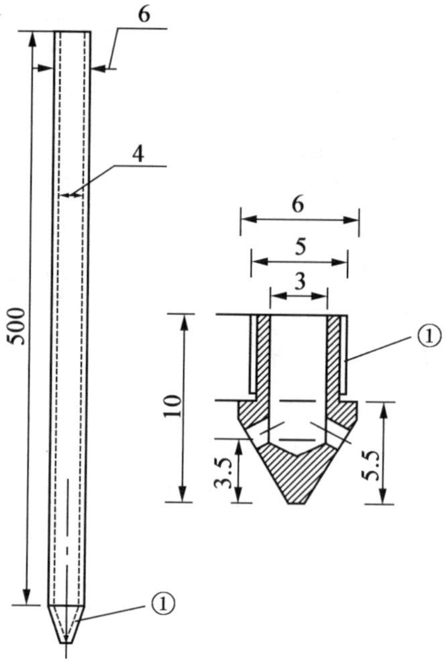

图 4.11 冲洗管(尺寸单位:mm)

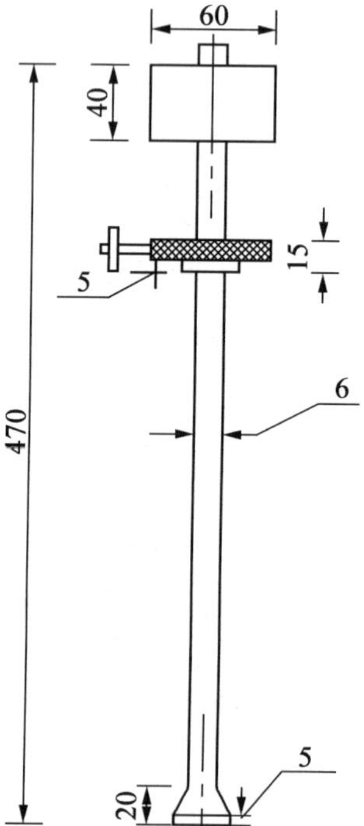

图 4.12 配重活塞(尺寸单位:mm)

⑫温度计。

⑬广口漏斗:玻璃或塑料制,口的直径为100 mm左右。

⑭钢板尺:长50 cm,刻度1 mm。

⑮其他:量筒(500 mL)、烧杯(1 L)、塑料桶(5 L)、烧杯、刷子、盘子、刮刀、勺子等。

(2)试剂。

①无水氯化钙($CaCl_2$):分析纯,质量分数为96%以上,相对分子质量为110.99,纯品为无色立方结晶,在水中溶解度大,溶解时放出大量热,它的水溶液呈微酸性,具有一定的腐蚀性。

②丙三醇($C_3H_8O_3$):又称甘油,分析纯,质量分数为98%以上,相对分子质量为92.09。

③甲醛(HCHO):分析纯,质量分数为36%以上,相对分子质量为30.03。

④洁净水或纯净水。

4. 实验步骤

(1)实验准备。

①试样制备。

a. 将样品通过孔径为4.75 mm筛,去掉筛上的粗颗粒部分,试样数量不少于1 000 g。如果样品过分干燥,可在筛分之前加少量水分润湿(含水率约为3%),用包橡胶的小锤打碎土块,然后再过筛,以防止将土块作为粗颗粒筛除。当粗颗粒部分被在筛分时不能分离的杂质裹覆时,应将筛上部分的粗集料进行清洗,并回收其中的细粒放入试样中。

注:在配制稀浆封层及微表处混合料时,4.75 mm部分经常是由两种以上的集料混合而成,如由3~5 mm和3 mm以下石屑混合,或由石屑与天然砂混合组成时,可分别对每种集料按本方法测定其砂当量,然后按组成比例计算合成的砂当量。为减少工作量,通常做法是将样品按配比混合组成后用4.75 mm过筛,测定集料混合料的砂当量,以鉴定材料是否合格。

b. 按《公路集料试验规程》(JTG E42—2005)T 0332的方法测定试样含水率(单位烘干试样所含可烘干蒸发的净水分),实验用的样品在测定含水率和取样实验期间不要丢失水分。

由于试样是加水湿润过的,对试样含水率应按现行含水率测定方法进行,含水率以两次测定的平均值计,准确至0.1%。经过含水率测定的试样不得用于实验。

c. 称取试样的湿重。根据测定的含水率按式(4.59)计算相当于120 g干燥试样的样品湿重,准确至0.1 g。

$$m_1 = \frac{120(100 + w)}{100} \tag{4.59}$$

式中　w——集料试样的含水率,%;

m_1——相当于干燥试样120 g时的潮湿试样的质量,g。

②配制冲洗液。

a. 根据需要确定冲洗液的数量,通常一次配制5 L,可进行约10次实验。如果实验次数较少,可以按比例减少,但不宜少于2 L,以减小实验误差。冲洗液的浓度以每升冲洗液中的氯化钙、甘油、甲醛含量分别为2.79 g、12.12 g、0.34 g配制。称取配制5 L冲洗液的各种试剂的用量：氯化钙14.0 g，甘油60.6 g，甲醛1.7 g。

b.称取无水氯化钙14.0 g放入烧杯中，加洁净水30 mL，充分溶解，此时溶液温度会升高，待溶液冷却至室温，观察是否有不溶的杂质，若有杂质必须用滤纸将溶液过滤，以除去不溶的杂质。

c.倒入适量洁净水稀释，加入甘油60.6 g，用玻璃棒搅拌均匀后再加入甲醛1.7 g，用玻璃棒搅拌均匀后全部倒入1 L量筒中，并用少量洁净水分别对盛过3种试剂的器皿洗涤3次，每次洗涤的水均放入量筒中，最后加入洁净水至1 L刻度线。

d.将配制的1 L溶液倒入塑料桶或其他容器中，再加入4 L洁净水或纯净水稀释至(5 ±0.005) L。该冲洗液的使用期限不得超过2周，超过2周后必须废弃，其工作温度为(22 ±3) ℃。

注：有条件时，可向专门机构购买高浓度的冲洗液，按照要求稀释后使用。

(2)具体实验操作。

①用冲洗管将冲洗液加入试筒，直到最下面的100 mm刻度处(约需80 mL实验用冲洗液)。

②把相当于(120 ±1) g干料重的湿样用漏斗仔细地倒入竖立的试筒中。

③用手掌反复敲打试筒下部，以除去气泡，并使试样尽快润湿，然后放置10 min。

④在试样静置(10 ±1) min后，在试筒上塞上橡胶塞堵住试筒，用手将试筒横向水平放置，或将试筒水平固定在振荡机上。

⑤开动机械振荡器，在(30 ±1)s的时间内振荡90次。用手振荡时，仅需手腕振荡，不必晃动手臂，以维持振幅(230 ±25)mm，振荡时间和次数与机械振荡器相同。然后将试筒取下竖直放回实验台上，拧下橡胶塞。

⑥将冲洗管插入试筒中，用冲洗液冲洗附在试筒壁上的集料，然后迅速将冲洗管插到试筒底部，不断转动冲洗管，使附着在集料表面的土粒杂质浮游上来。

⑦缓慢匀速向上拔出冲洗管，当冲洗管抽出液面，且保持液面位于380 mm刻度线时，切断冲洗管的液流，使液面保持在380 mm刻度线处，然后开动秒表在没有扰动的情况下静置20 min ±15 s。

⑧如图4.13所示，在静置20 min后，用尺量测从试筒底部到絮状凝结物上液面的高度(h_1)。

⑨将配重活塞徐徐插入试筒里，直至碰到沉淀物时，立即拧紧套筒上的固定螺丝。将活塞取出，用直尺插入套筒开口中，量取套筒顶面至活塞底面的高度h_2，准确至1 mm，同时记录试筒内的温度，准确至1 ℃。

⑩按上述步骤进行2个试样的平行实验。

注：为了不影响沉淀的过程，实验必须在无振动的水平台上进行。随时检查实验的冲洗管口，防止堵塞。由于塑料在太阳光下容易变成不透明，应尽量避免将塑料试筒等直接暴露太阳光下，盛实验溶液的塑料桶用毕要清洗干净。

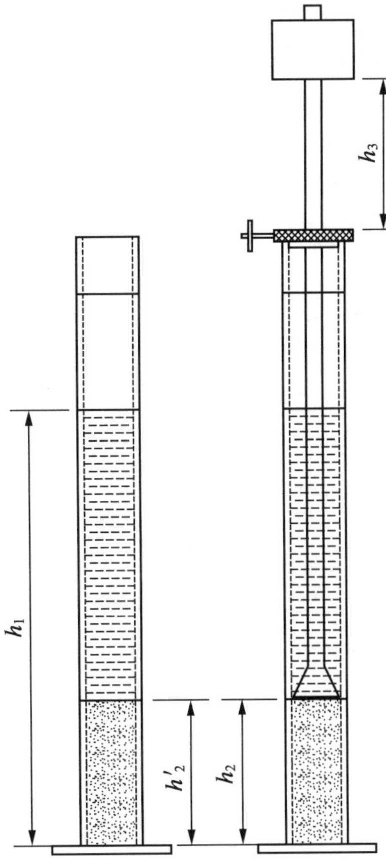

图 4.13　读数示意图

5. 数据处理

①试样的砂当量值按式(4.60)计算。

$$SE = \frac{h_2}{h_1} \times 100 \tag{4.60}$$

式中　SE——试样的砂当量,%;

h_2——试筒中用活塞测定的集料沉淀物的高度,mm;

h_1——试筒中絮凝物和沉淀物的总高度,mm。

②一种集料应平行测定两次,取两个试样的平均值,以活塞测得砂当量为准,并以整数表示。

6. 实验报告

按实验数据整理有关表格和实验报告。

7. 注意事项

①实验中絮状物判断要准确,h_1、h_2 读数要准确。

②砂当量法较之其他含泥量测定方法,更能反映细集料中的泥土含量,但砂当量受土含量的影响十分显著,因此有亚甲蓝实验。

注:细集料中的泥土杂物对细集料的使用性能有很大的影响,尤其是对沥青混合料,当水分进入混合料内部时遇水即会软化,以前我国通常以水洗法测定小于 0.075 mm 颗粒含量,将其作为含泥量。但是将小于 0.075 mm 颗粒含量都看成土是不正确的。在天然砂的规格中,通常允许 0.075 mm 通过率为 0 ~ 5%(以前甚至为 10%),而含泥量一般不超过 3%。其实不管天然砂、石屑、机制砂,各种细集料中小于 0.075 mm 的部分不一定是土,大部分可能是石粉或超细砂粒。为了将小于 0.075 mm 的矿粉、细砂与含泥量加以区分,国外通常采用砂当量实验。

表 4.14 是在玄武岩石屑中添加不同的泥土测定的砂当量的结果。实验表明,如果控制砂当量不小于 60%,将能控制含土量不超过 6%。

表 4.14　不同含土量时的砂当量

含土量/%	0	4.91	9.74	12.99
砂当量/%	80	68	53	40

不过,砂当量测定值不仅仅取决于含土量,细集料中石粉也会影响砂当量的大小,在洗净的玄武岩中按 SMA 常用比例加通过 0.075 mm 筛的细粉 10%,变化细粉中土和石灰岩石粉的比例,其砂当量实验结果如图 4.14 所示。

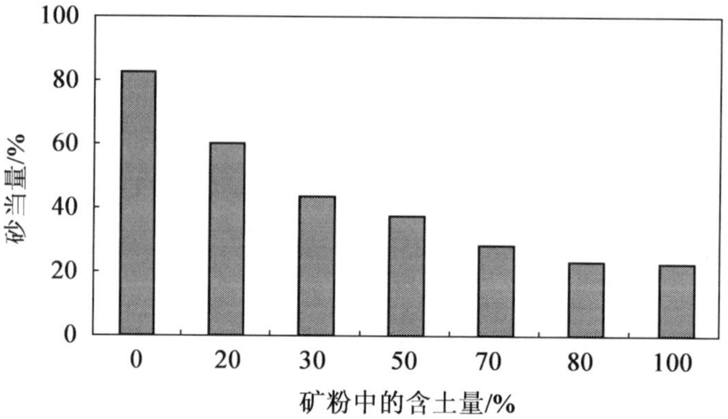

图 4.14　矿粉中土含量对砂当量的影响

在图 4.14 中,如果 0.075 mm 以下全部为矿粉,砂当量为 82.1%,而 0.075 mm 以下全部为土时的砂当量为 26.1%,0.075 mm 以下含土率增加到 10%,砂当量从 82.1% 下降到了 60.4%,说明砂当量受土含量的影响十分显著。

本方法中冲洗液的配制是参照国外 ASTM 等方法的规定,先配制成高浓度氯化钙溶液及高浓度的甘油甲醛混合液,再稀释为实验用的冲洗液。如按实验方法的量配制,约可供 100 多次实验使用。而且按 ASTM 的规定,配制的溶液存放时间不得超过 2 周。考虑到实际上实验次数经常比较少,本次修改规定直接配制冲洗液。一次配制 5 L 工作液,足够一周的实验使用。

思考题

1. 细集料的砂当量反映了细集料的什么指标?与其他测定方法有什么区别?

2. 实验中絮状物如何判断?

3. 在配制稀浆封层及微表处混合料时,4.75 mm 部分经常由两种以上的集料混合而成,工程应用中常用的做法是?

实验二十四　细集料亚甲蓝实验

1. 实验目的与适用范围

本方法适用于确定细集料中是否存在膨胀性黏土矿物，并测定其含量，以评定集料的洁净程度，以亚甲蓝值 MBV 表示。

本方法适用于小于 2.36 mm 或小于 0.15 mm 的细集料，也可用于矿粉的质量检验。

当细集料中的 0.075 mm 通过率小于 3% 时，可不进行此项实验即作为合格看待。

2. 实验原理

亚甲蓝（$C_{16}H_{18}ClN_3S \cdot 3H_2O$）是一种高分子化合物。细集料中存在膨胀性黏土矿物时，与亚甲蓝溶液混合后会使溶液呈现阳性。(500 ±5) mL 洁净水的细集料悬浊液中，每次准确加入 5 mL 标准亚甲蓝溶液进行色晕实验，直至悬浊液呈现阳性，试样单位质量所需要的标准亚甲蓝溶液体积的 10 倍为细集料的亚甲蓝值。

3. 原材料、试剂及仪器设备

①亚甲蓝（$C_{16}H_{18}ClN_3S \cdot 3H_2O$）：纯度不小于 98.5%。

②移液管：5 mL、2 mL 移液管各一个。

③叶轮搅拌机：转速可调，并能满足（600 ±60）r/min 的转速要求，叶轮个数 3 或 4 个，叶轮直径（75 ±10）mm。

注：其他类型的搅拌器也可使用，但实验结果必须与使用上述搅拌器时基本一致。

④鼓风烘箱：温度控制在（105 ±5）℃。

⑤天平：称量 1 000 g，感量 0.1 g 及称量 100 g，感量 0.01 g 各一台。

⑥标准筛：孔径为 0.075 mm、0.15 mm、2.36 mm 的方孔筛各一只。

⑦容器：深度大于 250 mm，要求淘洗试样时，保持试样不溅出。

⑧玻璃容量瓶：1 L。

⑨定时装置：精度 1 s。

⑩玻璃棒：直径 8 mm，长 300 mm，2 支。

⑪温度计：精度 1 ℃。

⑫烧杯：1 000 mL。

⑬其他：定量滤纸、搪瓷盘、毛刷、洁净水等。

4. 实验步骤

(1)标准亚甲蓝溶液（(10.0 ±0.1) g/L 标准浓度）配制。

①测定亚甲蓝中的水分含量 w。称取 5 g 左右的亚甲蓝粉末，记录质量 m_h，精确到 0.01 g。在（100 ±5）℃的温度下烘干至恒重（若烘干温度超过 105 ℃，亚甲蓝粉末会变质），在干燥器中冷却，然后称重，记录质量 m_g，精确到 0.01 g。按式(4.61)计算亚甲蓝的含水率 w。

$$w = (m_h - m_g)/m_g \times 100 \tag{4.61}$$

式中 w——亚甲蓝的含水率,%;

m_h——亚甲蓝粉末的质量,g;

m_g——干燥后亚甲蓝的质量,g。

注:每次配制亚甲蓝溶液前,都必须首先确定亚甲蓝的含水率。

②取亚甲蓝粉末$(100+w)(10\ g \pm 0.01\ g)/100$(即亚甲蓝干粉末质量10 g),精确至0.01 g。

③加热盛有约600 mL洁净水的烧杯,水温不超过40 ℃。

④边搅动边加入亚甲蓝粉末,持续搅动45 min,直至亚甲蓝粉末全部溶解为止,然后冷却至20 ℃。

⑤将溶液倒入1 L容量瓶中,用洁净水淋洗烧杯等,使所有亚甲蓝溶液全部移入容量瓶,容量瓶和溶液的温度应保持在(20±1) ℃,加洁净水至容量瓶1 L刻度。

⑥摇晃容量瓶以保证亚甲蓝粉末完全溶解。将标准液移入深色储藏瓶中,亚甲蓝标准溶液保质期应不超过28天;配制好的溶液应标明制备日期、失效日期,并避光保存。

(2)制备细集料悬浊液。

①取代表性试样,缩分至约400 g,置烘箱中在(105±5) ℃条件下烘干至恒重,待冷却至室温后,筛除大于2.36 mm颗粒,分两份备用。

②称取试样200 g,精确至0.1 g。将试样倒入盛有(500±5) mL洁净水的烧杯中,将搅拌器速度调整到600 r/min,搅拌器叶轮离烧杯底部约10 mm。搅拌5 min,形成悬浊液,用移液管准确加入5 mL亚甲蓝溶液,然后保持(400±40) r/min转速不断搅拌,直到实验结束。

(3)亚甲蓝吸附量的测定。

①将滤纸架空放置在敞口烧杯的顶部,使其不与任何其他物品接触。

②细集料悬浊液在加入亚甲蓝溶液并经(400±40) r/min转速搅拌1 min开始,在滤纸上进行第一次色晕检验。即用玻璃棒蘸取一滴悬浊液滴于滤纸上,液滴在滤纸上形成环状,中间是集料沉淀物,液滴的数量应使沉淀物直径为8~12 mm。外围环绕一圈无色的水环,当在沉淀物周围边缘放射出一个宽度约1 mm的浅蓝色色晕时(图4.15),实验结果称为阳性。

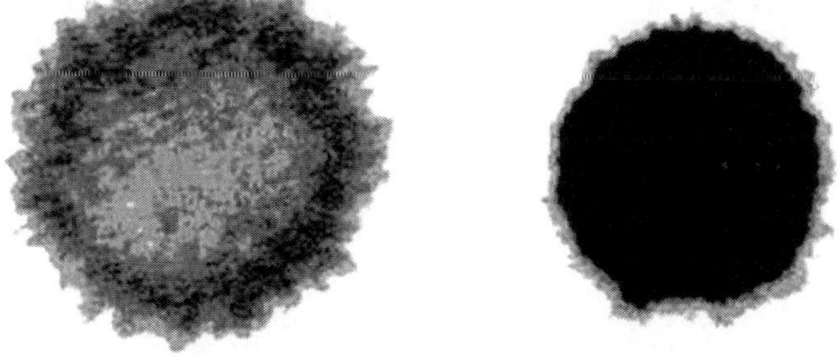
(a) (b)

图4.15 亚甲蓝实验得到的色晕图像

(图(a)符合要求,图(b)不符合要求)

注:由于集料吸附亚甲蓝需要一定的时间才能完成,在色晕实验过程中,色晕可能在

出现后又消失了。因此,需每隔 1 min 进行一次色晕检验,连续 5 次出现色晕方为有效。

③如果第一次的 5 mL 亚甲蓝没有使沉淀物周围出现色晕,再向悬浊液中加入 5 mL 亚甲蓝溶液,继续搅拌 1 min,再用玻璃棒沾取一滴悬浊液,滴于滤纸上,进行第二次色晕实验,若沉淀物周围仍未出现色晕,重复上述步骤,直到沉淀物周围放射出约 1 mm 的稳定浅蓝色色晕。

④停止滴加亚甲蓝溶液,但继续搅拌悬浊液,每 1 min 进行一次色晕实验。若色晕在最初的 4 min 内消失,再加入 5 mL 亚甲蓝溶液;若色晕在第 5 min 消失,再加入 2 mL 亚甲蓝溶液。两种情况下,均应继续搅拌并进行色晕实验,直至色晕可持续 5 min 为止。

⑤记录色晕持续 5 min 时所加入的亚甲蓝溶液总体积,精确至 1 mL。

注:实验结束后应立即用水彻底清洗实验用容器。清洗后的容器不得含有清洁剂成分,建议将这些容器作为亚甲蓝实验的专门容器。

(4)亚甲蓝的快速评价实验。

①按实验步骤(2)①及(2)②要求制样及搅拌。

②一次性向烧杯中加入 30 mL 亚甲蓝溶液,以(400 ±40) r/min 转速持续搅拌8 min,然后用玻璃棒蘸取一滴悬浊液,滴于滤纸上,观察沉淀物周围是否出现明显色晕。

(5)小于 0.15 mm 粒径部分的亚甲蓝值 MBV_F 的测定。

按上述(1)~(3)步骤的要求准备试样,进行亚甲蓝实验测试,但试样为 0~0.15 mm 部分,取(30 ±0.1) g。

(6)按实验二十四细集料含泥量实验的筛洗法测定细集料中含泥量或石粉含量。

5. 数据处理

①细集料亚甲蓝值 MBV 按式(4.62)计算,精确至 0.1。

$$MBV = \frac{V}{m} \times 10 \tag{4.62}$$

式中 MBV——亚甲蓝值,g/kg,表示每千克 0~2.36 mm 粒级试样所消耗的亚甲蓝克数;

m——试样质量,g;

V——所加入的亚甲蓝溶液的总量,mL。

注:公式中的系数 10 用于将每千克试样消耗的亚甲蓝溶液体积换算成亚甲蓝质量。

②亚甲蓝快速实验结果评定。

若沉淀物周围出现明显色晕,则判定亚甲蓝快速实验为合格,若沉淀物周围未出现明显色晕,则判定亚甲蓝快速实验为不合格。

③小于 0.15 mm 部分或矿粉的亚甲蓝值 MBV_F 按式(4.63)计算,精确至 0.1。

$$MBV_F = \frac{V_1}{m_1} \times 10 \tag{4.63}$$

式中 MBV_F——亚甲蓝值,g/kg,表示每千克 0~0.15 mm 粒级或矿粉试样所消耗的亚甲蓝克数;

m_1——试样质量,g;

V_1——加入的亚甲蓝溶液的总量,mL。

④细集料中含泥量或石粉含量计算和评定按细集料含泥量实验(筛洗法)《公路工程集料试验规程》(JTG E42—2005)中 T 0333 的方法进行。

6. 实验报告

按实验数据整理有关表格和实验报告。

7. 注意事项

①测定亚甲蓝水分含量时,烘干温度不可超过 105 ℃,以免亚甲蓝变质。

②由于集料吸附亚甲蓝需要一定的时间才能完成,在色晕实验过程中,色晕可能在出现后又消失了。因此,需每隔 1 min 进行一次色晕检验,连续 5 次出现色晕方为有效。

注:对砂当量实验和亚甲蓝实验究竟哪个更好的问题,各有各的看法,一般认为,对较粗的细集料,适宜于采用砂当量实验,在实验时它采用的是小于 4.75 mm 以下部分。而亚甲蓝实验更适合于较细的细集料实验,甚至于小于 0.15 mm 的粉料实验,不适宜于有大于 4.75 mm 以上的集料。

亚甲蓝实验的目的是确定细集料、细粉、矿粉中是否存在膨胀性黏土矿物并确定其含量的整体指标。它的实验原理是向集料与水搅拌制成的悬浊液中不断加入亚甲蓝溶液,每加入一定量的亚甲蓝溶液后,亚甲蓝为细集料中的粉料所吸附,用玻璃棒蘸取少许悬浊液滴到滤纸上观察是否有游离的亚甲蓝放射出的浅蓝色色晕,判断集料对染料溶液的吸附情况。通过色晕实验,确定添加亚甲蓝染料的终点,直到该染料停止表面吸附。当出现游离的亚甲蓝(以浅蓝色色晕宽度 1 mm 左右作为标准)时,计算亚甲蓝值 MBV,计算结果表示为每 1 000 g 试样吸收的亚甲蓝的克数。

亚甲蓝实验时,由于膨胀性黏土矿物具有极大的比表面,很容易吸附亚甲蓝染料,亚甲蓝值表示用染料的单分子层覆盖其试样黏土部分的总表面积所需的染料量。每种黏土的比表面表示黏土的固有特性,见表 4.15。

表 4.15　黏土矿物类型及比表面

黏土及矿物类型	蒙脱土	蛭石	伊利石	纯高岭石	非黏土矿物微粒
比表面/($m^2 \cdot g^{-1}$)	800	200	40 ~ 60	5 ~ 20	1 ~ 3

因为细集料中的非黏土性矿物质颗粒的比表面相对要小得多(1 ~ 3 m^2/g),且并不吸收任何可见数量的染料。因此,以亚甲蓝值表示黏土部分的特性时,没有必要从集料的残余部分中分离出这些非黏土颗粒,所以通常实验直接采用 2.36 mm 以下部分细集料。当需要进一步检验 0.15 mm 以下颗粒中黏土部分的含量时,可采用 0.15 mm 以下集料进行实验。

思考题

1. 怎样用亚甲蓝值来判断细集料的洁净程度?
2. 怎样判定快速法测定亚甲蓝实验是否合格?
3. 分析亚甲蓝实验测定膨胀性黏土矿物的原理。

实验二十五　细集料棱角性实验(间隙率法)

1. 实验目的与适用范围

本方法适用于测定天然砂、人工砂、石屑等用于路面的细集料的棱角性,以预测细集料对沥青混合料的内摩擦角和抗流动变形性能的影响。

2. 实验原理

细集料应具有一定的棱角性,以增加在沥青混合料中的内摩擦角和抗流变性,提高沥青混合料路面的强度和高温性能。棱角性用间隙率表示。

利用细集料棱角性测定仪测定细集料棱角性。选择粒径 2.36 mm 或 4.75 mm 以下的细集料进行棱角性实验,淘洗滤去泥土、粉尘组分,干燥试样在棱角性测定仪中的倒圆锥筒漏斗中自由下落至接收容器中呈自然堆积状态,测定相关数据,计算此自然堆积状态下的松装密度,再利用毛体积相对密度数据计算细集料的间隙率,即为细集料的棱角性指标,间隙率越大,说明棱角性越强。

3. 原材料、试剂及仪器设备

①细集料棱角性测定仪:如图 4.16 所示,上部为一个金属或塑料制的圆筒形容量瓶,容积不少于 250 mL,下面接一个高 38 mm 的金属制倒圆锥筒漏斗,角度为 60° ±4°,漏斗内部光滑,流出孔开口直径(12.7 ±0.6) mm。测定仪下方放置一个 100 mL 的铜制接收容器,容器内径 39 mm,高 86 mm。此容器镶嵌在一块厚 6 mm 的金属板上,容器与底板之间用环氧树脂填充固结。金属底板底部的正中央有一个凹坑,用以与底座位置对中。

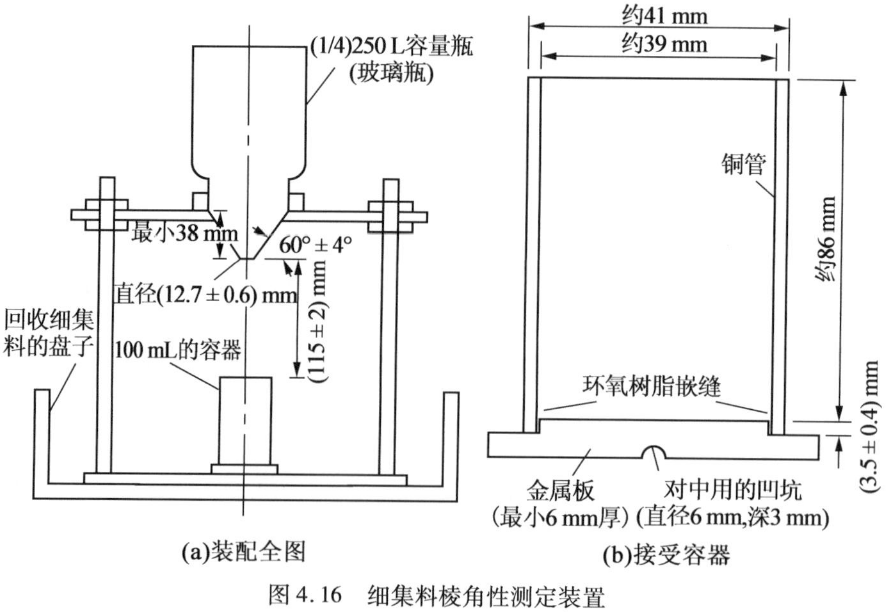

图 4.16　细集料棱角性测定装置

②标准筛:孔径为4.75 mm、2.36 mm的方孔筛。

③天平:感量不大于0.1 g。

④烘箱:能控制温度在(105 ±5) ℃。

⑤玻璃板:60 mm ×60 mm,厚4 mm。

⑥刮尺:带刃直尺,长100 mm,宽20 mm。

⑦其他:搪瓷盘、毛刷等。

4. 实验步骤

①称取细集料接收容器的干质量 m_0。

②在容器中加满水,称取圆筒加水的质量 m_1,标定容器的容积 $V = m_1 - m_0$,此时可忽略温度对水密度的影响。

③将从现场取来的细集料试样,按照最大粒径的不同选择2.36 mm或4.75 mm的标准筛过筛,除去大于最大粒径的部分。通常对天然砂或0 ~3 mm规格的机制砂、石屑采用2.36 mm筛,对0 ~5 mm机制砂、石屑可采用4.75 mm筛。

④取约2 kg试样放在搪瓷盘中,加水浸泡24 h,仔细淘洗,使泥土和粉尘悬浮在水中。分数次缓缓地将悬浊液通过1.18 mm、0.075 mm套筛倒去悬浮的混水,并用洁净的水冲洗集料,仔细冲走小于0.075 mm部分。将1.18 mm及0.075 mm筛上部分均倒回搪瓷盘中,放入(105 ±5) ℃烘箱中烘干至恒重,冷却后适当拌和均匀,按分料器法或四分法称取(190 ±1) g的试样不少于3份。

⑤将漏斗与圆筒接好,成一整体,在漏斗下方置接收容器,用一块小玻璃板堵住开口处。

⑥将试样从圆筒中央上方(高度与筒顶齐平)徐徐倒入漏斗,表面尽量倒平。

⑦取走堵住漏斗开启门的小玻璃板,漏斗中的细集料随即通过漏斗开口处流出,进入接收容器中。

⑧用带刃的直尺轻轻刮平容器的表面,不加任何振动。

⑨称取容器与细集料的总质量 m_2,准确至0.1 g。

⑩按实验二十三细集料密度和吸水率实验的方法测定细集料的毛体积相对密度 γ_b。

⑪平行实验3次,以平均值作为细集料棱角性的实验结果。

5. 数据处理

按式(4.64)、式(4.65)计算容器中细集料的松装密度和间隙率,精确至小数点后1位,间隙率即为细集料的棱角性。

$$\gamma_{fa} = \frac{m_2 - m_0}{m_1 - m_0} \tag{4.64}$$

$$U = (1 - \frac{\gamma_{fa}}{\gamma_b}) \times 100 \tag{4.65}$$

式中 γ_{fa}——细集料的松装相对密度;

m_0——容器空质量,g;

m_1——容器与水的总质量,g;

m_2——容器与细集料的总质量,g;

U——细集料的间隙率，即棱角性，%；

γ_b——细集料的毛体积相对密度。

6. 实验报告

按实验数据整理有关表格和实验报告。

7. 注意事项

①不同细集料要采用不同尺寸的筛进行筛分，筛除颗粒大的部分。

②实验用的集料要用水洗掉粒径小于0.075 mm以下的颗粒。

注：天然砂与人工砂、石屑在用于沥青混合料时，使用性能有很大的差别。由于天然砂经过亿万年的风化、搬运，一般比较坚硬，尤其是海砂，大部分是石英颗粒，所以天然砂作为细集料，往往有较好的耐久性。但是天然砂与沥青的黏附性往往较差，而且砂的形状基本上是球形颗粒，所以对高温抗车辙能力极为不利。相反，石屑由于是破碎石料时的下脚料，基本上是石料中较为薄弱的部分首先变成石屑剥落下来，所以石屑中扁平颗粒含量较大，而且强度较差，所以规范对石屑的使用有一定的限制。但是，正因为石屑是破碎得到的，使用表面特别粗糙，对提高马歇尔稳定度及车辙实验的动稳定度效果非常明显，而且扁平颗粒可以通过改善破碎方式得以减少，人工砂有时是在加工过程中将石屑中的粉料用吸尘设备吸走后得到的。

如何评价细集料的表面粗糙程度、棱角性，目前没有标准方法。美国在战略性公路研究计划（SHRP）研究过程中特别强调测定砂的棱角性指标（FAA）的重要性，提出了标准实验方法AASHTO 33“细集料未压实空隙率实验方法（受颗粒形状、表面结构和级配的影响）”，提出了非常简单的测定棱角性的设备装置。该方法是将干燥细集料试样通过一个标准漏斗，漏入一个经标定的圆筒，由细集料的空隙率作为棱角性指标。空隙率越大，意味着有较大的内摩擦角，球状颗粒少，细集料的表面构造粗糙，所以是描述细集料性能的重要指标。

SUPERPAVE配合比设计方法对细集料的棱角性（FAA）做出了规定，见表4.16。

表4.16 SUPERPAVE对细集料的棱角性要求

道路交通量（百万辆ESALs）		0.3	<1	<3	<10	<30	<100	≤100
距路表下深度/mm	<100	—	40%	40%	45%	45%	45%	45%
	>100	—	—	40%	40%	40%	45%	45%

美国对SMA路面要求细集料的棱角性FAA不得小于45%。细集料的棱角性对SMA集料的嵌挤作用非常重要，通过细集料的棱角性实验方法，可以评定天然砂、人工砂、石屑等细集料颗粒对沥青混合料的内摩擦角和抗流动变形性能的影响。

思考题

1. 本次实验用间隙率法测定细集料的棱角性中用到集料的松装相对密度，可否用集料的堆积密度测定方法进行代替？两种方法结果会产生什么不同？

2. 细集料的棱角性对沥青混合料的性能产生什么影响？

实验二十六 细集料棱角性实验(流动时间法)

1. 实验目的与适用范围

本方法用于测定一定体积的细集料(机制砂、石屑、天然砂)全部通过标准漏斗所需要的流动时间,称为细集料的棱角性。

本方法测定的细集料棱角性,适用于评定细集料颗粒的表面构造和粗糙度,预测细集料对沥青混合料的内摩擦角和抗流动变形性能的影响。

当工程上同时使用不同品种的细集料,如将天然砂和机制砂、石屑混用时,应以实际配合比例组成的细集料混合料进行实验,并满足相应规范的要求。

2. 实验原理

细集料的棱角性会产生较大内摩阻力阻碍细集料的流动,细集料(机制砂、石屑、天然砂)通过标准漏斗时,所需时间越长,说明棱角性越强。

流动时间法就是测定细集料全部通过标准漏斗所需要的流动时间来表征细集料的棱角性。

《公路工程集料试验规程》(JTG E42—2005)同时也列入了 T 0344 细集料间隙率作为棱角性指标,由于本实验流动时间法(试验规程 T 0345)比间隙率法(试验规程T 0344)测定更为简单,包括美国在内的更多国家在使用,故推荐 T 0345 作为我国测定棱角性的标准实验方法使用。

3. 原材料、试剂及仪器设备

①细集料流动时间测定仪:如图 4.17 所示,上部为直径 90 mm,高 125 mm 的金属圆筒,下部为可更换的开口 60°的金属或硬质塑料漏斗,漏斗内部应光滑,其流出孔直径有两种可更换的规格 12 mm 或 16 mm,上部由螺纹与圆筒连接成一整体,漏斗下方有一个可以左右转动的开启挡板。测定仪下方放置一个足以存下 3 kg 细集料的容器,如铝盆、搪瓷盆等。

②标准筛:孔径为 4.75 mm、2.36 mm、0.075 mm 的方孔筛。

③天平:感量不大于 0.1 g。

④烘箱:控制温度在(105 ±5) ℃。

⑤秒表:准确至 0.1 s。

⑥其他:搪瓷盘、毛刷等。

4. 实验步骤

①将从现场取来的细集料试样,按照最大粒径的不同选择 2.36 mm 或 4.75 mm 的标准筛过筛,除去大于最大粒径的部分。但当工程上同时使用不同品种的细集料,如将天然砂和机制砂、石屑混用时,需分别进行单一细集料品种的棱角性质量评定,同时以实际配合比例组成的细集料混合料进行实验,以评定其使用性能。

②按实验十七细集料筛分实验的方法以水洗法除去小于 0.075 mm 的粉尘部分,取

0.075～2.36 mm 或 0.075～4.75 mm 的试样约 6 kg 放入(105±5) ℃烘箱中烘干至恒重,在室温下冷却。

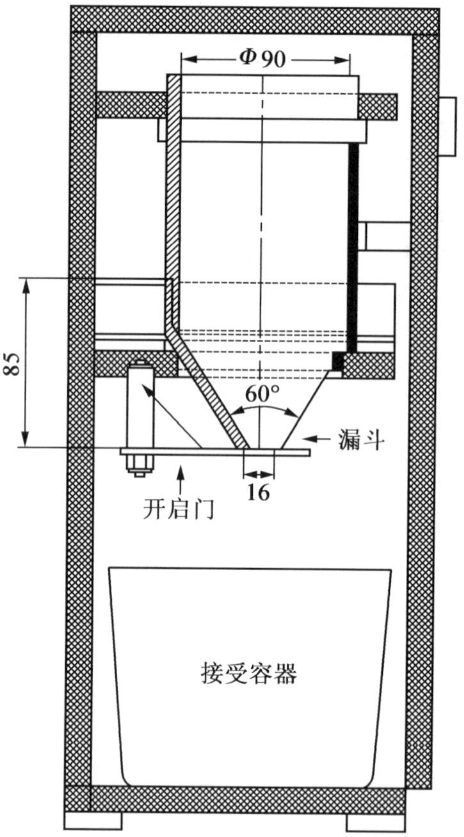

图 4.17 细集料流动时间测定仪
(流出孔径可更换,尺寸单位:mm)

③按规程《公路工程集料试验规程》(JTG E42—2005)T 0328"细集料表观密度实验"的方法测定试样的表观相对密度 γ_a。用分料器法或四分法将试样分成不少于 5 份,按式(4.66)计算每份试样所需的质量,称量准确至 0.1 g。

$$m = 1.0 \times \gamma_a / 2.70 \tag{4.66}$$

式中 m——每份试样的质量,kg;

γ_a——该试样的表观相对密度,无量纲。

④根据实验的细集料规格选择漏斗,对规格 0.075～2.36 mm 的细集料选用孔径为 12 mm 的漏斗,对规格 0.075～4.75 mm 的细集料选用孔径为 16 mm 的漏斗,将漏斗与圆筒连接安装成一整体。关闭漏斗下方的开启门,在漏斗下方放置接收容器。

⑤将试样从圆筒中央开口处(高度与筒顶齐平)徐徐倒入漏斗,表面尽量倒平,但倒完后不得以任何工具扰动或刮平试样。

⑥在打开漏斗开启门的同时开动秒表。漏斗中的细集料随即从漏斗开口处流出,进

入接收容器中。在细集料全部流完的同时停止秒表,读取细集料流出的时间,准确至 0.1 s,即为该细集料试样的流动时间。

⑦一种试样需平行实验 5 次,以流动时间的平均值作为细集料棱角性的实验结果。

5. 数据处理

记录实验条件和实验数据。

6. 实验报告

按实验数据整理有关表格和实验报告。

7. 注意事项

①根据不同规格的细集料选择不同尺寸的漏斗。

②务必除去小于 0.075 mm 的粉尘部分,以免影响实验结果的准确性。

思考题

1. 测定细集料棱角性实验方法有几种?哪种方法更适用公路工程?
2. 当工程中使用不同品种的细集料应该怎么进行测定细集料的棱角性?

实验二十七　矿粉筛分实验(水洗法)

1. 实验目的与适用范围

本方法适用于测定矿粉的颗粒级配,同时适用于测定供拌制沥青混合料用的其他填料如水泥、石灰、粉煤灰的颗粒级配。

2. 实验原理

使用孔径为0.6 mm、0.3 mm、0.15 mm、0.075 mm的标准筛,利用水筛法对矿粉进行筛分,根据所得数据计算各筛孔分计筛余百分率和各筛孔通过百分率。

注意由于矿粉颗粒较细,不能直接在0.075 mm筛上用水流冲洗,以免影响实验结果,或损坏0.075 mm标准筛。

3. 原材料、试剂及仪器设备

①标准筛:孔径为0.6 mm、0.3 mm、0.15 mm、0.075 mm。

②天平:感量不大于0.1 g。

③烘箱:控制温度在(105 ±5) ℃。

④搪瓷盘。

⑤橡皮头研杵。

4. 实验步骤

①将矿粉试样放入温度为(105 ±5) ℃的烘箱中烘干至恒重,冷却,称取100 g,准确至0.1 g。如果有矿粉团粒存在,可用橡皮头研杵轻轻研磨粉碎。

②将0.075 mm筛装在筛底上,仔细倒入矿粉,盖上筛盖。手工轻轻筛分,至大体上筛不下去为止。存留在筛底上的小于0.075 mm部分可弃去。

③除去筛盖和筛底,按筛孔大小顺序套成套筛。将存留在0.075 mm筛上的矿粉倒回0.6 mm筛上,在自来水龙头下方接一胶管,打开自来水,用胶管的水轻轻冲洗矿粉过筛,0.075 mm筛下部分任其流失,直至流出的水色清澈为止。水洗过程中,可以适当用手扰动试样,加速矿粉过筛,待上层筛冲干净后,取去0.6 mm筛,接着从0.3 mm筛或0.15 mm筛上冲洗,但不得直接冲洗0.075 mm筛。

注:①自来水的水量不可太大太急,防止损坏筛面或将矿粉冲出,水不得从两层筛之间流出,自来水龙头宜装有防溅水龙头。当现场缺乏自来水时,也可由人工浇水冲洗。

②如直接在0.075 mm筛上冲洗,将可能使筛面变形,筛孔堵塞,或者造成矿粉与筛面发生共振,不能通过筛孔。

④分别将各筛上的筛余反过来用小水流仔细冲洗入各个搪瓷盘中,待筛余沉淀后,稍稍倾斜搪瓷盘。仔细除去清水,放入105 ℃烘箱中烘干至恒重。称取各号筛上的筛余量,准确至0.1 g。

5. 数据处理

(1)计算。

各号筛上的筛余量除以试样总量的百分率,即为各号筛的分计筛余百分率,精确至

0.1%。用100减去0.6 mm、0.3 mm、0.15 mm、0.075 mm各筛的分计筛余百分率,即为通过0.075 mm筛的通过百分率,加上0.075 mm筛的分计筛余百分率即为0.15 mm筛的通过百分率,以此类推,计算出各号筛的通过百分率,精确至0.1%。

(2)精密度或允许差。

以两次平行实验结果的平均值作为实验结果。各号筛的通过率相差不得大于2%。

6. 实验报告

按实验数据整理有关表格和实验报告。

7. 注意事项

水洗过程中不得将水直接冲在0.075 mm筛上。

思考题

1. 矿粉的筛分为什么不选用干筛?
2. 矿粉筛分实验在工程设计和工程应用中是如何体现的?

实验二十八　矿粉密度实验

1. 实验目的与适用范围

本实验方法用于检验矿粉的质量，供沥青混合料配合比设计计算使用，同时适用于测定供拌制沥青混合料用的其他填料如水泥、石灰、粉煤灰的相对密度。

2. 实验原理

在李氏比重瓶中采用水中重法测定矿粉或其他填料如水泥、石灰、粉煤灰的相对密度。

由于矿粉较细，可以认为不存在闭口气孔，或很容易达到饱和状态，因此矿粉加入蒸馏水中后不需长时间静置，仅需轻轻摇晃比重瓶，使瓶中的空气充分逸出即可读取混合液读数。

一般矿粉实验所用试样量较少，但不得少于实验所用小牛角匙、漏斗和样品本身总质量的 20%。

3. 原材料、试剂及仪器设备

①李氏比重瓶：容量为 250 mL 或 300 mL，如图 4.18 所示。

②天平：感量不大于 0.01 g。

③烘箱：控制温度在(105 ±5) ℃。

④恒温水槽：控制温度在(20 ±0.5) ℃。

⑤其他：瓷皿、小牛角匙、干燥器、漏斗等。

4. 实验步骤

①将代表性矿粉试样置瓷皿中，在 105 ℃烘箱中烘干至恒重(一般不少于 6 h)，放入干燥器中冷却后，连同小牛角匙、漏斗一起准确称量(m_1)，准确至 0.01 g，矿粉质量应不少于 m_1 的 20%。

②向比重瓶中注入蒸馏水，至刻度 0 ~1 mL，将比重瓶放入 20 ℃的恒温水槽中，静放至比重瓶中的水温不再变化为止(一般不少于 2 h)，读取比重瓶中水面的刻度(V_1)，准确至 0.02 mL。

③用小牛角匙将矿粉试样通过漏斗徐徐加入比重瓶中，待比重瓶中水的液面上升至接近比重瓶的最大读数时为止，轻轻摇晃比重瓶，使瓶中的空气充分逸出。再次将比重瓶放入恒温水槽中，待温度不再变化时，读取比重瓶的读数(V_2)，准确至 0.02 mL。整个实验过程中，比重瓶中的水温变化不得超过 1 ℃。

④准确称取牛角匙、瓷皿、漏斗及剩余矿粉的质量(m_2)，准确至 0.01 g。

注：对亲水性矿粉应采用煤油作介质测定，方法相同。

5. 数据处理

(1)计算。

按式(4.67)及式(4.68)计算矿粉的密度和相对密度，精确至小数点后 3 位。

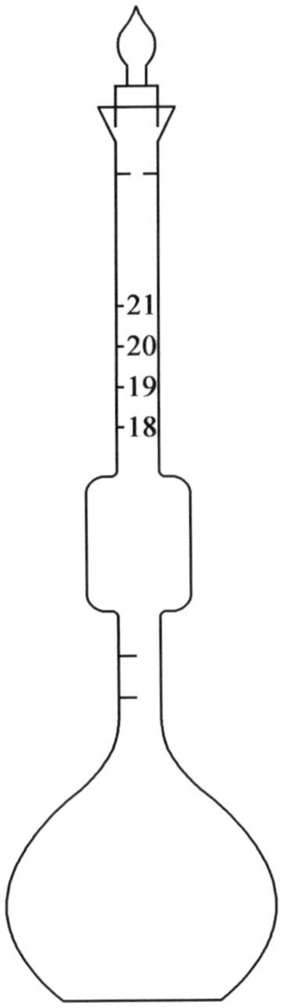

图 4.18 李氏比重瓶

$$\rho_f = \frac{m_1 - m_2}{V_2 - V_1} \tag{4.67}$$

$$\gamma_f = \frac{\rho_f}{\rho'_w} \tag{4.68}$$

式中 ρ_f——矿粉的密度,g/cm^3;

γ_f——矿粉对水的相对密度,无量纲;

m_1——牛角匙、瓷皿、漏斗及实验前瓷器中矿粉的干燥质量,g;

m_2——牛角匙、瓷皿、漏斗及实验后瓷器中矿粉的干燥质量,g;

V_1——加矿粉以前比重瓶的初读数,mL;

V_2——加矿粉以后比重瓶的终读数,mL;

ρ'_w——实验温度时水的密度,按附录 B 附表 B.1 取用。

②精密度或允许差。

同一试样应平行实验两次,取平均值作为实验结果,两次实验结果的差值不得大于 $0.01\ g/cm^3$。

6. 实验报告

按实验数据整理有关表格和实验报告。

7. 注意事项

①为简便起见,本方法规定统一采用蒸馏水。当然也可用煤油,方法是一样的,规定对亲水性矿粉应用煤油作介质测定。

②严格控制实验温度。

③由于矿粉容易粘在瓷皿、牛角匙、漏斗等器件上,所以测定时应采用减量称重法。比重瓶中体积的差为矿粉的实际体积,故用计算得到的密度计算对水的相对密度时应除以实验温度时水的密度,即使采用煤油测定,也是除以同温度时水的密度而不是煤油的密度,请使用时注意。

思考题

1. 亲水性的矿粉为什么要采用煤油作介质？当采用煤油作介质时,矿粉对水的相对密度是除以实验时水的密度还是煤油的密度？原因是什么？

2. 简述李氏比重瓶的基本原理。

实验二十九　矿粉亲水系数实验

1.实验目的与适用范围

矿粉的亲水系数即矿粉试样在水(极性介质)中膨胀的体积与同一试样在煤油(非极性介质)中膨胀的体积之比,用于评价矿粉与沥青结合料的黏附性能。本方法也适用于测定供拌制沥青混合料用的其他填料如水泥、石灰、粉煤灰的亲水系数。

2.实验原理

矿粉的亲水系数即矿粉试样在水(极性介质)中膨胀的体积与同一试样在煤油(非极性介质)中膨胀的体积之比。亲水系数大于1的矿粉,表示矿粉对水的亲和力大于对沥青的亲和力;亲水系数小于1的矿粉,则表示对沥青有大于水的亲和力。

沥青混合料用矿粉,希望其亲油性大些,亲水性小些,以利于矿粉与沥青的结合,并可提高沥青路面抗水损害能力。矿粉亲水性高时在水中的膨胀体积就大,亲油性高时在油中的膨胀体积就大,因此可用矿粉试样在水中膨胀的体积与同一试样在煤油中膨胀的体积之比表征其亲水性,此比值越大,亲水性越高。

分别测量矿粉在水中和在煤油中混合后沉淀的高度(体积),用以代表矿粉在水中和在煤油中膨胀体积的相对大小,计算矿粉的亲水性。

3.原材料、试剂及仪器设备

①量筒:50 mL两个,刻度至0.5 mL。

②研钵及有橡皮头的研杵。

③天平:感量不大于0.01 g。

④煤油:在温度270 ℃分馏得到的煤油。

⑤烘箱。

4.实验步骤

①称取烘干至恒重的矿粉5 g(准确至0.01 g),将其放在研钵中,加入15~30 mL蒸馏水。用橡皮研杵仔细磨5 min,然后用洗瓶把研钵中的悬浮液洗入量筒中,使量筒中的液面恰为50 mL。然后用玻璃棒搅拌悬浮液。

②同上法将另一份同样质量的矿粉,用煤油仔细研磨后将悬浮液冲洗移入另一量筒中,液面也为50 mL。

③将以上两量筒静置,使量筒内液体中的颗粒沉淀。

④每天两次记录沉淀物的体积,直至体积不变为止。

5.数据处理

①亲水系数按式(4.69)计算。

$$\eta = \frac{V_B}{V_H} \tag{4.69}$$

式中　η——亲水系数,无量纲;

V_B——水中沉淀物的体积,mL;

V_H——煤油中沉淀物的体积，mL。

②平行测定两次，以两次测定值的平均值作为实验结果。

6. 实验报告

按实验数据整理有关表格和实验报告。

7. 注意事项

严格控制煤油质量。

思考题

1. 简述亲水系数实验原理。
2. 如何判断矿粉和沥青的亲和力？

实验三十 矿粉塑性指数实验

1. 实验目的与适用范围

矿粉的塑性指数是矿粉液限含水量与塑限含水量之差,以百分率表示。矿粉的塑性指数用于评价矿粉中黏性土成分的含量。

本方法也适用于检验作为沥青混合料填料使用的粉煤灰、拌和机回收粉尘的塑性指数。本实验适用于粒径不大于0.6 mm、有机质含量不大于试样总质量5%的矿粉。

2. 实验原理

可塑性和塑性指数一般是针对黏土而言的,但某些矿粉由于含有颗粒极细的物料以及含有有机质等成分,表现为一定的塑性。具有塑性的物料容易吸水并具有一定的保水能力,在干燥时发生收缩,产生体积效应,因而会影响工程结构的稳定性。因此,了解矿粉的塑性指数并对其进行控制,对于沥青混合料路面结构的稳定性具有重要意义。矿粉的塑性指数测定一般参照黏土的塑性指数测定方法进行(《公路土工试验规程》(JTG 3430—2020))。

可塑性是黏性土区别于砂土的重要特征。可塑性的大小用土处在塑性状态的含水量变化范围来衡量,黏性土由一种状态过渡到另一种状态的分界含水量称为界限含水量,也称为阿太堡界限,有缩限含水量、塑限含水量、液(流)限含水量、黏限含水量、浮限含水量5种,在建筑工程中常用前3种含水量。固态与半固态间的界限含水量称为缩限含水量,简称缩限,用 w 表示。半固态与可塑状态间的含水量称为塑限含水量,简称塑限,用 w_p 表示。可塑状态与流动状态间的含水量称为液(流)限含水量,简称液限,用 w_l 表示。天然含水量大于液限时,土体处于流动状态;天然含水量小于缩限时,土体处于固态;天然含水量大于缩限且小于塑限时,土体处于半固态;天然含水量大于塑限且小于液限时,土体处于可塑状态。

塑性是表征细粒土物理性能一个重要特征,一般用塑性指数来表示;液限与塑限的差值称为塑性指数 I_P,即 $I_P = w_l - w_p$。研究表明,细粒土的许多力学特性和变形参数均与塑性指数有密切的关系,它也是表征材料接触状态的指标。

塑性指数习惯上用不带%的数值表示。塑性指数是黏土的最基本、最重要的物理指标之一,它综合地反映了黏土的物质组成,广泛应用于土的分类和评价。

由于塑性指数在一定程度上综合反映了影响黏性土特征的各种重要因素。塑性指数越大,表明土的颗粒越细,比表面积越大,土的黏粒或亲水矿物(如蒙脱石)含量越高,土处在可塑状态的含水量变化范围就越大。也就是说塑性指数能综合地反映土的矿物成分和颗粒大小的影响。因此,在工程上常按塑性指数对黏性土进行分类,粉土为塑性指数小于等于10且粒径大于0.075 mm的颗粒含量不超过总质量50%的土;黏性土为塑性指数大于10且粒径大于0.075 mm的颗粒含量不超过总质量50%的土,其中,当 $I_p > 17$ 时,为黏土;当 $I_p > 10$ 时,为粉质黏土;当 $I_p < 10$ 或 $I_p = 10$ 时,为粉土。

土的液限与天然含水率之差与塑性指数之比,称为天然稠度。反应土的吸附结合水能力的特性有液限、塑限和塑性指数。这3项指标中,液限和塑性指数与土的工程性质的关系更密切,规律性更强。因此,国内外对细粒土的分类,多用塑性指数或液限加塑限指数作为分类指标。

试样制备好坏对液限塑限联合测定的精度具有更重要的意义,制备试样应均匀、密实。一般制备3个试样,一个要求含水率接近液限(入土深度(20±0.2) mm),一个要求含水率接近塑限,一个居中,否则就不容易控制曲线的走向。对于联合测定精度最有影响的是靠近塑限的那个试样。可以先将试样充分揉搓,再将土块紧密地压入容器,刮平,待测。当含水率等于塑限时,对控制曲线走向最有利,但此时试样很难制备,必须充分揉搓,使土的断面上无空隙存在,为了便于操作,根据实际经验含水率可略放宽,以入土深度不大于4~5 mm为限。

3. 原材料、试剂及仪器设备

①圆锥仪(液限塑限联合测定仪):有数码式、光电式、游标式和百分表式4种,可根据具体情况选用。锥质量为100 g或76 g,锥角为30°。

②盛土杯:直径50 mm,深度40~50 mm。

③天平:称量200 g,感量0.01 g。

④其他:筛(孔径0.6 mm)、调土刀、调土皿、称量盒、研钵(附带橡皮头的研杵或橡皮板,木棒)、干燥器、吸管、凡士林等。

4. 实验步骤

①将矿粉等填料用0.6 mm筛过筛,去除筛上部分。

②取0.6 mm筛下矿粉试样200 g,分开放在3个盛土皿中,加不同数量的蒸馏水,如图4.19所示,矿粉试样的含水率分别控制在液限(a点)、略大于塑限(c点)和两者的中间状态(b点)。用调土刀调匀,盖上湿布,放置18 h以上。测定a点的锥入深度,对于100 g锥应为(20±0.2) mm,对于76 mm锥应为17 mm。测定c点的锥入深度,对于100 g锥应控制在5 mm以下,对于76 g锥应控制在2 mm以下。对于砂类矿粉,用100 g锥测定c点的锥入深度可大于5 mm,用76 g锥测定c点的锥入深度可大于2 mm。

③将制备的矿粉试样充分搅拌均匀,分层装入盛土杯,用力压密,使空气逸出。对于较干的试样,应先充分揉搓,用调土刀反复压实。试杯装满后,刮成与杯边齐平。

④当用游标式或百分表式液限塑限联合测定仪实验时,调平仪器,提起锥杆(此时游标或百分表读数为零),锥头上涂少许凡士林。

⑤将装好试样的试杯放在联合测定仪的升降座上,转动升降旋钮,待锥尖与试样面刚好接触时停止升降,扭动锥下降旋钮,同时开动秒表,经5 s时,松开旋钮,锥体停止下落,此时游标读数即为锥入深度h_1。

⑥改变锥尖与试样接触位置(锥尖两次锥入位置距离不小于1 cm),重复步骤④和⑤,测得锥入深度h_2。h_1、h_2允许平行误差为0.5 mm,否则,应重做,取h_1、h_2平均值作为该点的锥入深度h。

⑦去掉锥尖入试样处的凡士林,取10 g以上的试样两份,分别装入称量盒内,称质量(准确至0.01 g),测定其含水率w_1、w_2(计算到0.1%),计算含水率平均值w。

⑧重复步骤③~⑦,对其他两个含水率试样进行实验,测其锥入深度和含水率。

⑨用光电式或数码式液限塑限联合测定仪测定时,接通电源,调平机身,打开开关,提上锥体(此时刻度或数码显示应为零)。将装好试样的试杯放在升降座上,转动升降旋钮,试杯徐徐上升,试样表面和锥尖刚好接触,指示灯亮,停止转动旋钮,锥体立刻自动下

沉,5 s 时,自动停止下落,读数窗上或数码管上显示锥入深度。实验完毕,按动复位按钮,锥体复位,读数显示为零。

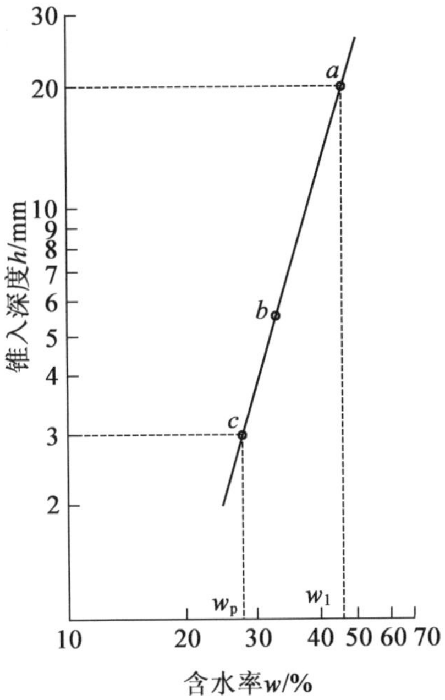

图 4.19 锥入深度与含水率关系

5. 数据处理

在双对数坐标上,以含水率 w 为横坐标,锥入深度 h 为纵坐标,点绘 a、b、c 3 点含水率的 $h-w$ 坐标图(图 4.19)。连此 3 点,应成一条直线。如 3 点不在同一直线上,要通过 a 点与 b、c 两点连成两条直线,根据液限(a 点含水率)在 h_p-w_L 图上查得 h_p,以此 h_p 再在 $h-w$ 的 ab 及 ac 两直线上求出相应的两个含水率。当两个含水率的差值小于 2% 时,以该两点含水率的平均值与 a 点连成一直线。当两个含水率的差值不小于 2% 时,应重做实验。

(1)液限的确定方法。

①若采用 76 g 锥做液限实验,则在 $h-w$ 图上查得纵坐标入土深度 $h_p=17$ mm 所对应的横坐标的含水率 w,即为该试样的液限 w_L。

②若采用 100 g 锥做液限实验,则在 $h-w$ 图上查得纵坐标入土深度 $h=20$ mm 所对应的横坐标的含水率 w,即为该试样的液限 w_L。

(2)塑限的确定方法。

①根据上述"(1)①"求出的液限,通过 76 g 锥入土深度 h 与含水率 w 的关系曲线(图 4.20),查得锥入土深度为 2 mm 所对应的含水率即为该试样的塑限 w_P。

②根据上述"(1)②"求出的液限,通过液限 w_L 与塑限时入土深度 h_P 的关系曲线(图 4.20),查得 h_P,再由图 4.19 求出入土深度为 h_P 时所对应的含水率,即为该试样的塑限 w_P。查 h_p-w_L 关系图时,需先通过简易鉴别法及筛分法把砂类矿粉和细粒矿粉区别开来,再按这两种试样分别采用相应的 h_p-w_L 关系曲线。对于细粒矿粉,用双曲线确定 h_P 值;对于砂类矿粉,则用多项式曲线确定 h_P 值。

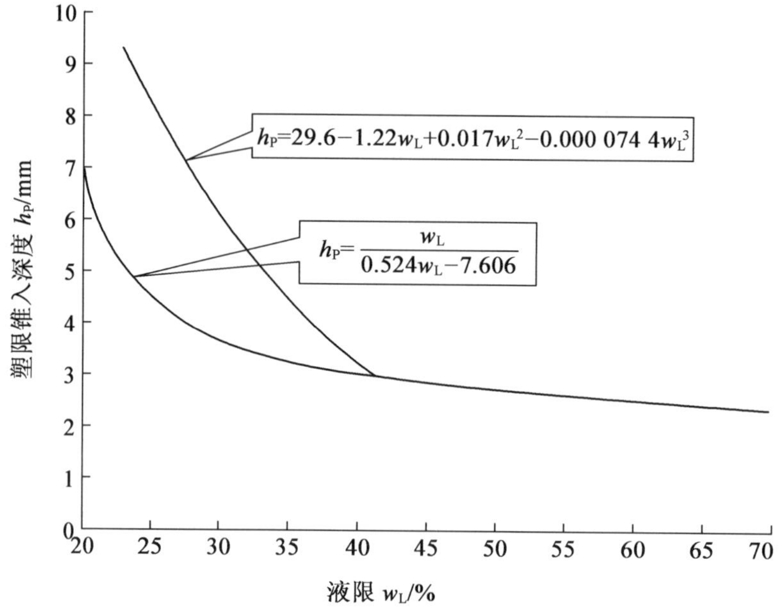

图 4.20　h_P-w_L 关系曲线

若根据上述"(1)②"求出液限，当 a 点的锥入深度在(20 ±0.2) mm 时，应在 ad 线上查得入土深度为 20 mm 处相应的含水率，此为液限 w_L。再用此液限在图 4.20 中 h_p-w_L关系曲线上找出与之相对应的塑限入土深度 h'_P，然后到 $h-w$ 图 ab 直线上查得h'_P相对应的含水率，此为塑限 w_P。

本实验记录表见表 4.17。

表 4.17　液限塑限联合实验记录表

工程名称:________　　实验者:________

试样编号:________　　计算者:________

试样深度:________　　校核者:________

实验设备:________　　实验日期:________

项目		实验次数			
		1	2	3	
入土深度	h_1	4.68	9.81	19.88	
	h_2	4.73	9.79	20.12	
	$(h_1+h_2)/2$	4.71	9.80	20	
含水率	盒号	1	2	3	w_P　I_P
	盒质量/g	20			双曲线法　27.2　14.0
	盒和湿试样质量/g	25.86	27.49	30.62	搓条法　26.2　15.0
	盒和干试样质量/g	24.51	25.52	27.53	液限　$w_L=41.2$
	水分质量/g	1.35	1.97	3.09	
	干试样质量/g	4.51	5.52	7.53	
	含水率/%	29.9	35.7	41.04	

(3)精密度和允许误差。

本实验需进行两次平行实验,取其算术平均值,以整数(%)表示。其允许差值为:高液限矿粉小于或等于2%,低液限矿粉小于或等于1%。

6. 实验报告

按实验数据整理有关表格和实验报告。

写明矿粉的液限 w_L、塑限 w_P 和塑性指数 I_P。

7. 注意事项

严格按照液限塑限联合测定方法进行实验。

液限的测定也可采用“液限蝶式仪法”,塑限的测定也可采用“塑限滚搓法”。(《土工试验规程》(JTG 3430—2020))

备注:热拌沥青混合料的填料大部分是通过0.075 mm筛的非塑性矿物质粉末,规范要求使用石灰石粉,为了增强沥青与酸性石料的黏结力,可以掺加一部分消石灰粉、水泥。如果矿粉中混入黏土成分,或者采用火成岩石料的磨细矿粉时,塑性指数将明显增加。塑性指数高的石粉,吸水性和吸油性较大,并由此发生膨润,将使沥青混合料的强度降低,或者在水的作用下发生剥离,导致沥青路面损坏,因此在某些情况下,例如对回收粉尘要求进行塑性指数的检验,并要求不得大于4%。另外,粉煤灰的质量符合一定要求,也可作为填料使用,其中最基本的要求是塑性指数必须小于4%。

《公路土工试验规程》(JTG 3430—2020)有两个实验用于测定塑性指数,一个是“液限塑限联合测定法”,另一个是按用搓条法测定塑限,用干燥收缩法测定液限,计算塑性指数。工程上可根据习惯和条件采用任何一个方法进行测定。

思考题

1. 为什么控制矿粉的塑性指数?
2. 沥青拌和站一级和二级除尘能否二次利用,为什么必须做塑性指数实验?

实验三十一 矿粉加热安定性实验

1. 实验目的与适用范围

矿粉的加热安定性是指矿粉在热拌过程中受热而不产生变质的性能。

矿粉的加热安定性用于评价矿粉(除石灰石粉、磨细生石灰粉、水泥外)易受热变质的成分的含量。

2. 实验原理

除石灰石粉、磨细生石灰粉、水泥外,其他矿粉如果纯度比较高和性能稳定,在加热过程中就不会因受热而产生变质。如果在加热过程中矿粉产生变质,就称矿粉的安定性不好。本方法主要通过矿粉在受热后(一般加热至200 ℃)的颜色变化,判断矿粉的变质情况。

3. 原材料、试剂及仪器设备

①蒸发皿或坩埚:可存放100 g矿粉。

②加热装置:煤气炉或电炉。

③温度计:最小刻度为1 ℃。

4. 实验步骤

①称取矿粉100 g,装入蒸发皿或坩埚中,摊开。

②将盛有矿粉的蒸发皿或坩埚置于煤气炉或电炉火源上加热,将温度计插入矿粉中,一边搅拌石粉,一边测量温度,加热到200 ℃,关闭火源。

③将矿粉在室温中放置冷却,观察石粉颜色的变化。

5. 数据处理

报告石粉在受热后的颜色变化,判断石粉的变质情况。

6. 实验报告

按实验数据整理有关表格和实验报告。

7. 注意事项

①加热过程中要一边搅拌一边测温度,以免受热不均。

②有些石粉在受热后会发生变质,从而影响矿粉的质量。尤其是火成岩石粉,在拌和过程中会发生较严重的变质,可采用此方法进行检验。

思考题

1. 为什么要进行安定性实验?

2. 矿粉的加热安定性实验在实际工程中有何体现?

第5章 沥青实验

实验一 沥青针入度实验

1. 实验目的与适用范围

本方法适用于测定道路石油沥青、聚合物改性沥青以及液体石油沥青蒸馏或乳化沥青蒸发后残留物的针入度，以0.1 mm计。其标准实验条件为温度25 ℃，荷重100 g，贯入时间5 s。

针入度指数PI用以描述沥青的温度敏感性，宜在15 ℃、25 ℃、30 ℃ 3个或3个以上温度条件下测定针入度后按规定的方法计算得到，若30 ℃时的针入度值过大，可采用5 ℃代替。当量软化点T_{800}是相当于沥青针入度为800时的温度，用以评价沥青的高温稳定性。当量脆点$T_{1.2}$是相当于沥青针入度为1.2时的温度，用以评价沥青的低温抗裂性能。

2. 实验原理

①针入度是指具有一定质量的锥体(或针)自由落下与物体碰撞时插入物体的深度。当针质量一定，自由下落的高度一定时，针插入物体越深，物体强度越低。针入度实验可以测试岩心、混凝土等的强度以及润滑脂的稠度等。沥青针入度是沥青主要质量指标之一，是表示沥青软硬程度、稠度、抵抗剪切破坏的能力，反映在一定条件下沥青的相对黏度的指标。在25 ℃和5 s时间内，在100 g的荷重下，标准针垂直穿入沥青试样的深度为针入度，以1/10 mm为单位。

②针入度实验用以测试针入度沥青或氧化沥青的稠度。实验是将一根已知荷重为100 g的规定尺寸的针，在固定温度25 ℃及贯入时间为5 s的情况下，自由地垂直贯入试样。试针贯入的深度以0.1 mm为单位，即称为针入度。沥青越软试针贯入越深。针入度小于2和大于500时无法准确地测试，即使针入度在范围内也必须严格依照规定步骤才能获得可靠的结果。沥青分级列入标准针入度范围也就是以这个实验为基础的。当使用标准实验条件时，针入度可测量的范围从5到500，然而，在针入度过高或过低情况下，便开始失去准确性。

③目前，在世界范围内具有代表性的道路沥青的评价体系有3种，即针入度分级体系、黏度分级体系和PG分级体系。道路沥青的针入度分级体系是根据沥青针入度的大小确定沥青所适应的气候条件和载荷条件。针入度分级体系的主体是人们所熟悉的拉(延度)、扎(针入度)、落(软化点)，辅以沥青的安全性指标闪点、沥青的纯度指标溶解度、沥青的抗老化性能指标薄膜烘箱实验和对生产沥青所用原油的约束指标蜡含量等，构成了沥青的针入度分级体系。在针入度分级体系中，沥青的高温性能是通过沥青的软

化点表征的，在同样的针入度下，软化点越高，沥青的高温性能就越好。针入度用以划分沥青的标号，针入度越小，表示沥青的稠度越大；反之，则越小。

④沥青材料高温时软化流淌，低温时硬化脆化，因此可用软化点表示高温性能，用脆点表示低温性能。由于软化点可以近似地看作是沥青由可塑性状态转化成液态的温度，软化点高，表明沥青高温稳定性好。而脆点则是沥青由可塑性状态转化成脆性状态的温度，软化点与脆点之间的温度范围越大，则表明沥青的可塑性温度的范围越大，其温度稳定性也就越好。因此，有些学者采用软化点与脆点的温度差，即塑性温度范围来评价沥青的温度稳定性。研究表明，多数沥青软化点温度时的针入度为 800，因此可将针入度 800 看作软化点的标志温度。由于含蜡沥青在软化点时针入度并不一定等于 800，因此，有些学者提出用针入度等于 800 时沥青的温度作为相当于沥青的软化点，即所谓沥青的当量软化点，并用符号 T_{800} 表示（T_{800} 实际上是一种等针入度(800)温度，即大多数沥青在此针入度条件下发生软化，但对含蜡沥青 T_{800} 时不一定软化。软化点时的黏度一般为 1 200 Pa · s，因此也可称为等黏温度）。针入度为 1.2 时的温度相当于沥青的脆化温度（弗拉斯脆点温度），该温度称为沥青的当量脆化点，并用 $T_{1.2}$ 表示（也是一种等针入度温度）。

3. 原材料、试剂及仪器设备

①针入度仪：为提高测试精度，针入度实验宜采用能够自动计时的针入度仪进行测定，要求针和针连杆必须在无明显摩擦下垂直运动，针的贯入深度必须准确至 0.1 mm。针和针连杆组合件总质量为(50 ±0.05) g，另附(50 ±0.05) g 砝码一只，实验时总质量为(100 ±0.05) g。仪器应有放置平底玻璃保温皿的平台，并有调节水平的装置，针连杆应与平台相垂直。应有针连杆制动按钮，使针连杆可自由下落。针连杆应易于装拆，以便检查其质量：仪器还设有可自由转动与调节距离的悬臂，其端部有一面小镜或聚光灯泡，借以观察针尖与试样表面接触情况，且应对装置的准确性经常校验。当采用其他实验条件时，应在实验结果中注明。

②标准针：由硬化回火的不锈钢制成，洛氏硬度 HRC 为 54 ~ 60，表面粗糙度为 0.2 ~ 0.3 μm，针及针杆总质量为(2.5 ±0.05) g。针杆上应打印有号码标志。针应设有固定用装置盒(筒)，以免碰撞针尖。每根针必须附有计量部门的检验单，并定期进行检验，其尺寸及形状如图 5.1 所示。

③盛样皿：金属制，圆柱形平底。小盛样皿的内径 55 mm，深 35 mm（适用于针入度小于 200 的试样）；大盛样皿内径 70 mm，深 45 mm（适用于针入度为 200 ~ 350 的试样）；对针入度大于 350 的试样需使用特殊盛样皿，其深度不小于 60 mm，容积不小于 125 mL。

④恒温水槽：容量不小于 10 L，控温的准确度为 0.1 ℃。水槽中应设有一带孔的搁架，位于水面下不得少于 100 mm，距水槽底不得少于 50 mm 处。

⑤平底玻璃皿：容量不小于 1 L，深度不小于 80 mm。内设有一不锈钢三脚支架，能使盛样皿稳定。

⑥温度计或温度传感器：精度为 0.1 ℃。

⑦计时器：精度为 0.1 s。

⑧位移计或位移传感器：精度为 0.1 mm。

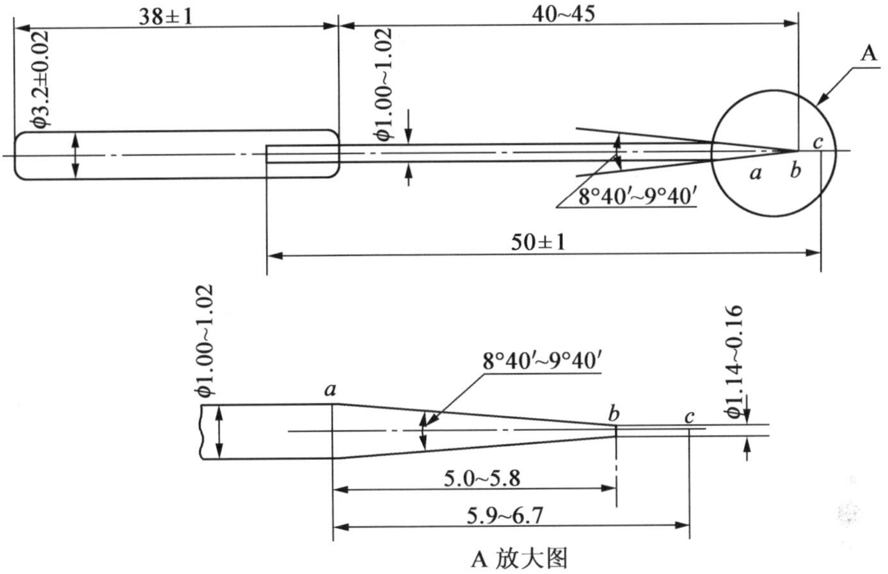

图 5.1 针入度标准针(尺寸单位:mm)

⑨盛样皿盖:平板玻璃,直径不小于盛样皿开口尺寸。

⑩溶剂:三氯乙烯等。

⑪其他:电炉或砂浴、石棉网、金属锅或瓷把坩埚等。

4. 实验步骤

(1)准备工作。

①按沥青试样准备的方法准备试样。

②按实验要求将恒温水槽调节到要求的实验温度 25 ℃或 15 ℃、30 ℃,保持稳定。

③将试样注入盛样皿中,试样高度应超过预计针入度值 10 mm,并盖上盛样皿,以防落入灰尘。盛有试样的盛样皿在 15 ~ 30 ℃室温中冷却不少于 1.5 h(小盛样皿),2 h(大盛样皿)或 3 h(特殊盛样皿)后,应移入保持规定实验温度 ±0.1 ℃的恒温水槽中,并应保温不少于 1.5 h(小盛样皿),2 h(大试样皿)或 2.5 h(特殊盛样皿)。

④调整针入度仪使之水平。检查针连杆和导轨,以确认无水和其他外来物,无明显摩擦。用三氯乙烯或其他溶剂清洗标准针,并擦干。将标准针插入针连杆,用螺钉固紧。按实验条件,加上附加砝码。

(2)具体实验操作。

①取出达到恒温的盛样皿,并移入水温控制在实验温度 ±0.1 ℃(可用恒温水槽中的水)的平底玻璃皿中的三脚支架上,试样表面以上的水层深度不小于 10 mm。

②将盛有试样的平底玻璃皿置于针入度仪的平台上。慢慢放下针连杆,用适当位置的反光镜或灯光反射观察,使针尖恰好与试样表面接触,将位移计或刻度盘指针复位为零。

③开始实验,按下释放键,这时计时与标准针落下贯入试样同时开始,至 5 s 时自动停止。

④读取位移计或刻度盘指针的读数，准确至 0.1 mm。

⑤同一试样平行实验至少 3 次，各测试点之间及与盛样皿边缘的距离不应小于 10 mm。每次实验后应将盛有盛样皿的平底玻璃皿放入恒温水槽，使平底玻璃皿中水温保持实验温度。每次实验应换一根干净标准针或将标准针取下用蘸有三氯乙烯溶剂的棉花或布擦净，再用干棉花或布擦干。

⑥测定针入度大于200 的沥青试样时，至少用3 支标准针，每次实验后将针留在试样中，直至 3 次平行实验完成后，才能将标准针取出。

⑦测定针入度指数 PI 时，按同样的方法在 15 ℃、25 ℃、30 ℃（或 5 ℃）3 个或 3 个以上（必要时增加 10 ℃、20 ℃等）温度条件下分别测定沥青的针入度，但用于仲裁实验的温度条件应为 5 个。

5. 数据处理

（1）计算。

根据测试结果可按以下方法计算针入度指数、当量软化点及当量脆点。

①公式计算法。

a. 将 3 个或 3 个以上不同温度条件下测试的针入度值取对数，令 $y=\lg P$，$x=T$，按式（5.1）的针入度对数与温度的直线关系，进行 $y=a+bx$ 一元一次方程的直线回归，求取针入度温度指数 $A_{\lg \mathrm{Pen}}$。

$$\lg P = K + A_{\lg \mathrm{Pen}} = K + A_{\lg \mathrm{Pen}} \times T \tag{5.1}$$

式中 $\lg P$——不同温度条件下测得的针入度值的对数；

T——实验温度，℃；

K——回归方程的常数项 a；

$A_{\lg \mathrm{Pen}}$——回归方程的系数 b。

按式（5.1）回归时必须进行相关性检验，直线回归相关系数 R 不得小于 0.997（置信度 95%），否则，实验无效。

b. 按式（5.2）确定沥青的针入度指数，并记为 PI。

$$\mathrm{PI} = \frac{20 - 500A_{\lg \mathrm{Pen}}}{1 + 50A_{\lg \mathrm{Pen}}} \tag{5.2}$$

c. 按式（5.3）确定沥青的当量软化点 T_{800}。

$$T_{800} = \frac{\lg 800 - K}{A_{\lg \mathrm{Pen}}} = \frac{2.903\ 1 - K}{A_{\lg \mathrm{Pen}}} \tag{5.3}$$

d. 按式（5.4）确定沥青的当量脆点 $T_{1.2}$。

$$T_{1.2} = \frac{\lg 1.2 - K}{A_{\lg \mathrm{Pen}}} = \frac{0.079\ 2 - K}{A_{\lg \mathrm{Pen}}} \tag{5.4}$$

e. 按式（5.5）计算沥青的塑性温度范围 ΔT。

$$\Delta T = T_{800} - T_{1.2} = \frac{2.823\ 9}{A_{\lg \mathrm{Pen}}} \tag{5.5}$$

②诺模图法。

将 3 个或 3 个以上不同温度条件下测试的针入度值绘于图 5.2 的针入度 - 温度关系

诺模图中，按最小二乘法法则绘制回归直线，将直线向两端延长，分别与针入度为800的水平线相交，交点温度即为当量软化点 T_{800} 和当量脆点 $T_{1.2}$。以图5.2中 O 点为原点，绘制回归直线的平行线，与 PI 线相交，读取交点处的PI值即为该沥青的针入度指数。此法不能检验针入度对数与温度直线回归的相关系数，仅供快速草算时使用。

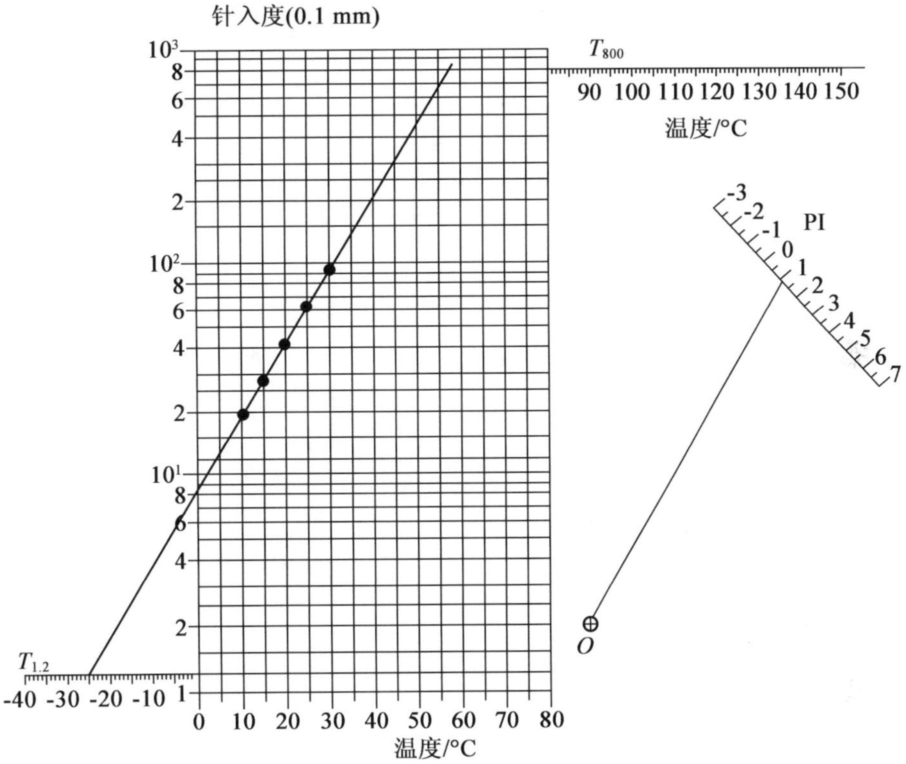

图5.2 确定道路沥青PI、T_{800}、$T_{1.2}$的针入度－温度关系诺模图

(2)报告。

①应注明标准温度(25 ℃)时的针入度以及其他实验温度 T 所对应的针入度，及由此求取针入度指数PI、当量软化点 T_{800}、当量脆点 $T_{1.2}$ 的方法和结果。当采用公式计算法时，应注明按式(5.1)回归的直线相关系数 R。

②同一试样3次平行实验结果的最大值和最小值之差在允许误差范围内(表5.1)时，计算3次实验结果的平均值，取整数作为针入度实验结果，以0.1 mm计。

表5.1 允许误差范围

针入度(0.1mm)	0~49	50~149	150~249	250~500
允许误差(0.1mm)	2	4	12	20

当实验值不符合此要求时，应重新进行实验。

(3)允许误差。

①当实验结果小于50(0.1 mm)时，重复性实验的允许误差为2(0.1 mm)，再现性实

验的允许误差为4(0.1 mm)。

②当实验结果大于或等于50(0.1 mm)时,重复性实验的允许误差为平均值的4%,再现性实验的允许误差为平均值的8%。

6. 实验报告

按实验数据整理有关表格和实验报告。

7. 注意事项

①实验前针入度仪进行校验,合格后再使用。

②实验过程中要严格控制实验温度,要确保针尖与试样表面刚好接触。

③重复实验和平行实验要满足规定要求。

思考题

1. 针入度概念是什么,影响沥青针入度的因素有哪些?

2. 沥青针入度、针入度指数、当量软化点、当量脆点各反映了沥青什么特性?在工程中怎样根据需要选择沥青的针入度?

实验二 沥青延度实验

1. 实验目的与适用范围

本方法适用于测定道路石油沥青、聚合物改性沥青、液体石油沥青蒸馏残留物和乳化沥青蒸发残留物等材料的延度。

沥青延度的实验温度与拉伸速率可根据要求采用,通常采用的实验温度为 25 ℃、15 ℃、10 ℃、5 ℃,拉伸速度为(5 ±0.25) cm/min。当低温采用(1 ±0.5) cm/min 拉伸速度时,应在报告中注明。

2. 实验原理

延性是沥青在外力作用下发生拉伸变形而不破坏的能力,用延度表示。依照我国现行《公路工程沥青及沥青混合料试验规程》(JTG E20—2011)的规定,沥青的延度是将沥青试样制成 8 字形标准试件,采用延度仪在规定拉伸速度和规定温度下拉断时的长度,以 cm 为单位。延度的表示符号为 $D_{(T,v)}$,其中,T 为实验温度,v 为拉伸速度。

沥青延性是由于沥青呈环和链状化学结构和胶体结构,分子间位置可以进行较大调整,试件能做较大的拉伸而不断裂。延性主要影响因素为:内因,化学组分(比例适中)、化学结构(多环结构、溶-凝胶结构)、含蜡量的高低;外因,实验温度、拉伸速度。延度的大小直接影响低温变形能力,延度越大,低温变形能力越强。

塑性是指石油沥青在外力作用下,产生变形而不破坏,除去外力后,仍保持变形后形状的性质。沥青的塑性与其组分含量、环境温度等因素有关:沥青质的含量增加,黏性增大,塑性降低;胶质含量较多,沥青胶团膜层增厚,则塑性提高;沥青塑性随温度的升高而增大。在常温下,塑性较好的沥青在产生裂缝时,也可能由于特有的黏塑性而自行愈合,故塑性还反映了沥青开裂后的自愈能力。沥青的塑性对冲击振动荷载有一定吸收能力,并能减少摩擦时的噪声,故沥青除用于制造防水材料外也是一种优良的路面材料。

延度反映沥青的柔韧性,延度越大,沥青的柔韧性越好。如在低温下延度越大,则沥青的抗裂性越好。沥青延度与其黏度、组分有密切关系。一般来说,延度大的沥青含蜡量低,黏结性和耐久性都好;反之,含蜡量大,延度小,黏结性和耐久性也差。因此,延度是表征沥青性质的重要指标。

沥青的延度越大,其塑性越好。沥青的延度决定于沥青的胶体结构和流变性质。沥青中含蜡量增加,会使其延度降低。沥青的复合流动系数 c 值越小,沥青的延度越小。

一般采用软化点与脆点的温度差,即塑性温度范围来评价沥青的温度稳定性。

3. 原材料、试剂及仪器设备

①延度仪:延度仪的测量长度不宜大于 150 cm,仪器应有自动控温、控速系统。应满足试件浸没于水中,能保持规定的实验温度及规定的拉伸速度拉伸试件,且实验时应无明显振动。延度仪的形状及组成如图 5.3 所示。

②试模:黄铜制,由两个端模和两个侧模组成,试模内侧表面粗糙度为 0.2 μm。延度仪试模的形状及尺寸如图 5.4 所示。

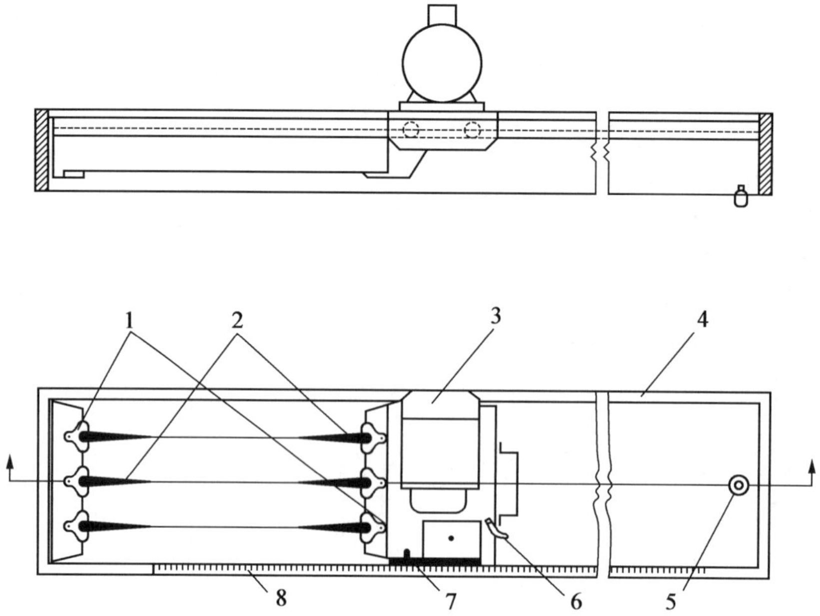

图 5.3 延度仪

1—试模;2—试样;3—电机;4—水槽;5—泄水孔;6—开关柄;7—指针;8—标尺

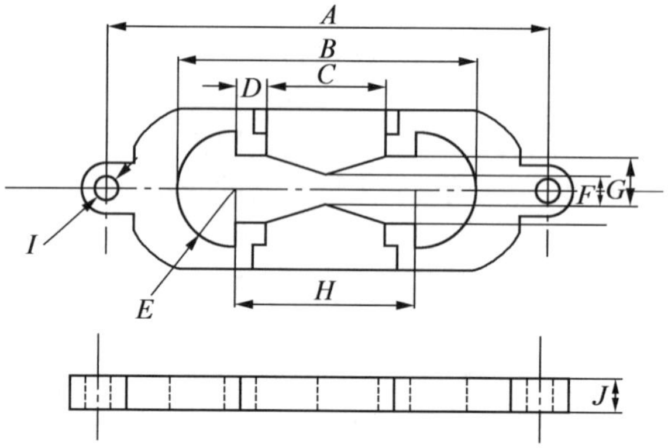

图 5.4 延度仪试模

A—两端模环中心点距离 111.5 ~ 113.5 mm;*B*—试件总长 74.5 ~ 75.5 mm;*C*—端模间距 29.7 ~ 30.3 mm;
D—肩长 6.8 ~ 7.2 mm;*E*—半径 15.75 ~ 16.25 mm;*F*—最小横断面宽 9.9 ~ 10.1 mm;
G—端模口宽 19.8 ~ 20.2 mm;*H*—两半圆心间距离 42.9 ~ 43.1 mm;
I—端模孔直径 6.5 ~ 6.7 mm;*J*—厚度 9.9 ~ 10.1 mm

③试模底板:玻璃板或磨光的铜板、不锈钢板(表面粗糙度为 0.2 μm)。

④恒温水槽:容量不少于 10 L,控制温度的准确度为 0.1 ℃。水槽中应设有带孔搁架,搁架距水槽底不得少于 50 mm。试件浸入水中深度不小于 100 mm。

⑤温度计:量程 0 ~ 50 ℃,分度值 0.1 ℃。

⑥砂浴或其他加热炉具。

⑦甘油滑石粉隔离剂(甘油与滑石粉的质量比2:1)。

⑧其他:平刮刀、石棉网、乙醇、食盐等。

4. 实验步骤

(1)准备工作。

①将隔离剂拌和均匀,涂于清洁干燥的试模底板和两个侧模的内侧表面,并将试模在试模底板上装妥。

②按沥青试样准备方法规定的方法准备试样,然后将试样仔细自试模的一端至另一端往返数次缓缓注入模中,最后略高出试模,灌模时不得使气泡混入。

③试件在室温中冷却不少于1.5 h,然后用热刮刀刮除高出试模的沥青,使沥青面与试模面齐平。沥青的刮法应自试模的中间刮向两端,且表面应刮得平滑。将试模连同底板一起放入规定实验温度的水槽中保温1.5 h。

④检查延度仪延伸速度是否符合规定要求,然后移动滑板使其指针正对标尺的零点。将延度仪注水,并保温达到实验温度±0.1 ℃。

(2)具体实验操作。

①将保温后的试件连同底板移入延度仪的水槽中,然后将盛有试样的试模自玻璃板或不锈钢板上取下,将试模两端的孔分别套在滑板及槽端固定板的金属柱上,并取下侧模。水面距试件表面应不小于25 mm。

②启动延度仪,并注意观察试样的延伸情况。此时应注意,在实验过程中,水温应始终保持在实验温度规定范围内,且仪器不得有振动,水面不得有晃动,当水槽采用循环水时,应暂时中断循环,停止水流。在实验中,当发现沥青细丝浮于水面或沉入槽底时,应在水中加入乙醇或食盐,调整水的密度至与试样相近后,重新实验。

③试件拉断时,读取指针所指标尺上的读数,以cm计。在正常情况下,试件延伸时应成锥尖状,拉断时实际断面接近于零。如果不能得到这种结果,则应在报告中注明。

5. 数据处理

同一样品,每次平行实验不少于3个,如果3个测定结果均大于100 cm,实验结果记作“≥100 cm”;特殊需要也可分别记录实测值。

3个测定结果中,当有1个以上的测定值小于100 cm时,若最大值或最小值与平均值之差满足重复性实验要求,则取3个测定结果均值的整数作为延度实验结果,若平均值大于100 cm,记作“ >100 cm”;若最大值或与平均值之差不符合重复性实验要求时,实验应重新进行。

当实验结果小于100 cm时,重复性实验的允许误差为平均值的20%,再现性实验的允许误差为平均值的30%。

6. 实验报告

按实验数据整理有关表格和实验报告。

7. 注意事项

①在浇筑试件前,要在底模和侧模内侧涂隔离剂。

②要严格控制实验温度及拉伸速度。

思考题

1. 沥青延度反映沥青什么特性,怎样评定沥青延度?
2. 延度实验时,为什么要避免振动?水面为什么不能出现扰动?

实验三　沥青软化点实验

1. 实验目的与适用范围

本方法适用于测定道路石油沥青、聚合物改性沥青的软化点，也适用于测定液体石油沥青、煤沥青蒸馏残留物或乳化沥青蒸发残留物的软化点。

2. 实验原理

沥青软化点实验有环球法及克沙氏法，除德国 DIN 外，国际上一般采用环球法测定。国外标准中，环球法有水槽法和油浴法两种。对道路石油沥青来说，软化点不可能高于 80 ℃，除 AASHTO 外，国际上均使用水槽法，但对一些聚合物改性沥青、建筑石油沥青等，软化点可能高于 80 ℃，则应按 ASTM D36 规定使用甘油浴实验。

沥青是非晶体物质，无确定的熔点，从固态转变为液态有很宽的温度间隔，故选取该温度间隔中的一个条件温度作为软化点。简单说软化点就是沥青试件受热软化而下垂时的温度。实验有一定的设备和程序，不同沥青有不同的软化点。工程用沥青软化点不能太低或太高，否则夏季融化，冬季脆裂且不易施工。

软化点（$T_{R\&B}$）法：沥青材料是一种非晶质高分子材料，它由液态凝结为固态，或由固态熔化为液态时，没有明确的固化点或液化点，通常采用条件的硬化点和滴落点（滴点）来表示。沥青材料在硬化点至滴落点之间的温度阶段时，是一种黏滞流动状态，在工程实用中为保证沥青不致由于温度升高而产生流动的状态，取滴落点与硬化点之间温度间隔的 87.21% 作为软化点。

软化点的数值随采用仪器的不同而异，我国《公路工程沥青及沥青混合料试验规程》（JTG E20—2011）采用环球法测定软化点。该法是把沥青试样注于内径为 18.9 mm 的铜环中，环上置一质量为 3.5 g 的钢球，在规定的加热速度下加热，沥青试样逐渐软化，直至在钢球荷重作用下，使沥青产生 25.4 mm 的下沉距离（即接触底板），此时的温度称为软化点，用 $T_{R\&B}$ 表示。可以看出，针入度是在规定温度下测定沥青的条件黏度，而软化点则是沥青达到规定条件黏度时的温度。所以软化点既是反映沥青材料热稳定性（热稳性）的一个指标，也是沥青条件黏度的一种量度。

影响沥青软化点实验结果主要因素：灌模的质量、实验前温度控制及实验时试样的升温速度以及含蜡量都对软化点产生影响。含蜡量高的沥青与含蜡量低的同标号沥青，软化点升高，延度降低，针入度提高，沥青混合料抗水损害能力差，与集料黏附性变差，容易剥落，高温易产生车辙。

费弗（Pfeiffer）和范 · 杜马尔（Van Doormaal）以针入度方法测得沥青在软化点温度时的稠度。他们使用特制超长的针入度针测试，发现在软化点温度时许多沥青的针入度值为 800。还发现针入度的准确值与针入度指数和蜡含量有关。直接测试还证明多数沥青的黏度在软化点温度时大约为 1 200 Pa · s。

软化点实质上反映沥青的黏度，与沥青的标号有关，是一种“条件黏度”，即是在等黏度条件下以温度表示的一种黏度。研究认为，不同沥青在软化点时的黏度是相同的，约为 1 200 Pa · s，或相当于针入度值为 800（1/10 mm）。即软化点又可称为一种“等黏温度”（也可称为等针入度温度）。由此可见，针入度是在规定温度下测定沥青的条件黏度，而软化点则是沥青达到规定条件黏度时的温度。所以软化点既是反映沥青温度敏感性的一个指标,也是表征沥青黏性的一种量度。一般认为,软化点高,则其等黏温度也高,温度稳定性好,或者说热稳定性好。

沥青材料高温时软化流淌,低温时硬化脆化,因此用软化点表示高温性能,用脆点表示低温性能。由于软化点可以近似地看作是沥青由可塑性状态转化成液态的温度,软化点高,表明沥青高温稳定性好;而脆点则是沥青由可塑性状态转化成脆性状态的温度,软化点与脆点之间的温度范围越大,则表明沥青的可塑性温度的范围越大,其温度稳定性也就越好。因此,有些学者采用软化点与脆点的温度差,即塑性温度范围来评价沥青的温度稳定性。

3. 原材料、试剂及仪器设备

(1)软化点实验仪。

如图 5.5 所示,软化点实验仪由下列部件组成:

①钢球:直径 9.53 mm,质量(3.5 ±0.05) g。

②试样环:黄铜或不锈钢等制成,其形状和尺寸如图 5.6 所示。

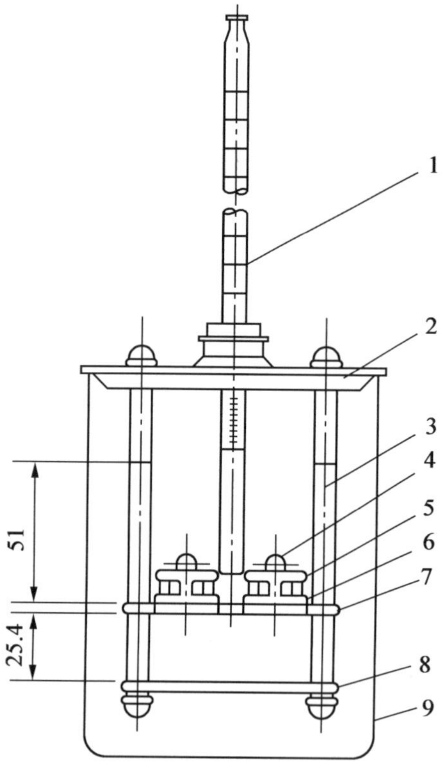

图 5.5　软化点实验仪

1—温度计;2—上盖板;3—立杆;4—钢球;5—钢球定位环;6—金属环;7—中层板;8—下底板;9—烧杯

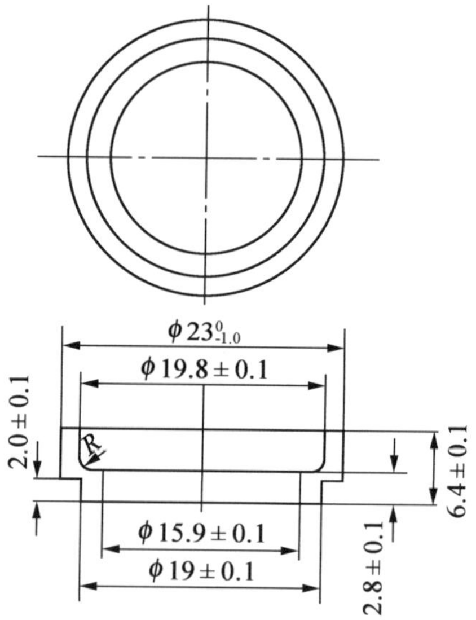

图 5.6　试样环(尺寸单位:mm)

③钢球定位环:黄铜或不锈钢制成,其形状和尺寸如图 5.7 所示。

④金属支架:由两个主杆和 3 层平行的金属板组成。上层为一圆盘,直径略大于烧

杯直径,中间有一圆孔,用以插放温度计。中层板形状和尺寸如图 5.8 所示。板上有两个孔,各放置金属环,中间小孔可支持温度计的测温端部。一侧立杆距环上面 51 mm 处刻有水高标记。环下层底板为 25.4 mm,而下底板距烧杯底不小于 12.7 mm,也不得大于 19 mm。3 层平行金属板和两个主杆由两螺母固定在一起。

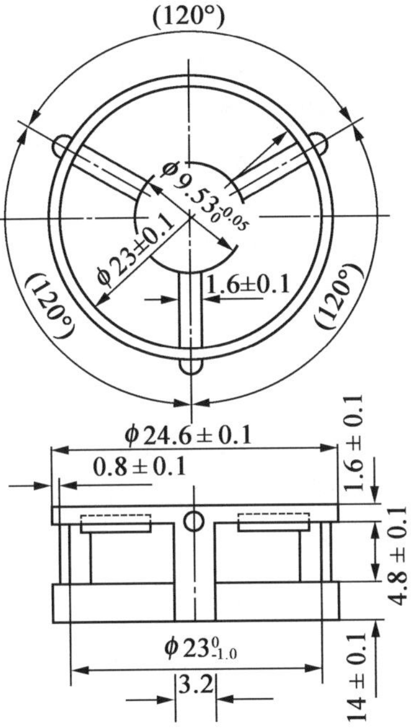

图 5.7 钢球定位环(尺寸单位:mm)

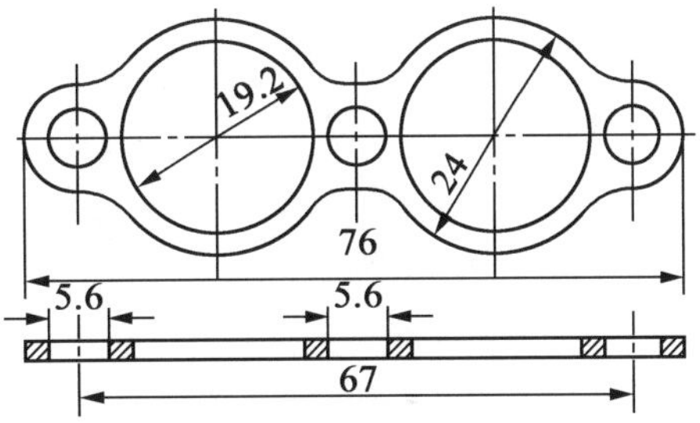

图 5.8 中层板(尺寸单位:mm)

⑤耐热玻璃烧杯:容量 800 ~ 1 000 mL,直径不小于 86 mm,高不小于 120 mm。

⑥温度计:量程 0 ~ 100 ℃,分度值 0.5 ℃。

(2)加热器:装有温度调节器的电炉或其他加热炉具(液化石油气、天然气等),应采用带有振荡搅拌器的加热电炉,振荡子置于烧杯底部。

(3)自动软化点仪:当采用自动软化点仪时,各项要求应与上述(1)及(2)两项相同,温度采用温度传感器测,并能自动显示或记录,且应对自动装置的准确性经常校验。

(4)试样底板:金属板(表面粗糙度应为 0.8 μm)或玻璃板。

(5)恒温水槽:控制温度的准确度为 ±0.5 ℃。

(6)平直刮刀

(7)甘油、滑石粉隔离剂(甘油与滑石粉的质量比为 2:1)

(8)蒸馏水或纯净水

(9)其他:石棉网。

4. 实验步骤

(1)准备工作。

①将试样环置于涂有甘油滑石粉隔离剂的试样底板上。按沥青试样准备的规定方

法将准备好的沥青试样徐徐注入试样环内至略高出环面为止。如果估计试样软化点高于 120 ℃,则试样环和试样底板(不用玻璃板)均应预热至 80 ~ 100 ℃。

②试样在室温冷却 30 min 后,用热刮刀刮除环面上的试样,应使其与环面齐平。

(2)具体实验操作。

①试样软化点在 80 ℃以下时:

a. 将装有试样的试样环连同试样底板置于装有温度为(5 ±0.5) ℃水的恒温水槽中至少15 min;同时将金属支架、钢球、钢球定位环等也置于相同水槽中。

b. 烧杯内注入新煮沸并冷却至 5 ℃的蒸馏水或纯净水,水面略低于立杆上的深度标记。

c. 从恒温水槽中取出盛有试样的试样环放置在支架中层板的圆孔中,套上定位环,然后将整个环架放入烧杯中,调整水面至深度标记,并保持水温为(5 ±0.5) ℃。环架上任何部分不得附有气泡。将 0 ~ 100 ℃的温度计由上层板中心孔垂直插入,使端部测温头底部与试样环下面齐平。

d. 将盛有水和环架的烧杯移至放有石棉网的加热炉具上,然后将钢球放在定位环中间的试样中央,立即开动电磁振荡搅拌器,使水微微振荡,并开始加热,使杯中水温在 3 min内调节至维持每分钟上升(5 ±0.5) ℃。在加热过程中,应记录每分钟上升的温度值,如温度上升速度超出此范围,则实验应重做。

e. 试样受热软化逐渐下坠,至与下层底板表面接触时,立即读取温度,准确至 0.5 ℃。

②试样软化点在 80 ℃以上时:

a. 将装有试样的试样环连同试样底板置于装有温度为(32 ±1) ℃甘油的恒温槽中至少15 min,同时将金属支架、钢球、钢球定位环等也置于甘油中。

b. 在烧杯内注入预先加热至 32 ℃的甘油,其液面略低于立杆上的深度标记。

c. 从恒温槽中取出装有试样的试样环,按上述实验步骤①的方法进行测定,准确至 1 ℃。

5. 数据处理

同一试样平行实验两次,当两次测定值的差值符合重复性实验允许误差要求时,取其平均值作为软化点实验结果,准确至 0.5 ℃。

当试样软化点小于 80 ℃时,重复性实验的允许误差为 1 ℃,再现性实验的允许误差为 4 ℃。

当试样软化点大于或等于 80 ℃时,重复性实验的允许误差为 2 ℃,再现性实验的允许误差为 8 ℃。

6. 实验报告

按实验数据整理有关表格和实验报告。

7. 注意事项

①实验前要对钢球的质量和直径进行校验,合格方可使用。

②要严格控制实验初始加热温度及加温速度。

思考题

1. 沥青软化点反映沥青什么特性？怎样评定沥青软化点？
2. 沥青软化点加热介质如何选择？

实验四　沥青密度及相对密度实验

1. 实验目的与适用范围

本方法适用于使用比重瓶测定沥青材料的密度与相对密度。无特殊要求，本方法宜在实验温度 25 ℃及 15 ℃下测定沥青密度与相对密度。

注：对液体石油沥青，也可以采用适宜的液体比重计测定密度或相对密度。

2. 实验原理

本实验可测液体沥青、黏稠沥青、固体沥青的密度和相对密度。沥青密度用于储油容器中沥青体积与质量的换算，相对密度用于沥青混合料理论密度的计算，供配合比设计及空隙率计算使用。

实验前首先测定比重瓶的水值。比重瓶水值定义为一定温度下，比重瓶内所能容纳的同温度蒸馏水的质量。

测试液体沥青密度和相对密度时，在测定水值的相同温度下，将沥青试样注入干燥洁净的比重瓶中，排出空气，按规定步骤测定装满比重瓶的液体沥青质量，与比重瓶水值比较并运算，即可得液体沥青的密度和相对密度。

对于黏稠沥青，黏度较大，空气不易排出，须使其黏度变小以利空气排出。首先将试样加热到软化点以上不高于估计软化点 100 ℃（常温时黏稠沥青本身在其软化点之上，较易达到要求的加热温度而不使试样性能产生影响）。将试样注入比重瓶中注满，然后冷却比重瓶中的试样并称量，此时比重瓶内的试样收缩，体积变小，再在实验温度下在比重瓶内补足蒸馏水至满，称量比重瓶内黏稠沥青和蒸馏水的合计质量，与比重瓶水值比较并运算，即可得黏稠沥青的密度和相对密度。

对于固体沥青，常温时固体沥青本身在其软化点之下，若仍然采取黏稠沥青的措施，将使加热温度过高，可能对固体沥青试样性能产生不利影响。首先将固体沥青粉碎过筛、称量、装入比重瓶内，按操作规程将蒸馏水装入比重瓶没过试样 10 mm，滴加表面活性剂并摇动，在恒温、真空负压条件下排出气泡。检验气泡排出程度，未排净时增加表面活性剂用量，重复操作排气过程直至气体完全排出并最终用蒸馏水补足至满。称量比重瓶内固体沥青和蒸馏水质量，与比重瓶水值比较并运算，即可得固体沥青的密度和相对密度。

3. 原材料、试剂及仪器设备

①比重瓶：玻璃制，瓶塞下部与瓶口须经仔细研磨。瓶塞中间有一个垂直孔，其下部为凹形，以便由孔中排除空气。比重瓶的容积为 20 ~ 30 mL，质量不超过 40 g，其形状和尺寸如图 5.9 所示。

②恒温水槽：控制温度的准确度为 0.1 ℃。

③烘箱：200 ℃，装有温度自动调节器。

④天平：感量不大于 1 mg。

⑤漏筛：0.6 mm、2.36 mm 各 1 个。

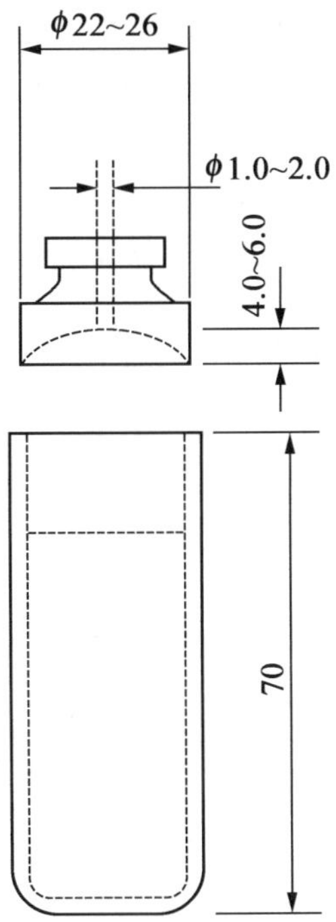

图 5.9 比重瓶(尺寸单位:mm)

⑥温度计:量程 0 ~ 50 ℃,分度值 0.1 ℃。

⑦烧杯:600 ~ 800 mL。

⑧真空干燥箱。

⑨洗液:玻璃仪器清洗液、三氯乙烯(分析纯)等。

⑩蒸馏水(或纯净水)。

⑪表面活性剂:洗衣粉(或洗涤灵)。

⑫其他:软布、滤纸等。

4. 实验步骤

(1)准备工作。

①用洗液、水、蒸馏水先后仔细洗涤比重瓶,然后烘干称其质量(m_1),准确至 1 mg。

②将盛有冷却蒸馏水的烧杯浸入恒温水槽中保温,在烧杯中插入温度计,水的深度必须超过比重瓶顶部 40 mm 以上。

③使恒温水槽及烧杯中的蒸馏水达到规定的实验温度 ±0.1 ℃。

(2)比重瓶水值的测定步骤。

①将比重瓶及瓶塞放入恒温水槽中的烧杯里,烧杯底浸没水中的深度应不少 100 mm,烧杯口露出水面,并用夹具将其固牢。

②待烧杯中水温再次达到规定温度并保温 30 min 后,将瓶塞塞入瓶口,使多余的水由瓶塞上的毛细孔中挤出,此时比重瓶内不得有气泡。

③将烧杯从水槽中取出，再从烧杯中取出比重瓶，立即用干净软布将瓶塞顶部擦拭一次，再迅速擦干比重瓶外面的水分，称其质量（m_2），准确至 1 mg。瓶塞顶部只能擦拭一次，即使由于膨胀瓶塞上有小水滴也不能再擦拭。

④以（m_2-m_1）作为实验温度时比重瓶的水值。

注：比重瓶的水值应经常校正，一般每年至少进行一次。

（3）液体沥青试样的实验步骤。

①将试样过筛（0.6 mm）后注入干燥比重瓶中至满，不得混入气泡。

②将盛有试样的比重瓶及瓶塞移入恒温水槽（测定温度 ±0.1 ℃）内盛有水的烧杯中，水面应在瓶口下约 40 mm，不得使水浸入瓶内。

③待烧杯内的水温达到要求的温度后保温 30 min，然后将瓶塞塞上，使多余的试样由瓶塞的毛细孔中挤出。用蘸有三氯乙烯的棉花擦净孔口挤出的试样，并保持孔中充满试样。

④从水中取出比重瓶，立即用干净软布擦去瓶外的水分或黏附的试样（不得再擦孔口）后，称其质量（m_3），准确至 3 位小数。

（4）黏稠沥青试样的实验步骤。

①按沥青试样准备的方法准备沥青试样，沥青的加热温度宜不高于估计软化点以上 100 ℃（石油沥青或聚合物改性沥青），将沥青小心注入比重瓶内，约至 2/3 高度。不得使试样黏附瓶口或上方瓶壁，并防止混入气泡。

②取出盛有试样的比重瓶，移入干燥器中，在室温下冷却不少于 1 h，连同瓶塞称其质量（m_4），准确至 3 位小数。

③将盛有蒸馏水的烧杯放入已达实验温度的恒温水槽中，然后将称量后盛有试样的比重瓶放入烧杯中（瓶塞也放进烧杯中），等烧杯中的水温达到规定实验温度后保温 30 min，使比重瓶中气泡上升到水面，待确认比重瓶已经恒温且无气泡后，再将比重瓶的瓶塞塞紧，使多余的水从塞孔中溢出，此时应不得带入气泡。

④取出比重瓶，按前述方法迅速揩干瓶外水分后称其质量（m_5），准确至 3 位小数。

（5）固体沥青试样的实验步骤。

①实验前，如试样表面潮湿，可在干燥、洁净的环境下自然吹干，或置 50 ℃烘箱中烘干。

②将 50～100 g 试样打碎，过 0.6 mm 及 2.36 mm 筛，取 0.6～2.36 mm 的粉碎试样不少于 5 g 放入清洁、干燥的比重瓶中，塞紧瓶塞后称其质量 m_6，准确至 3 位小数。

③取下瓶塞，将恒温水槽内烧杯中的蒸馏水注入比重瓶，水面高于试样约 10 mm，同时加入几滴表面活性剂溶液（如 1% 洗衣粉、洗涤灵），并摇动比重瓶使大部分试样沉入水底，必须使试样颗粒表面所吸附的气泡逸出。摇动时勿使试样摇出瓶外。

④取下瓶塞，将盛有试样和蒸馏水的比重瓶置真空干燥箱（器）中抽真空，逐渐达到真空度 98 kPa，不少于 15 min。当比重瓶试样表面仍有气泡时，可再加几滴表面活性剂溶液，摇动后再抽真空。必要时，可反复几次操作，直至无气泡为止。

注：抽真空不宜过快，以防止样品被带出比重瓶。

⑤将保温烧杯中的蒸馏水再注入比重瓶中至满，轻轻塞好瓶塞，再将带塞的比重瓶

放入盛有蒸馏水的烧杯中，并塞紧瓶塞。

⑥将装有比重瓶的盛水烧杯再置恒温水槽（实验温度 ±0.1 ℃）中保持至少 30 min 后，取出比重瓶，迅速擦干瓶外水分后称其质量（m_7），准确至 3 位小数。

5. 数据处理

①实验温度下液体沥青试样的密度和相对密度按式（5.6）及式（5.7）计算。

$$\rho_b = \frac{m_3 - m_1}{m_2 - m_1} \times \rho_w \tag{5.6}$$

$$\gamma_b = \frac{m_3 - m_1}{m_2 - m_1} \tag{5.7}$$

式中　ρ_b——试样在实验温度下的密度，g/cm^3；

γ_b——试样在实验温度下的相对密度；

m_1——比重瓶质量，g；

m_2——比重瓶与所盛满水的总质量，g；

m_3——比重瓶与所盛满试样的总质量，g；

ρ_w——实验温度下水的密度，g/cm^3，15 ℃水的密度为 0.999 1 g/cm^3，25 ℃水的密度为 0.997 1 g/cm^3。

②实验温度下黏稠沥青试样的密度和相对密度按式（5.8）及式（5.9）计算。

$$\rho_b = \frac{m_4 - m_1}{(m_2 - m_1) - (m_5 - m_4)} \times \rho_w \tag{5.8}$$

$$\gamma_b = \frac{m_4 - m_1}{(m_2 - m_1) - (m_5 - m_4)} \tag{5.9}$$

式中　m_4——比重瓶与沥青试样的总质量，g；

m_5——比重瓶与试样和水的总质量，g。

③实验温度下固体沥青试样的密度和相对密度按式（5.10）及式（5.11）计算。

$$\rho_b = \frac{m_6 - m_1}{(m_2 - m_1) - (m_7 - m_6)} \times \rho_w \tag{5.10}$$

$$\gamma_b = \frac{m_6 - m_1}{(m_2 - m_1) - (m_7 - m_6)} \tag{5.11}$$

式中　m_6——比重瓶与沥青试样的总质量，g；

m_7——比重瓶与试样和水的总质量，g。

④允许误差。

a. 对黏稠石油沥青及液体沥青的密度，重复性实验的允许误差为 0.003 g/cm^3，再现性实验的允许误差为 0.007 g/cm^3。

b. 对固体沥青，重复性实验的允许误差为 0.01 g/cm^3，再现性实验的允许误差为 0.02 g/cm^3。

c. 相对密度的允许误差要求与密度相同（无单位）。

6. 实验报告

按实验数据整理有关表格和实验报告。

同一试样应平行实验两次，当两次实验结果的差值符合重复性实验的允许误差要求时，以平均值作为沥青的密度实验结果，并准确至 3 位小数，实验报告应注明实验温度。

7. 注意事项

①测定沥青密度时，瓶塞顶部擦拭时只能擦拭一次。

②要严格控制实验温度和称量精度。

思考题

1. 液体沥青、黏稠沥青和固体沥青在测定密度时有什么不同？
2. 在实际工程中，测定沥青密度有哪些用途？

实验五 沥青蜡含量实验(蒸馏法)

1. 实验目的与适用范围

本方法适用于采用裂解蒸馏法测定道路石油沥青中的蜡含量。

2. 实验原理

沥青的含蜡量是沥青技术要求中比较重要的技术指标,实验误差也比较大,这与人的操作熟练程度等因素有关。石油沥青中的蜡含量测定是个比较复杂的问题,它是以蒸馏法蒸出油分后,使蜡在规定的容积及低温下结晶,蜡含量以质量百分率表示。目前关于沥青中蜡含量测定的方法很多,欧洲就有很多种。

蜡的结晶温度较低,夏季高温黏度变化率又大,沥青中蜡的存在使沥青的高温性能和低温性能变坏,夏季易使路面软化流淌、出现车辙,冬季易使路面开裂。尤其是我国的石油沥青多为蜡基,蜡含量有时高达10% ~15% ,因此必须十分重视蜡含量的测定。

蜡在低温下会结晶,但由于沥青呈黑色,蜡结晶既不会被观测到也难以分离。要测定蜡含量必须使其与其他组分分离,影响沥青呈黑色的主要组分是焦质,而焦质的沸点又很高,因此可以采用高温蒸馏的办法将焦质分离出来。首先在(550 ±10) ℃条件下对沥青试样蒸馏,至残渣完全为焦炭为止。准确称量蒸馏液体,将其完全转移到蜡冷却过滤装置中的试样冷却筒内(清洗液一并注入试样冷却筒)。利用自动制冷装置在(-20 ±0.5) ℃温度条件下使蜡组分结晶。将蜡结晶中的清洗液和溶剂组分蒸发除尽。将蜡结晶放入真空干燥箱((105 ±5) ℃、残压21 ~35 kPa)中干燥,然后冷却。称量所得纯净蜡晶体。最后计算蜡含量。

3. 原材料、试剂及仪器设备

①蒸馏烧瓶:形状和尺寸如图5.10 所示,采用耐热玻璃制成。

②自动制冷装置:冷浴槽可容纳3 套蜡冷却过滤装置,冷却温度能达到 -30 ℃,并且温度能控制在(-30 ±0.1) ℃。冷却液介质可采用工业乙醇或乙二醇的水溶液等。

③蜡冷却过滤装置:由砂芯过滤漏斗、吸滤瓶、试样冷却筒、柱杆塞等组成,其形状和尺寸如图5.11 所示,砂芯过滤漏斗(P16)的孔径系数为10 ~16 μm。

④蜡过滤瓶:类似锥形瓶,有一个分支,能够进行真空抽吸的玻璃瓶(图5.12)。

⑤立式可调高温炉:恒温(550 ±10) ℃。

⑥分析天平:感量不大于0.1 mg、1 mg、0.1 g 各1 台。

⑦温度计:量程 -30 ~ +60 ℃,分度值0.5 ℃。

⑧锥形烧瓶:150 mL 或250 mL 数个。

⑨玻璃漏斗:直径40 mm。

⑩真空泵。

⑪无水乙醚、无水乙醇:分析纯。

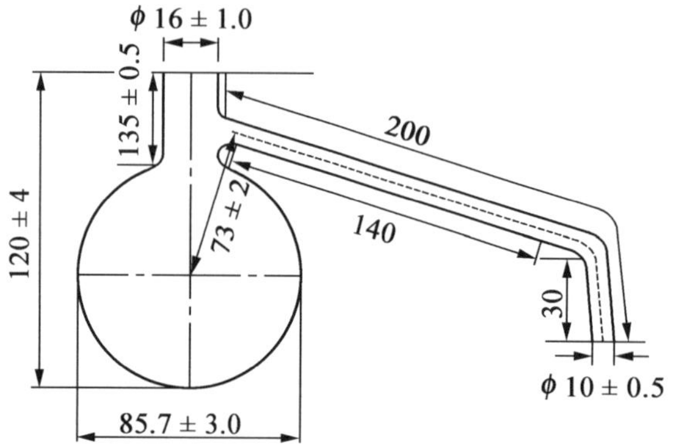

图 5.10　蒸馏烧瓶(尺寸单位:mm)

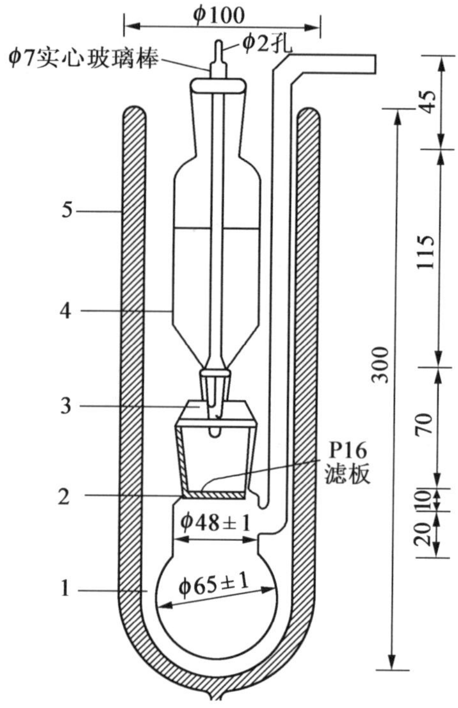

图 5.11　冷却过滤装置(尺寸单位:mm)

图 5.12　蜡过滤瓶

⑫石油醚(60 ~90 ℃):分析纯。

⑬工业乙醇。

⑭干燥器。

⑮烘箱:控制温度在(100 ±5) ℃。

⑯其他:电热套、量筒、烧杯、冷凝管、蒸馏水、燃气灯等。

4. 实验步骤

(1)准备工作。

①将蒸馏烧瓶洗净、烘干后称其质量,准确至 0.1 g,然后置干燥箱中备用。

②将 150 mL 或 250 mL 锥形瓶洗净、烘干、编号后称其质量,准确至 0.1 mg,然后置

干燥器中备用。

③将冷却装置各部分洗净、干燥,其中砂芯过滤漏斗用洗液浸泡后用蒸馏水冲洗干净,然后烘干备用。

④按沥青试样准备的方法准备沥青试样。

⑤将高温炉预加热并控制炉内恒温(550 ±10) ℃。

⑥在烧杯内备好碎冰水。

(2)具体实验操作。

①向蒸馏烧瓶中装入沥青试样(50 ±1) g,准确至0.1 g,用软木塞盖严蒸馏瓶。用已知质量的锥形瓶作接收器,浸在装有碎冰的烧杯中。

②将盛有试样的蒸馏瓶置于已恒温(550 ±10) ℃的高温电炉中,蒸馏瓶支管与置于冰水中的锥形瓶连接,随后蒸馏瓶底将渐渐烧红。

如用燃气灯时,应调节火焰高度将蒸馏瓶周围包住。

③调节加热强度(即调节蒸馏瓶至高温炉间距离或燃气灯火焰大小),从加热开始起5 ~8 min内开始初馏(支管端口流出第一滴馏分),然后以每秒两滴(4 ~5 mL/min)的流出速度继续蒸馏至无馏分油,瓶内蒸馏残留物完全形成焦炭为止。全部蒸馏过程必须在25 min内完成。蒸馏完后支管中残留的馏分不应流入接收器中。

④将盛有馏分油的锥形瓶从冰水中取出,拭干瓶外水分,置室温下冷却称其质量,得到馏分油总质量(m_1),准确至0.05 g。

⑤将盛有馏分油的锥形瓶盖上盖,稍加热熔化,并摇晃锥形瓶使试样均匀。加热时温度不要太高,避免有蒸发损失,然后,将熔化的馏分油注入另一已知质量的锥形瓶(250 mL)中,称取用于脱蜡的馏分油质量1 ~3 g(m_2),准确至0.1 mg。估计蜡含量高的试样馏分油数量宜少取,反之需多取,使其冷冻过滤后能得到0.05 ~0.1 g蜡,但取样量不得超过10 g。

⑥准备好符合控温精度的自动制冷装置,向冷浴中注入适量的冷液(工业乙醇),其液面比试样冷却筒内液面(无水乙醚 - 乙醇)高100 mm以上,设定制冷温度,使其冷浴温度保持在(-20 ±0.5) ℃,将温度计浸没在冷浴150 mm深处。

⑦将吸滤瓶、玻璃过滤漏斗、试样冷却筒和柱杆塞组成冷冻过滤组件,按图5.11所示组装好。

⑧将盛有馏分油的锥形瓶注入10 mL无水乙醚,使其充分溶解。然后注入试样冷却筒中,再用15 mL无水乙醚分两次清洗盛油的锥形瓶,并将清洗液倒入试样冷却筒中。再将25 mL无水乙醇注入试样冷却筒内与无水乙醚充分混合均匀。

⑨将冷冻过滤组件放入已经预冷的冷浴中,冷却1 h,使蜡充分结晶。在带有磨口塞的试管中装入30 mL无水乙醚 - 无水乙醇(体积比1:1)混合液(作洗液用),并放入冷浴中冷却至(-20 ±0.5) ℃,恒冷15 min以后再使用。

⑩当试样冷却筒中溶液冷却结晶后,拔起柱杆塞,过滤结晶析出蜡,并将柱杆塞用适当方法悬吊在试样冷却筒中,保持自然过滤30 min。

⑪当砂芯过滤漏斗内看不到液体时,启动真空泵,使滤液的过滤速度为每秒1滴左右,抽滤至无液体滴落。再将已冷却的无水乙醚 - 无水乙醇(体积比1:1)混合液一次加

30 mL,洗涤蜡层、柱杆塞及试样冷却筒内壁。继续过滤,当溶剂在蜡层上看不见时,继续抽滤 5 min,将蜡中的溶剂抽干。

⑫从冷浴中取出冷冻过滤组件,取下吸滤瓶,将其中溶液倾入一回收瓶中。吸滤瓶也用无水乙醚－无水乙醇混合液冲洗 3 次,每次用 10 ~ 15 mL,洗液并入回收瓶中。

⑬将冷冻过滤组件(不包括吸滤瓶)装在蜡过滤瓶上,用 30 mL 已预热至 30 ~ 40 ℃的石油醚将砂芯过滤漏斗、试样冷却筒和柱杆塞中的蜡溶解。拔起柱杆塞,待漏斗中无溶液后,再用热石油醚溶解漏斗中的蜡两次,每次用量 35 mL。然后立即用真空泵吸滤,至无液体滴落。

⑭将吸滤瓶中蜡溶液倾入已称质量的锥形瓶中,并用常温石油醚分 3 次清洗吸滤瓶,每次用量 5 ~ 10 mL,洗液倒入锥形瓶的蜡溶液中。

⑮将盛有蜡溶液的锥形瓶放在适宜的热源上蒸馏到石油醚蒸发净尽后,将锥形瓶置温度为(105 ±5) ℃的烘箱中除去石油醚。然后放入真空干燥箱((105 ±5) ℃,残压 21 ~ 35 kPa)中 1 h,再置干燥器中冷却 1 h 后称其质量,得到析出蜡的质量 m_w,准确至 0.1 mg。

⑯同一沥青试样蒸馏后,应从馏分油中取两个以上试样进行平行实验。当取两个试样实验的结果超出重复性实验允许误差要求时,需追加实验。当为仲裁性实验时,平行实验数应为 3 个。

5. 数据处理

①沥青试样的蜡含量计算公式为

$$P_p = \frac{m_1 \times m_w}{m_b \times m_2} \times 100 \tag{5.12}$$

式中 P_p——蜡含量,%;

m_b——沥青试样质量,g;

m_1——馏分油总质量,g;

m_2——用于测定蜡的馏分油质量,g;

m_w——析出蜡的质量,g。

②所进行的平行实验结果的最大值与最小值之差符合重复性实验误差要求时,取其平均值作为蜡含量结果,准确至 1 位小数(%)。当超过重复性实验误差时,以分离得到的蜡的质量(g)为横轴,蜡的质量分数为纵轴,按直线关系回归求出蜡的质量为0.075 g时蜡的质量分数作为蜡含量结果,准确至 1 位小数(%)。

注:关系直线的方向系数应为正值,否则应重新实验。

③允许误差。

蜡含量测定时重复性或再现性实验的允许误差应符合表 5.2 的要求。

表 5.2 重复性或再现性实验的允许误差 %

蜡含量	重复性	再现性
0 ~ 1.0	0.1	0.3
1.0 ~ 3.0	0.3	0.5
>3.0	0.5	1.0

6. 实验报告

按实验数据整理有关表格和实验报告。

7. 注意事项

①要控制沥青高温蒸馏速度、低温蜡结晶温度和称量精度。

②本实验比较繁琐,注意每一步的衔接、顺序,每一步严格按规程操作。

思考题

1. 蒸馏法测定沥青蜡含量的原理?
2. 沥青蜡含量对混合料的性能有什么影响?

实验六　沥青与粗集料的黏附性实验（水煮法和水浸法）

1. 实验目的与适用范围

黏附性是沥青材料的主要功能之一，沥青在沥青混合料中以薄膜的形式涂覆在集料颗粒表面，并将松散的矿质集料黏结为一个整体，除了沥青本身的黏结能力外，还需要沥青与石料之间的黏附能力，二者有一定的相关性。黏结能力较强的沥青，黏附性一般也较大。

本方法适用于检验沥青与粗集料表面的黏附性及评定粗集料的抗水剥离能力。对于最大粒径大于13.2 mm的集料应用水煮法，对最大粒径小于或等于13.2 mm的集料应用水浸法进行实验。对同一种料源集料最大粒径既有大于又有小于13.2 mm不同的集料时，取大于13.2 mm水煮法实验为标准，对细粒式沥青混合料应以水浸法实验为标准。

2. 实验原理

粗集料的黏附性对沥青混合料的结构强度和耐久性有较大影响，同时影响沥青路面的水稳定性。

沥青混合料的水稳定性，是指沥青混合料抵抗由于水的侵蚀作用而产生的沥青膜剥离、掉粒、松散等破坏的能力。评价沥青路面的水稳性，通常采用的方法为两大类：第一类是沥青与矿料的黏附性实验，这类实验方法主要是用于判断沥青与粗集料（不包括矿粉）的黏附性；第二类是沥青混合料的水稳性实验，测试方法有浸水马歇尔实验（详见马歇尔实验）和冻融劈裂实验。

本实验主要通过测试裹覆沥青的集料颗粒抵抗水侵蚀而不使沥青膜剥落的能力，评价粗集料的黏附性，主要有水煮法和水浸法两种。水煮法是将粗集料颗粒逐个浸渍裹覆热沥青，然后将裹覆沥青的集料颗粒在微沸的水中浸煮3 min，观察沥青膜剥落程度，对照标准评定粗集料黏附性等级。水浸法是将粗集料在热沥青中拌和裹覆，然后立即将裹有沥青的集料取20个置于玻璃板上摊开、冷却，在温度为(80 ±1) ℃的恒温水槽中保持30 min，然后冷却，观察沥青薄膜剥落情况，对照标准评定粗集料黏附性等级。

两种方法裹覆方式不同，水浸条件和时间也不相同，经验表明两种方法具有等价效果。

一些学者对本方法提出了许多不同意见，指出过分依赖于本方法确定的黏附性等级，忽视沥青混合料水损害实验方法是危险的，生产单位应予重视。由于沥青与粗集料黏附性实验的局限性，它主要用于确定粗集料的适用性，对沥青混合料的综合抗水损害能力必须通过浸水马歇尔实验、冻融劈裂实验等进行检验。

3. 原材料、试剂及仪器设备

①天平：称量500 g，感量不大于0.01 g。

②恒温水槽：保持温度为(80 ±1) ℃。

③拌和用小型容器：500 mL。

④烧杯:1 000 mL

⑤实验架。

⑥细线:尼龙线或棉线、铜丝线。

⑦铁丝网。

⑧标准筛:9.5 mm、13.2 mm、19 mm 各 1 个。

⑨烘箱:装有自动温度调节器。

⑩电炉、燃气炉。

⑪玻璃板:200 mm×200 mm 左右。

⑫搪瓷盘:300 mm×400 mm 左右。

⑬其他:拌和铲、石棉网、纱布、手套等。

4. 实验步骤

(1)水煮法实验。

①将集料过 13.2 mm、19 mm 筛,取粒径 13.2 ~ 19 mm 形状接近立方体的规则集料 5 个,用洁净水洗净,置温度为(105 ±5) ℃的烘箱中烘干,然后放在干燥器中备用。

②大烧杯中盛水,并置于加热炉的石棉网上煮沸。

③将集料逐个用细线在中部系牢,再置(105 ±5) ℃烘箱内 1 h。按沥青试样准备的方法准备沥青试样。

④逐个取出加热的矿料颗粒,用线提起,浸入预先加热的沥青(石油沥青 130 ~ 150 ℃)(煤沥青 100 ~ 110 ℃)试样中 45 s 后,轻轻拿出,使集料颗粒完全为沥青膜所裹覆。

⑤将裹覆沥青的集料颗粒悬挂于实验架上,下面垫一张纸,使多余的沥青流掉,并在室温下冷却 15 min。

⑥待集料颗粒冷却后,逐个用线提起,浸入盛有煮沸水的大烧杯中央,调整加热炉,使烧杯中的水保持微沸状态,如图 5.13(a)和 5.13(b)所示,但不允许有沸开的泡沫,如图 5.13(c)所示。

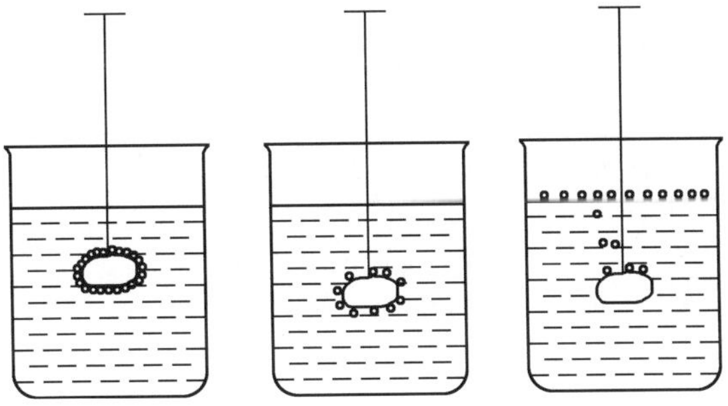

图 5.13 水煮法实验

⑤浸煮 3 min 后,将集料从水中取出,适当冷却。然后放入一个盛有常温水的纸杯等容器中,在水中观察矿料颗粒上沥青膜的剥落程度,并按表 5.3 评定其黏附性等级。

⑥同一试样应平行实验 5 个集料颗粒,并由两名以上经验丰富的实验人员分别评定后,取平均等级作为实验结果。

表 5.3 沥青与集料的黏附性等级

实验后集料表面上沥青膜剥落情况	黏附性等级
沥青膜完全保存,剥离面积百分率接近于 0	5
沥青膜小部分为水所移动,厚度不均匀,剥离面积百分率少于 10%	4
沥青膜局部明显地为水所移动,基本保留在石料表面上,剥离面积百分率少于 30%	3
沥青膜大部分为水所移动,局部保留在石料表面上,剥离面积百分率大于 30%	2
沥青膜完全为水所移动,石料基本裸露,沥青全浮于水面上	1

(2)水浸法实验。

①将集料过 9.5 mm、13.2 mm 筛,取粒径 9.5 ~ 13.2 mm 形状规则的集料 200 g 用洁净水洗净,并置于温度为(105 ±5)℃的烘箱中烘干,然后放在干燥器中备用。

②按沥青试样准备的方法准备沥青试样,并加热至要求的沥青与矿料的拌和温度(石油沥青 140 ~160 ℃改性沥青 160 ~175 ℃)。

③将煮沸过的热水注入恒温水槽中,并维持温度(80 ±1) ℃。

④按四分法称取集料颗粒(9.5 ~13.2 mm)100 g 置搪瓷盘中,连同搪瓷盘一起放入已升温至沥青拌和温度以上 5 ℃的烘箱中持续加热 1 h。

⑤按每 100 g 矿料加入沥青(5.5 ±0.2) g 的比例称取沥青,准确至 0.1 g,放入小型拌和容器中,一起置入同一烘箱中加热 15 min。

⑥将搪瓷盘中的集料倒入拌和容器的沥青中后,从烘箱中取出拌和容器,立即用金属铲均匀拌和 1 ~1.5 min,使集料完全被沥青薄膜裹覆。然后,立即将裹有沥青的集料取 20 个,用小铲移至玻璃板上摊开,并置室温下冷却 1 h。

⑦将放有集料的玻璃板浸入温度为(80 ±1) ℃的恒温水槽中,保持 30 min,并将剥离及浮于水面的沥青用纸片捞出。

⑧由水中小心取出玻璃板,浸入水槽内的冷水中,仔细观察裹覆集料的沥青薄膜的剥落情况。由两名以上经验丰富的实验人员分别目测,评定剥离面积的百分率,评定后取平均值表示。

注:为使估计的剥离面积百分率较为正确,宜先制取若干个不同剥离率的样本,用比照法目测评定。不同剥离率的样本,可用加不同比例抗剥离剂的改性沥青与酸性集料拌和后浸水得到,也可由同一沥青与不同集料品种拌和后浸水得到,样本的剥离面积百分率逐个仔细计算得出。

5. 数据处理

由剥离面积百分率按表 5.3 评定沥青与集料黏附性的等级。

6. 实验报告

按实验数据整理有关表格和实验报告。

7. 注意事项

①测定黏附性,接触沥青前,集料要充分冷却;采用水煮法测定时,烧杯中的水始终处于煮沸状态。

②为了确保估计剥离面积百分率的准确性,宜先制取若干个不同剥离率的样本来对照。

思考题

1. 分析水煮法和水浸法测定集料的黏附性的适用范围和不同点?
2. 概述沥青与集料黏附性等级评定方法。
3. 沥青与集料黏附性等级不满足要求,应采取哪些措施?

实验七　沥青闪点、燃点实验（克利夫兰开口杯法）

1. 实验目的与适用范围

本方法适用于克利夫兰开口杯（简称 COC）测定黏稠石油沥青、聚合物改性沥青及闪点在 79 ℃以上的液体石油沥青的闪点和燃点，以评定施工的安全性。

2. 实验原理

沥青材料为可燃性有机材料，施工过程中空气中沥青蒸汽浓度较大，若沥青闪点、燃点过低易造成施工事故，需加强防范措施。

按规定程序加热沥青，在接近沥青预期闪点前 28 ℃时开始，每隔 2 ℃以规定的方法将火焰扫过沥青试样，试样液面上最初出现一瞬间即灭的蓝色火焰时的温度为试样的闪点；至试样接触火焰立即着火并能继续燃烧不少于 5 s，确定此时温度为沥青燃点。

沥青的闪点是各国沥青质量的安全性指标，同时沥青燃点是施工安全的一项参考指标。

3. 原材料、试剂及仪器设备

（1）克利夫兰开口杯式闪点仪。

克利夫兰开口杯式闪点仪形状和尺寸如图 5.14 所示，它由下列部分组成：

①克利夫兰开口杯：由黄铜或铜合金制成，内口直径（63.5 ±0.5） mm，深（33.6 ±0.5） mm，在内壁与杯上口的距离为（9.4 ±0.4） mm 处刻有一道环状标线，带一个弯柄把手，形状及尺寸如图 5.15 所示。

②加热板：黄铜或铸铁制，直径 145 ~ 160 mm，厚约 6.5 mm，上有石棉垫板，中心有圆孔，以支承金属试样杯。在距中心 58 mm 处有一个与标准试焰大小相当的 ϕ（4.0 ±0.2） mm电镀金属小球，供火焰调节的对照使用。加热板如图 5.16 所示。

③温度计：量程 0 ~ 360 ℃，分度值 2 ℃。

④点火器：金属管制，端部为产生火焰的尖嘴，端部外径约 1.6 mm，内径为 0.7 ~ 0.8 mm，与可燃气体压力容器（如液化丙烷气或天然气）连接，火焰大小可以调节。点火器可以 150 mm 半径水平旋转，且端部恰好通过坩埚中心上方 2 ~ 2.5 mm，也可采用电动旋转点火用具，但火焰通过金属实验杯的时间应为 1.0 s 左右。

⑤铁支架：高约 500 mm，附有温度计夹及试样杯支架，支脚为高度调节器，使加热顶保持水平。

（2）防风屏：金属薄板制，3 面将仪器围住挡风，内壁涂成黑色，高约 600 mm。

（3）加热源附有调节器的 1 kW 电炉或燃气炉：根据需要，可以控制加热试样的升温速度为 14 ~ 17 ℃/min，（5.5 ±0.5） ℃/min。

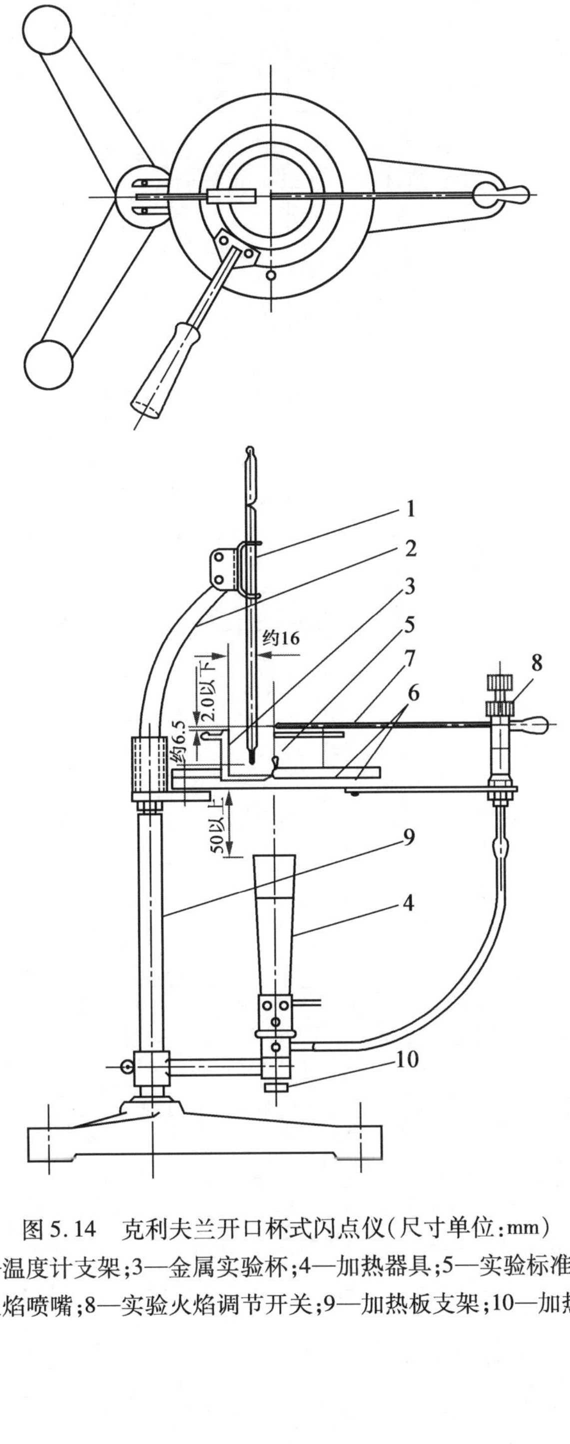

图 5.14 克利夫兰开口杯式闪点仪(尺寸单位:mm)

1—温度计;2—温度计支架;3—金属实验杯;4—加热器具;5—实验标准球;6—加热板;7—实验火焰喷嘴;8—实验火焰调节开关;9—加热板支架;10—加热器调节钮

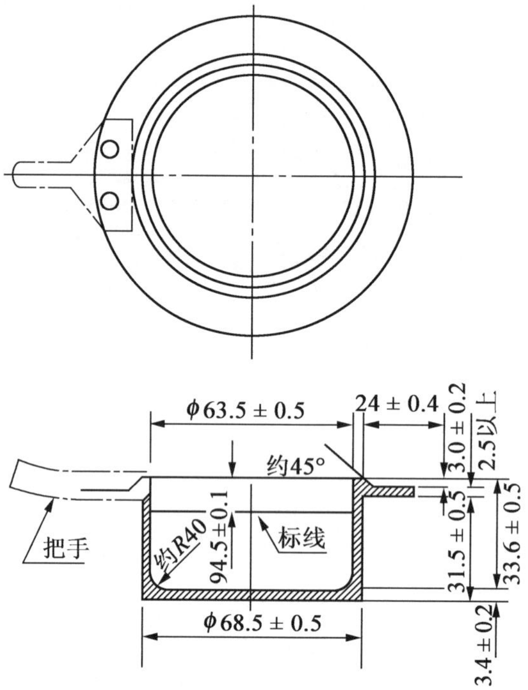

图 5.15　克利夫兰开口杯(尺寸单位:mm)

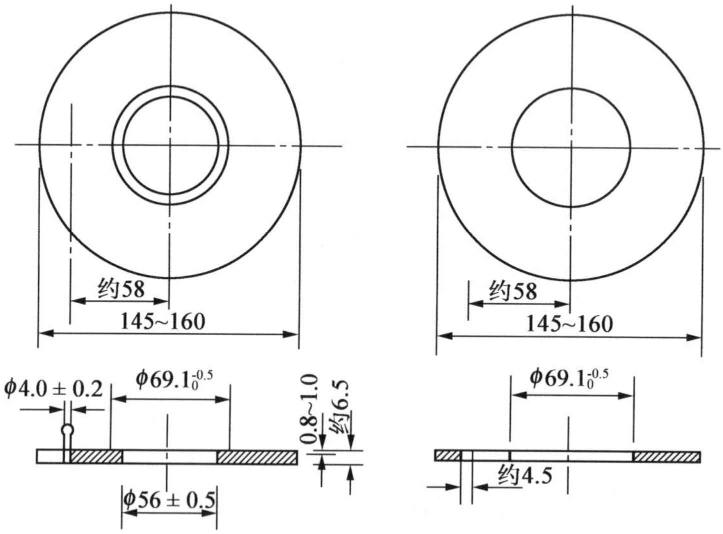

(a)金属板　　　　(b)硬质石棉板

图 5.16　加热板(尺寸单位:mm)

4. 实验步骤

(1)准备工作。

①将试样杯用溶剂洗净、烘干,装置于支架上。加热板放在可调电炉上,如用燃气炉时,加热板距炉口约 50 mm,接好可燃气管道或电源。

②安装温度计,垂直插入试样杯中,温度计的水银球距杯底约 6.5 mm,位置在与点火器相对一侧距杯边缘约 16 mm 处。

③按沥青试样准备方法规定的方法准备试样后,注入试样杯中至标线处,并使试样杯外部不沾有沥青。

注:试样加热温度不能超过闪点以下 55 ℃。

④全部装置应置于室内光线较暗且无显著空气流通的地方,并用防风屏 3 面围护。

⑤将点火器转向一侧,实验点火,调节火苗成标准球的形状或成直径为(4 ±0.8)mm 的小球形试焰。

(2)具体实验操作。

①开始加热试样,升温速度迅速地达到 14 ~17 ℃/min。待试样温度达到预期闪点前 56 ℃时,调节加热器降低升温速度,以便在预期闪点前 28 ℃时能使升温速度控制在 5.5 ~0.5 ℃/min。

②试样温度达到预期闪点前 28 ℃时开始,每隔 2 ℃将点火器的试焰沿实验杯口中以 150 mm 半径作弧水平扫过一次,从实验杯口的一边至另一边所经过的时间约 1 s。此时应确认点火器的试焰为直径(4 ±0.8) mm 的火球,并位于坩锅口上方 2 ~2.5 mm 处。

③当试样液面上最初出现一瞬间即灭的蓝色火焰时,立即从温度计上读记温度,作为试样的闪点。

④继续加热,保持试样升温速度为 5.5 ~0.5 ℃/min,并按上述操作要求用点火器点火实验。

⑤当试样接触火焰立即着火,并能继续燃烧不少于 5 s 时,停止加热,并读取并记录温度计上的温度,作为试样的燃点。

5. 数据处理

①同一试样至少平行实验两次,两次测定结果的差值不超过重复性实验允许误差 8 ℃时,取其平均值的整数作为实验结果。

②当实验时大气压在 95.3 kPa 以下时,应对闪点或燃点的实验结果进行修正。当大气压为 95.3 ~84.5 kPa 时,修正值增加 2.8 ℃;当大气压为 84.5 ~73.3 kPa 时,修正值增加 5.5 ℃。

③允许误差。

重复性实验的允许误差为:闪点 8 ℃,燃点 8 ℃;

再现性实验的允许误差为:闪点 16 ℃,燃点 14 ℃。

6. 实验报告

按实验数据整理有关表格和实验报告。

7. 注意事项

①全部装置应置于室内光线较暗且无显著空气流通的地方,以免光线和风干扰实验

结果的准确性。

②接近闪点和燃点时要按照规定加大实验频率，掌握好闪点和燃点的临界状态，增加实验的准确性。

③要控制沥青加温速度，尤其是在接近闪点和燃点时。

思考题

1. 在工程实际应用中，为什么特别注重沥青的闪点和燃点的控制？
2. 准备试样时，为什么试样加热温度不宜超过闪点以下 55 ℃？主要考虑什么因素？

实验八　沥青溶解度实验

1. 实验目的与适用范围

本方法适用于测定道路石油沥青、聚合物改性沥青、液体石油沥青或乳化沥青蒸发后残留物的溶解度(非经注明,溶剂为三氯乙烯)。

2. 实验原理

三氯乙烯为沥青的有效溶剂,但沥青中的某些组分不能被溶剂溶解,这部分物质为沥青中的杂质组分,影响沥青性能。本实验需要测定沥青在溶剂中的溶解度,即测定沥青中的有效组分,可溶组分虽易溶解在溶剂中但溶解量不易确定,因此通过测定不溶物的含量来测定沥青溶解度。首先将沥青中的可溶组分溶解并过滤,得到不溶物,经挥发溶剂、干燥等操作后称取不溶物质量,以此计算沥青溶解度。

3. 原材料、试剂及仪器设备

①分析天平:感量不大于0.1 mg。

②锥形烧瓶:250 mL。

③古氏坩埚:50 mL,如图5.17所示。

图5.17　古氏坩埚

④玻璃纤维滤纸:直径2.5 cm,最小过滤孔0.6 μm。

⑤过滤瓶:25 mL。

⑥洗瓶。

⑦量筒:100 mL。

⑧干燥器。

⑨烘箱:装有温度自动调节器。

⑩水槽。

⑪三氯乙烯:化学纯。

4. 实验步骤

①按沥青取样法中规定的方法准备沥青试样。

②将玻璃纤维滤纸置于洁净的古氏坩埚中的底部，用溶剂冲洗滤纸和古氏坩埚，使溶剂挥发后，置温度为(105 ±5) ℃的烘箱内干燥至恒重(一般为15 min)，然后移入干燥器中冷却，冷却时间不少于30 min，称其质量(m_1)，准确至0.1 mg。

③称取已烘干的锥形烧瓶和玻璃棒的质量(m_2)，准确至0.1 mg。

④用预先干燥的锥形烧瓶称取沥青试样2 g(m_3)，准确至0.1 mg。

⑤在不断摇动下，分次加入三氯乙烯100 mL，直至试样溶解后盖上瓶塞，并在室温下放置至少15 min。

⑥将已称质量的滤纸及古氏坩埚安装在过滤烧瓶上，用少量的三氯乙烯润湿玻璃纤维滤纸。然后，将沥青溶液沿玻璃棒倒入玻璃纤维滤纸中，并以连续滴状速度进行过滤，直至全部溶液滤完。用少量溶剂分次清洗锥形烧瓶，将全部不溶物移至坩埚中。再用溶液洗涤古氏坩埚的玻璃纤维滤纸，直至滤液无色透明为止。

⑦取出古氏坩埚，置通风处，直至无溶剂气味为止。然后，将古氏坩埚移入温度为(105 ±5) ℃的烘箱中至少20 min，同时，将原锥形瓶、玻璃棒等也置于烘箱中烘至恒重。

⑧取出古氏坩埚及锥形瓶等置干燥器中冷却(30 ±5) min后，分别称其质量(m_4、m_5)，直至连续称量的差不大于0.3 mg为止。

5. 数据处理

①沥青试样的可溶物含量按式(5.13)计算。

$$S_b = \left[1 - \frac{(m_4 - m_1) + (m_5 - m_2)}{m_3 - m_2}\right] \times 100 \tag{5.13}$$

式中 S_b——沥青试样的溶解度，%；

m_1——古氏坩埚与玻璃纤维滤纸的总质量，g；

m_2——锥形瓶与玻璃棒的总质量，g；

m_3——锥形瓶、玻璃棒与沥青试样的总质量，g；

m_4——古氏坩埚、玻璃纤维滤纸与不溶物的总质量，g；

m_5——锥形瓶、玻璃棒与黏附不溶物的总质量，g。

②允许误差。

当实验结果平均值大于99.0%时，重复性实验的允许误差为0.1%，再现性实验的允许误差为0.26%。

6. 实验报告

按实验数据整理有关表格和实验报告。

同一试样至少平行实验两次，当两次结果之差不大于0.1%，取其平均值作为实验结果。对于溶解度大于99.0%的实验结果，准确至0.01%；对于溶解度小于或等于99.0%的实验结果，准确至0.1%。

7. 注意事项

①古氏坩埚和玻璃滤纸在使用前应用溶剂进行冲洗，待溶剂挥发后，置于规定温度下的烘箱干燥至恒重。

②在进行溶液过滤时要过滤充分，以免造成实验结果失真。

③要注意称量精度。

思考题

1. 怎样确定沥青溶液是否过滤充分?
2. 溶解度反映沥青什么特性?

实验九 沥青动力黏度实验

1. 实验目的与适用范围

本方法适用于采用真空减压毛细管黏度计测定黏稠石油沥青的动力黏度，非经注明，实验温度为60 ℃，真空度为40 kPa。

2. 实验原理

沥青的动力黏度（也称为绝对黏度或简称为黏度）是沥青性质的主要指标之一。美国、澳大利亚等已经利用60 ℃黏度作为道路石油沥青的分级标准。

沥青是一种黏性材料，黏度较大，自然状态下不易通过毛细管，在一定压力条件下，沥青可以缓慢地通过毛细管，通过速度越慢，表明沥青黏度越大。

本实验将消除气泡后的沥青试样置于毛细管中，通过真空减压系统时毛细管中的沥青处于负压状态而呈平衡，真空减压系统减压时，沥青试样所承受的负压减少（压力增高），在此不平衡增高压力的作用下，沥青试样会缓慢通过毛细管，按一定规则记录毛细管中通过一定量沥青时的时间，可以表征沥青试样的黏度。

值得强调的是，该方法是沥青技术要求的关键实验，不得以其他实验方法（如布氏旋转黏度实验、DSR动态剪切流变仪法等）代替，特别是目前低标号沥青应用逐渐增多，高黏度改性沥青也有所应用，这些沥青均具有明显的非牛顿流动特性，其60 ℃动力黏度的不同方法检测值之间不具有互换性。

3. 原材料、试剂及仪器设备

①真空减压毛细管黏度计：一组3支毛细管，通常采用美国沥青学会式（Asphalt Institute，AI）毛细管，也可采用坎农曼宁式（Cannon－Manning，CM）或改进坎培式（Modified Koppers，MK）毛细管测定。AI式真空减压毛细管黏度计尺寸和动力黏度范围见表5.4，其形状如图5.18所示。

表5.4 真空减压毛细管黏度计（美国沥青协会式）尺寸和动力黏度范围

型号	毛细管半径/mm	大致标定系数 K(40 kPa真空)(Pa·s/s)			黏度范围/(Pa·s)
		管A	管B	管C	
25	0.125	0.2	0.1	0.07	4.2～80
50	0.25	0.8	0.4	0.3	18～320
100	0.50	3.2	1.6	1	60～1 280
200	1.0	12.8	6.4	4	240～5 200
400	2.0	50	25	16	960～20 000
444R	2.0	50	25	16	960～140 000
800R	4.0	200	100	64	3 800～580 000

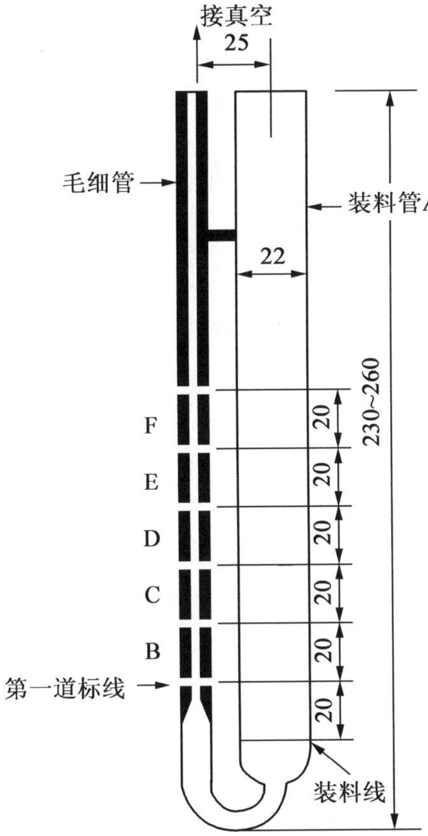

图 5.18 AI 式真空减压毛细管黏度计(尺寸单位:mm)

②温度计:量程 50 ~ 100 ℃,分度值 0.1 ℃。

③恒温水槽:硬玻璃制,其高度需使黏度计置入时,最高一条时间标线在液面下至少为 20 mm,内设有加热和温度自动控制器,能使水温保持在实验温度 ±0.1 ℃,并有搅拌器及夹持设备。水槽中不同位置的温度差不得大于 ±0.1 ℃。保温装置的控温宜准确至 ±0.1 ℃。

④真空减压系统:应能使真空度达到 40 kPa ±66.5 Pa 的压力,其装置简要示意如图 5.19 所示。各连接处不得漏气,以保证密闭。在开启毛细管减压阀进行测定时,应不产生水银柱降低情况。在开口端连接水银压力计,可读至133 Pa(1 mmHg)的刻度,用真空泵或吸气泵抽真空。

⑤秒表:2 个,分度值 0.1 s,总量程 15 min 的误差不大于 ±0.05%。

⑥烘箱:有自动温度控制器。

⑦溶剂:三氯乙烯(化学纯)等。

⑧其他:洗液、蒸馏水等。

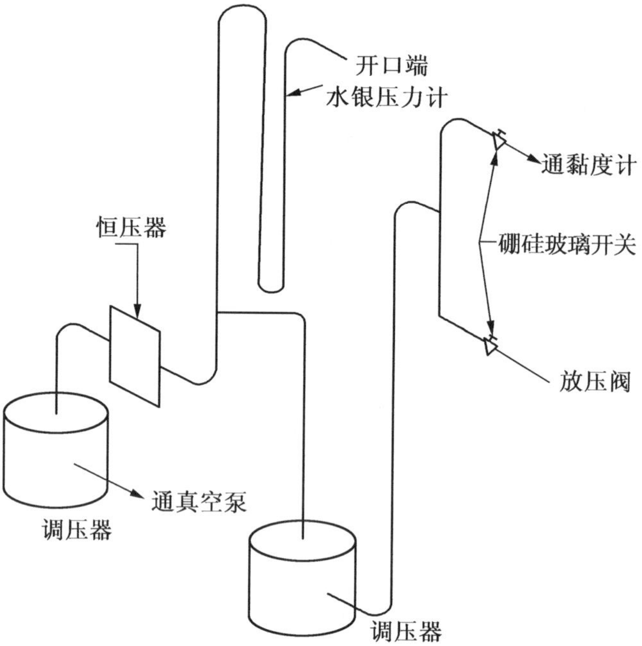

图 5.19　真空减压系统装置

4. 实验步骤

①估计试样的黏度，根据试样流经规定体积的时间是否在 60 s 以上，来选择真空毛细管黏度计的型号。

②将真空毛细管黏度计用三氯乙烯等溶剂洗涤干净。如果黏度计沾有油污，可用洗液、蒸馏水等仔细洗涤。洗涤后置烘箱中烘干或用通过棉花的热空气吹干。

③按沥青试样准备方法规定的方法准备试样，将脱水过筛的试样仔细加热至充分流动状态。在加热时，予以适当搅拌，以保证加热均匀。然后将试样倾入另一个便于灌入毛细管的小盛样器中，数量约为 50 mL，并用盖子盖好。

④将水槽加热，并调节恒温在(60 ±0.1) ℃，温度计应预先校验。

⑤将选用的真空毛细管黏度计和试样置烘箱((135 ±5) ℃)中加热 30 min。

⑥将加热的黏度计置一容器中，然后将热沥青试样自装料管 A 注入毛细管黏度计，试样应不致粘在管壁上，并使试样液面在 E 标线处 ±2 mm 之内。

⑦将装好试样的毛细管黏度计放回电烘箱((135 ±5) ℃)中，保温(10 ±2)min，以使管中试样所产生气泡逸出。

⑧从烘箱中取出 3 支毛细管黏度计，在室温条件下冷却 2 min 后，安装在保持实验温度的恒温水槽中，其位置应使 E 标线在水槽液面以下至少为 20 mm。自烘箱中取出黏度计，至装好放入恒温水槽的操作时间应控制在 5 min 之内。

⑨将真空系统与黏度计连接，关闭活塞或阀门。

⑩开动真空泵或抽气泵，使真空度达到 40 kPa ±66.5 Pa。

⑪黏度计在恒温水槽中保持 30 min 后，打开连接减压系统阀门，当试样吸到第一标线时同时开动两个秒表，测定通过连续的一对标线间隔时间(依次开动秒表，递进式测定

各连续标线间隔)，准确至0.1 s，记录第一个超过60 s的标线符号及间隔时间。

⑫按此方法对另两支黏度计做平行实验。

⑬实验结束后，从恒温水槽中取出毛细管，按下列顺序进行清洗：

a. 将毛细管倒置于适当大小的烧杯中，放入预热至135 ℃的烘箱中0.5 ~1 h，使毛细管中的沥青充分流出，但时间不能太长，以免沥青烘焦附在管中。

b. 从烘箱中取出烧杯及毛细管，迅速用洁净棉纱轻轻地把毛细管口周围的沥青擦净。

c. 从试样管口注入三氯乙烯溶剂，然后用吸耳球对准毛细管上口抽吸，沥青渐渐被溶解，从毛细管口吸出，进入吸耳球，反复几次直至注入的三氯乙烯抽出时为清澈透明为止，最后用蒸馏水洗净、烘干、收藏备用。

5. 数据处理

①沥青试样的动力黏度按式(5.14)计算。

$$\eta = K \times t \tag{5.14}$$

式中 η——沥青试样在测定温度下的动力黏度，Pa·s；

K——选择的第一对超过60 s的一对标线间的黏度计常数，((Pa·s)/s)；

t——通过第一对超过60 s标线的时间间隔，s。

②允许误差。

重复性实验的允许误差为平均值的7%，再现性实验的允许误差为平均值的10%

6. 实验报告

按实验数据整理有关表格和实验报告。

一次实验的3支黏度计平行实验结果的误差应不大于平均值的7%；否则，应重新实验。符合此要求时，取3支黏度计测定结果的平均值作为沥青动力黏度的测定值。

7. 注意事项

①严格控制实验温度及读数据的准确性。

②实验结束后，及时清洗毛细管。

思考题

1. 怎样选择真空毛细管黏度计的型号？

2. 沥青黏度的测定方法有哪些？在实际工程应用是否可以选择其他实验方法来控制沥青技术指标？

3. 黏度－温度曲线在工程中是如何应用的？

实验十 沥青标准黏度实验(含乳化沥青)

1. 实验目的与适用范围

本方法适用于采用道路沥青标准黏度计测定液体石油沥青、煤沥青、乳化沥青等材料流动状态时的黏度。本方法测定的黏度应注明温度及流孔孔径,以 $C_{t,d}$ 表示(t 为实验温度(℃),d 为孔径(mm))。

2. 实验原理

道路沥青标准黏度计是国际上液体沥青材料条件黏度测定方法中的一种,我国自 20 世纪 50 年代起引用了苏联的沥青黏度计及方法。

测定在一定温度下从标准黏度计规定尺寸的流出孔中流出沥青试样 50 mL 所需要的时间,即为试样的标准黏度值。

3. 原材料、试剂及仪器设备

(1)道路沥青标准黏度计。

道路沥青标准黏度计形状和尺寸如图 5.20 所示,它由下列部分组成:

①水槽:环槽形,内径 160 mm,深 100 mm,中央有一圆井,井壁与水槽之间距离不少于 55 mm。环槽中存放保温用液体(水或油),上下方各设有一流水管。水槽下装有可以调节高低的三脚架,架上有一圆盘承托水槽,水槽底离实验台面约 200 mm。水槽控制温度精密度 ±0.2 ℃。

②盛样管(或黏度杯):形状和尺寸如图 5.21 所示。管体为黄铜,而带流孔的底板由磷青铜制成。盛样管的流孔 d 有(3 ±0.025) mm、(4 ±0.025) mm、(5 ±0.025) mn 和(10 ±0.025) mm 4 种。根据实验需要,选择盛样管流孔的孔径。

③球塞:用以堵塞流孔,形状和尺寸如图 5.22 所示。杆上有一标记,直径(12.7 ±0.05) mm球塞的标记高为(92 ±0.25) mm,用以指示 10 mm 盛样管内试样的高度;直径(6.35 ±0.05) mm 球塞的标记高为(90.3 ±0.25) mm,用以指示其他盛样管内试样的高度。

④水槽盖:盖中央有套筒,可套在水槽的圆井上,下附有搅拌叶;盖上有一把手,转动把手时可借搅拌叶调匀水槽内水温。盖上还有一插孔,可放置温度计。

⑤温度计:分度值 0.1 ℃。

⑥接收瓶:开口,圆柱形玻璃容器,100 mL,在 25 mL、50 mL、75 mL、100 mL 处有刻度。也可采用 100 mL 量筒。

⑦流孔检查棒:磷青铜制,长 100 mm,检查 4 mm 和 10 mm 流孔及检查 3 mm 和 5mm 流孔各 1 支,检查段位于两端,长度不小于 10 mm,直径按流孔下限尺寸制造。

(2)秒表:分度值 0.1 s。

(3)循环恒温水槽。

(4)肥皂水或矿物油。

(5)其他:加热炉、大蒸发皿等。

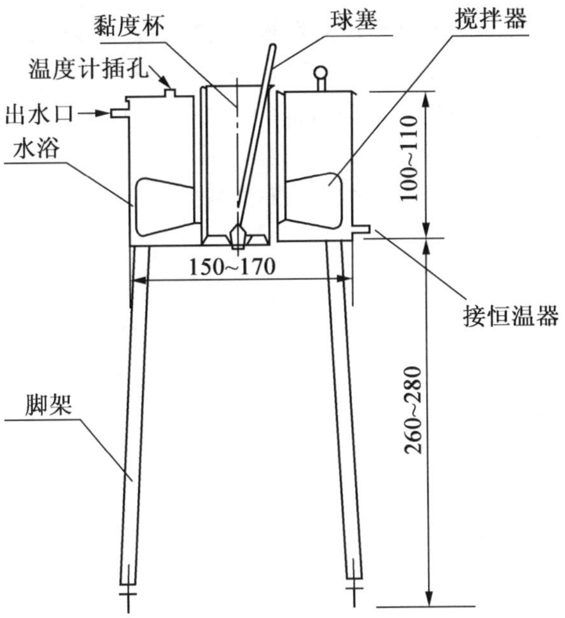

图 5.20　沥青标准黏度计
(尺寸单位:mm)

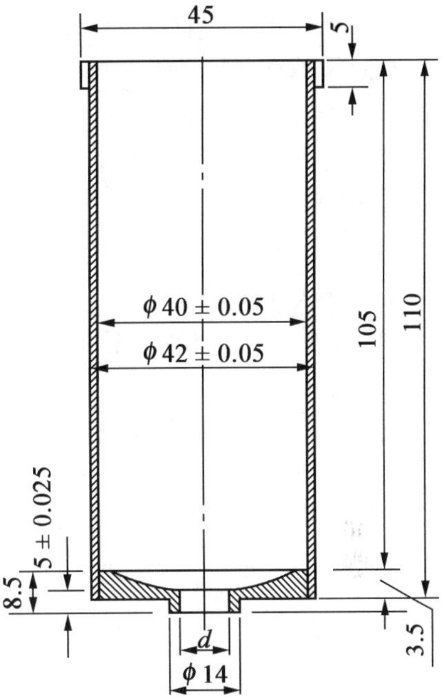

图 5.21　盛样管
(尺寸单位:mm)

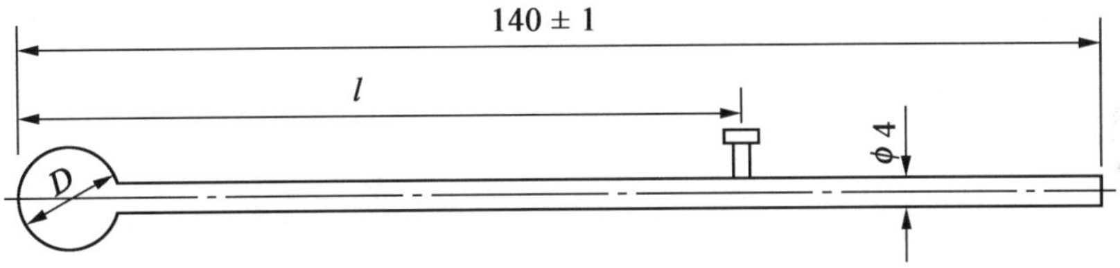

图 5.22　球塞
(尺寸单位:mm)

4. 实验步骤

①按沥青试样准备方法规定的方法准备试样。根据沥青材料的种类和稠度,选择需要流孔孔径的盛样管,置水槽圆井中。用规定的球塞堵好流孔,流孔下放蒸发皿,以备接收不慎流出的试样。除 10 mm 流孔采用直径 12.7 mm 球塞外,其余流孔均采用直径为 6.35 mm 的球塞。

②根据实验温度需要,调整恒温水槽的水温为实验温度 ±0.1 ℃,并将其进出口与黏度计水槽的进出口用胶管接妥,使热水流进行正常循环。

③将试样加热至比实验温度高 2 ~ 3 ℃(当实验温度低于室温时,试样须冷却至比实验温度低 2 ~ 3 ℃)时注入盛样管,其数量以液面到达球塞杆垂直时杆上的标记为准。

④试样在水槽中保持实验温度至少 30 min,用温度计轻轻搅拌试样,测量试样的温度为实验温度 ±0.1 ℃时,调整试样液面至球塞杆的标记处,再继续保温 1 ~ 3 min。

⑤将流孔下蒸发皿移去,放置接收瓶或量筒,使其中心正对流孔。接收瓶或量筒可

预先注入肥皂水或矿物油 25 mL,以利洗涤及读数准确。

⑥提起球塞,借标记悬挂在试样管边上。待试样流入接收瓶或量筒达 25 mL(量筒刻度 50 mL)时,按动秒表;待试样流出 75 mL(量筒刻度 100 mL)时,按停秒表。

⑦记取试样流出 50 mL 所经过的时间,准确至 s,即为试样的黏度。

5. 数据处理

①同一试样至少平行实验两次,当两次测定的差值不大于平均值的 4% 时,取其平均值的整数作为实验结果。

②允许误差:重复性实验的允许误差为平均值的 4% 。

6. 实验报告

按实验数据整理有关表格和实验报告。

7. 注意事项

①严格控制实验温度及读数据的准确性。

②乳化沥青黏度的测定一般用此方法,也可用恩格拉黏度计法。

思考题

1. 分析实验过程中采用沥青黏度计与循环恒温水槽连接及保温工作的目的是什么?
2. 怎样选择盛样管的孔径和球塞的大小?

实验十一　沥青恩格拉黏度实验（乳化沥青、煤沥青）

1. 实验目的与适用范围

本方法采用恩格拉黏度计测定乳化沥青及煤沥青的恩格拉黏度，用恩格拉度表示（非经注明，测定温度为 25 ℃）。

2. 实验原理

测定在一定温度下从恩格拉黏度计毛细管规定尺寸的流出孔中流出沥青试样50 mL所需要的时间，与恩格拉黏度计的水值比较，计算沥青的恩格拉黏度。

黏度计的水值定义为一定温度条件下从黏度计中流出一定体积的蒸馏水所需要的时间，可有不同的测定方法。

恩格拉黏度计是国际上通用液体沥青及乳化沥青材料黏度测定方法中的一种，通常用于测定乳化沥青（如日本）或软煤沥青（如美国），并用恩格拉黏度作为划分标号依据（ASTM D 490）。在我国，随着乳化沥青的研究和应用，为便于与国外标准比较，在其技术要求中也将恩格拉黏度与道路沥青标准黏度并列作为划分乳化沥青标号的标准。

3. 原材料、试剂及仪器设备

（1）恩格拉黏度计。

恩格拉黏度计符合现行 GB 266 标准，包括盛样用的内容器和作为水或油浴用的外容器、堵塞流出管用的硬木塞、金属三脚架和接收瓶等，如图 5.23 所示。

①盛样器：由黄铜制成，底部为球面形，内表面要经过磨光并镀金。从底部起以等距离在内壁上安装有 3 个向上弯成直角的小尖钉，作为控制试样面高度和仪器水平的指示器。在容器底部中心处有一流出孔，此孔焊接着黄铜小管，其内部装有铂制小管，铂管内部必须磨光。内容器的铜制盖为中空凸形，盖上有两个孔口，供插入木塞和温度计使用。其尺寸见表 5.5 所示，形状如图 5.24 所示。

表 5.5　盛样器的尺寸

零件名称		尺寸/mm	允许误差
内容器	内径	106.0	±1.00
	底部至扩大部分间的高度	70.0	±1.00
	底部突出部分的深度	7.0	±0.10
	扩大部分的内径	115.0	±1.00
	扩大部分的高度	30.0	±2.00
	从钉尖的水平面至流出管下边缘的距离	52.0	±0.50
流出管	总长	20.0	±0.10
	突出部分的长度	3.0	±0.30
	在管顶水平面处的内径	2.9	±0.02
	下方末端的内径	2.8	±0.02

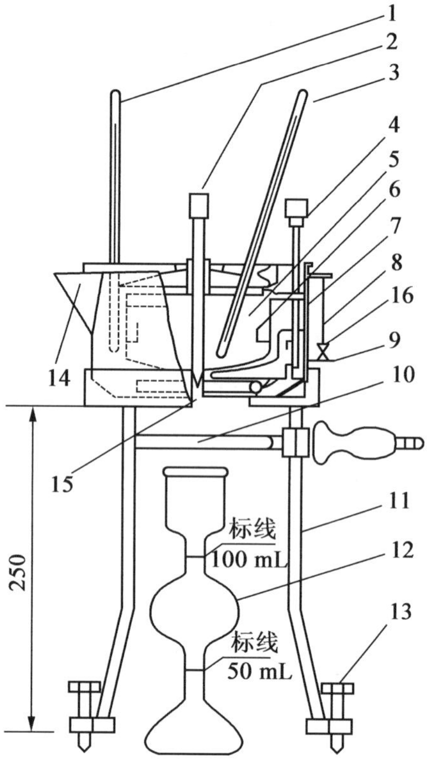

图 5.23　恩格拉黏度计(尺寸单位:mm)

1—保温浴温度计;2—硬木塞杆;3—试样用温度计;4—容器盖;5—盛样器;6—液面标记;7—保温浴槽;8—保温浴搅拌器;9—电热器;10—燃气灯;11—三脚架;12—量杯;13—水平脚架;14—溢出口;15—铂制流出口;16—水准器

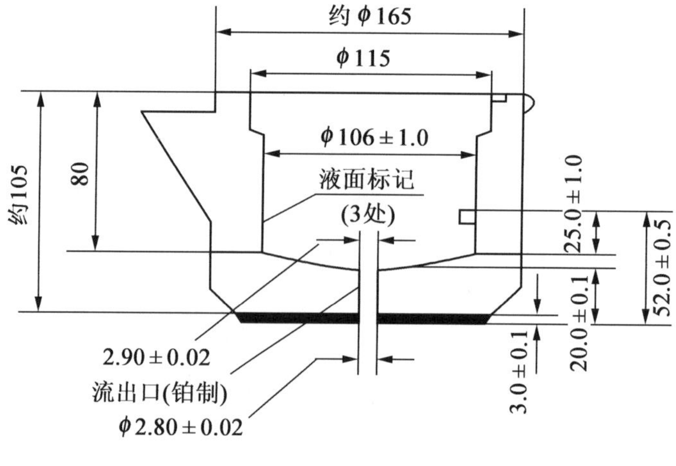

图 5.24　盛样器(尺寸单位:mm)

②外容器:黄铜制成,用3根支柱使内容器固定在外容器中,容器中设有搅拌器。

③三脚架:其中两脚设有调节螺钉。

④温度计:量程0~30 ℃或0~50 ℃,分度值0.1 ℃;量程0~100 ℃,分度值1.0 ℃。

⑤接收瓶:玻璃制宽口,实验用容积为50 mL,标定用容积为200 mL。接收瓶中颈细狭部分中部有容积刻线,刻线应在20 ℃时刻划。

(2)秒表:分度值0.1 s。

(3)吸液管:5 mL。

(4)二甲苯:化学纯。

(5)乙醇:95%,化学纯。

(6)滤筛:筛孔1.18 mm。

(7)其他:洗液、汽油等。

4. 实验步骤

(1)将黏度计的内容器、流出管孔依次用二甲苯及蒸馏水仔细洗净,并用滤纸吸去剩下的水滴,然后用空气吹干。注:不得用布擦拭。

(2)将黏度计置于三脚架上,并将干净的木塞插入内容器流出管的孔中。

(3)将接收瓶依次用汽油、洗液、水及蒸馏水清洗干净后置烘箱((105 ±5) ℃)中烘干。

(4)将准备的乳化沥青试样用1.18 mm筛网过滤。

(5)黏度计的水值(t_W)采用下列两种方法之一测定:

①直接测定蒸馏水在25 ℃时从黏度计流出50 mL所需的时间(s),作为水值。

②测定蒸馏水在20 ℃时从黏度计流出200 mL所需的时间(s)乘以换算系数F得到。其测定步骤如下:

a. 将新的蒸馏水(20 ℃)注入黏度计的内容器中,直至内容器的3个尖钉的尖端刚刚露出水面为止;同时,将同温度的水注入黏度计的外容器中,直至浸到内容器的扩大部分为止。

b. 旋转三脚架的螺钉,调整黏度计的位置,使内容器中3个尖钉的尖端处于同一水平面上。

c. 将标定用(200 mL)的接收瓶置于黏度计的流出管下方。轻轻提离木塞,使内容器中的水全部放入接收瓶内,但不计算流出时间。此时流出管内要充满水,并使流出管底端悬着一大滴水珠。

d. 立即将木塞插入流出管内,并将接收瓶中的水沿玻璃棒小心地注回内容器中。注意,勿使水溅出。随后将接收瓶在内容器上倒置1~2 min,使瓶中水全部流出,然后将接收瓶再放回流出管下方。需要时,可加水调整水面使3个钉尖恰好露出。

e. 调整并保持内外容器中的水温,内容器中的水用插有温度计的盖围绕木塞转动,以使水能充分搅拌,然后用外容器中的搅拌器搅拌保温用水(或油)。

f. 当两个容器中的水温等于20 ℃(在5 min内水温差数不超过±0.1 ℃)时,迅速提离木塞(应能自动卡住并保持提离状态,不允许拔出木塞),同时开动秒表,使蒸馏水流至凹形液面的下缘达200 mL,停止秒表,并记取流出时间(s)。

g. 蒸馏水流出 200 mL 的时间连续测定 4 次,如各次测定时间与其算术平均值的差数不大于 0.5 s,就用此算术平均值作为第一次测定的平均流出时间。以同样要求进行另一次平行测定。如果两次平行测定结果之差不大于 0.5 s,则取两次平行测定结果的平均值以符号 K_{20} 表示,然后换算成与沥青试样实验相同条件的水值。由 20 ℃、200 mL 水的流出时间换算成 25 ℃、50 mL 水的流出时间的换算系数 F 为 0.224。

注:黏度计的水值每 4 个月至少校正一次。

(6)将已过筛和预热到稍高于规定温度 2 ℃左右的试样,注入干净并插好木塞(注意不可过分用力压插木塞,以免木塞很快磨损)的内容器中,并须使其液面稍高于尖钉的尖端。注意试样中不应产生气泡。盖好黏度计盖,并插好温度计。

(7)事先将外容器的水预热,温度须稍高于测试温度。

(8)在流出管下方放置一个洁净干燥的 50 mL 试样接收瓶。调节内容器中试样和外容器中水的温度,至规定的实验温度(25 ±0.1) ℃。为保持试样的温度,在实验过程中,内外容器中液体的温差不应超过 ±0.2 ℃。注意,在控制温度时,外容器中保温液体的温度一般应稍高于内容器中试样的温度。

(9)当试样的温度达到测试温度,并保持 2 min 后,迅速提离木塞,木塞提起位置应保持与测水值时相同。

(10)当试样流至第一条标线 50 mL 时开动秒表,至达到第二条标线 100 mL 时,立即按停秒表,并记取时间,准确至 0.1 s。

5. 数据处理

试样的恩格拉黏度按式(5.15)计算。

$$E_V = \frac{t_T}{t_W} \tag{5.15}$$

式中 E_V——试样在温度 T 时的恩格拉度;

t_T——试样在温度 T 时的流出时间,s;

t_W——恩格拉赫度计的水值,即水在 25 ℃时流出相同体积 50 mL 的时间,s。

允许误差:重复性实验的允许误差为平均值的 4%,再现性实验的允许误差为平均值的 6%。

6. 实验报告

按实验数据整理有关表格和实验报告。

同一试样至少平行实验两次,当两次结果的差值不大于平均值的 4% 时,取其平均值作为实验结果。

7. 注意事项

①严格控制实验温度及读数据的准确性。

②黏度计水值很敏感,必须定期校正。

思考题

1. 简述本方法测定沥青黏度的适用范围。
2. 试比较标准黏度计法和恩格拉黏度计法的原理。

实验十二 沥青蒸发损失实验

1. 实验目的与适用范围

本方法适用于测定石油沥青的蒸发损失,蒸发损失后的残留物应进行针入度实验,计算残留物针入度占原试样针入度的百分率,并根据需要测定沥青残留物的延度、软化点等,以评定沥青受热时性质的变化。

2. 实验原理

沥青在路面施工过程中需要加热,在路面建成使用过程中,还要长期经受大气、日照、降水、温度等自然因素的作用。这些因素都能促使沥青加速化学反应,最终导致沥青技术性能降低,使沥青路面发生老化。

沥青热致老化实验是针对由于路面施工加热导致沥青性能变化这一老化过程的评价,主要为沥青短期老化的评价方法。我国沥青热致老化实验目前主要采用沥青蒸发损失实验和沥青薄膜加热实验两种方法。

本实验模拟沥青加热过程经受老化的情况,蒸发损失后的沥青残留物应进行针入度实验,但根据需要也可进行其他各项实验,以确定沥青受热时的变化。

首先按规定方法制备沥青试样并测定试样的针入度,称量沥青试样质量,然后在(163 ±1) ℃条件下,加热沥青试样并保温一定时间,称量加热保温蒸发老化后沥青试样的质量,并测量蒸发老化后沥青试样的针入度。根据蒸发老化前后沥青试样的质量变化计算试样的蒸发损失(%),根据试样蒸发老化前后沥青试样针入度的变化计算试样蒸发后残留物的针入度占原试样针入度的百分率(针入度比(%))。用试样的蒸发损失和针入度比表征沥青经受高温后的老化程度。

3. 原材料、试剂及仪器设备

①烘箱:内部尺寸不小于330 mm ×330 mm,装有温度自动调节器,控制温度的准确度为1 ℃。烘箱内安装有一个直径大于250 mm 的转盘,中心由一垂直轴悬挂于烘箱中央,通过传动机构,使转盘以(5.0 ±1) r/min 的速度转动。转盘呈水平装置,上有6 个凹圆槽,供放置盛样皿使用。烘箱正面安装有大于100 mm ×100 mm 的铰接密封窗门,窗门内层为玻璃制成,实验时不必打开烘箱门,只要打开窗门,即可通过玻璃读取箱内温度计的读数。烘箱应至少有一个进气孔及一个出气孔。烘箱也可用后面“沥青薄膜加热实验”所用的薄膜加热烘箱代替。

②盛样皿:金属或硬玻璃制成,不少于两个,平底,筒状,内径(55 ±1) mm,深(35 ±1) mm。也可用洁净的针入度实验用盛样皿代替。

③温度计:量程0 ~200 ℃,分度值0.5 ℃。

④分析天平:感量不大于1 mg。

⑤其他:沥青熔化锅、计时器等。

4. 实验步骤

①称洁净、干燥的盛样皿的质量(m_0),准确至1 mg。

②按沥青试样准备方法准备试样。将试样缓缓倾入两个盛样皿中，质量为(50 ± 0.5) g，冷却至室温后再称试样与盛样皿合计质量(m_1)，准确至 1 mg。

③将烘箱调成水平，使转盘在水平面上旋转；再将温度计挂在转盘上方，位于转盘边缘内测 20 mm，水银球底部在转盘顶面上的 6 mm 处；然后打开烘箱的上下气孔，并加热保持温度(163 ±1) ℃。

④待温度恒定后，将两个已盛试样的盛样皿置于烘箱内，注意观察温度下降，从温度回升至 163 ℃时开始计算，连续保持 5 h，但全部时间不得超过 5.25 h。

注：不宜将不同品种或标号的沥青同时放进一个烘箱中进行实验。

⑤加热终了后取出盛样皿，在不落入灰尘的条件下，在室温下冷却，称取质量(m_2)，准确至 1 mg。

⑥将盛样皿置于加热炉具上徐徐加热使沥青熔化，并用玻璃棒上下搅匀。然后按针入度实验规定的步骤测定此残留物的针入度，如果试样数量不够针入度实验要求时，应增加试样皿数量，再合并在要求的试样皿内实验。

5. 数据处理

①沥青试样蒸发损失百分率按式(5.16)计算，当试样蒸发实验后试样减少时为负值，质量增加时为正值。

$$L_b = \frac{m_2 - m_1}{m_1 - m_0} \times 100 \tag{5.16}$$

式中 L_b——试样的蒸发损失，%；

m_0——盛样皿质量，g；

m_1——加热前盛样皿与试样的总质量，g；

m_2——加热后盛样皿与试样的总质量，g。

②试样蒸发后残留物的针入度占原试样针入度的百分率按式(5.17)计算。

$$K_p = \frac{P_2}{P_1} \times 100 \tag{5.17}$$

式中 K_p——针入度比，%；

P_1——原试样的针入度，0.1mm；

P_2——蒸发损失后残留物的针入度，0.1mm。

③允许误差。

a. 当蒸发损失小于 0.5% 时，重复性实验的允许误差为 0.10%，再现性实验的允许误差为 0.20%。

b. 当蒸发损失大于或等于 0.5% 时，重复性实验的允许误差为 0.20%，再现性实验的允许误差为 0.40%。

c. 残留物针入度的允许误差同针入度实验的规定，不符合要求时应重新实验。

6. 实验报告

按实验数据整理有关表格和实验报告。

同一试样至少平行实验两次，两格盛样皿的蒸发损失百分率之差符合重复性实验的误差时，求取其平均值作为实验结果，准确至 2 位小数。

7. 注意事项

①不能将不同品种或标号的沥青同时放进一个烘箱中进行实验。

②取出加热终了的盛样皿后注意不要落入灰尘并在室温下冷却。

思考题

1. 沥青蒸发损失实验反映了沥青什么性质,在实际工程中有什么参考价值?

2. 沥青蒸发损失掉的主要是哪些成分?对沥青的性能有什么影响?

实验十三　沥青薄膜加热实验

1. 实验目的与适用范围

本方法适用于测定道路石油沥青、聚合物改性沥青薄膜加热后的质量变化，并根据需要，测定薄膜加热后残留物的针入度、延度、软化点、黏度等性质的变化，以评定沥青的耐老化性能。

2. 实验原理

沥青加热损失实验能在一定程度上描述沥青在受热时发生老化的情况，但沥青在混合料中是以薄膜形式裹覆在集料上的，为了进一步模拟沥青在混合料摊铺过程中所经历的变化，设计沥青薄膜加热实验，常简称为 TFOT，测定项目可根据需要决定。

首先测定沥青试样薄膜加热实验前的试样质量和针入度、黏度、软化点、脆点及延度等指标，按规定方法制备沥青试样，使之形成厚度均匀的薄膜，然后将制备的沥青薄膜在 163 ℃烘箱中水平旋转加热（区别于下述“旋转薄膜加热实验”中的竖直旋转）5 h，再次测定沥青试样薄膜加热实验后的试样质量和针入度、黏度、软化点、脆点及延度等指标。根据旋转薄膜加热前后的试样质量变化和各项性能指标的变化，计算沥青薄膜实验后质量变化、试样薄膜加热后残留物针入度比（%）、沥青薄膜加热实验的残留物软化点增值、沥青薄膜加热实验黏度比和沥青的老化指数。

3. 原材料、试剂及仪器设备

①薄膜加热烘箱：形状和尺寸如图 5.25 所示，工作温度最高可达 200 ℃，控制温度的准确度为 1 ℃，装有温度调节器和可转动的圆盘架（图 5.26）。

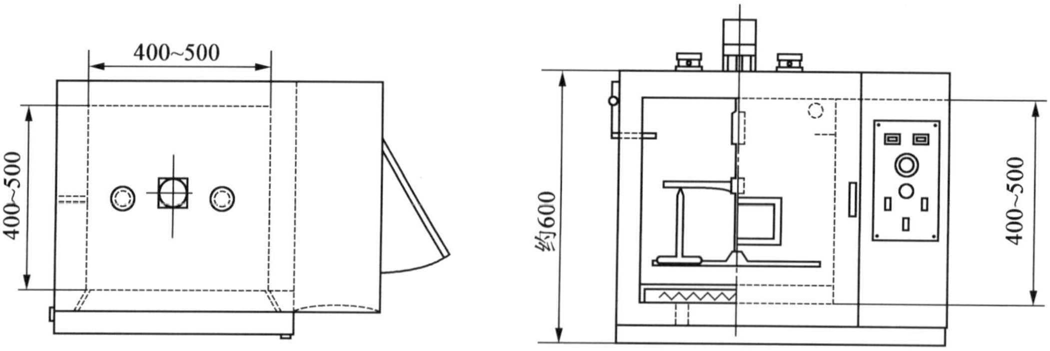

图 5.25　薄膜加热烘箱（尺寸单位：mm）

圆盘直径为 360 ~ 370 mm，上有浅槽 4 个，供放置盛样皿，转盘中心由一垂直轴悬挂于烘箱的中央，由传动机构使转盘水平转动，速度为（5.5 ± 1）r/min。门为双层，两层之间应留有间隙，内层门为玻璃制，只要打开外门，便可通过玻璃窗读取烘箱中温度计的读数。烘箱应能自动通风，为此在烘箱底部及顶部分别设有空气入口和出口，以供热空气和蒸气的逸出和空气进入。

②盛样皿:可用不锈钢或铝制成,不少于4个,在使用中不变形。其形状和尺寸如图5.27所示。

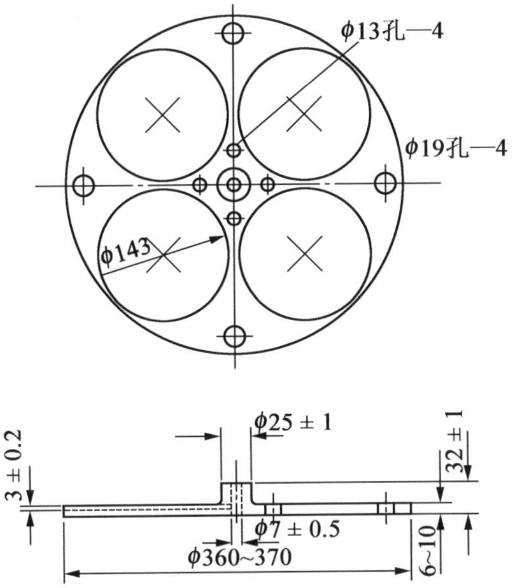

图5.26　圆盘架(尺寸单位:mm)

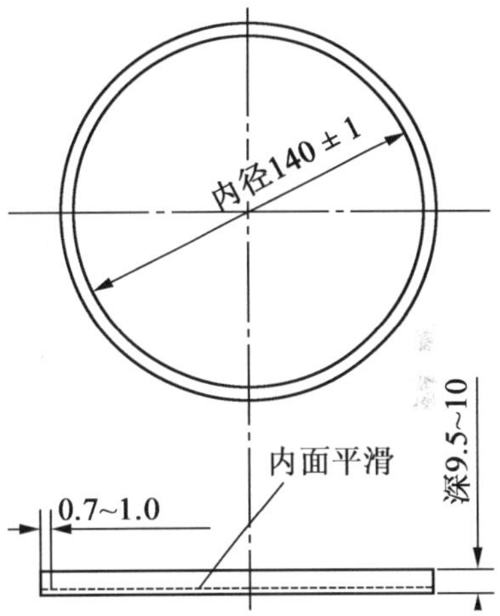

图5.27　盛样皿(尺寸单位:mm)

③温度计:量程0~200 ℃,分度值0.5 ℃(允许由普通温度计代替)。

④分析天平:感量不大于1 mg。

⑤其他:干燥器、计时器等。

4. 实验步骤

①将洁净、烘干、冷却后的盛样编号,称其质量(m_0),准确至1 mg。

②按沥青试样准备方法规定的方法准备试样,分别注入4个已称质量的盛样皿中(50~0.5 g),并形成沥青厚度均匀的薄膜,放入干燥器中冷却至室温后称取质量(m_1),准确至1 mg。同时按规定方法,测定沥青试样薄膜加热实验前的针入度、黏度、软化点、脆点及延度等性质。当实验项目需要,预计沥青数量不够时,可增加盛样皿数目,但不允许将不同品种或不同标号的沥青同时放在一个烘箱中进行实验。

③将温度计垂直悬挂于转盘轴上,位于转盘中心,水银球应在转盘顶面上的6 mm处,并将烘箱加热并保持至(163±1) ℃。

④把烘箱调整水平,使转盘在水平面上以(5.5±1) r/min的速度旋转,转盘与水平面倾斜角不大于3°,温度计位置距转盘中心和边缘距离相等。

⑤在烘箱达到恒温163 ℃后,迅速将盛有试样的盛样皿放入烘箱内的转盘上,并关闭烘箱门和开动转盘架;使烘箱内温度回升至162 ℃时开始计时,并在(163±1) ℃温度下保持5 h。但从放置试样开始至实验结束的总时间,不得超过5.25 h。

⑥实验结束后,从烘箱中取出盛样皿,如果不需要测定试样的质量变化,按上述步骤

⑤进行；如果需要测定试样的质量变化，随机取其中两个盛样皿放入干燥器中冷却至室温后分别称其质量(m_2)，准确至 1 mg。

⑦试样称量后，将盛样皿放回(163 ±1) ℃的烘箱中转动 15 min；取出试样，立即按照下述步骤⑤进行工作。

⑧将每个盛样皿的试样，用刮刀或刮铲刮入一适当的容器内，置于加热炉上加热，并适当搅拌使充分融化达流动状态，倒入针入度盛样皿或延度、软化点等试模内，并按规方法进行针入度等各项薄膜加热实验后残留物的相应实验。如果在当日不能进行实验时，试样应放置在容器内，但全部实验必须在加热后 72 h 内完成。

5. 数据处理

①沥青薄膜实验后质量变化按式(5.18)计算，准确至 3 位小数(质量减少为负值，质量增加为正值)。

$$L_T = \frac{m_2 - m_1}{m_1 - m_0} \times 100 \tag{5.18}$$

式中 L_T——试样薄膜加热质量变化，%；

m_0——盛样皿质量，g；

m_1——薄膜烘箱加热前盛样皿与试样的总质量，g；

m_2——薄膜烘箱加热后盛样皿与试样的总质量，g。

②沥青薄膜烘箱实验后，残留物针入度比以残留物针入度占原试样针入度的比值按式(5.19)计算。

$$K_P = \frac{P_2}{P_1} \times 100 \tag{5.19}$$

式中 K_P——试样薄膜加热后残留物针入度比，%；

P_1——薄膜加热实验前原试样的针入度，0.1 mm；

P_2——薄膜烘箱加热后残留物的针入度，0.1 mm。

③沥青薄膜加热实验的残留物软化点增值按式(5.20)计算。

$$\Delta T = T_2 - T_1 \tag{5.20}$$

式中 ΔT——薄膜加热实验后软化点增值，℃；

T_1——薄膜加热实验前软化点，℃；

T_2——薄膜加热实验后软化点，℃。

④沥青薄膜加热实验黏度比按式(5.21)计算。

$$K_\eta = \frac{\eta_2}{\eta_1} \tag{5.21}$$

式中 K_η——薄膜加热实验前后 60 ℃黏度比；

η_2——薄膜加热实验后 60 ℃黏度，Pa · s；

η_1——薄膜加热实验前 60 ℃黏度，Pa · s。

⑤沥青的老化指数按式(5.22)计算。

$$C = \lg\lg(\eta_2 \times 10^3) - \lg\lg(\eta_1 - 10^3) \tag{5.22}$$

式中 C——沥青薄膜加热实验的老化指数。

⑥允许误差。

a. 当薄膜加热后质量变化小于或等于0.4%时,重复性实验的允许误差为0.04%,再现性实验的允许误差为0.16%。

b. 当薄膜加热后质量变化大于0.4%时,重复性实验的允许误差为平均值的8%,再现性实验的允许误差为平均值的40%。

c. 残留物针入度、软化点、延度、黏度等性质实验的允许误差应符合相应的实验方法规定。

6. 实验报告

按实验数据整理有关表格和实验报告。

本实验的报告应注明下列结果:

①质量变化。当两个试样皿的质量变化符合重复性实验允许误差要求时,取其平均值作为实验结果,准确至3位小数。

②根据需要报告残留物的针入度及针入度比、软化点及软化点增值、黏度及黏度比、老化指数、延度、脆点等各项性质的变化。

7. 注意事项

①数据处理注意单位、平行实验、计算公式,计算精度要满足规定要求。

②烘箱要调成水平,且不能晃动。

思考题

1. 沥青薄膜实验主要测定哪些指标?反映了沥青哪些性能?

2. 试比较薄膜加热实验和蒸发损失实验。

实验十四　沥青旋转薄膜加热实验

1. 实验目的与适用范围

本方法适用于测定道路石油沥青、聚合物改性沥青旋转薄膜烘箱加热(简称 RTFOT)后的质量变化,并根据需要测定旋转薄膜加热后沥青残留物的针入度、黏度、延度及脆点等性质的变化,以评定沥青的老化性能。

2. 实验原理

本实验在 163 ℃恒温下进行,首先称量各组沥青试样的质量,测定各组沥青试样的性能指标(根据需要确定)。将试样瓶装在以(15 ±0.2) r/min 速度转动的垂直环形架上,当试样瓶转到最低位置时向瓶内以一定流速吹入洁净干燥的热空气(温度经烘箱加热基本与烘箱内同),旋转加热实验 75 min。称量旋转薄膜加热实验后各组沥青试样的质量,测定加热后各组沥青试样的性能指标(根据需要确定),计算沥青旋转薄膜加热实验后质量变化、沥青旋转薄膜加热实验后残留物针入度比、沥青旋转薄膜加热实验的残留物软化点增值、沥青旋转薄膜加热实验黏度比及沥青的老化指数。

沥青旋转薄膜加热实验(RTFOT)与沥青薄膜加热实验(TFOT)是同一性质的实验,但实验条件不同,也是国际上通行的一种实验。美国等一些沥青标准中规定旋转薄膜加热可以用薄膜加热实验替代。由于 RTFOT 沥青膜更薄,只有 5 ~10 μm,因此实验时间可以缩短,且更加接近沥青混合料拌和时的实际情况。

3. 原材料、试剂及仪器设备

(1)旋转薄膜烘箱。

烘箱恒温室形状如图 5.28 所示。烘箱具有双层壁,电热系统应有温度自动调节器,可保持温度为(163 ±0.5) ℃,其内部尺寸为高 381 mm、宽 483 mm,深(445 ±13) mm(关门后)。烘箱门上有一双层耐热的玻璃窗,其宽为 305 ~380 mm、高 203 ~229 mm,可以通过此窗观察烘箱内部实验情况。最上部的加热元件应位于烘箱顶板的下方 25 ±3 mm,烘箱应调整成水平状态。

烘箱的顶部及底部均有通气口。底部通气口面积为(150 ±7) m^2 时,对称配置,可供均匀进入空气的加热之用。上部通气口匀称地排列在烘箱顶部,其开口面积为(93 ±4.5) mm^2。

烘箱内有一内壁,烘箱与内壁之间有一个通风空间,间隙为 38.1 mm。在烘箱宽的中点上,且从环形金属架表面至其轴间 152.4 mm 处,有一外径 133 mm、宽 73 mm 的鼠笼式风扇,并用一电动机驱动旋转,其速度为 1 725 r/min。鼠笼式风扇将以与叶片相反的方向转动。

烘箱温度的传感器装置在距左侧 25.4 mm 及空气封闭箱内上顶板下约 38.1 mn 处,以使测温元件处于距烘箱内后壁约 203.2 mm 位置。将测试用的温度计悬挂或附着在顶板的一个距烘箱右侧中点 50.8 mm 的装配架上。温度计悬挂时,其水银球与环形金属架的轴线相距 25.4 mm 以内。温度控制器应能使全部装好沥青试样后,在 10 min 之内达到实验温度。

烘箱内有一个直径为 304.8 mm 的垂直环形架,架上装备有适当的能锁闭及开启 8 个水平放置的玻璃盛样瓶的固定装置。垂直环形架通过直径 19 mm 的轴,以(15 ± 0.2) r/min速度转动。

烘箱内装备有一个空气喷嘴,在最低位置上向转动玻璃盛样瓶喷进热空气。喷嘴孔径为 1.016 mm,连接着一根长为7.6 m、外径为8 mm 的铜管。铜管水平盘绕在烘箱的底部,并连通着一个能调节流量、新鲜的和无尘的空气源。为保证空气充分干燥,可用活性硅胶作为指示剂。在烘箱表面上装备有温度指示器,空气流量计的流量应为(4 000 ± 200) mL/min。

(2)盛样瓶。

耐热玻璃制,其形状如图 5.29 所示,高为(139.7 ±1.5) mm,外径为(64 ±1.2) mm,壁厚为(2.4 ±0.3) mm,口部直径为(31.75 ±1.5) mm。

(3)温度计。

量程 0 ~200 ℃,分度值 0.5 ℃。

(4)分析天平。

感量不大于 1 mg。

(5)溶剂。

汽油、三氯乙烯等。

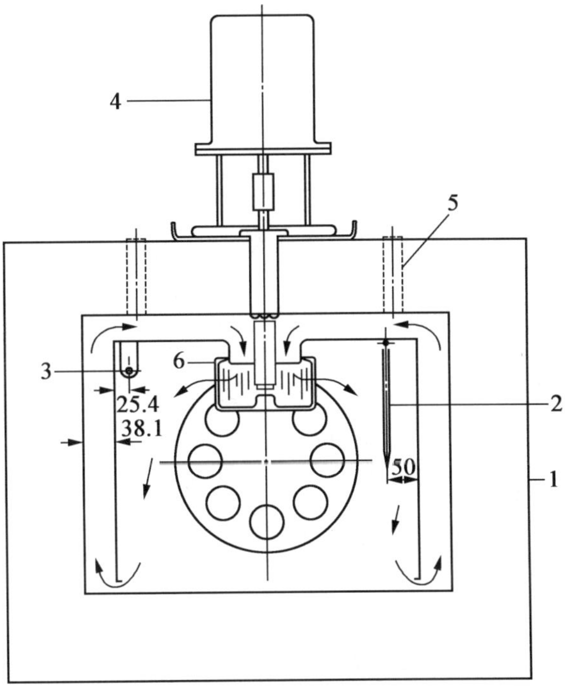

图 5.28 旋转薄膜烘箱恒温室(尺寸单位:mm)
1—恒温箱;2—温度计;3—温度传感器;
4—风扇电动机;5—换气孔;6—箱型风扇

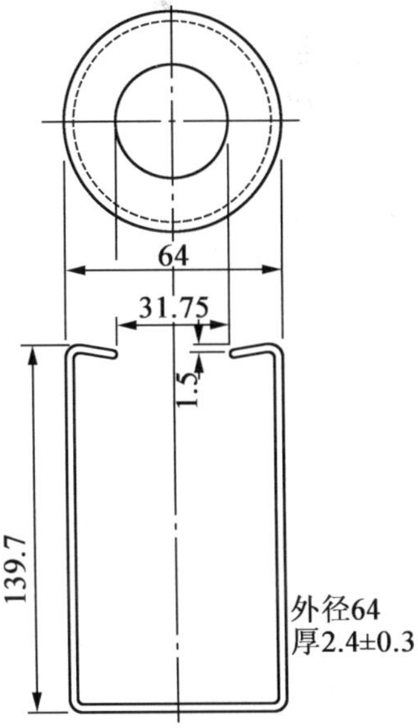

图5.29 盛样瓶(尺寸单位:mm)

4. 实验步骤

①用汽油或三氯乙烯洗净盛样瓶后，置温度为(105 ±5) ℃的烘箱中烘干，并在干燥器中冷却后编号称其质量(m_0)，准确至 1 mg。盛样瓶的数量应能满足实验的试样需要，通常不少于 8 个。

②将旋转加热烘箱调节水平，并在(163 ±0.5) ℃下预热不少于 16 h，使箱内空气充分加热均匀。调节好温度控制器，使全部盛样瓶装入环形金属架后，烘箱的温度应在 10 min以内达到(163 ±0.5) ℃。

③调整喷气嘴与盛样瓶开口处的距离为 6.35 mm，并调节流量计，使空气流量为(4 000 ±200) mL/min。

④按沥青试样准备方法规定的方法准备试样，分别注入已称质量的盛样瓶中，其质量为(35 ±0.5) g，放入干燥器中冷却至室温后称取质量(m_1)，准确至 1 mg。需测定加热前后沥青性质变化时，应同时灌样测定加热前沥青的性质。

⑤将称量完后的全部试样瓶放入烘箱环形架的各个瓶位中，关上烘箱门后开启环形架转动开关，以(15 ±0.2) r/min 速度转动(试样瓶可自由调整保持水平)。同时开始将流速(4 000 ±200) mL/min 的热空气喷入转动着的盛样瓶的试样中，烘箱的温度应在 10 min回升到(163 ±0.5) ℃，使试样在(163 ±0.5) ℃温度下受热时间不少于75 min，总的持续时间为 85 min。若 10 min 内达不到实验温度，则实验不得继续进行。

⑥到达时间后，停止环形架转动及喷射热空气，立即逐个取出盛样瓶，并迅速将试样倒入一洁净的容器内混匀(进行加热质量变化的试样除外)，以备进行旋转薄膜加热实验后的沥青性质的实验，但不允许将已倒过的沥青试样瓶重复加热来取得更多的试样。所有实验项目应在 72 h 内全部完成。

⑦将进行质量变化实验的试样瓶放入真空干燥器中，冷却至室温，称取质量(m_2)，准确至 1 mg。此瓶内的试样即予废弃(不得重复加热用来进行其他性质的实验)。

5. 数据处理

①沥青旋转薄膜加热实验后质量变化按式(5.23)计算，准确至 3 位小数(质量减少为负值，质量增加为正值)。

$$L_T = \frac{m_2 - m_1}{m_1 - m_0} \times 100 \tag{5.23}$$

式中 L_T——试样旋转薄膜加热质量变化，%；

m_0——盛样瓶质量，g；

m_1——旋转薄膜加热前盛样瓶与试样的总质量，g；

m_2——旋转薄膜加热后盛样瓶与试样的总质量，g。

②沥青旋转薄膜加热实验后，残留物针入度比以残留物针入度占原试样针入度的比值表示，按式(5.24)计算。

$$K_P = \frac{P_2}{P_1} \times 100 \tag{5.24}$$

式中 K_P——试样旋转薄膜加热后残留物针入度比，%；

P_1——旋转薄膜加热前原试样的针入度，0.1 mm；

P_2——旋转薄膜加热后残留物的针入度,0.1 mm。

③沥青旋转薄膜加热实验的残留物软化点增值按式(5.25)计算。

$$\Delta T = T_2 - T_1 \tag{5.25}$$

式中 ΔT——旋转薄膜加热实验后软化点增值,℃;

T_1——旋转薄膜加热实验前软化点,℃;

T_2——旋转薄膜加热实验后软化点,℃。

④沥青旋转薄膜加热实验黏度比按式(5.26)计算。

$$K_\eta = \frac{\eta_2}{\eta_1} \tag{5.26}$$

式中 K_η——旋转薄膜加热实验前后60 ℃黏度比;

η_2——旋转薄膜加热实验后60 ℃黏度,Pa · s;

η_1——旋转薄膜加热实验前60 ℃黏度,Pa · s。

⑤沥青的老化指数按式(5.27)计算。

$$C = \lg\lg(\eta_2 \times 10^3) - \lg\lg(\eta_1 \times 10^3) \tag{5.27}$$

式中 C——沥青旋转薄膜加热实验的老化指数。

⑥允许误差。

a. 当旋转薄膜加热后质量变化小于或等于0.4%时,重复性实验的允许误差为0.04%,再现性实验的允许误差为0.16%。

b. 当旋转薄膜加热后质量变化大于0.4%时,再现性实验的允许误差为平均值的40%,重复性实验的允许误差为平均值的8%。

c. 残留物针入度、软化点、延度、黏度等性质实验的允许误差应符合相应实验方法的规定。

6. 实验报告

与沥青薄膜加热实验的报告要求相同。

7. 注意事项

①在实验过程中,要保持空气流量满足规定要求。

②旋转加热烘箱使用前要进行调试并按照规定进行预热。

思考题

1. 沥青薄膜实验和沥青旋转薄膜实验之间的异同?

2. 分析在进行实验过程中,为什么对温度控制这么严格?

实验十五　压力老化容器加速沥青老化实验

1. 实验目的与适用范围

本方法采用高温和压缩空气在压力容器中对沥青进行加速老化，目的是模拟沥青在道路使用过程中发生的氧化老化，用来评价不同沥青在实验温度和压力条件下的抗氧化老化能力，但不能说明混合料因素的影响或沥青实际使用条件下对老化的影响。

本方法使用的样品为旋转薄膜烘箱实验方法得到的残留物。

2. 实验原理

沥青混合料在路面结构中经历的环境因素比较复杂，既有温度作用也有车轮载荷的压力作用。本实验使用压力老化实验仪，在压力容器中，可以提供(2.1 ±0.12) MPa 的压力、90 ~110 ℃的温度。

首先将沥青进行旋转薄膜烘箱实验(RTFOT)，RTFOT 残留物试样装入试样盘，置于压力老化容器中老化 20 h，取出试样加热并搅拌除去气泡后，可立即进行压力老化(PAV)残留物的性能测定。

操作者在使用前应该仔细阅读厂家提供的仪器操作说明书，详细的操作步骤可按仪器说明书进行。

3. 原材料、试剂及仪器设备

(1)压力老化实验仪。

压力老化实验仪示意图如图 5.30 所示，主要由以下部分组成：

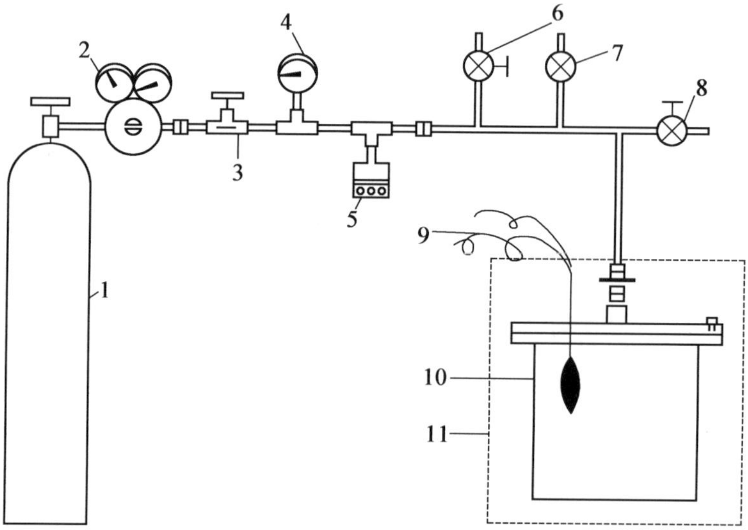

图 5.30　压力老化实验仪示意图

1—压缩空气瓶；2—压力调节阀；3—针阀；4—压力计；5—安全膜；6—压力缓释阀；7—减压阀；8—针阀；9—铂电阻；10—压力容器；11—温度控制

①1 个压力容器。

②压力控制设备。

③温度控制设备。

④压力和温度测量设备。

⑤标准的薄膜烘箱盛样盘等。

(2)直接拉伸实验仪的技术要求和参数。

①压力容器。压力为(2.1 ±0.12) MPa。压力容器包括一个盘架,盘架可以水平放置 10 个薄膜烘箱盛样盘。图 5.31 为压力容器内部结构示意图。

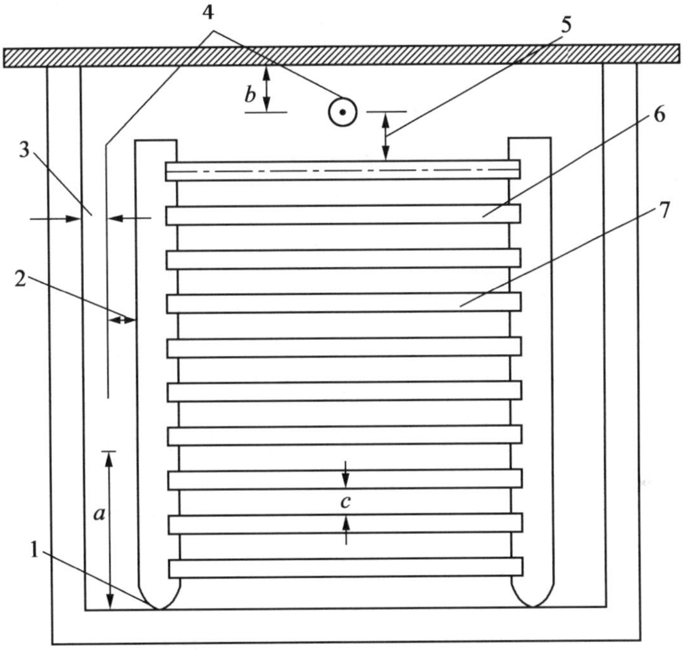

图 5.31　压力容器内部结构示意图

1—组件支撑点;2—与传感器表面至少有 5 mm 净距;3—壁净距≥10 mm;4—温度传感器和温度显示线;5—距离沥青胶结料顶部≥10 mm;6—盛样盘和支撑组件;7—10 个老化盛样盘放在支架座上,整个组件可以作为一个完整的单元移动;a—组件支撑点到各层支座架顶面距离;组件支撑点不少于 3 个,测量 3 个组件支撑点到各层支架顶面距离,3 个值之间的差值控制在 ±0.05 mm;控制差值主要是保证盛样盘的水平性;b—距离压力容器内部顶面距离≥10 mm;c—12 mm

②压力控制设备。

a. 减压阀:防止容器中的压力超过容器的设计压力。在老化过程中容器中压力应不超过 2.5 MPa。

b. 压力调节器:将容器中的压力控制到 ±0.02 MPa,并且在老化过程中,使容器的压力控制在(2.1 ±0.1) MPa(表压)。

c. 压力缓释阀:完成实验后,在 8 ~ 15 min 内将容器中 2.1 MPa 的压力慢速地减至大气压力。

③温度控制设备:在 90 ~ 110 ℃,能够将压力容器内部温度控制在老化温度的±0.5 ℃。

④温度记录设备:在整个老化过程中记录温度并准确至 0.1 ℃。

⑤压力表:在老化过程中,将压力容器内部的压力准确测量至 ±0.02 MPa 之内。

⑥盛样盘:10 个满足薄膜加热实验标准的不锈钢盘。

⑦天平:感量不大于 0.1 g。

⑧压缩空气瓶。

4. 实验步骤

①按沥青试样准备方法规定的方法准备试样。沥青进行旋转薄膜烘箱实验(RTFOT),将老化实验后的残留物倒入一个容器中。

②将已知质量的标准薄膜烘箱实验盛样盘放在天平上,向盘中加入(50 ±0.5) g 的沥青,使沥青薄膜厚度约为 3.2 mm。如果残留物已冷却,可将其加热至流动状态再灌样。

③将盘架放在压力容器内部,并按相关要求选择压力老化容器温度,开启加热器,将压力容器预热到选定的老化温度。当温度达到老化温度后,迅速将压力容器打开,将准备好的盛样盘放入压力容器中的试样架上,然后关闭压力容器。

④当压力容器内部的温度达到低于规定温度 2 ℃时(要求在 2 h 内达到),供给(2.1 ±0.1) MPa的空气压力,并开始计时。保持压力容器内的温度和空气压力 20 h ± 10 min。

⑤到规定的 20 h 老化时间后,开启减压阀,使压力老化容器内的压力在 8 ~ 15 min 减小到与外部压力相同。

⑥在 20 h 的老化阶段,如果温度记录设备显示的温度高于或低于目标老化温度 ±0.5 ℃的总时间超过 60 min,则老化过程无效,废弃实验样品;同样,如果压力超过规定范围,也废弃实验样品。

⑦打开压力容器,拿出实验架和盛样盘,将盘中热的残留物倒入一个容器中,加热并搅拌除去气泡后,可立即进行压力老化残留物的性能测定。如果不立即对残留物进行实验,应盖好在室温下存放,留待以后实验。

5. 数据处理

记录相关实验数据和实验条件。

6. 实验报告

实验结束后报告内容包括:样品编号、老化温度(准确至 0.5 ℃);记录最高和最低老化温度,准确至 0.1 ℃;总老化时间,准确至 1 min。

7. 注意事项

①进行老化实验时,要等到温度达到老化温度后再迅速将压力容器打开。

②温度、压力、老化时间的控制,一定要严格准确。

思考题

1. 分析加速沥青老化实验的目的,在实际应用中有什么参考价值?
2. 为什么在压力老化实验前,必须先进行旋转薄膜烘箱实验?

实验十六　乳化沥青破乳速度实验

1. 实验目的与适用范围

本方法适用于各种类型的乳化沥青的拌和稳定度实验，以鉴别乳液属于快裂（RS）、中裂（MS）或慢裂（SS）的型号。

2. 实验原理

以乳化沥青拌制沥青混合料，在沥青混合料成型之前，需经历乳化沥青破乳阶段。破乳时间的控制对沥青混合料的施工以及沥青路面的质量都有十分重要的影响。对阳离子乳化沥青和阴离子乳化沥青，可采取不同的破乳措施。

乳化沥青的破乳速度实验是乳液试样与规定级配的矿料拌和后，从矿料表面被乳液薄膜裹覆的均匀情况判断乳液的拌和效果，以鉴别乳液属于快裂、中裂或慢裂类型的一种重要实验，以前也称为拌和稳定度实验。在 ASTM 及日本等标准中由于乳液专业化生产，乳液属何种类型在购货时已清楚，故对乳化沥青不进行此项实验。但在我国，大部分施工单位自己生产乳化沥青，鉴别乳液类型至关重要。

本实验是在将乳化沥青与工程中实际使用的集料拌和过程中，测试乳化沥青的破乳速度。用金属匙以 60 r/min 的速度拌和条件下，在不同的乳液加入量、蒸馏水量和搅拌时间条件下进行拌和实验，观察两组矿料与乳液试样拌和均匀情况，根据参考标准，确定试样的破乳速度（快裂、中裂、慢裂）。

3. 原材料、试剂及仪器设备

①拌和锅：容量约为 1 000 mL。

②金属勺。

③天平：感量不大于 0.1 mg。

④标准筛：方孔筛，筛孔径为 4.75 mm、2.36 mm、0.6 mm、0.3 mm、0.075 mm。

⑤道路工程用粒径小于 4.75 mm 的石屑。

⑥蒸馏水。

⑦其他：烧杯、量筒、秒表等。

4. 实验步骤

①将工程实际使用的集料（石屑）过筛分级，并按表 5.6 的比例称料并混合成两种标准级配矿料各 200 g。

表 5.6　拌和实验用矿料颗粒组成比例

矿料规格/mm	<0.075	0.075 ~ 0.3	0.3 ~ 0.6	0.6 ~ 2.36	2.36 ~ 4.75	合计
A 组	3%	3%	5%	7%	85%	100%
B 组	10%	30%	30%	30%	—	100%

②将拌和锅洗净、干燥。

③将 A 组矿料 200 g 在拌和锅中拌和均匀。当为阳离子乳化沥青时，先注入 5 mL 蒸馏水拌匀，再注入乳液 20 g；当为阴离子乳化沥青时，直接注入乳液 20 g。用金属匙 60 r/min的速度拌和 30 s，观察矿料与乳液拌和后的均匀情况。

④将拌和锅中的 B 组矿料 200 g 拌和均匀后注入 30 mL 蒸馏水，拌匀后，注入 50 g 乳液试样，再继续用金属匙以 60 r/min 的速度拌和 1 min，观察拌和后混合料的均匀情况。

⑤根据两组矿料与乳液试样拌和均匀情况按表 5.7 确定试样的破乳速度。

表 5.7　乳化沥青的破乳速度分级

A 组矿料拌和结果	B 组矿料拌和结果	破乳速度	代号
混合料呈松散状态，一部分矿料颗粒未裹覆沥青，沥青分布不够均匀，有些凝聚成固块	乳液中的沥青拌和后立即凝聚成团块，不能拌和	快裂	RS
混合料均匀混合	混合料呈松散状态，沥青分布均匀，并可见凝聚的团块	中裂	MS
	混合料呈糊状，沥青乳液分布均匀	慢裂	SS

5. 数据处理

记录实验数据、实验现象，对照表 5.7 乳化沥青破乳速度分级。

6. 实验报告

按实验数据整理有关表格和实验报告。

实验结果报告包括拌和情况及破乳速度分级、代号。

7. 注意事项

①根据不同的矿料组成和乳化沥青按照规定选择不同拌和方式。

②乳化沥青破乳速度检验，必须以规定的矿料级配与乳化沥青拌和。

思考题

1. 破乳速度的快慢反映了沥青什么性能？
2. 乳化沥青的破乳速度等级划分的依据是什么？
3. 叙述乳化沥青在工程中的应用？破乳速度对乳化沥青的性能有什么影响？

实验十七 乳化沥青筛上剩余量(残留物)实验

1. 实验目的与适用范围

本方法适用于测定各类乳化沥青的筛上剩余物含量,评定沥青乳液的质量。非经注明,筛孔尺寸为 1.18 mm。

2. 实验原理

乳化沥青的筛上剩余物,一般为各种杂质,不利于乳化沥青混合料的拌和与施工,并对沥青路面产生不利影响,因此必须加以控制。

本实验使用筛孔为 1.18 mm 的标准筛,对乳液试样进行过滤筛分,将筛上剩余物烘干称重,计算乳化沥青试样过筛后筛上剩余物含量。

筛上剩余量实验关键是滤筛的筛孔尺寸,ASTM 中规定为 20 号筛(孔径 0.85 mm),日本道路实验法便览中对乳液的过滤要求,一般均用 850 μm 筛,但筛上残留物实验则用 1.18 mm。这实际反映对乳液质量的要求是不同的,孔径小,筛上剩余量高。我国近年来一直采用 1.2 mm 筛,并已提出了乳化沥青的质量技术要求,因此本实验法规定为 1.18 mm(实际上与原筛孔 1.2 mm 相同)。

3. 原材料、试剂及仪器设备

①滤筛:筛孔径为 1.18 mm。

②金属盘:直径不小于 100 mm。

③天平:感量不大于 0.1 g。

④烧杯:750 mL 和 2 000 mL 各 1 个。

⑤油酸钠溶液:质量分数为 2%。

⑥蒸馏水。

⑦烘箱:装有温度控制器。

⑧其他:玻璃棒、溶剂、干燥器等。

4. 实验步骤

①将滤筛、金属盘、烧杯等用溶剂擦洗干净,再用水和蒸馏水洗涤后用烘箱((105 ± 5) ℃)烘干,称取滤筛及金属盘质量(m_1),准确至 0.1 g。

②在一烧杯中称取充分搅拌均匀的乳化沥青试样(500 ± 5) g(m),准确至 0.1 g。

③将筛(框)网用油酸钠溶液(阴离子乳液)或蒸馏水(阳离子乳液)润湿。

④将滤筛支在烧杯上,再将烧杯中的乳液试样边搅拌边徐徐注入筛内过滤。在过滤畅通情况下,筛上乳液试样仅可保留一薄层。如果发现筛孔有堵塞或过滤不畅,可用手轻轻拍打筛框。

注:过滤通常在室温条件下进行,如果乳液稠度大,过滤困难时可将试样在水槽上加热至 50 ℃左右后过滤。

⑤试样全部过滤后,移开盛有乳液的烧杯。

⑥用蒸馏水多次清洗烧杯,并将洗液过筛,再用蒸馏水冲洗滤筛,直至过滤的水完全

清洁为止。

⑦将滤筛置于已称质量的金属盘中，并置于烘箱((105 ±5) ℃)中烘干 2 ~4 h。

⑧取出滤筛，连同金属盘一起置于干燥器中冷却至室温(一般为 30 min 以上)后称其质量(m_2)，准确至 0.1 g。

5. 数据处理

①乳化沥青试样过筛后筛上剩余物含量按式(5.28)计算，准确至 1 位小数。

$$p_r = \frac{m_2 - m_1}{m} \times 100 \tag{5.28}$$

式中 P_r——筛上剩余物含量，%；

m——乳化沥青试样质量，g；

m_1——滤筛及金属盘质量，g；

m_2——滤筛、金属盘与筛上剩余物的总质量，g。

②允许误差：重复性实验的允许误差为 0.03%，再现性实验的允许误差为 0.08%。

6. 实验报告

按实验数据整理有关表格和实验报告。

同一试样至少平行实验两次，两次实验结果的差值不大于 0.03% 时，取其平均值作为实验结果。

7. 注意事项

实验时要将溶液充分过滤，以免溶液粘在烧杯壁上影响实验结果的真实性。

思考题

1. 实验前为什么要先对筛网进行润湿？分析残留物的多少对沥青质量有什么影响？
2. 筛上剩余物可能会有哪些成分？对乳化沥青有何影响？

实验十八 乳化沥青蒸发残留物实验

1. 实验目的与适用范围

本方法适用于测定各类乳化沥青中加热脱水后残留沥青的含量。

2. 实验原理

乳化沥青由水分、乳化剂、可挥发性沥青组分、不可挥发性沥青组分、杂质等组成。蒸发实验后,水分、可挥发性沥青组分被蒸发,留下的主要是不可挥发性沥青组分、杂质。将蒸发残留物在163 ℃下加热至恒重,计算乳化沥青的蒸发残留物含量。

3. 原材料、试剂及仪器设备

①试样容器:容量1 500 mL、高约60 mm、壁厚0.5 ~1 mm的金属盘,也可用小铝锅或瓷蒸发皿代替。

②天平:感量不大于1 g。

③烘箱:装有温度控制器。

④电炉或燃气炉:有石棉垫。

⑤玻璃棒。

⑥其他:温度计、溶剂、洗液等。

4. 实验步骤

①将试样容器、玻璃棒等洗净、烘干并称其总质量(m_1)。

②在试样容器内称取搅拌均匀的乳化沥青试样(300 ±1) g,称取容器、玻璃棒及乳液的总质量(m_2),准确至1 g。

③将盛有试样的容器连同玻璃棒一起置于电炉或燃气炉(放有石棉垫)上缓缓加热,边加热边搅拌,其加热温度不应致乳液溢溅。直至确认试样中的水分已完全蒸发(通常需20 ~30 min),然后在(163 ±3.0) ℃温度下加热1 min。

④取下试样容器冷却至室温,称取容器、玻璃棒及残留物的总质量(m_3),准确至1 g。

5. 数据处理

①乳化沥青的蒸发残留物含量按式(5.29)计算,以整数表示。

$$P_b = \frac{m_3 - m_1}{m_2 \times m_1} \times 100 \tag{5.29}$$

式中 P_b——乳化沥青的蒸发残留物含量,%;

m_1——试样容器、玻璃棒的总质量,g;

m_2——试样容器、玻璃棒及乳液的的总质量,g;

m_3——试样容器、玻璃棒及残留物的总质量,g。

②允许误差。

重复性实验的允许误差为0.4%,再现性实验的允许误差为0.8%。

6. 实验报告

按实验数据整理有关表格和实验报告。

同一试样至少平行实验两次，两次实验结果的差值不大于0.4%时，取其平均值作为实验结果。

7. 注意事项

实验过程中，要缓缓加热，边加热边搅拌使乳液受热均匀，避免乳液溢溅，影响实验准确性。

思考题

1. 怎样确定乳化沥青是否完全脱水？
2. 乳化沥青在加热过程中，是否会有其他物质随水分一起蒸发？分析蒸馏原理。

实验十九 乳化沥青储存稳定性实验

1. 实验目的与适用范围

本方法适用于测定各类乳化沥青的储存稳定性。非经注明，乳液的储存温度为乳液制造时的室温，储存时间为5天，根据需要也可为1天。

2. 实验原理

乳化沥青需要有一定的稳定性，以适应储存、运输以及拌和时破乳速度的要求。乳化沥青的储存稳定性是在规定的容器和条件下，储存规定的时间后，竖直方向上试样浓度的变化程度(可用蒸发残留物来代替)，以上、下两部分乳液蒸发残留物质量百分数的差值表示，以判断乳液储存后的稳定性能。因此，储存时间和储存温度是主要因素，但实验方法国外并不相同。本实验法根据我国实际情况，规定储存温度以沥青乳液制造时的室温为标准，由于我国地域和四季温差较大，故不对室温的温度作出规定，储存时间则采用5天，参照ASTM D244，乳化沥青标准规定时也可用1天。

将乳化沥青过滤过筛，注入稳定性实验管中静置5天(计划5天内用完时静置1天)，记录静止期间温度及试样性状等变化。静置结束后分别取上支管上部50 g、下支管摇匀后取50 g两种试样，按乳化沥青蒸发残留物实验的方法测试其蒸发残留物含量，取两者之差的绝对值作为乳化沥青的储存稳定性指标。

3. 原材料、试剂及仪器设备

①沥青乳液稳定性实验管：玻璃制，形状和尺寸如图5.32所示，带有上下两个支管口，开口处配有橡胶塞或软木塞。

②试样容器：小铝锅或磁蒸发皿，300 mL以上。

③电炉或电热板。

④天平：感量不大于0.1 g。

⑤滤筛：筛孔为1.18 mm。

⑥其他：温度计、气温计、玻璃棒、溶剂、洗液等。

4. 实验步骤

①将稳定性实验管分别用溶剂(可用汽油)、洗液和洁净水洗净并置于温度为(105 ±5) ℃的烘箱中烘干，冷却后用塞子塞好上下支管出口。

②将均匀的乳化沥青试样约300 mL通过1.18 mm滤筛过滤至试样容器内。

③将过滤后的乳液试样用玻璃棒搅匀，缓缓注入稳定性实验管内，使液面达到管壁上的250 mL标线处。注入时应注意支管上不得附有气泡。然后，用塞子塞好管口。

④将盛样封闭好的稳定性实验管置于试管架上，在室温下静置5天。静置过程中，经常观察乳液是否有分层、沉淀或变色等情况，做好记录并记录5天内的室温变化情况(最高及最低温度)。当生产的乳液计划在5天内即用完时，储存稳定性实验的试样也可静置1天(24 h)。

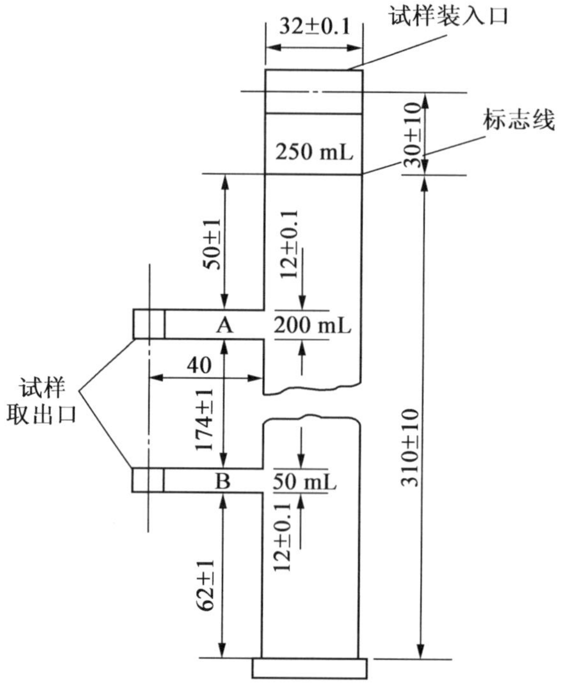

图 5.32　稳定性实验管(尺寸单位:mm)

⑤静置后,轻轻拔出上支管口的塞子,从上支管口流出试样约 50 g 接入一个已称质量的蒸发残留物实验容器中。再拔开下支管口的塞子,将下支管以上的试样全部放出,流入另一容器。然后充分摇匀下支管以下的试样,倾斜稳定性管,将管内的剩余试样从下支管口流出试样约 50 g,接入第三个已称质量的蒸发残留物实验容器内。

⑥分别称取上下两部分试样质量,准确至 0.2 g,然后按乳化沥青蒸发残留物含量实验方法测定蒸发残留物含量 P_A 及 P_B。

5. 数据处理

①乳化沥青的储存稳定性按式(5.30)计算,取其绝对值。

$$S_s = |P_A - P_B| \tag{5.30}$$

式中　S_s——试样的储存稳定性,%;

P_A——储存后上支管部分试样蒸发残留物含量,%;

P_B——储存后下支管部分试样蒸发残留物含量,%。

②允许误差:重复性实验的允许误差为 0.5%,再现性实验的允许误差为 0.6%。

6. 实验报告

按实验数据整理有关表格和实验报告。

①同一试样至少平行实验两次,两次测定的差值符合重复性实验允许误差要求时,取平均值作为实验结果,以整数表示。

②实验报告应注明乳液储存的温度变化范围与储存时间。

7. 注意事项

①测定乳化沥青储存稳定性过程中,从上支管口接试样和接中间层乳液时不得晃动稳定性管,取下支管口以下的试样时,要将乳液摇匀。

②数据处理要注意单位,计算公式不要错,平行实验、计算精度要满足规定要求。

思考题

1. 分析测定乳化沥青储存稳定性在实际工程中应用的意义。

2. 讨论提高乳化沥青储存稳定性的措施。

实验二十 （改性）沥青弹性恢复实验

1. 实验目的与适用范围

本实验适用于评价热塑性橡胶类聚合物改性沥青的弹性恢复性能，即测试用延度实验仪拉长一定长度后的可恢复变形的百分率。非经注明，实验温度为 25 ℃，拉伸速率为 (5 ±0.25) cm/min。

2. 实验原理

沥青材料具有黏弹性及应力松弛性能，赋予沥青混合料路面以柔性性能，这是沥青路面行车舒适性的一个因素。改性沥青的目的之一，就是提高沥青的高温、低温性能以及高温、低温下的弹性恢复性能。因此沥青的弹性恢复率是改性沥青的主要指标之一。

实验中测试在规定条件下经拉伸后的沥青剪断后经一定时间，沥青试样长度的变化情况。

3. 原材料、试剂及仪器设备

①试模：采用延度实验所用试模，但中间部分换为直线侧模，如图 5.33 所示。

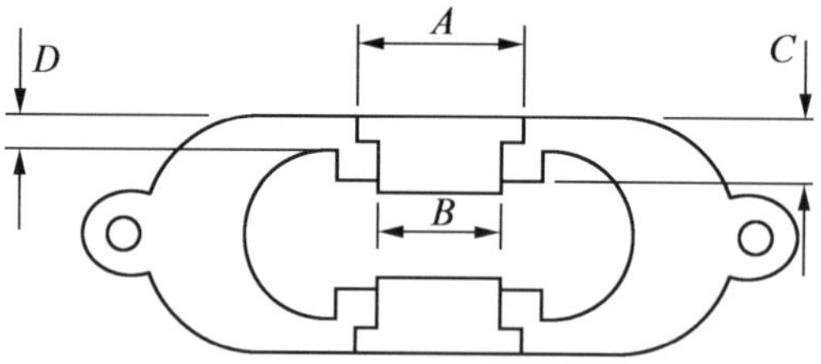

图 5.33 弹性恢复实验用直线延度试模

$A=(36.5\pm0.1)$ mm；$B=(30\pm0.1)$ mm；$C=(17\pm0.1)$ mm；$D=(10\pm0.1)$ mm

②水槽：能保持规定的实验温度，变化不超过 0.1 ℃。水槽的容积不小于 10 L，高度应满足试件浸没深度不小于 10 cm、离水槽底部不少于 5 cm 的要求。

③延度实验机：同本章实验二。

④温度计：符合延度实验的要求。

⑤剪刀。

4. 实验步骤

①按本章实验二沥青延度实验方法浇灌改性沥青试样和制模，最后将试样在 25 ℃水槽中保温 1.5 h。

②将试样安装在滑板上，按延度实验方法以规定的 5 cm/min 速率拉伸试样达(10 ± 0.25) cm 时停止拉伸。

③拉伸一停止就立即用剪刀在中间将沥青试样剪断，保持试样在水中 1 h，并保持水温不变。注意在停止拉伸后至剪断试样之间不得有时间间隔，以免使拉伸应力松弛。

④取下两个半截的回缩的沥青试样轻轻捋直，但不得施加拉力，移动滑板使改性沥

青试样的尖端刚好接触，测量试样的残留长度 X。

5. 数据处理

按式(5.31)计算沥青试样弹性恢复率。

$$D = \frac{10 - X}{10} \times 100 \tag{5.31}$$

式中 D——沥青试样的弹性恢复率，%；

X——沥青试样的残留长度，cm。

6. 实验报告

按实验数据整理有关表格和实验报告。

7. 注意事项

试件在拉伸停止后至剪断试样之间不得有时间间歇，以免使拉伸应力松弛。

思考题

1. 沥青弹性恢复实验和沥青延度实验有什么关系？分析异同点。

2. 沥青的弹性恢复性的大小在工程应用中是如何体现的？对沥青混凝土的质量有什么影响？

实验二十一 （改性）沥青黏韧性实验

1. 实验目的与适用范围

本方法适用于测定改性沥青的黏韧性，以评价沥青掺加改性剂后的改性效果，通常情况下适用于SBR改性沥青。非经注明，实验温度为25 ℃，拉伸速度为500 mm/min。

2. 实验原理

沥青材料具有黏韧性，赋予沥青路面较好结合强度和柔韧性、舒适性，沥青通过改性可以提高其黏韧性。

沥青试样经拉伸后，记录不同时刻的拉伸速度、拉伸长度、拉伸变形，绘制出荷载－变形曲线，由荷载－变形曲线图计算沥青的黏韧性和韧性。

沥青黏韧性实验的结果是用于评价SBR改性沥青、橡胶和树脂等沥青，以及用于做排水路面的高黏度改性沥青改性效果的一种比较好的方法，对SBR改性沥青要求做黏韧性实验，并已列入《公路工程路面施工技术规范》（JTG F40—2004）中。

3. 原材料、试剂及仪器设备

（1）黏韧性实验器。

黏韧性实验器3套，形状和尺寸如图5.34所示，由不锈钢或铜制成。它由下列部分组成：

①拉伸半球圆头：半径11.1 mm，表面粗糙度应达3.2 μm，上有连接螺杆，用以安装定位螺母，并与拉伸实验机上夹具连接，连接杆上有定位销钉。

②定位螺母：拧在连接杆上。

③定位支架：由一中孔套筒及与其相接的3根支杆组成，支杆在半径27 mm处有刻槽。支架通过定位销固定拉伸半球圆头位置。

④试样容器：金属制内径55 mm，深35 mm。

（2）恒温水槽：能控制恒温（25 ±0.1）℃，内有多孔的安放试样器的架子。

（3）温度计：量程0 ~50 ℃，分度值1 ℃。

（4）拉伸实验机：能以500 mm/min速度等速拉伸，最大加载能力为1 kN，拉伸变形及荷载能同时由记录仪记录绘成曲线，实验机备有固定黏韧性实验器的上下夹具。

（5）烘箱：装有温度控制器。

（6）天平：感量不大于1 g及不大于1 mg两种。

（7）其他：三氯乙烯等。

4. 实验步骤

①按沥青试样准备方法规定的方法准备试样。当实验改性沥青时，改性剂的加入应根据要求的方法操作并搅拌均匀。

②将试样容器放入60 ~80 ℃烘箱中，预热1 h。

③用三氯乙烯溶剂擦净拉伸半球圆头，装入定位支架中干燥待用，将热沥青试样逐渐注入预热的试样容器中，质量为（50 ±1）g。注意试样中不得混入气泡。

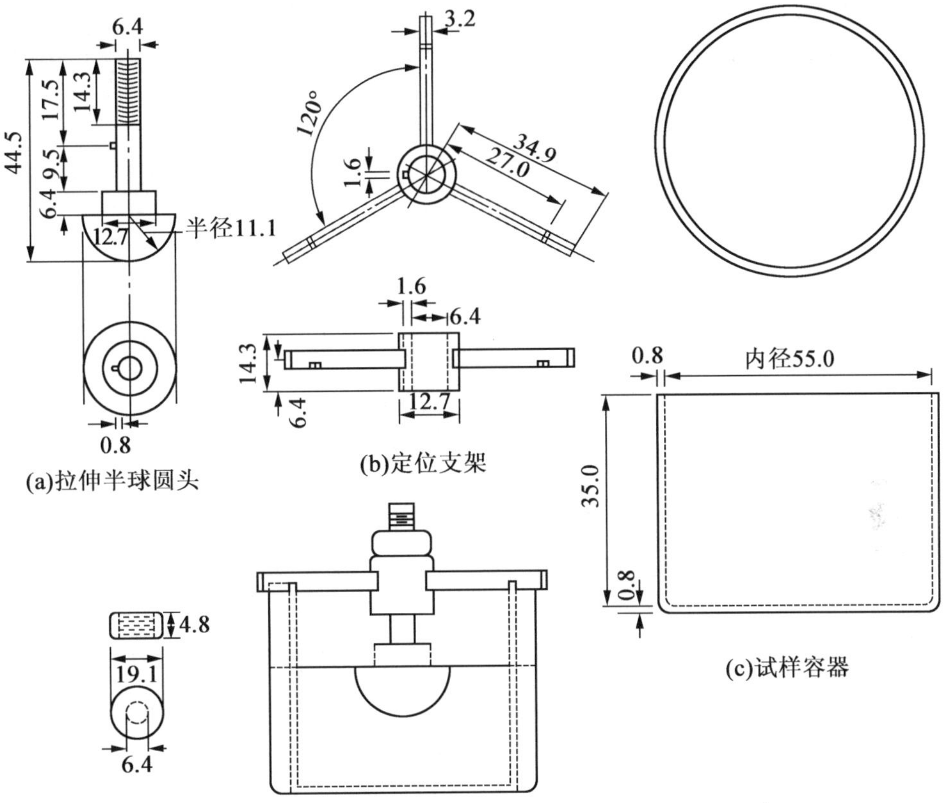

(a)拉伸半球圆头 (b)定位支架 (c)试样容器 (d)定位螺母 (e)组装图

图 5.34 黏韧性实验器（尺寸单位：mm）

④迅速将拉伸半球圆头浸入沥青试样中，定位支架架在试样容器上方。用定位螺母压紧固定，使半球圆头上面恰好与沥青试样齐平，在室温下静置 1 ~ 1.5 h。此时，试样稍有收缩，适当调整定位螺母，使半球圆头高度保持与沥青上表面齐平。

⑤将安装好的黏韧性实验器连同试样一起置入温度为（25 ± 0.1）℃的恒温水槽中保温不少于 1.5 h。

⑥将黏韧性实验器从恒温水槽中取出，倒掉沥青面上的水，迅速将实验器的上连接杆及试样器安装到拉伸实验机的上下压头夹具间。注意，安装时不得使半球圆头与沥青的相对位置产生扰动。

⑦调整好记录仪及实验机，记录仪以 *Y* 轴表示荷载，*X* 轴表示时间。立即以 500 mm/min的速度开始拉伸，拉至 300 mm 时结束。此时记录仪记录荷载及拉伸时间，拉伸变形由拉伸速度与 *X* 轴记录的拉伸时间求取。为使记录曲线清晰，记录仪时间轴的走纸速度可选用 500 mm/min 或 1 000 mm/min。

③黏韧性实验器从恒温水槽中取出到实验结束的时间不能超过 1 min。

5. 数据处理

①在黏韧性实验荷载－变形曲线(图 5. 35)上将曲线 *BC* 下降的直线部分延长至 *E* 点,用虚线表示。

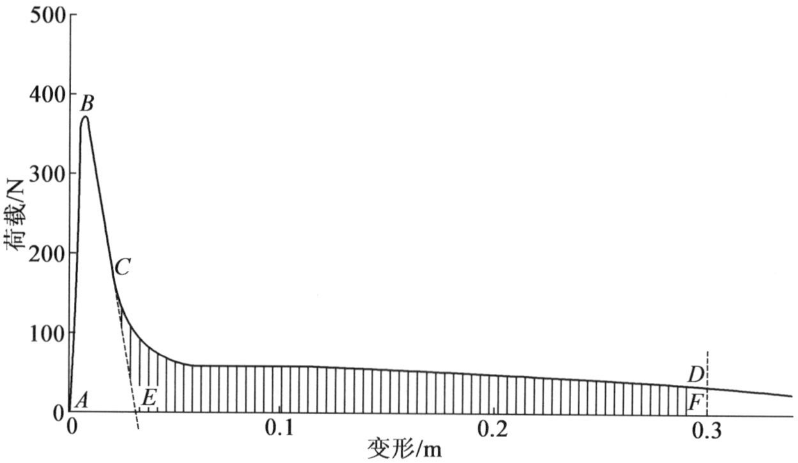

图 5.35　黏韧性实验荷载－变形曲线

②分别量取曲线 *ABCE* 及 *CDFE* 所包围的面积,记作 A_1 及 A_2。面积可以用求积仪或数记录纸方格数求算,也可由记录纸张的质量比例法求出。此时用剪刀剪下 *ABCE* 及 *CDFE*,分别称取质量 m_1、m_2,准确至 1 mg,再由已知面积的记录纸称取单位面积的记录纸质量 m_0,并按式(5. 32)及式(5. 33)求得到曲线面积 A_1、A_2。

$$A_1 = \frac{m_1}{m_0} \tag{5.32}$$

$$A_2 = \frac{m_2}{m_0} \tag{5.33}$$

式中　A_1——曲线 *ABCE* 的面积,N · m;

A_2——曲线 *CDFE* 的面积,N · m;

m_0——单位面积记录纸质量,g/(N · m);

m_1——*ABCE* 部分记录纸质量,g;

m_2——*CDFE* 部分记录纸质量,g。

③沥青试样的黏韧性及韧性按式(5. 34)及式(5. 35)计算。

$$T_0 = A_1 + A_2 \tag{5.34}$$

$$T_e = A_2 \tag{5.35}$$

式中　T_0——沥青试样的黏韧性,N · m;

T_e——沥青试样的韧性,N · m。

6. 实验报告

按实验数据整理有关表格和实验报告。

同一试样至少进行 3 次平行实验,当最大值或最小值与平均值之差不超过 3 倍标准差时,取平均值作为实验结果,准确至 1 位小数。

7. 注意事项

①数据处理要注意单位，计算公式不要错，平行实验、计算精度要满足规定要求。

②实验前要始终保持半球源头高度与沥青上表面齐平。

思考题

1. 沥青黏韧性实验适用范围是什么？反映沥青什么指标？

2. 解释黏韧性实验荷载－变形曲线的物理意义。

实验二十二　聚合物改性沥青离析实验（改性沥青储存稳定性）

1. 实验目的与适用范围

本方法适用于测定聚合物改性沥青的离析性，以评价改性剂与基质沥青的相容性。

2. 实验原理

使用聚合物对沥青改性后可大大提高沥青的路用性能，因此目前高等级公路必须用改性沥青。改性沥青中聚合物与基质沥青的相容性、聚合物在基质沥青中的分散性、改性沥青的稳定性等是改性沥青成功与否的关键，也是评价改性沥青性能的重要指标。改性沥青属于热力学多相不稳定体系，为了使改性沥青在储存、运输和摊铺过程中性能不致下降，需要改性沥青具有一定的稳定性，稳定性的基础就是良好的分散性和相容性。测定分散性和相容性可以从微观上表征，也可以从宏观上测试，微观表征的方法比较复杂，宏观测试相对简捷，可以测试改性沥青在一定条件下静置一定时间后的离析情况，间接判定该性沥青的储存稳定性。

聚合物改性沥青在停止搅拌、冷却过程中可能发生离析，即聚合物改性剂从沥青中离析出来，如此不能达到掺加聚合物使沥青路用性能提高的目的，离析严重时甚或产生有害影响。本实验方法主要测试SBS、SBR类聚合物改性沥青，树脂类PE、EVA类聚合物改性沥青的离析性能。我国《公路沥青路面施工技术规范》（JTG F40—2004）已经对各类改性沥青的离析性能提出了技术要求。

SBS为聚合物合成类改性剂，本质上可归入热塑性橡胶类，也称为热塑性弹性体或弹性橡胶；SBR为橡胶类改性剂，是热固性橡胶，橡胶即聚合物弹性体，主要有天然橡胶、合成橡胶和再生橡胶3大类，在道路工程中，主要采用合成橡胶来改性沥青，SBR为合成橡胶；PE为聚乙烯，分为高压低密聚乙烯和低压高密聚乙烯；EVA为乙烯－醋酸乙烯酯共聚物。树脂（即塑料）按其可塑性分为热塑性树脂和热固性树脂，PE和EVA都属于热塑性树脂（热固性树脂虽可配制高强度高性能沥青混凝土材料，但由于工艺较复杂、施工难度大，因而应用不太普遍）。

3. 原材料、试剂及仪器设备

①沥青软化点仪：同本章实验三环球法软化点实验。

②实验用标准筛：孔径0.3 mm。

③盛样管：铝管，直径约为25 mm，长约为140 mm，一端开口。

④烘箱：能保温（163 ±5）℃或（135 ±5）℃。

⑤冰箱。

⑥支架：能支撑盛样管，竖立放入烘箱及冰箱中，也可用烧杯代替。

⑦剪刀。

⑧容器：标准的沥青针入度金属试样杯（高48 mm，直径70 mm）。

⑨其他：小夹子、样品盒、小刮刀、小锤、甘油、滑石粉、隔离液等。

4. 实验步骤

(1)SBS、SBR 类聚合物改性沥青离析实验。

①准备好盛样管,将盛样管装在支架上。

②将改性沥青用0.3 mm 筛过筛,然后加热至能充分浇灌,稍加搅拌并徐徐注入竖立的盛样管中,数量约为 50 g。

③将铝管开口的一端捏成一薄片,并折叠两次以上,然后用小夹子夹紧,密闭。将盛样管连同架子(或烧杯)一起放入(163 ±5) ℃的烘箱中,在不受任何扰动的情况下静置(48 ±1) h。

④加热结束后,将试样管连支架一起从烘箱中轻轻取出,放入冰箱的冷柜中,保持盛样管在竖立状态,不少于4 h,使改性沥青试样凝为固体。待沥青全部固化后将盛样管从冰箱中取出。

⑤待试样温度稍有回升发软,用剪刀将盛样管剪成相等的 3 截,取顶部和底部的各 1/3 试样分别放入样品盒或小烧杯中,再放入(163 ±5) ℃烘箱中融化,取出已剪短的铝管。

⑥稍加搅拌,分别灌入软化点试模中。

⑦对顶部和底部的沥青试样按本章实验三环球法同时进行软化点实验,计算其差值。

⑧应进行两次平行实验,取平均值。

(2)树脂类 PE、EVA 类聚合物改性沥青离析实验。

①将聚合物拌入沥青中成为混合物,在高温状态下充分灌入沥青针入度试样杯中,至杯内标线处(距杯口 6.35 mm),将杯放入 135 ℃的烘箱中,持续(24 ±1) h,不扰动表面,小心地从烘箱中取出杯样,经观察以后,用一小刮刀徐徐地探测试样,查看表面层稠度,检查底部及四周的沉淀物。这些检查和实验都应在沥青试样自烘箱中取出 5 min 之内进行。

②视沥青聚合物体系的相容性和离析程度,按表 5.8 记录。

如果表 5.8 中记录项不适合特殊的试样,应正确地记录所发生的现象,并保留试样。

表 5.8 热塑性树脂改性沥青的离析情况

记述	报告
均匀的,无结皮和沉淀	均匀
在杯边缘有轻微的聚合物结皮	边缘轻微结皮
在整个表面有薄的聚合物结皮	薄的全面结皮
在整个表面有厚的聚合物结皮(大于 0.8 mm)	厚的全面结皮
无表面结皮但底部有薄的沉淀	薄的底部沉淀
无表面结皮但底部有厚的沉淀(大于 6 mm)	厚的底部沉淀

5. 数据处理

记录实验数据、实验现象和实验条件,对 SBS、SBR 类聚合物改性沥青,加热老化后根据软化点变化判断离析情况；对 PE、EVA 类聚合物改性沥青，加热老化后根据表 5.8 判断改性沥青离析情况。

6. 实验报告

按实验数据整理有关表格和实验报告。

7. 注意事项

本方法适用于 SBS、SBR 类聚合物（橡胶类）改性沥青和 PE、EVA 类聚合物（树脂类）改性沥青进行离析实验，其他改性沥青可按照其归类特点参照本方法进行实验。

思考题

1. 离析性反映改性沥青什么性质？如何改进离析性？
2. 讨论温度对改性沥青离析的影响。还有哪些因素影响沥青离析？

第6章　沥青混合料实验

实验一　沥青混合料的制备和试件成型(击实法)

1. 实验目的与适用范围

本方法适用于采用标准击实法或大型击实法制作沥青混合料试件，以供实验室进行沥青混合料物理力学性质实验使用。

标准击实法适用于马歇尔实验、间接抗拉实验(劈裂法)等所使用的 ϕ101.6 mm × 63.5 mm 圆柱体试件的成型。大型击实法适用于 ϕ152.4 mm × 95.3 mm 的大型圆柱体试件的成型。

沥青混合料试件制作时的矿料规格及试件数量应符合如下规定：

①当集料公称最大粒径小于或等于 26.5 mm 时，采用标准击实法，一组试件的数量不少于4个。

②当集料公称最大粒径大于26.5 mm，宜采用大型击实法，一组试件的数量不少于6个。

2. 实验原理

按要求配制沥青混合料，在沥青混合料拌和机中拌和，然后将拌和好的混合料装入试模中，由击实仪按规定操作步骤击实。击实仪模拟道路施工中的碾压，使沥青混合料获得一定的路用性能，供沥青混合料性能测试实验用。击实仪有标准击实仪和大型击实仪之分，前者击实标准试件，后者击实大型试件。

具体实验原理参见击实仪设备说明书。

3. 原材料、试剂及仪器设备

(1)自动击实仪：击实仪由击实锤、压实头和导向棒组成，应具有自动计数、控制仪表、按钮设置、复位及暂停等功能。按其用途分为以下两种：

①标准击实仪：由击实锤、ϕ(98.5 ± 0.5) mm 平圆形压实头及带手柄的导向棒组成。用机械将压实锤提升，从(457.2 ± 1.5) mm 高度沿导向棒自由落下击实，标准击实锤质量为(4 536 ± 9) g。

②大型击实仪：由击实锤、ϕ(149.4 ± 0.1) mm 平圆形压实头及带手柄的导向棒(直径15.9 mm)组成。用机械将压实锤提升，从(457.2 ± 2.5) mm 高度沿导向棒自由落下击实，大型击实锤质量为(10 210 ± 10) g。

(2)实验室用沥青混合料拌和机：能保证拌和温度并充分拌和均匀，可控制拌和时间，容量不小于10 L，如图6.1所示。搅拌叶自转速度为70 ~ 80 r/min，公转速度为40 ~ 50 r/min。

(3)试模：由高碳钢或工具钢制成，几何尺寸如下：

①标准击实仪试模为内径(101.6 ±0.2) mm、高 87 mm 的圆柱形金属筒、底座直径约 120.6 mm,套筒内径 101.6 mm、高 70 mm。

②大型圆柱体试件的试模与套筒如图 6.2 所示。套筒外径 165.1 mm,内径(155.6 ±0.3) mm,总高 83 mm。试模内径(152.4 ±0.2) mm,总高 115 mm,底座板厚 12.7 mm,直径 172 mm。

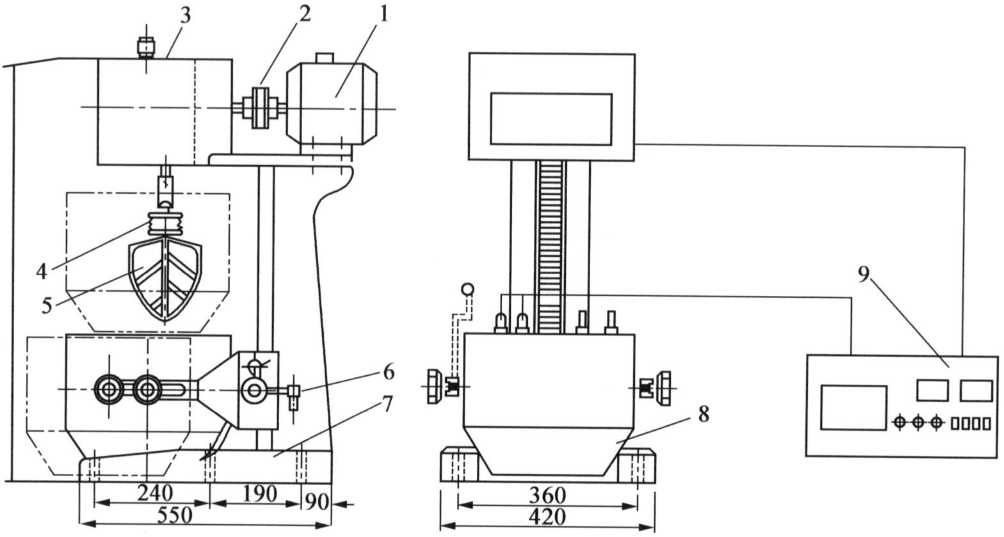

图 6.1 实验室用沥青混合料拌和机

1—电机;2—联轴器;3—变速箱;4—弹簧;5—拌和叶片;6—升降手柄;7—底座;8—加热拌和锅;9—温度时间控制仪

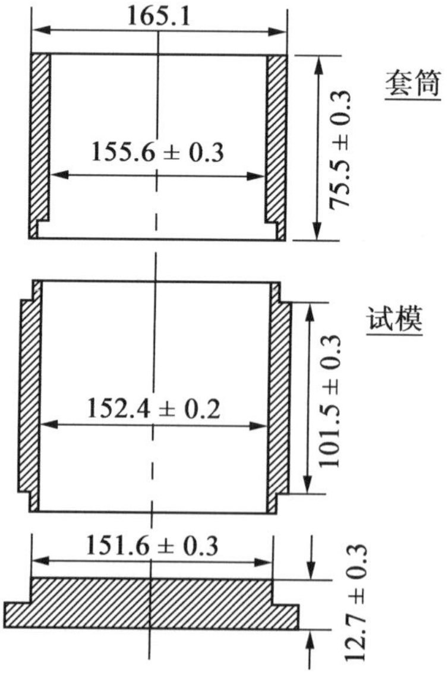

图 6.2 大型圆柱体试件的试模与套筒(尺寸单位:mm)

(4)脱模器:电动或手动,应能无破损地推出圆柱体试件,备有标准试件及大型试件尺寸的推出环。

(5)烘箱:大、中型各一台,装有温度调节器。

(6)天平或电子秤:用于称量矿料的,感量不大于0.5 g;用于称量沥青的,感量不大于0.1 g。

(7)布洛克菲尔德黏度计

(8)插刀或大螺丝刀

(9)温度计:分度为1 ℃。宜采用有金属插杆的插入式数显温度计,金属插杆的长度不小于150 mm,量程0~300 ℃。

(10)其他:电炉或煤气炉、沥青熔化锅、拌和铲、标准筛、滤纸(或普通纸)、胶布、卡尺、秒表、粉笔、棉纱等。

4. 实验步骤

(1)准备工作。

①确定制作沥青混合料试件的拌和与压实温度。

a. 按标准规范测定沥青的黏度,绘制黏温曲线。按表6.1的要求确定适宜于沥青混合料拌和及压实的等黏温度。

表6.1 适宜于沥青混合料拌和及压实的沥青等黏温度

沥青结合料种类	黏度与测定方法	适宜于拌和的沥青结合料黏度	适宜于压实的沥青结合料黏度
石油沥青	表观黏度,T 0625	(0.17 ±0.02) Pa·s	(0.28 ±0.03) Pa·s

注:液体沥青混合料的压实成型温度按石油沥青标准执行。

b. 当缺乏沥青黏度测定条件时,试件的拌和与压实温度可按表6.2选用,并根据沥青品种和标号作适当调整。针入度小、稠度大的沥青取高限,针入度大、稠度小的沥青取低限,一般取中值。

表6.2 沥青混合料拌和及压实温度参考表

沥青结合料种类	拌和温度/℃	压实温度/℃
石油沥青	130~160	120~150
改性沥青	160~175	140~170

对改性沥青,应根据实践经验、改性剂的品种和用量,适当提高混合料的拌和和压实温度,对大部分聚合物改性沥青,需要在沥青的基础上提高10~20 ℃,掺加纤维时,还需再提高10 ℃左右。

c. 常温沥青混合料的拌和及压实在常温下进行。

②沥青混合料试件的制作条件。

a. 在拌和厂或施工现场采集沥青混合料试样。按3.3.2节中“沥青试样准备方法”(试验规程)规定的方法取样。将试样置于烘箱中加热或保温,在混合料中插入温度计测量温度,待混合料温度符合要求后成型。需要适当拌和时可倒入已加热的小型沥青混合料拌和机中适当拌和,时间不超过 1 min,但不得在电炉或明火上加热炒拌。

b. 在实验室人工配制沥青混合料时,试件的制作按下列步骤进行:

i. 将各种规格的矿料置于温度为(105 ±5) ℃的烘箱中烘干至恒重(一般不少于 4 ~ 6 h)。

ii. 将烘干分级的粗细集料,按每个试件设计级配要求称其质量,在一金属盘中混合均匀,矿粉单独放入小盆里,然后置烘箱中预热至沥青拌和温度以上约 15 ℃(采用石油沥青时通常为 163 ℃,采用改性沥青时通常需 180 ℃)备用。一般按一组试件(每组 4 ~ 6 个)备料,但进行配合比设计时宜对每个试件分别备料。常温沥青混合料的矿料不应加热。

iii. 按沥青试样准备方法规定的方法准备试样。将采集的沥青试样,用烘箱加热至规定的沥青混合料拌和温度,但不得超过175 ℃。当不得已采用燃气炉或电炉直接加热进行脱水时,必须使用石棉垫隔开。

(2)拌制沥青混合料。

①黏稠石油沥青混合料。

a. 用蘸有少许黄油的面纱擦净试模、套筒、击实座等,置 100 ℃左右烘箱中加热 1 h 备用。常温沥青混合料用试模不加热。

b. 将沥青混合料拌和机提前预热至拌和温度以上 10 ℃左右备用。

c. 将预热的粗细集料置于拌和机中,用小铲子适当混合,然后再加入需要数量的沥青(如沥青已称量在一专用容器内时,可在倒掉沥青后用一部分热矿粉将沾在容器壁上的沥青擦拭掉并一起倒入拌和锅中),开动拌和机一边搅拌一边将拌和叶片插入混合料中拌和 1 ~ 1.5 min,暂停拌和,加入加热的矿粉,继续拌和至均匀为止,并使沥青混合料保持在要求的拌和温度范围内。标准的总拌和时间为 3 min。

②液体石油沥青混合料:将每组(或每个)试件的矿料置于已加热至 55 ~ 100 ℃的沥青混合料拌和机中,注入要求数量的液体沥青,并将混合料边加热边拌和,使液体沥青中的溶剂挥发至 50% 以下。拌和时间应事先试拌决定。

③乳化沥青混合料:将每个试件的粗细集料,置于沥青混合料拌和机(不加热,也可用人工炒拌)中,注入计算的用水量(阴离子乳化沥青不加水)后,拌和均匀并使矿料表面完全湿润,再注入设计的沥青乳液用量,在 1 min 内使混合料拌匀,然后加入矿粉后迅速拌和,使混合料拌成褐色为止。

(3)成型方法。

①马歇尔标准击实法的成型步骤。

a. 将拌好的沥青混合料,用小铲适当拌和均匀,称取一个试件所需的用量(标准马歇尔试件约 1 200 g,大型马歇尔试件约 4 050 g)。当已知沥青混合料的密度时,可根据试件的标准尺寸计算并乘以 1.03 得到要求的混合料数量。当一次拌和几个试件时,宜将其倒入经预热的金属盘中,用小铲适当拌和均匀分成几份,分别取用。在试件制作过程中,为防止混合料温度下降,应连盘放在烘箱中保温。

b. 从烘箱中取出预热的试模及套筒,用蘸有少许黄油的棉纱擦拭套筒、底座及击实锤底面,将试模装在底座上,垫一张圆形的吸油性小的纸,按四分法从 4 个方向用小铲将混合料铲入试模中,用插刀或大螺丝刀沿周边插捣 15 次,中间捣 10 次。插捣后将沥青混合料表面整平。对大型马歇尔试件,混合料分两次加入,每次插捣次数同上。

c. 插入温度计至混合料中心附近,检查混合料温度。

d. 待混合料温度符合要求的压实温度后,将试模连同底座一起放在击实台上固定,在装好的混合料上面垫一张吸油性小的圆纸,再将装有击实锤及导向棒的压实头放入试模中。开启电机,使击实锤从 457 mm 的高度自由落下击实至规定的次数(75 或 50 次)。对大型马歇尔试件,击实次数为 75 次(相应小于标准击实 50 次)或 112 次(相应于标准击实 75 次)。

e. 试件击实一面后,取下套筒,将试模翻面,装上套筒,然后以同样的方法和次数击实另一面。

乳化沥青混合料试件在两面击实后,将一组试件在室温下横向放置 24 h;另一组试件置温度为(105 ±5) ℃的烘箱中养生 24 h。将养生试件取出后再立即在两面锤击各 25 次。

f. 试件击实结束后,立即用镊子取掉上下面的纸,用卡尺量取试件离试模上口的高度并由此计算试件高度。高度不符合要求时,试件应作废,并调整试件的混合料质量,以保证高度符合(63.5 ±1.3) mm(标准试件)或(95.3 ±2.5) mm(大型试件)的要求,调整后混合料质量为

调整后混合料质量 = 要求试件高度 × 原用混合料质量 ÷ 所得试件的高度

②卸去套筒和底座,将装有试件的试模横向放置冷却至室温后(不少于 12 h),置脱模机上脱出试件。用于作现场马歇尔指标检验的试件,在施工质量检验过程中如急需实验,允许采用电风扇吹冷 1 h 或浸水冷却 3 min 以上的方法脱模,但浸水脱模法不能用于测量密度、空隙率等各项物理指标。

③将试件仔细置于干燥洁净的平面上,供实验用。

5. 数据处理

记录实验数据、实验条件。

6. 实验报告

按实验数据整理有关表格和实验报告。

7. 注意事项

①对黏稠沥青混合料矿料、试模和套筒需要按规定预热,常温沥青混合料不加热。

②实验过程中要严格控制集料和沥青的温度处于合理范围内。

③要严格控制成型试件尺寸满足规定要求。

思考题

1. 试件击实方法有几种?实际工程中怎么选择击实类型,它们之间的区别是什么?

2. 根据规范要求来调整混合料的质量方法是否合理?影响试件成型高度的因素有哪些?

实验二 沥青混合料的制备和试件成型(轮碾法)

1. 实验目的与适用范围

本方法规定了在实验室用轮碾法制作沥青混合料试件的方法,以供进行沥青混合料物理力学性质实验时使用。

轮碾法适用于长 300 mm × 宽 300 mm × 厚 50 ~ 100 mm 板块状试件的成型,此板块状试件可用切割机切制成棱柱体试件,或在实验室用取芯机钻取试样,成型试件的密度应符合马歇尔标准击实试样密度的要求。

沥青混合料试件制作时的试件厚度可根据集料粒径大小及工程需要进行选择。对于集料公称粒径小于或等于 19 mm 的沥青混合料,宜采用长 300 mm × 宽 300 mm × 厚 50 mm的板块试模成型;对于集料最大公称粒径大于或等于 26.5mm 的沥青混合料,宜采用长 300 mm × 宽 300 mm × 厚 80 ~ 100 mm 的板块试模成型。

2. 实验原理

击实法实验在一定程度上模拟沥青路面施工过程中沥青混合料受力成型情况,但击实过程和碾压过程还有较大区别。本实验采用轮碾成型机成型试件,较击实法更能反映实际施工过程沥青混合料的受力情况。

轮碾成型机在英国、法国、日本、美国、澳大利亚及许多国家广泛使用,碾轮有刚性轮及充气轮胎两种,其型号和压力并不相同,因此不能互换,进口轮碾成型机的单位应该注意。国内研制轮碾机的单位基本上都是根据日本引进的样机生产的,碾轮即为实际的刚性轮的一部分。本实验对其圆弧半径、荷载、行程都作了规定。

本实验强调对碾压成型应经试压,测定密度后确定碾压次数。不同级配、不同沥青材料、不同改性剂、不同掺量得到的黏度是不一样的,所以成型温度和碾压次数的要求也不同。表 6.3 是不同改性剂、碾压次数的沥青混合料密度的一个示例情况。

表 6.3 不同改性剂、碾压次数的沥青混合料密度的情况

成型条件和密度	材料品种											
	SBS 改性沥青	抗车辙剂	岩沥青	湖沥青	SBS 改性沥青	抗车辙剂	岩沥青	湖沥青	SBS 改性沥青	抗车辙剂	岩沥青	湖沥青
成型条件	碾压 24 次(12 个往返)(试模 300 mm × 300 mm × 50 mm)				碾压 36 次(18 个往返)(试模 300 mm × 300 mm × 50 mm)				碾压 48 次(24 个往返)(试模 300 mm × 300 mm × 50 mm)			
马歇尔击实试件密度 /(g · cm^{-3})	2.432	2.430	2.413	2.413	2.432	2.430	2.413	2.413	2.428	2.423	2.413	2.413
钻心试件密度 /(g · cm^{-3})	2.395	2.390	2.362	2.351	2.428	2.426	2.408	2.405	2.422	2.420	2.405	2.402

对于成型试件密度、压实度、空隙率一般不做确切规定,对空隙率实际应用都按设计

目标空隙率范围控制。在同一个设计体系中只能采用一个标准方法,而且相应的技术标准必须与实验条件相对应。

轮碾法具体实验原理参见轮碾成型机设备说明书。

3. 原材料、试剂及仪器设备

①轮碾成型机:轮碾成型机如图 6.3 所示,它具有与钢筒式压路机相似的圆弧形碾压轮,轮宽 300 mm,压实线荷载为 300 N/cm,碾压行程等于试件长度,经碾压后的板块状试件可达到马歇尔实验标准击实密度的 100% ±1%。

②实验室用沥青混合料拌和机:能保证拌和温度并充分拌和均匀,可控制拌和时间,宜采用容量大于 30 L 的大型沥青混合料拌和机,也可采用容量大于 10 L 的小型拌和机。

③试模:由高碳钢或工具钢制成,试模尺寸应保证成型后符合要求试件尺寸的规定。实验室制作车辙实验板块状试件的标准试模如图 6.4 所示,内部平面尺寸为长 300 mm × 宽 300 mm × 厚 50 ~ 100 mm。

图 6.3 轮碾成型机

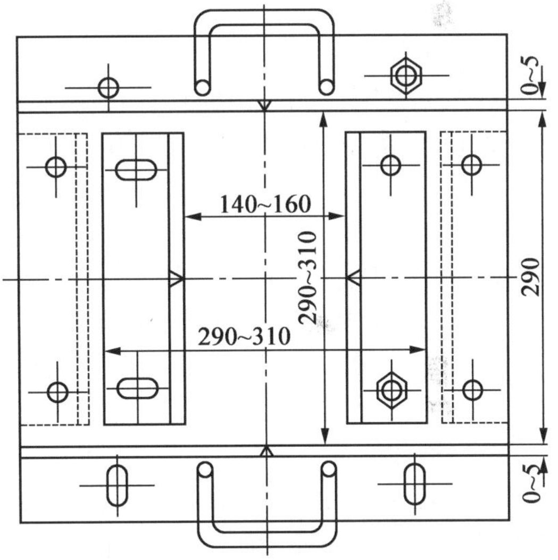

图 6.4 车辙试件试模(尺寸单位:mm)

④切割机:实验室用金刚石锯片锯石机(单锯片或双锯片切割机)或现场用路面切割机,有淋水冷却装置,其切割厚度不小于试件厚度。

⑤钻孔取芯机:用电力或汽油机、柴油机驱动,有淋水冷却装置。金刚石钻头的直径根据试件直径的大小选择(100 mm 或 150 mm)。钻孔深度不小于试件厚度,钻头转速不小于 1 000 r/min。

⑥烘箱:大、中型各一台,装有温度调节器。

⑦台秤、天平或电子秤:称量 5 kg 以上的,感量不大于 1 g;称量 5 kg 以下时,用于称量矿料的感量不大于 0.5 g,用于称量沥青的感量不大于 0.1 g。

⑧沥青黏度测定设备:布洛克菲尔德黏度计、真空减压毛细管黏度计。

⑨小型击实锤:钢制端部断面 80 mm × 80 mm,厚 10 mm,带手柄,总质量 0.55 kg 左

右。

⑩温度计:分度为 1 ℃。宜采用有金属插杆的插入式数显温度计,金属插杆的长度不小于 150 mm,量程 0 ~300 ℃。

⑪其他:电炉或煤气炉、沥青熔化锅、拌和铲、标准筛、滤纸、胶布、卡尺、秒表、粉笔、垫木、棉纱等。

4. 实验步骤

(1)准备工作。

①按本章实验一的方法制作沥青混合料试件。常温沥青混合料的拌和及压实在常温下进行。

②按沥青混合料取样法规定的方法,在拌和厂或施工现场采取代表性的沥青混合料。如果混合料温度符合要求,可直接用于成型。在实验室人工配制沥青混合料时,按本章实验一的方法准备矿料及沥青。常温沥青混合料的矿料不加热。

③将金属试模及小型击实锤等置于 100 ℃左右烘箱中加热 1 h 备用。常温沥青混合料用试模不加热。

④按本章实验一的方法拌制沥青混合料。当采用大容量沥青混合料拌和机时,宜全量一次拌和;当采用小型混合料拌和机时,可分两次拌和。混合料质量及各种材料数量由试件的体积按马歇尔标准击实密度乘以 1.03 的系数求算。常温沥青混合料的矿料不加热。

(2)轮碾成型方法。

①在实验室用轮碾成型机制备试件,试件尺寸可为长 300 mm × 宽 300 mm × 厚 50 ~100 mm。试件的厚度可根据集料粒径大小选择,同时根据需要厚度也可以采用其他尺寸,但混合料一层碾压的厚度不得超过 100 mm。

a. 将预热的试模从烘箱中取出,装上试模框架,在试模中铺一张裁好的普通纸(可用报纸),使底面及侧面均被纸隔离,将拌和好的全部沥青混合料(注意不得散失,分两次拌和的应倒在一起),用小铲稍加拌和后均匀地沿试模由边至中按顺序转圈装入试模,中部要略高于四周。

b. 取下试模框架,用预热的小型击实锤由边至中转圈击实一遍,整平成凸圆弧形。

c. 插入温度计,待混合料稍冷至本章实验一击实法规定的压实温度(为使冷却均匀,试模底下可用垫木支起)时,在表面铺一张裁好尺寸的普通纸。

d. 成型前将碾压轮预热至 100 ℃左右,然后将盛有沥青混合料的试模置于轮碾机的平台上,轻轻放下碾压轮,调整总荷载为 9 kN(线荷载 300 N/cm)。

e. 启动轮碾机,先在一个方向碾压 2 个往返(4 次),卸荷,再抬起碾压轮,将试件调转方向,再加相同荷载碾压至马歇尔标准密实度 100% ±1% 为止。试件正式压实前,应经试压,测定密度后,决定试件的碾压次数,对普通沥青混合料,一般 12 个往返(24 次)左右可达要求(试件厚度为 50 mm)。如果试件厚度为 100 mm 时,宜按先轻后重的原则分两层碾压。

f. 压实成型后,揭去表面的纸,用粉笔在试件表面标明碾压方向,宽度符合要求。

g. 盛有压实试件的试模置室温下冷却,至少 12 h 后方可脱模。

②在工地制备试件。

a. 按沥青混合料取样法规定的方法,采取代表性的沥青混合料样品,数量需多于3个试件的需要量。

b. 按实验室方法称取一个试样混合料数量装入符合要求尺寸的试模中,用小锤均匀击实,试模应不妨碍碾压成型。

c. 碾压成型:在工地上,可用小型振动压路机或其他适宜的压路机碾压,在规定的压实温度下,每一遍碾压3~4 s,约25次往返,使沥青混合料压实密度达到马歇尔标准密度100% ±1%。

d. 如果将工地取样的沥青混合料送往实验室成型时,混合料必须放在保温桶内,不使其温度下降,且在抵达实验室后立即成型;如果温度低于要求可适当加热至压实温度后,用轮碾成型机成型。如果是完全冷却后经二次加热重塑成型的试件,必须在实验报告上注明。

(3)用切割机切制棱柱体试件。

实验室用切割机切制棱柱体试件的步骤如下:

①按实验要求的试件尺寸,在轮碾成型的板块状试件表面规划切割试件的数目,但边缘20 mm部分不得使用。

②切割棱柱体试件的顺序如图6.5所示。首先在与轮碾法成型垂直的方向,沿*A—A*切割第一刀作为基准面,再在垂直的*B—B*向切割第二刀,精确量取试件长度后切割*C—C*,使*A—A*及*C—C*切下的部分大致相等。使用金刚石锯片切割时,一定要开放冷却水。

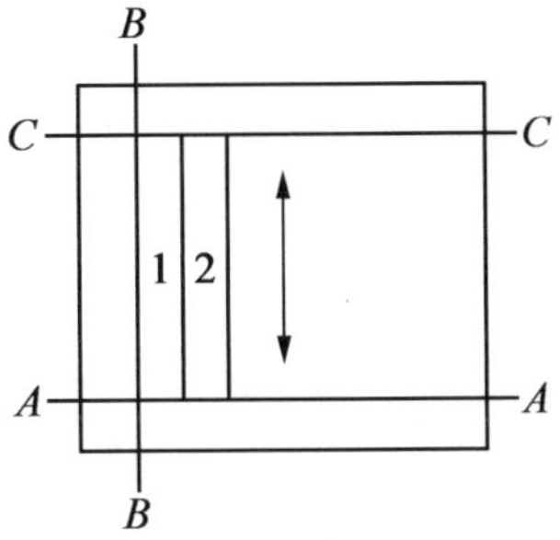

图6.5 切割棱柱体试件的顺序

③仔细量取试件切割位置,按图6.5顺碾压方向(*B—B*方向)切割试件,使试件宽度符合要求。锯下的试件应按顺序放在平玻璃板上排列整齐,然后再切割试件的底面及表面。将切割好的试件立即编号,供弯曲实验用的试件应用胶布贴上标记,保持轮碾机成型时的上下位置,直至弯曲实验时上下方向始终不变,试件的尺寸应符合各项实验的规格要求。

④将完全切割好的试件放在玻璃板上,试件之间留有10 mm以上间隙,试件下垫一层滤纸,并经常挪动位置,使其完全风干。如果急需使用,可用电风扇或冷风机吹干,每隔1~2 h挪动试件一次,使试件加速风干,风干时间宜不小于24 h。在风干过程中,试件的上下方向及排序不能弄错。

(4)用钻芯法钻取圆柱体试件。

①在实验室用取芯机从板块状试件钻取圆柱体试件的步骤如下：

a. 将轮碾成型机成型的板块状试件脱模，成型的试件厚度应不小圆柱体试件的厚度。

b. 在试件上方做出取样位置标记，板块状试件边缘部分的 20 mm 内不得使用。根据需要，可选用直径 100 mm 或 150 mm 的金刚石钻头。

c. 将板块状试件置于钻机平台上固定，钻头对准取样位置；开放冷却水，开动钻机，均匀地钻透试块。为保护钻头，在试块下可垫上木板等。

d. 提起钻机，取出试件。

e. 按上述“(3)④”中的方法将试件吹干备用。

②根据需要，可再用切割机切去钻芯试件的一端或两端，达到要求的高度，但必须保证端面与试件轴线垂直且保持上下平行。

5. 数据处理

记录实验数据、实验条件。

6. 实验报告

按实验数据整理有关表格和实验报告。

7. 注意事项

试件成型时控制好成型温度、碾压次数及碾压方向。

思考题

1. 轮辗法使用范围是什么？试件尺寸类型和选择标准是什么？
2. 轮辗法成型试件有什么用途？在现实工程中是如何体现的？

实验三　沥青混合料试件制作方法(静压法)

1. 实验目的与适用范围

本方法规定了用静压法制作沥青混合料试件的方法,以供在实验室进行沥青混合料物理力学性质实验。

凡采用静压法制作的试件,有条件时均可用振动压实或搓揉成型设备代替,成型试件以密度达到马歇尔标准击实试件密度的100% ±1%控制。

沥青混合料试件制作时的试件尺寸应符合试件直径不小于集料最大粒径的4倍,试件厚度不小于集料最大粒径的1~1.5倍的规定,其矿料规格及试件数量应符合规程的规定。

2. 实验原理

本方法将按规定方法配制并经沥青混合料拌和机拌和好的沥青混合料,在压力机的试模中,采用静压的方法成型试件。

在我国,静压法成型是广泛应用于基层材料的成型法。对沥青混合料采用静压法尽管并不科学,但考虑到目前国内不少单位一时达不到具备揉搓或振动成型条件制作抗压的圆柱体及三轴压缩试件,故国家试验规程保留了此方法。

静压法成型具体的方法有两种:一种是控制成型压力,另一种是控制成型高度,这两种方法的实际效果是有差异的。本实验法考虑成型应以密实度为要求指标,故规定以高度为主,对压力规定通常为20~30 MPa,以供成型时注意校核有无错误。静压法成型与沥青混合料的温度有很大关系,不同的沥青材料成型温度应该是不一样的,因此本方法规定达到成型温度后装模。另外,考虑到目前已有很多新的成型方法出现,本方法规定也可用揉搓法及振动成型法代替静压法。揉搓机在美国使用较多,ASTM D3497、D4123、AASHTIO T165等均规定了用揉搓法成型圆柱体试件的方法。

3. 原材料、试剂及仪器设备

①压力机或带压力表的千斤顶:不小于300 kN。

②实验室用沥青混合料拌和机:能保证拌和温度并充分拌和均匀,可控制拌和时间,拌和机的容量为10 L(小型)或30 L(大型)。

③电动脱模器:需无破损地推出圆柱体试件,并备有相应尺寸的推出环。

④各种试模:包括压头,每种至少3组,由高碳钢或工具钢制成,试模尺寸应保证成型后符合要求试件尺寸的规定。

a. 抗压实验圆柱体试模:采用ϕ100 mm×100 mm的试件尺寸时,试模内径与试件直径相同,试模高180 mm,上下压头直径100 mm,上压头高50 mm,下压头高90 mm。

b. 三轴实验圆柱体试模:采用ϕ100 mm×200 mm的试件尺寸时,内径与试件直径相同,试模高300 mm,下压头直径100 mm,上压头高50 mm,下压头高90 mm。试模也可由一个分成两半的内套和一个圆柱形外套组成。

⑤烘箱:大、中型各1台,装有温度调节器。

⑥台秤、天平或电子秤:称量 5 kg 以上的感量不大于 1 g;称量 5 kg 以下时,用于称量矿料的感量不大于 0.5 g,用于称量沥青的感量不大于 0.1 g。

⑦插刀或大螺丝刀。

⑧垫块。

⑨温度计:分度值 1 ℃,宜采用有金属插杆的插入式数显温度计,金属插杆的长度不小于 150 mm,量程 0 ~300 ℃。

⑩其他:电炉或煤气炉、沥青熔化锅、拌和铲、标准筛、胶布、卡尺、秒表、粉笔、棉纱等。

4. 实验步骤

(1)准备工作。

①按第 6 章实验一的方法确定制作沥青混合料试件的拌和与压实温度。常温沥青混合料的拌和及压实在常温下进行。

②按沥青混合料取样法规定的方法,在拌和厂或施工现场采集沥青混合料试样。如果混合料温度符合要求,可直接用于成型。在实验室人工配制沥青混合料时,按规程规定的方法准备矿料及沥青并加热备用。常温沥青混合料的矿料不加热。

③将金属试模及压头等置于 100 ℃左右烘箱中加热 1 h 备用。常温沥青混合料用试模不加热。

④按规程规定的方法拌制沥青混合料,数量略多于试件质量需要。插入温度计检测温度,待温度符合成型温度时用于装模。

(2)成型方法。

①按试件要求尺寸,准确称取混合料数量,应为 1 个试件的体积与马歇尔标准击实密度的乘积。

②将试模钢筒和承压头从烘箱中取出,立即在钢筒内部和承压头底面涂以很少量的润滑油,并将下承压头置于钢筒中。为使承压头凸出钢筒底口 2 ~3 cm,下承压头应加垫块,并在下承压头上放置一张圆形薄纸。

③用小铲将符合成型温度要求的混合料分 2 次(高为 100 mm 的试件)或 3 次(高为 200 的试件)仔细铲入钢筒中,随之用插刀沿钢筒周边插捣 15 次,中间 10 次,然后用热铲平整混合料表面。

④插入温度计至混合料中心附近,待混合料温度符合要求的压实温度时,垫上一层薄纸及盖好上承压头(上、下承压头伸进试模的高度应大体相同)。

⑤将装有混合料的试模及垫圈(块)一并置于压力机或千斤顶的平台上,加载至 1 MPa(对 ϕ100 mm 的试件约为 7.85 kN)后撤去下面的垫圈(块),再逐渐均匀加载至要求的试件高度(20 ~30 MPa),并保持 3 min 后卸荷,记录荷载。

⑥从试模中取出上、下承压头后,稍降温,在未完全冷却时趁热置脱模器上推出试件,制成试件的高度与标准高度的误差不得大于 2.0 mm,否则应予废弃。注意,脱模温度不能太低,低了不仅脱模困难,还有可能损伤试件。

⑦将试件竖立在平台上在室温下冷却 24 h,测定试件密度、空隙率,不符合要求的应予以废弃。

5. 数据处理

记录实验数据、实验条件。

6. 实验报告

按实验数据整理有关表格和实验报告。

7. 注意事项

①注意试样直径不小于集料最大粒径的4倍,试件厚度不小于集料最大粒径的1~1.5倍。

②脱模温度不能太低,以免损伤试件。

思考题

1. 静压法有什么优缺点?

2. 静压法成型中,控制成型压力和控制成型高度这两种方法的实际效果有什么差异?

3. 采用静压法制备试件的标准是什么?怎样选取试件的尺寸大小?

实验四　沥青混合料的旋转压实试件制作方法(SGC法)

1. 实验目的与适用范围

SGC(Shear Gyratory Compaction)方法适用于旋转压实成型 ϕ150 mm 或 ϕ100 mm 沥青混合料圆柱体试件,以供实验室进行沥青混合料物理力学性质实验使用。

本方法也适合于在试件成型过程中测量剪切应力的变化,用于分析沥青混合料的性能。

2. 实验原理

SGC 压实基本原理(图 6.6)是:试件在一个控制室中缓慢地压实,试件运动的轴线如同一圆锥,它的顶点与试件顶部重合。旋转底座将试模定位于 1.25°的旋转压实角,以 300 r/min 的恒定速率旋转。压力加载头对试件施加 600 kPa 的竖直压力。这样在材料倒入试模中后同时受到竖向压力与水平剪力的作用,使集料颗粒定向形成骨架。这种过程模拟了荷载对道路搓揉压实作用,利用 SGC 旋转压实仪成型试件,然后测试相应的体积参数。由于在研究中没有考虑测试如抗剪强度等参数,因此 SGC 并不能直接提供判定路面是否稳定所必需的应力应变特征,这也是和 GTM、LCPC 的主要区别。

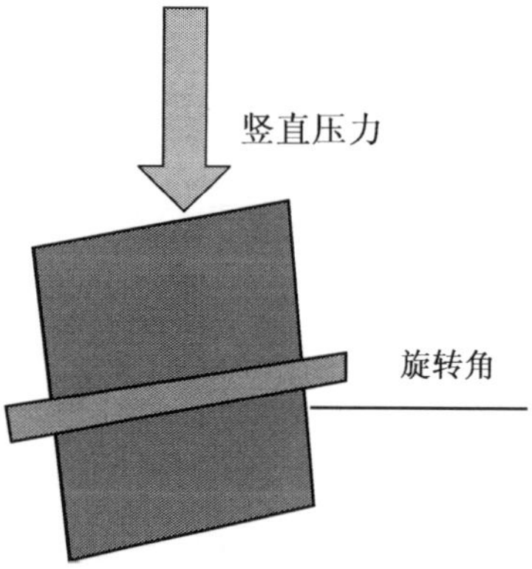

图 6.6　SGC 工作原理示意图

3. 原材料、试剂及仪器设备

(1)旋转压实仪。

旋转压实仪主要由反力架、加载装置、旋转基座、计算机控制系统、内旋转角测量装置、试模、锤头(上压盘)、底座(下压盘)、测力装置和压力传感器等组成,必要时可配置剪切应力测试系统和压头加热系统。

①反力架应有足够的刚度,以保证旋转压实时旋转角的稳定,应有安全防护门,并配有电源控制开关。

②加载装置,应保证旋转压实过程中垂直压力的稳定,使垂直压力达到设定值 ±18 Pa。

③旋转基座由旋转套、压实角度调整功能、旋转传动功能、试模底座等组成。压实角度可调,调整范围应满足实验要求。出厂前压实角度应进行标定,使有效内旋转角允许波动范围为设定值的 ±0.02°。旋转基座的工作转速应达到设定值 ±0.5 r/min。

④计算机控制系统应具有对旋转压实仪运行的自动控制和实验数据采集、分析等功能。

⑤内旋转角测量装置,应具备数据采集系统、温度测量、数据显示等功能。

⑥试模、锤头(上压盘)和底座(下压盘)。

a. 试模应采用钢材制造,试模壁的厚度大于 7.5 mm,洛氏硬度至少为 HRC48 ~ HRC57,试模内壁应足够光滑(粗糙度为 0.4 μm)。ϕ150 mm 试模内径为 149.90 ~ 150.00 mm,ϕ100 mm 试模内径为 99.90 ~ 100.00 mm,高度不小于 200 mm。

b. 锤头(上压盘)和底座(下压盘)必须采用钢材制造,洛氏硬度宜为 HRC48 ~ HRC55。ϕ150 mm 的试件锤头(上压盘)和底座(下压盘)其外径尺寸为 149.50 ~ 149.75 mm,ϕ100 mm 试件其外径尺寸为 99.50 ~ 99.75 mm。锤头和底座与混合料接触面应平坦、光滑(粗糙度为 0.4 μm)。锤头和底座尺寸宜每年标定一次,试模内直径和压盘外直径之差应小于 0.50 mm。

(2)旋转压实仪应具有自动测定试件高度、旋转次数及对应高度的记录和显示功能,精确至 0.1 mm。同时应配备标定装置,对内旋转角、垂直力和试件高度测量装置宜每半年自校 1 次,旋转转速宜每年自校 1 次。

(3)脱模仪。

(4)实验室用沥青混合料拌和机:容量不小于 10 L。

(5)烘箱:大、中型各一台。

(6)天平或电子秤:感量不大于 0.1 g。

(7)温度计:宜采用有金属杆的插入式数显温度计,金属杆长度不小于 150 mm,量程 0 ~ 300 ℃,分度值 1 ℃。

8. 其他:游标卡尺、托盘、沥青熔化锅、拌和铲、刮刀、隔热手套、垫纸等。

4. 实验步骤

(1)标定步骤。

①确定实验条件,加载装置垂直压力为(600 ± 18) kPa,压实转速为(30 ± 0.5) r/min。

②将试模、上下压盘和内旋转角测量装置的表面清理干净。当试模内壁或上下压盘接触混合料的表面处有划痕或损坏时,不得再使用。

③检测内旋转角有加热和室温两种方式。通常情况下宜选择加热方式,即开始检测前将试模置于温度为(150 ±5) ℃的烘箱中加热不少于 45 min,内旋转角测量装置无须加热。室温检测时试模不需加热。

④按下述“成型步骤”的要求,准备好旋转压实仪,按照该仪器的说明书设定旋转次数。

⑤将内旋转角测量装置组装好,放进试模中,将仪器探头或参考基座适当定位以测量底部内部角和顶部内部角。将试模放入旋转压实仪中,注意试模和旋转压实锤对中。

⑥开始旋转压实，使试模和内旋转角测量装置一起做旋转运动，如图 6.7 所示。旋转时宜符合以下条件：产生的偏心距 e 为 22 mm，力矩 M(即 $e\times F$)为(466.5 ±10) N·m。

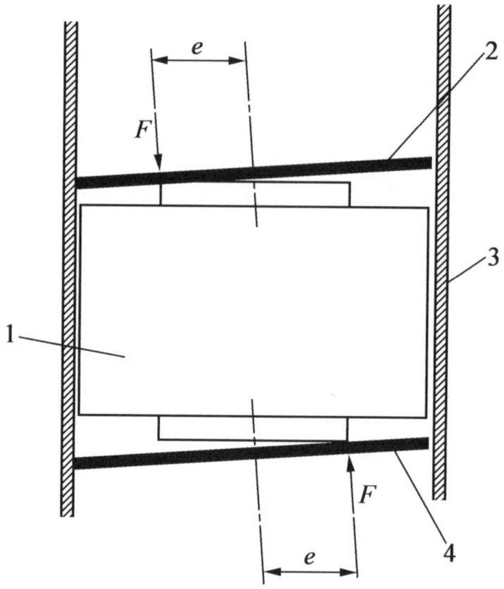

图 6.7 模拟加载法测定内旋转角示意图

1—内旋转角测量装置；2—上压盘；3—试模；4—下压盘；e—偏心距，一般为 22 mm；F—施加的载荷

⑦旋转到设定次数后，停止压实，待旋转压实仪上升到一定高度后，从试模中取出内旋转角测量装置，记录测量结果，准确至 0.01°。

⑧不断调整内旋转角测量装置位置，按照上述步骤④～⑥的要求分别测定底部内旋转角 α_{bi} 和顶部内旋转角 α_{ti}，底部内旋转角和顶部内旋转角分别测定 3 次。如果 3 次测量的差值大于 0.02°，则必须重新测定。取 3 个底部内旋转角 α_{bi} 的平均值为底部内旋转角 α_b；取 3 个顶部内旋转角 α_{ti} 的平均值作为顶部内旋转角 α_t。取 α_b 和 α_t 平均值为有效内旋转角，其差值不宜大于 0.02°。有效内旋转角应该满足设定值的 ±0.02°要求。

(2)准备工作。

①按照第 6 章实验一击实法的方法确定制作沥青混合料试件的拌和与压实温度。常温沥青混合料的拌和和压实在常温下进行。

②按沥青混合料取样法规定的方法，在拌和厂或施工现场采取代表性的沥青混合料，当混合料温度符合要求时，可直接用于成型。在实验室人工配制沥青混合料时，按第 6 章实验一的方法准备矿料及沥青，然后按沥青混合料取样法规定的方法拌制沥青混合料。

(3)成型步骤。

①按照该设备的使用说明书进行操作。如打开压实仪的电源开关、配件的电源(或气源)开关、计算机(或控制面板)，并与压实仪连接，需要打印数据时，还需连接打印机等。

②设定旋转压实仪旋转角、垂直压力和旋转速率。不同的设计方法和设计体系，旋转角、垂直压力和旋转速率可能不同，因此参数的设定需根据混合料设计方法要求选定

(如 Superpave 设计方法要求有效内旋转角为 1.16° ±0.02°,垂直压力为(600 ±18) kPa,旋转速率为(30 ±0.5) r/min)。

③根据需要选定实验结束条件,一般选择设定要求的旋转压实次数作为实验结束条件。

④当旋转压实仪压头具有保温功能时,在旋转压实前需将压头加热保温不少于 15 min。

⑤用蘸有少许黄油的棉纱擦净试模及下压盘等,然后置烘箱中加热并保持到压实温度 ±5 ℃,恒温至少 45 min。常温沥青混合料用试模不需加热。

⑥将拌和好的沥青混合料,均匀称取一个试件所需的混合料质量 m,混合料的质量应使成形后的试件高度达到实验所需高度 ±3 mm。

⑦从烘箱中取出预热的试模、下压盘,在下压盘上垫一张圆形纸片,防止沥青粘到下压盘上。将称好的沥青混合料迅速倒入试模内,将混合料的表面整平,然后在顶面上盖上一张圆形纸片。

⑧将盛有沥青混合料的试模放入旋转压实仪中,启动计算机(或控制面板),设定各实验参数,开动旋转压实仪,将压式锤头降下,直到施加的压力达到设定值 ±18 kPa。旋转压实仪将按照设置的旋转次数开始自动成型试件。

⑨实验过程中自动连续记录不同压实次数下的试件高度,并显示垂直压力。根据需要还可以测定、记录旋转压实过程中的剪切力。压实结束后,按照压实仪的提示恢复压实仪的旋转角,升起旋转压头,从旋转压实仪中取出试模。

⑩刚成型好的热试件不宜马上脱模,需在室温下适当冷却。为了缩短冷却时间,可以采用电风扇降温 5 ~10 min 后再进行脱模。对于需要继续进行性能测试的试件,同时孔隙率又较大(如大于 7%)时,冷却时间宜延长 15 min 以上。脱模后揭去垫在试件底面和顶面的圆形纸片。

⑪根据需要可按照 JTG E20—2011 相关方法测定试件毛体积相对密度等参数。

⑫用于测定试件体积参数时,平行实验一般不少于 4 个,用于其他实验,平行实验试件个数按相关规定确定。

5. 数据处理

①按式(6.1)计算不同压实次数下的试件密度(体积法),取 3 位小数。

$$\rho_x = \frac{m}{h_x \times \pi \times (d/2)^2} \times 10^3 \tag{6.1}$$

式中 ρ_x——不同旋转压实次数下的试件密度(体积法),g/cm³;

m——沥青混合料试件质量,g;

h_x——不同旋转压实次数下的试件高度,mm;

d——试模的直径,mm。

②按式(6.2)计算不同旋转压实次数下试件的毛体积相对密度,取 3 位小数。

$$\gamma_{fx} = \frac{\gamma_f \times h_x}{h} \tag{6.2}$$

式中 γ_{fx}——不同旋转压实次数下试件的毛体积相对密度,无量纲;

γ_f——按照表干法方法测定的试件毛体积相对密度,无量纲;

h——最终成型试件高度(仪器显示试件的高度),mm。

③允许误差。

试件毛体积相对密度实验重复性的允许误差,当集料最大公称粒径小于或等于13.2 mm时为平均值的0.9%,集料最大公称粒径大于13.2 mm时为平均值的1.4%。试件毛体积相对密度实验再现性的允许误差为平均值的1.7%。

6. 实验报告

按实验数据整理有关表格和实验报告。

报告应该包括旋转压实仪的有效内旋转角(包括标定方法)、垂直压力、旋转速率、拌和和压实温度等参数。

7. 注意事项

①对沥青混合料矿料、试模和套筒需要按规定预热。

②严格控制成型试件尺寸,满足规定要求。

思考题

1. 沥青混合料的旋转压实试件制作方法与击实试件制作方法之间测定沥青混合料的物理力学性能有什么差异?分析两种方法的优缺点?

2. 为什么说SGC成型法是基本的混合料试件成型方法之一?

实验五　沥青混合料旋转压实和性能剪切实验(GTM 旋转压实法)

1. 实验目的与适用范围

本方法适用于 GTM 实验机(旋转压实剪切实验机,Gyratory Testing Machine)成型试件,同时能测定沥青混合料试件的密度、抗剪强度、剪应力、抗压模量、抗剪模量及旋转压实指数等,也可以采用 GTM 方法进行沥青混合料的配合比设计或沥青路面施工质量检验与控制。

GTM 可分为油压法和气压法两种。根据混合料最大粒径选择不同的试模尺寸,一般直径为 101.6 mm、152.4 mm 和 203.2 mm 3 种,分别对应最大公称粒径小于等于 26.5 mm、37.5 mm、63 mm 的沥青混合料。成型时一组试件的数量不得少于 3 个。

2. 实验原理

GTM 采用一个圆柱形的钢模装上沥青混合料,将钢模置于夹盘中,开机后上部的滚球活塞和下部的千斤顶同时对试件施压,可以说它是集压实、剪切、模拟交通于一身的综合性实验设备。GTM 不但具有 SHARP 计划中旋转压实机揉压的能力,同时还具有电脑分析从上盘的旋转角度来得出混合料抗剪强度。当试件压实到平衡状态时(即指每旋转压实 100 次,试件密度变化率为 0.016 g/cm^3),即可测出压实混合料的压实稳定值、抗剪安全系数及密度。材料的抗剪强度越大,倾斜角就越小。角度传感器能够通过绘制角曲线准确反映倾斜角的大小,一旦混合料的空隙被沥青填满,如果继续压实,混合料就会出现塑性变形,同时抗剪强度下降。因此一旦压实到平衡状态时应停止压实。

GTM 实验机可最大限度地模拟汽车在路面上行驶时轮胎与路面的相互作用,利用充气型滚轮,通过设定垂直压力(压应力),改变旋转角度(剪应力),对材料施加周期性的圆周型压应力,通过旋转压实,使模拟中沥青混合料密度达到汽车轮胎直接作用于路面时所产生的密实度,即对试件施加垂直压力,使材料被旋转压实到平衡状态。GTM 在确定最佳沥青用量时,根据不同用油量的实验结果,画出用油量与实验结果的关系曲线,并根据最佳沥青用量的稳定值、抗剪安全系数、密度指标来决定沥青混合料的设计密度和最佳沥青用量。

GTM 主要采用和应力有关的推理方法进行混合料的力学分析和设计,其成型试件的机理与 SGC 旋转压实机基本相同,可模拟路面碾压成型模式,采用类似于施工中压路机作用的揉搓方法压实沥青混合料,并且模拟了现场压实设备与随后交通荷载的作用,可根据路面承受的轮胎接地压强设定垂直压力,也可变化对试件的揉搓旋转角度。

GTM 旋转剪切压实实验机是进行沥青混合料配比设计,沙、土、石混合料组成设计的实验设备,可以较真实地模拟现场路面受力情况,依据车辆对路面实际接触压力的大小设计出符合要求的沥青混合料,使材料的抗剪强度大于其所受的剪应力,同时将应变控制在适当的范围内。由此设计的沥青混合料路面在设定的车载重和流量下,可以最大程度避免车辙的发生。

GTM 旋转剪切压实实验机具有压实成型、剪切实验和车辆模拟的综合功能。GTM 旋转剪切压实实验机完全用推理的方法，而不像马歇尔、击实法和 CBR 等采用经验的方法，因此它避免了经验法的弊病。GTM 旋转剪切压实实验机的实验结果的精确性和适用性极佳，是其他柔性路面实验仪（包括夏普计划剪切实验机、车辙仪、马歇尔）所无法相比的。GTM 旋转剪切压实实验机可以进行最大粒径为 50 mm 的混合料配合比设计。

GTM 旋转剪切压实实验机还可做循环载荷实验，测得材料的弹性模量。GTM 旋转剪切压实实验机可以对已建成的路面、路基和土基的抗剪强度和剪应变进行测试，以确定路面结构的稳定性，也可用来检测材料和施工的质量。

3. 原材料、试剂及仪器设备

①GTM 旋转剪切压实实验机：由计算机自动控制，具有对沥青混合料压实成型、参数测定的功能，仪器的主要部件如图 6.8 所示。

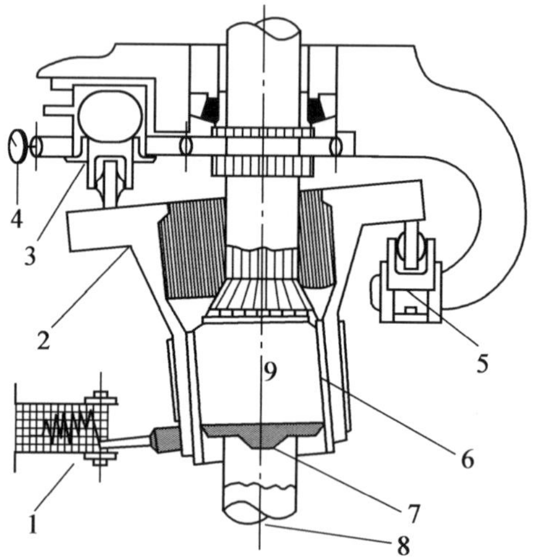

图 6.8　GTM 旋转剪切压实实验机主要部件图

1—旋转角记录器；2—卡盘；3—上滚轴；4—压力表；5—下滚轴；6—试模；7—中心轴线；8—试件（卡盘）轴线；9—试件

②金属标定块：标定高度传感器用的恒高度金属块，有 12.7 mm、101.6 mm、152.4 mm 和 203.2 mm 4 种。

③试模：由高碳钢或工具钢制成，根据沥青混合料最大粒径选择不同直径的试模。一般沥青混合料宜选择 101.6 mm 和 152.4 mm 两种直径的试模，成型高度一般控制在高径比接近 1:1。

④实验室用沥青混合料拌和机：能保证拌和温度并充分拌和均匀，可控制拌和时间，容量不小于 10 L 搅拌叶自转速度为 70 ~ 80 r/min，公转速度为 40 ~ 50 r/min。

⑤烘箱：大、中型各一台，具有温度调节器。

⑥天平或电子秤：用于称量矿料的，感量不大于 0.5 g；用于称量沥青的，感量不大于 0.1 g。

⑦温度计：宜采用有金属杆的插入式数显温度计，金属杆长度不小于 150 mm。量程

0～300 ℃,分度值1 ℃。

⑧其他:试样托盘、沥青熔化锅、拌和铲、滤纸、秒表等。

4. 实验步骤

(1)准备工作。

①按照第6章实验一的方法确定制作沥青混合料试件的拌和与压实温度。

②常温沥青混合料的拌和和压实在常温下进行。

③按沥青混合料取样法规定的方法,在拌和厂或施工现场采取代表性的沥青混合料,当混合料温度符合要求时,可直接用于成型。需要拌和时可倒入已加热的室内沥青混合料拌和机中适当拌和,时间不超过1 min。不得在电炉或明火上加热炒拌。

④在实验室人工配制沥青混合料时,试件的制作按下列步骤进行:

a. 将各种规格的矿料置于温度为(105 ±5) ℃的烘箱中烘干至恒重(一般不少于4～6 h)。

b. 将烘干分级的粗、细集料,按每个试件设计级配要求称其质量,在一金属盘中混合均匀,矿粉单独放入小盆里,然后置烘箱中加热至沥青拌和温度以上约15 ℃备用。一般按单个试件备料(每个油石比平行实验不少于3个试件)。

c. 按沥青试样取样法规定的方法采取试样,用烘箱加热至规定的沥青混合料拌和温度备用,但不得超过175 ℃。当不得已采用燃气炉或电炉直接加热进行脱水时,必须使用石棉垫隔开。

d. 用蘸有少许黄油的棉纱擦净试模及下压盘等,然后置60 ℃左右烘箱中加热保温备用。常温沥青混合料用试模不需加热。

⑤调试和设定GTM设备参数。

a. 打开实验机的电源开关、液压柱油泵(或气泵)开关、加热套开关、控制计算机开关,并与实验机连接。

b. 根据炉面载荷情况及沥青混合料所处的结构层位,确定混合料旋转压实过程中的垂直压力ρ_{des}。

c. 设置GTM实验机初始旋转角θ_0,对于油压法宜为0.8°,采用气压法为2°,也可以根据需要采用不同的初始旋转角。

d. 标定高度传感器。根据试模直径不同,选择对应的金属标定块,标定高度传感器。设计压强不变时,一般不需要标定高度传感器。

e. 设定实验温度,并进行实验保温。标准实验温度为60 ℃。根据需要也可采用其他温度,但应在报告中注明。

f. 选择实验方式。GTM可以通过设定平衡状态、转数、试件高度及试件密度中的一种方式来控制实验过程。平衡状态是指GTM每旋转50次沥青混合料密度变化小于0.008 g/cm^3。实验时宜选择平衡状态为实验方式。

(2)具体实验操作。

①按第6章实验一击实法方法要求拌制沥青混合料。将拌和好的沥青混合料,均匀称取一个试件所需的混合料质量m(实际试件的用量需要根据混合料的类型确定)。成型试件的高度应达到实验所需高度±2.5 mm的要求。

②从烘箱中取出预热的试模、下压盘,在下压盘上垫一张圆形的吸油性小的纸片(与试模直径接近),将称好的沥青混合料迅速倒入试模内,表面整平。

③用盛试模的托盘将试模在实验机的底座上放置好,操作实验机使压头与沥青混合料接触,然后上紧试模外套,紧固螺栓。

④按照上述“(1)⑤”的步骤与方法,确认实验的垂直压力、实验温度、实验压力等,点击控制程序开始按钮,然后打开 GTM 旋转开关,实验机开始运转,进行实验。

⑤实验过程中,计算机将显示不同旋转压实次数对应的沥青混合料试件的密度、高度、轮压、应变、温度等的变化曲线,试件达到平衡状态后 GTM 自动停机。

⑥如果不进行动态模量实验,设备将实验曲线及实验结果直接打印出来,实验结束;如果需要,则进行动态模量实验。打开实验机旋转开关,点击相应控制程序按钮,GTM 实验机开始自动测定试件动态模量,测试完毕后 GTM 自动停机,打印实验结果。

⑦测定摩擦力。

a. GTM 实验结束后,提升压头,卸下试模。

b. 将试模固定在摩擦力测试装置上,将测力千斤顶置于试模底面,逐渐加力,观察测力计力值变化,记录达到峰值的力值即为试件与试模间的摩擦力 F。

⑧根据需要脱模后的试件可按照 JTG E20—2011 相关方法测定试件毛体积相对密度等参数。

5. 数据处理

①按式(6.3)计算不同压实次数下的试件密度(体积法),取 3 位小数。

$$\rho_x = \frac{m}{h_x \pi (d/2)^2} \times 10^3 \tag{6.3}$$

式中 ρ_x——不同旋转压实次数下的试件密度(体积法),g/cm³;

m——沥青混合料试件质量,g;

h_x——不同旋转压实次数下的试件高度,mm;

d——试模的直径,为 101.6 mm 或 152.4 mm。

②按式(6.4)或式(6.5)计算旋转压实指数(Gyratory Compactability Index,GCI),取 3 位小数。

$$\text{GCI} = \rho_{30}/\rho_{60} \tag{6.4}$$

$$\text{GCI} = h_{30}/h_{60} \tag{6.5}$$

式中 GCI——旋转压实指数,旋转压实 30 次时的试件密度(或高度)与旋转压实 60 次时的试件密度(或高度)的比值,无量纲;

ρ_{30}——旋转压实 30 次时试件密度(体积法),g/cm³;

ρ_{60}——旋转压实 60 次时试件密度(体积法),g/cm³;

h_{30}——旋转压实 30 次时试件高度,mm;

h_{60}——旋转压实 60 次时试件高度,mm。

③按式(6.6)计算旋转稳定指数(Gyratory Stability Index,GSI),取 2 位小数。

$$\text{GSI} = \theta_{max}/\theta_i \tag{6.6}$$

式中 GSI——旋转稳定指数,最大角应变 θ_{max} 与最小角应变 θ_i 的比值;

θ_{max}——旋转压实达到平衡状态时的最大角应变（即最大旋转角），可由实验系统自动确定或根据图 6.9 不同旋转次数下的旋转角曲线图中得到最大角应变值，取 2 位小数（即旋转角曲线中最大宽度点处的对应角应变值；图 6.9 中，曲线最大宽度处的宽度为 17.0，则 $\theta_{max}=17.0/10=1.70°$）；

θ_i——旋转压实过程中角应变值（或最小旋转角），可由实验系统自动确定或根据图 6.9 不同旋转次数下的旋转角曲线图中得到最小角应变值，取 2 位小数（即旋转角曲线中最小宽度点处的角应变值；图 6.9 中，曲线最小宽度处的宽度为 10.2，则 $\theta_i=10.2/10=1.02°$）。

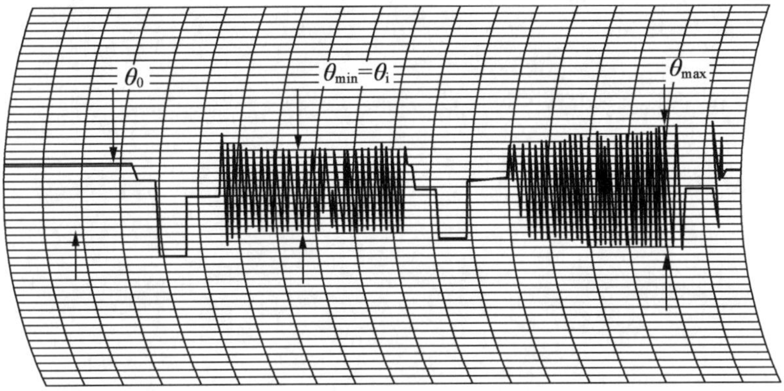

图 6.9　GTM 实验过程中旋转角 - 旋转次数图

④按式(6.7)计算旋转剪切强度 S_G，取 2 位小数。

$$S_G=\frac{2(PL-Fa)+Nb}{Ah}\times\left(\frac{\theta_{max}}{\theta_0}\right) \tag{6.7}$$

式中　S_G——旋转剪切强度，MPa；

P——上滚轴的作用载荷，N；

L——载荷 P 的力臂，mm；

N——压头垂直作用在试件上的载荷，N；

A——试件的端面面积，mm^2；

h——试件高度，mm；

a——摩擦力 F 的力臂（即 $0.637R$，R 为试模的半径）；

b——载荷 N 的力臂（即 $h\tan\theta_0$），mm；

F——试件与试模侧壁的摩擦力，N。

⑤按式(6.8)计算沥青混合料抗剪强度因子（Gyratory Shear Factor，GSF），取 1 位小数。

$$GSF=S_G/\tau_{max} \tag{6.8}$$

式中　GSF——沥青混合料抗剪强度因子，无量纲；

τ_{max}——沥青混合料所处层位中最大剪切应力，MPa。

6. 实验报告

按实验数据整理有关表格和实验报告。

①GSI 与 GSF 的结果处理：当一组测定值中某个测定值与平均值之差大于标准差的 k 倍时，该测定值应予舍去，并以其余测定值的平均值作为实验结果。当试件数目 n 为 3、4、5、6 时，k 值分别为 1.15、1.46、1.67、1.82。

②实验结果应报告垂直设计强度、实验温度、试件密度、旋转压实指数 GCI、旋转稳定指数 GSI、最大角应变值 θ_{max}、最小角应变值 θ_i、旋转剪切强度 S_C、抗剪强度因子 GSF 等。

7. 注意事项

①实验用的混合料不得在电炉或明火上加热炒拌。

②对黏稠沥青混合料矿料、试模和套筒需要按规定预热，常温沥青混合料不加热。

思考题

1. 本方法测定了混合料的什么性能指标？本实验方法在实际工程应用中如何得到体现？

2. 分析 GTM 法的优点和局限。

实验六　压实沥青混合料密度实验(表干法)

1. 实验目的与适用范围

本方法适用于测定吸水率不大于2%的各种沥青混合料试件,包括密级配沥青混凝土、沥青玛琋脂碎石混合料(SMA)和沥青稳定碎石等沥青混合料试件的毛体积相对密度或毛体积密度,标准温度为(25 ±0.5) ℃。

本方法测定的毛体积相对密度或毛体积密度适用于计算沥青混合料试件的空隙率、矿料间隙率等各项体积指标。

2. 实验原理

密度是指在一定条件下测量物质单位体积的质量,单位为 t/m^3 或 g/cm^3,通常以 ρ 表示。相对密度是指所测定的各种密度与同温度下水的密度的比值,用 γ 表示,无量纲。对材料内部没有孔隙的匀质材料如沥青等,测定的密度只有一种。但对于工程上用的粗细集料或沥青混合料这样的复合材料,由于材料状态及测定条件不同,计算用的体积所考虑的集料内部的空隙及集料与集料之间的间隙(空隙)情况不同,便衍生出各种各样的"密度"。计算密度用的质量有干燥质量与潮湿质量的不同,计算用的体积也因所包含集料内部的孔隙情况不同,因而计算结果就不一样,由此得出不同的密度定义,主要有真实密度、毛体积密度、表干密度、表观密度、相对密度等。表 6.4 是几种材料的典型组成情况。

表 6.4　几种材料的典型组成情况

矿粉	单颗粒碎石	集料间开口空隙	沥青混合料
矿质实体 (无孔隙和空隙)	碎石内开口孔隙 碎石内闭口孔隙 碎石矿质实体	矿料间开口空隙 集料内开口空隙 集料内闭口空隙 集料矿质实体	混合料(矿料间)开口及闭口空隙 集料自身开口孔隙 集料自身闭口孔隙 试件表面凹陷 沥青 矿料矿质实体

表6.4 中沥青混合料组成中,包括6 个部分:①各种矿料的矿质集料(按磨成粉的无孔隙状态考虑);②沥青(都充填在集料之间的间隙中,只裹覆在矿料表面,假定不被集料吸收);③集料自身的闭口孔隙;④集料本身的开口孔隙;⑤被沥青裹覆的矿料与矿料之间的空隙(包括开口的与闭口的);⑥试件表面由于与试模接触得不到正常击实而产生的表面凹陷。

沥青混合料试件的空气中质量相当于所有矿料的烘干质量(集料是加热后拌和的)加上沥青质量,这个数是一定的。之所以有各种不同的密度,实际上是所测定的体积的含义不同而已。沥青混合料体积中各部分孔隙与空隙的比例将因矿料级配、沥青用量、压实程度而不同。

《公路工程沥青及沥青混合料试验规程》(JTG E20—2011)中规定的沥青混合料密度的4种测定方法中,最基本的是表干法测定的毛体积密度(即本实验)。所谓毛体积是指试件饱和面干状态下表面轮廓水膜所包裹的全部体积,试件内与外界连通的所有开口孔隙均已被水充满,试件的体积包括矿质实体和沥青体积、集料内部的闭口孔隙和集料之间已被沥青封闭的闭口孔隙、与外连通的开口空隙都计入了体积,但是试件轮廓以外的试件表面的凹陷是不包括在毛体积中的。真正的饱和面干状态,既不能有多余的水膜又不能把吸入孔隙中的水分擦走,才能得到真正的毛体积。

但是当沥青混合料的空隙很大,即开口孔隙很多时,沥青混合料的饱和面干状态很难形成。当试件从水中取出时,开口孔隙中的水会跟着流出,用毛巾擦的时候,也会将开口孔隙中的水吸出。为了解决这个问题,又提出了蜡封法。

蜡封法是用蜡把开口孔隙封闭起来成为假想的饱和面干状态。所以它与表干法是一个意思,都是以包括开口孔隙及闭口孔隙在内的毛体积作为计算密度的体积用的。不过,蜡封法也是不容易测准的,它的关键在于蜡封时既要把孔隙封住又不能让蜡吸入孔隙中(蜡吸入孔隙太多增加试件称重影响准确度)。在试验规程中规定试件在蜡封前要放在冰箱中冷却,蜡融化后的温度要低(熔点以上4 ℃),使试件一浸入蜡中马上在表面凝固成一层蜡皮。蜡封法的缺点是表面的蜡影响马歇尔实验,要把蜡刮掉。为了好刮,只能先涂一层滑石粉,由此使得实验复杂化。

另一种情况为试件表面基本上没有连通外部的开口孔隙,当试件浸水时几乎不吸水,试件的饱和面干质量与空气中质量非常接近,即吸水率小于0.5%的密实沥青混合料试件,可采用水中重法测定。

体积法是空隙率特别大,不能用以上方法测定时的特殊情况。

将试验规程中的4种测试方法列于表6.5,以便比较。

表6.5 试验规程中的4种测试方法的简单比较

方法	计算用试件质量	计算用的试件体积	吸水率
水中重法	试件的空气中质量	混合料体积+试件内部的闭口孔隙(开口孔隙几乎可忽略)	<0.5%
表干法	试件的空气中质量	混合料体积+试件内部的闭口孔隙+连通表面的开口孔隙	<2.0%
蜡封法	试件的空气中质量	混合料体积+试件内部的闭口孔隙+连通表面的开口孔隙	>2.0%
体积法	试件的空气中质量	混合料体积+试件内部的闭口孔隙+连通表面的开口孔隙+表面凹陷	特别大

不过,对混合料试件很难判断有无开口孔隙和孔隙的大小及水会不会流出或吸入,所以《公路沥青路面施工技术规范》(JTG F40—2004)对不同的沥青混合料类型明确规定了采用不同的方法,各单位应严格按照相关规范采用规定的方法进行实验,这样得到的实验结果才有意义。

应该注意的是,沥青混合料的吸水率与集料的吸水率的概念及计算方法是不同的。沥青混合料试件的吸水率为达到饱和面干状态时所吸收水的体积与试件毛体积之比(体积比),而集料的吸水率是吸收水质量与集料烘干质量之比(质量比)。沥青混合料的空隙率是最重要的体积指标,空隙率由石油沥青混合料试件的毛体积相对密度和理论最大相对密度计算得到的,统一计算方法就必须统一试件毛体积相对密度和理论最大相对密度的测定方法。我国标准采用真空法实测沥青混合料的理论最大相对密度,但对改性沥青混合料和 SMA 混合料,用计算法求取混合料的最大理论密度。

图 6.10 和图 6.11 为考虑沥青被集料吸收后沥青混合料各个组成的示意图。

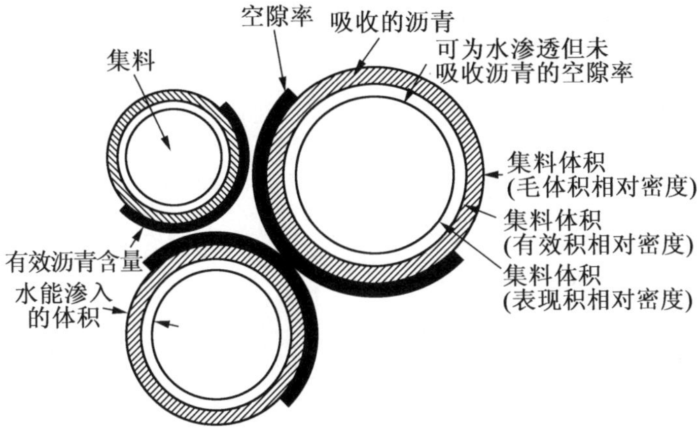

图 6.10 压实沥青混合料中各个成分的组成、有效沥青含量及不同计算方法计算矿料间隙率的影响

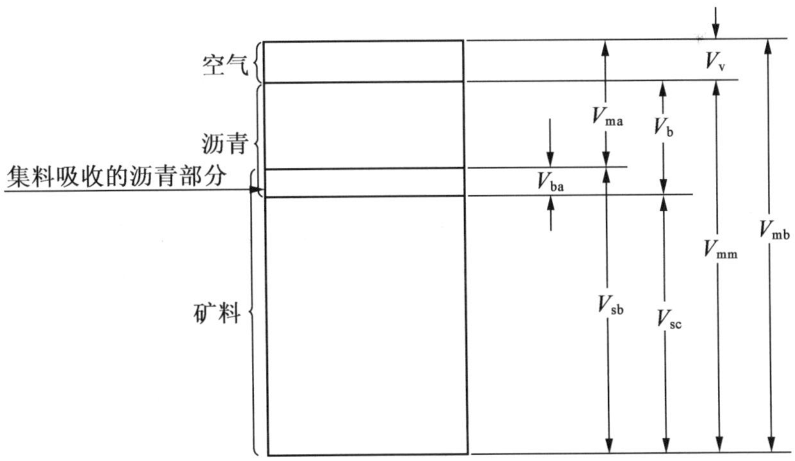

图 6.11 压实沥青混合料试件的体积组成比例

V_{ma}—矿料间隙;V_{mb}—压实混合料的毛体积;V_{mm}—压实混合料的无空隙体积;

V_v—空隙体积;V_b—沥青体积;V_{ba}—被集料吸收的沥青体积;

V_{sb}—矿料体积(按毛体积相对密度计算);V_{se}—矿料体积(按有效相对密度计算)

沥青混合料路面的密度对其路用性能有很大影响。本实验测定沥青混合料处于饱和面干状态(包括吸入开口孔隙中的水)时试样的密度,即试样处于饱和面干状态时单位体积试样的质量。

本实验利用浸水天平称量饱和水的试样在水中质量和在空气中质量,根据排水法原理计算试样排开水的体积(空气中质量和水中质量之差,即为试样处于饱和面干状态时试样的总体积)。根据相关公式计算各项体积参数,主要有试件的吸水率、毛体积相对密度和毛体积密度、试件的空隙率、矿料的合成毛体积相对密度、矿料的合成表观相对密度、矿料的有效相对密度、沥青混合料的理论最大相对密度、试件的空隙率、矿料间隙率VMA和有效沥青的饱和度VFA、青混合料被矿料吸收的比例及有效沥青含量、有效沥青体积百分率、沥青混合料的粉胶比、集料的比表面积和粗集料骨架间隙率。

3. 原材料、试剂及仪器设备

①浸水天平或电子天平:当最大称量在3 kg以下时,感量不大于0.1 g;最大称量3 kg以上时,感量不大于0.5 g;应有测量水中重的挂钩。

②网篮。

③溢流水箱:如图6.12所示,使用洁净水,有水位溢流装置,保持试件和网蓝浸入水中后的水位一定。能调整水温至(25 ±0.5) ℃。

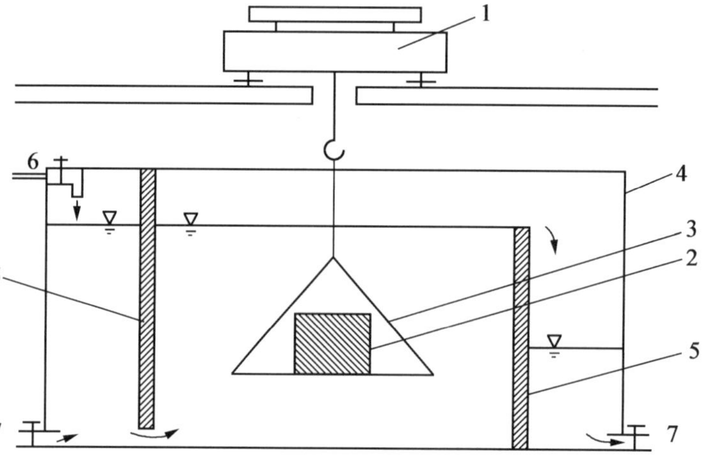

图6.12 溢流水箱及下挂法水中重称量方法示意图

1—浸水天平或电子天平;2—试件;3—网篮;4—溢流水箱;5—水位隔板;6—注入口;7—放水阀门

④试件悬吊装置:天平下方悬吊网篮及试件的装置,吊线应采用不吸水的细尼龙线绳,并有足够的长度。

⑤秒表。

⑥毛巾。

⑦电风扇或烘箱。

4. 实验步骤

①准备试件。本实验可以采用室内成型的试件,也可以采用工程现场钻芯、切割等方法获得的试件。当采用现场钻芯取样时,应按照JTG E20—2011 T 0710的方法进行。实验前试件宜在阴凉处保存(温度不宜高于35 ℃),且放置在水平的平面上,注意不要使试件产生变形。

②选择适宜的浸水天平或电子天平,最大称量应满足试件质量的要求。

③除去试件表面的浮粒,称取干燥试样的空中质量(m_a),根据选择天平的感量读数,准确至0.1 g或0.5 g。

④将溢流水箱水温保持在(25 ±0.5) ℃。挂上网篮,浸入溢流水箱中,调节水位,将天平调平或复零,把试件置于网篮中(注意不要晃动水)浸水 3 ~5 min 称取水中质量(m_w)。若天平读数持续变化,不能很快达到稳定,说明试件吸水较严重,不适用于此法测定,应改用蜡封法测定。

⑤从水中取出试件,用洁净柔软的拧干湿毛巾轻轻擦去试件的表面水(不得吸走空隙内的水),称取试件的表干质量(m_f)。从试件拿出水面到擦拭结束不得超过 5 s。称量过程中流出的水不得再擦拭。

⑥对从工程现场钻取的非干燥试件可先称取水中质量(m_w)和表干质量(m_f),然后用电风扇将试件吹干至恒重(一般不少于 12 h,当不需进行其他实验时,也可用(60 ±5) ℃烘箱烘干至恒重),再称取空中质量(m_a)。

5. 数据处理

①按式(6.9)计算试件的吸水率,取 1 位小数。

$$S_a = \frac{m_f - m_a}{m_f - m_w} \times 100 \tag{6.9}$$

式中 S_a——试件的吸水率,%;

m_a——干燥试件的空中质量,g;

m_w——试件的水中质量,g;

m_f——试件的表干质量,g。

②按式(6.10)和式(6.11)计算试件的毛体积相对密度和毛体积密度,取 3 位小数。

$$\gamma_f = \frac{m_a}{m_f - m_w} \tag{6.10}$$

$$\rho_f = \frac{m_a}{m_f - m_w} \times \rho_w \tag{6.11}$$

式中 γ_f——用表干法测定的试件毛体积相对密度,无量纲;

ρ_f——用表干法测定的试件毛体积密度,g/cm^3;

ρ_w——25 ℃时水的密度,取 0.997 1 g/cm^3。

③试件的空隙率按式(6.12)计算,取 1 位小数。

$$VV = \left(1 - \frac{\gamma_f}{\gamma_t}\right) \times 100 \tag{6.12}$$

式中 VV——试件的空隙率,%;

γ_t——沥青混合料理论最大相对密度,无量纲。

γ_f——试件的毛体积相对密度,无量纲。通常用用表干法测定,当试件吸水率 S_a >2%时,由蜡封法测定;当按规定容许采用水中重法测定时,也可用表观相对密度 γ 代替。

④按式(6.13)计算矿料的合成毛体积相对密度,取 3 位小数。

$$\gamma_{sb}=\frac{100}{\dfrac{P_1}{\gamma_1}+\dfrac{P_2}{\gamma_2}+\cdots+\dfrac{P_n}{\gamma_n}} \tag{6.13}$$

式中 γ_{sb}——矿料的合成毛体积相对密度,无量纲;

$P_1,P_2,\cdots,P_n$——各种矿料占矿料总质量的百分率(%),其和为100;

$\gamma_1,\gamma_2,\cdots,\gamma_n$——各种矿料的相对密度,无量纲。采用《公路工程集料试验规程》(JTG E42—2005)的方法进行测定,粗集料按 T 0304 方法测定;机制砂和石屑可按 T 0330 方法测定,也可用筛出的 2.36 ~ 4.75 mm部分用 T 0304 方法测定的毛体积相对密度代替;矿粉(含消石灰、水泥)采用表观相对密度。

⑤按式(6.14)计算矿料的合成表观相对密度,取3位小数。

$$\gamma_{sa}=\frac{100}{\dfrac{P_1}{\gamma'_1}+\dfrac{P_2}{\gamma'_2}+\cdots+\dfrac{P_n}{\gamma'_n}} \tag{6.14}$$

式中 γ_{sa}——矿料的合成表观相对密度,无量纲;

$\gamma'_1,\gamma'_2,\cdots,\gamma'_n$——各种矿料的表观相对密度,无量纲。

⑥确定矿料的有效相对密度,取3位小数。

a. 对非改性沥青混合料,采用真空法实测理论最大相对密度,取平均值。按式(6.15)计算合成矿料的有效相对密度。

$$\gamma_{se}=\frac{100-P_b}{\dfrac{100}{\gamma_t}-\dfrac{P_b}{\gamma_b}} \tag{6.15}$$

式中 γ_{se}——合成矿料的有效相对密度,无量纲;

P_b——沥青用量,即沥青质量占沥青混合料总质量的百分比(%);

γ_t——实测的沥青混合料理论最大相对密度,无量纲;

γ_b——25 ℃时沥青的相对密度,无量纲。

b. 对改性沥青及 SMA 等难以分散的混合料,有效相对密度直接由矿料的合成有效毛体积相对密度与合成表观相对密度按式(6.16)计算确定,其中沥青吸收系数 C 值根据材料的吸水率由式(6.17)求得,合成矿料的吸水率按式(6.18)计算。

$$\gamma_{se}=C\times\gamma_{sa}+(1-C)\times\gamma_{sb} \tag{6.16}$$

$$C=0.033w_x^2-0.293\,6w_x+0.933\,9 \tag{6.17}$$

$$w_x=\left(\frac{1}{\gamma_{sb}}-\frac{1}{\gamma_{sa}}\right)\times 100 \tag{6.18}$$

式中 C——沥青吸收系数,无量纲;

w_x——合成矿料的吸水率,%。

⑦确定沥青混合料的理论最大相对密度,取3位小数。

a. 对非改性的普通沥青混合料,采用真空法实测沥青混合料的理论最大相对密度 γ_t。

b. 对改性沥青或 SMA 混合料宜按时(6.19)或式(6.20)计算沥青混合料对应油石比

的理论最大相对密度。

$$\gamma_t=\frac{100+P_a}{\frac{100}{\gamma_{se}}+\frac{P_a}{\gamma_b}} \tag{6.19}$$

$$\gamma_t=\frac{100+P_a+P_x}{\frac{100}{\gamma_{se}}+\frac{P_a}{\gamma_b}+\frac{P_x}{\gamma_x}} \tag{6.20}$$

式中 γ_t——计算沥青混合料对应油石比的理论最大相对密度,无量纲;

P_a——油石比,即沥青质量占矿料总质量的百分比,%,$P_a=(P_b/(100-P_b))\times 100$;

P_x——纤维用量,即纤维质量占矿料总质量的百分比,%;

γ_x——25 ℃时纤维的相对密度,由厂方提供或实测得到,无量纲;

γ_{se}——合成矿料的有效相对密度,无量纲;

γ_b——25 ℃时沥青的相对密度,无量纲。

c. 对旧路面钻芯取样的试件缺乏材料密度、配合比及油石比的沥青混合料,可以采用真空法实测沥青混合料的理论最大相对密度 γ_t。

⑧按式(6.21)~(6.23)计算沥青混合料试件的空隙率、矿料间隙率 VMA 和有效沥青的饱和度 VFA,取 1 位小数。

$$VV=(1-\frac{\gamma_f}{\gamma_t})\times 100 \tag{6.21}$$

$$VMA=(1-\frac{\gamma_f}{\gamma_{sb}}\times\frac{P_s}{100})\times 100 \tag{6.22}$$

$$VFA=\frac{VMA-VV}{VMA}\times 100 \tag{6.23}$$

式中 VV——沥青混合料试件的空隙率,%;

VMA——沥青混合料试件的矿料间隙率,%;

VFA——沥青混合料试件的有效沥青饱和度,%;

P_s——各种矿料占沥青混合料总质量的百分率之和,%,$P_s=100-P_b$;

γ_{sb}——矿料的合成毛体积相对密度,无量纲。

⑨按式(6.24)~(6.26)计算沥青混合料被矿料吸收的比例及有效沥青含量、有效沥青体积百分率,取 1 位小数。

$$P_{ba}=\frac{\gamma_{se}-\gamma_{sb}}{\gamma_{se}\times\gamma_{sb}}\times\gamma_b\times 100 \tag{6.24}$$

$$P_{be}=P_b-\frac{P_{ba}}{100}\times P_s \tag{6.25}$$

$$V_{be}=\frac{\gamma_f\times P_{be}}{\gamma_b} \tag{6.26}$$

式中 P_{ba}——沥青混合料中被矿料吸收的沥青质量占矿料总质量的百分率,%;

P_{be}——沥青混合料中的有效沥青含量,%;

V_{be}——沥青混合料试件的有效沥青体积百分率,%。

⑩按式(6.27)计算沥青混合料的粉胶比,取1位小数。

$$FB = P_{0.075}/P_{be} \tag{6.27}$$

式中 FB——粉胶比,沥青混合料的矿料中0.075 mm通过率与有效沥青含量的比值,无量纲;

$P_{0.075}$——矿料级配中0.075 mm的通过百分率(水洗法),%。

⑪按式(6.28)计算集料的比表面积,按式(6.29)计算沥青混合料沥青膜有效厚度。各种集料粒径的表面积系数按表(6.6)取用。

$$SA = \sum (P_i \times FA_i) \tag{6.28}$$

$$DA = \frac{P_{be}}{\rho_b \times P_s \times SA} \times 1\ 000 \tag{6.29}$$

式中 SA——集料的比表面积,m^2/kg;

P_i——集料各粒径的质量通过百分率,%;

FA_i——各筛孔对应集料的表面积系数,m^2/kg,按表6.6确定;

DA——沥青膜有效厚度,μm;

ρ_b——沥青在25 ℃时的密度,g/cm^3。

表6.6 集料的表面积系数及比表面积计算示例

筛孔尺寸/mm	19	16	13.2	9.5	4.75	2.36	1.18	0.6	0.3	0.15	0.075
表面积系数 $FA_i/(m^2 \cdot kg^{-1})$	0.004 1	—	—	—	0.004 1	0.008 2	0.016 4	0.028 7	0.061 4	0.122 9	0.327 7
集料各粒径的质量通过百分率 P_i/%	100	92	85	76	60	42	32	23	16	12	6
集料的比表面积 $P_i \times FA_i/(m^2 \cdot kg^{-1})$	0.41	—	—	—	0.25	0.34	0.52	0.66	0.98	1.47	1.97
集料的比表面积 $SA/(m^2 \cdot kg^{-1})$	SA =0.41 +0.25 +0.34 +0.52 +0.66 +0.98 +1.47 +1.97 =6.60										

注:矿料级配中大于4.75 mm集料的表面积系数FA均取0.004 1。计算集料比表面积时,大于4.75 mm集料的比表面积只计算一次,即只计算最大粒径对应部分。如该表中,该例的SA =6.60 m^2/kg,若沥青混合料的有效沥青含量为4.65%,沥青混合料的沥青用量为4.8%,沥青的密度1.03 g/cm^3,P_s =95.2,则沥青膜厚度DA =4.65/(95.2 ×1.03 ×6.60) ×1 000 μm =7.19 μm。

⑫粗集料骨架间隙率可按式(6.30)计算,取1位小数。

$$VCA_{min} = 100 - \frac{\gamma_f}{\gamma_{ca}} \times P_{ca} \tag{6.30}$$

式中 VCA_{min}——粗集料骨架间隙率,%;

P_{ca}——矿料中所有粗集料质量占沥青混合料总质量的百分率,%,按式(6.31)计算得到:

$$P_{ca} = P_s \times PA_{4.75}/100 \tag{6.31}$$

式中 $PA_{4.75}$——矿料级配中4.75 mm筛余量,即100减去4.75 mm通过率;$PA_{4.75}$对于一般沥青混合料为矿料级配中4.75 mm筛余量,对于最大公称粒径不大于9.5 mm的SMA混合料为2.36 mm筛余量,对特大粒径根据需要可以选择其他筛孔。)

γ_{ca}——矿料中所有粗集料的合成毛体积相对密度,按式(6.32)计算,无量纲。

$$\gamma_{ca}=\frac{P_{1c}+P_{2c}+\cdots+P_{nc}}{\frac{P_{1c}}{\gamma_{1c}}+\frac{P_{2c}}{\gamma_{2c}}+\frac{P_{nc}}{\gamma_{nc}}} \tag{6.32}$$

式中 $P_{1c},\cdots,P_{nc}$——矿料中各种粗集料占矿料总质量的百分比,%;

$\gamma_{1c},\cdots,\gamma_{nc}$——矿料中各种粗集料的毛体积相对密度。

6. 实验报告

按实验数据整理有关表格和实验报告。

①报告。

应在实验报告中注明沥青混合料的类型及测定密度采用的方法。

②允许误差。

试件毛体积密度实验重复性的允许误差为0.020 g/cm^3。试件毛体积相对密度实验重复性的允许误差为0.020。

7. 注意事项

①在测定水中质量时,吊篮上的掉线应采用不吸水的细尼龙线,并有足够的长度。

②控制水的实验温度。

思考题

1. 本方法的适用范围是什么?本实验方法测定的指标在混凝土配合比设计中有何应用?

2. 体积指标有哪些?

3. 分析本实验中各指标计算方法的物理意义。

实验七　压实沥青混合料密度实验(水中重法)

1. 实验目的与适用范围

水中重法适用于测定吸水率小于0.5%的密实沥青混合料试件的表观相对密度或表观密度。标准温度为(25 ±0.5) ℃。

当试件很密实,几乎不存在与外界连通的开口孔隙时,采用本方法测定的表观相对密度代替表干法测定的毛体积相对密度,并计算沥青混合料试件的空隙率、矿料间隙率等各项体积指标。

2. 实验原理

本实验主要利用水中重法测定试件的表观相对密度或表观密度。表观密度指的是,材料单位体积中包含了材料实体及不吸水的闭口孔隙,但不包括能吸水的开口孔隙,也称视密度。

试件表面基本上没有连通外部的开口孔隙,当试件浸水时几乎不吸水,试件的饱和面干质量与空气中质量非常接近,即吸水率小于0.5%的密实沥青混合料试件,可采用水中重法测定。

本实验假设沥青混合料试样不吸水或吸水率很小。将试样分别在空气中称量干燥质量和在浸水天平中称量,计算用水中重法测定的沥青混合料试件的表观相对密度及表观密度。

3. 原材料、试剂及仪器设备

①浸水天平或电子天平:当最大称量在3 kg以下时,感量不大于0.1 g;最大称量3 kg以上时,感量不大于0.5 g。应有测量水中重的挂钩。

②网篮。

③溢流水箱:使用洁净水,有水位溢流装置,保持试件和网篮浸入水中后的水位一定。调整水温并保持在(25 ±0.5) ℃。

④试件悬吊装置:天平下方悬吊网篮及试件的装置,吊线应采用不吸水的细尼龙线绳,并有足够的长度。对轮碾成型机成型的板块状试件可用铁丝悬挂。

⑤秒表。

⑥电风扇或烘箱。

4. 实验步骤

①选择适宜的浸水天平或电子天平,最大称量应满足试件质量的要求。

②除去试件表面的浮粒,称取干燥试件的空中质量(m_a),根据选择的天平的感量读数,准确至0.1 g或0.5 g。

③挂上网篮,浸入溢流水箱的水中,调节水位,将天平调平并复零,把试件置于网篮中(注意不要使水晃动),待天平稳定后立即读数,称取水中质量(m_w)。若天平读数持续变化,不能在数秒钟内达到稳定,则说明试件有吸水情况,不适用于此法测定,应改用表干法或蜡封法测定。

④对从施工现场钻取的非干燥试件,可先称取水中质量(m_w),然后用电风扇将试件吹干至恒重(一般不少于 12 h,当不需进行其他实验时,也可用(60 ±5) ℃烘箱烘干至恒重),再称取空中质量(m_a)。

5. 数据处理

①按式(6.33)及式(6.34)计算用水中重法测定的沥青混合料试件的表观相对密度及表观密度,取 3 位小数。

$$\gamma_a = \frac{m_a}{m_a - m_w} \tag{6.33}$$

$$\rho_a = \frac{m_a}{m_a - m_w} \times \rho_w \tag{6.34}$$

式中 γ_a——在 25 ℃温度条件下试件的表观相对密度,无量纲;

ρ_a——在 25 ℃温度条件下试件的表观密度,g/cm^3;

m_a——干燥试件的空中质量,g;

m_w——试件的水中质量,g;

ρ_w——在 25 ℃温度条件下水的密度,取 0.997 1 g/cm^3。

②当试件的吸水率小于 0.5% 时,以表观相对密度代替毛体积相对密度,按规定的方法计算试件的理论最大相对密度及空隙率、沥青的体积百分率、矿料间隙率、粗集料骨架间隙率、沥青饱和度等各项体积指标。

6. 实验报告

按实验数据整理有关表格和实验报告。

应在实验报告中注明沥青混合料的类型及测定密度的方法。

7. 注意事项

水中重法适用于吸水率小于 0.5% 的密实沥青混合料的试件表观密度或表观相对密度的测定。

思考题

1. 怎样判定试件是否适合此方法来测定密度?能不能应用于配合比设计?

2. 在哪种情况下可以用水重法测定的表观密度代替表干法测定的毛体积密度?并分析其原因。

实验八 压实沥青混合料密度实验(蜡封重法)

1. 实验目的与适用范围

①本方法适用于测定吸水率大于2%的沥青混凝土或沥青碎石混合料试件的毛体积相对密度或毛体积密度。标准温度为(25 ±0.5) ℃。

②本方法测定的毛体积相对密度适用于计算沥青混合料试件的空隙率、矿料间隙率等各项体积指标。

2. 实验原理

蜡封法是用蜡把开口孔隙封闭起来成为假想的饱和面干状态。所以它与表干法是一个意思,都是以包括开口孔隙及闭口孔隙在内的毛体积作为计算密度的体积用的。不过,蜡封法也是不容易测准的,它的关键在于蜡封时既要把孔隙封住又不能让蜡吸入孔隙中(蜡吸入孔隙太多增加试件称重影响准确度)。在试验规程中规定试件在蜡封前要放在冰箱中冷却,蜡融化后的温度要低(熔点以上4 ℃),使试件一浸入蜡中马上在表面凝固成一层蜡皮。蜡封法的缺点是表面的蜡影响马歇尔实验,要把蜡刮掉。为了好刮,只能先涂一层滑石粉,由此使得实验复杂化。

蜡封法仅适用于吸水率大于2%的混合料。这是由于该方法人为影响因素太多,应用于吸水率小于2%试件时导致数据不准确,吸水率小于2%应采用表干法,而且在蜡封法中规定,进行蜡封之前首先进行表干法测定试件吸水率,如果吸水率小于2%,则无须进行蜡封。所以,在工程上,应该严格按照规范的规定选择适用的方法测定。

3. 原材料、试剂及仪器设备

①浸水天平或电子天平:当最大称量在3 kg以下时,感量不大于0.1 g;最大称量3 kg以上时,感量不大于0.5 g。应有测量水中重的挂钩。

②网篮。

③水箱:使用洁净水,有水位溢流装置,保持试件和网篮浸入水中后的水位一定。

④试件悬吊装置:天平下方悬吊网篮及试件的装置,吊线应采用不吸水的细尼龙线绳,并有足够的长度。对轮碾成型机成型的板块状试件可用铁丝悬挂。

⑤熔点已知的石蜡。

⑥冰箱:可保持温度为4 ~5 ℃。

⑦铅或铁块等重物。

⑧滑石粉。

⑨秒表。

⑩电风扇。

⑪其他:电炉或燃气炉。

4. 实验步骤

①选择适宜的浸水天平或电子天平,最大称量应满足试件质量的要求。

②称取干燥试件的空中质量(m_a),根据选择的天平的感量读数,准确至0.1 g、0.5 g

或5 g。当为钻芯法取得的非干燥试件时,应用电风扇吹干12 h以上至恒重作为空中质量,但不得用烘干法。

③将试件置于冰箱中,在4~5 ℃条件下冷却不少于30 min。

④将石蜡熔化至其熔点以上(5.5±0.5) ℃。

⑤从冰箱中取出试件立即浸入石蜡液中。至全部表面被石蜡封住后迅速取出试件,在常温下放置30 min,称取蜡封试件的空中质量(m_p)。

⑥挂上网篮,浸入水箱中,调节水位,将天平调平或复零。调整水温并保持在(25±0.5) ℃内。将蜡封试件放入网篮浸水约1 min,读取水中质量(m_c)。

⑦如果试件在测定密度后还需要做其他实验时,为便于除去石蜡,可事先在干燥试件表面涂一薄层滑石粉,称取涂滑石粉后的试件质量(m_s),然后再蜡封测定。

⑧用蜡封法测定时,石蜡对水的相对密度按下列步骤实测确定:

a. 取一块铅或铁块之类的重物,称取空中质量(m_g)。

b. 测定重物的水中质量(m'_g)。

c. 待重物干燥后,按上述试件蜡封的步骤将重物蜡封后测定其空中质量(m_d)及水温在(25±0.5) ℃时的水中质量(m'_d)。

d. 按式(6.35)计算石蜡对水的相对密度。

$$\gamma_p = \frac{m_d - m_g}{(m_d - m_g) - (m'_d - m'_g)} \tag{6.35}$$

式中 γ_p——在常温条件下石蜡对水的相对密度;

m_g——重物的空中质量,g;

m'_g——重物的水中质量,g;

m_d——蜡封后重物的空中质量,g;

m'_d——蜡封后重物的水中质量,g。

5. 数据处理

①计算试件的毛体积相对密度,取3位小数。

a. 蜡封法测定的试件毛体积相对密度按式(6.36)计算。

$$\gamma_f = \frac{m_a}{(m_p - m_c) - (m_p - m_a)/\gamma_p} \tag{6.36}$$

式中 γ_f——由蜡封法测定的试件毛体积相对密度;

m_a——试件的空中质量,g;

m_p——蜡封试件的空中质量,g;

m_c——蜡封试件的水中质量,g。

b. 涂滑石粉后用蜡封法测定的试件毛体积相对密度按式(6.37)计算。

$$\gamma_f = \frac{m_a}{(m_p - m_c) - [(m_p - m_s)/\gamma_p + (m_s - m_a)/\gamma_s]} \tag{6.37}$$

式中 m_s——试件涂滑石粉后的空中质量,g;

γ_s——滑石粉对水的相对密度。

c. 试件的毛体积密度按式(6.38)计算。

$$\rho_{\mathrm{f}}=\gamma_{\mathrm{f}}\rho_{\mathrm{w}} \tag{6.38}$$

式中 ρ_{f}——蜡封法测定的试件毛体积密度,g/cm^3;

ρ_{w}——常温水的密度,取 0.997 1 g/cm^3

②按表干法的方法计算试件的理论最大相对密度及空隙率、沥青的体积百分率、矿料间隙率、粗集料骨架间隙率、沥青饱和度等各项体积指标。

6. 实验报告

按实验数据整理有关表格和实验报告。

应在实验报告中注明沥青混合料的类型及采用的测定密度的方法。

7. 注意事项

钻心法取得的非干燥试件应用电风扇吹干 12 h 以上至恒重作为空中质量,不得用烘干法。

思考题

1. 在进行蜡封之前将试件置于冰箱中的目的是什么?

2. 为什么蜡封法仅适用于吸水率大于 2% 的混合料? 在工程上如何正确选择合适的方法测定密度指标?

实验九　压实沥青混合料密度实验（体积法）

1. 实验目的与适用范围

本方法采用体积法测定沥青混合料的毛体积相对密度和毛体积密度。

本方法仅适用于不能用表干法、蜡封法测定的空隙率较大的沥青碎石混合料及大孔隙透水性开级配沥青混合料（OGFC）等。

本方法测定的毛体积相对密度适用于计算沥青混合料试件的空隙率、矿料间隙率等各项体积指标。

2. 实验原理

空隙率特别大时，表干法、蜡封法、水中重法误差均很大不能使用，则用体积法。

用电子天平称量试件的干燥质量，用卡尺直接测量试件的尺寸并计算其体积作为毛体积，然后计算试件的毛体积密度和毛体积相对密度。

3. 原材料、试剂及仪器设备

①电子天平：当最大称量在 3 kg 以下时，感量不大于 0.1 g；最大称量 3 kg 以上时，感量不大于 0.5 g。

②卡尺。

4. 实验步骤

①选择适宜的电子天平，最大称量应满足试件质量的要求。

②清理试件表面，刮去突出试件表面的残留混合料，而空中质量（m_a）根据选择天平的感量读取，准确至 0.1 g 或 0.5 g。当为钻芯法取得的非干燥试件时，应用电风扇吹干 12 h 以上至恒重作为空中质量，但不得用烘干法。

③用卡尺测定试件的各种尺寸，精确至 0.01 mm。圆柱体试件的直径取上下 2 个断面测定结果的平均值，高度取十字对称 4 次测量的平均值；棱柱体的试件的长度取上下 2 个位置的平均值，高度或宽度取两端及中间 3 个断面测定的平均值。

5. 数据处理

①圆柱体试件毛体积按式（6.39）计算。

$$V=\frac{\pi d^2}{4}\times h \tag{6.39}$$

式中　V——试件的毛体积，cm^3；

d——圆柱体试件的直径，cm；

h——试件的高度，cm。

②棱柱体试件毛体积按式（6.40）计算。

$$V=lbh \tag{6.40}$$

式中　l——试件的长度，cm；

b——试件的宽度，cm；

h——试件的高度，cm。

③试件的毛体积相对密度按式(6.41)计算,取3位小数。

$$\rho_s = m_a / V \tag{6.41}$$

式中 ρ_s——用体积法测定的试件的毛体积密度,g/cm^3;

m_a——干燥试件的空中质量,g。

④试件的毛体积相对密度按式(6.42)计算,取3位小数。

$$\gamma_s = \rho_s / 0.9971 \tag{6.42}$$

式中 γ_s——用体积法测定的试件在25 ℃条件下的毛体积相对密度,无量纲。

⑤按表干法的方法计算试件的理论密度、空隙率、沥青的体积百分率、矿料间隙率、粗骨料骨架间隙率、沥青饱和度等各项体积指标。

6. 实验报告

按实验数据整理有关表格和实验报告。

7. 注意事项

空隙率较小时,不适用于体积法,应采用表干法、蜡封法测定空隙率。

思考题

①分析体积法与表干法和蜡封法之间的区别?

②圆柱体和棱柱体试件尺寸的测量方法有何区别?说明理由。

实验十　沥青混合料理论最大相对密度实验(真空法)

1. 实验目的与适用范围

本方法适用于采用真空法测定沥青混合料理论最大相对密度,供沥青混合料配合比设计、路况调查或路面施工质量管理计算空隙率、压实度等使用。

本方法不适用于吸水率大于3%的多孔性集料的沥青混合料。

2. 实验原理

空隙率是沥青混合料最重要的体积指标,它是抑制路面产生永久变形、提高路面稳定性、避免路面早期水损害的关键因素。而沥青混合料理论最大相对密度是计算压实沥青混合料空隙率的主要参数,也是计算压实混合料的矿料间隙率、沥青饱和度等体积指标的重要因素。因此对该参数的确定正确与否,将直接影响到沥青混合料配合比设计的结果和沥青路面的性能。沥青混合料的理论最大相对密度直接决定了沥青混合料的体积特性,从而间接决定了混合料的路用性能。

沥青混合料理论最大相对密度是指沥青混合料在压实成型至无空隙理想状态下单位体积的试件质量与同温度下水的密度比。沥青混合料最大理论相对密度的确定方法一般有计算法和实测法两种,其中计算法有毛体积相对密度计算法、表观相对密度计算法、有效相对密度计算法;实测法则采用真空法或溶剂法。

本方法利用真空负压装置进行实验。使试件在真空负压条件下饱水(排除开口孔隙中的水),称量计算混合料试件饱水时在水中的质量(m_2-m_1),表示最大理论密度时的质量,也就是开口孔隙率为0%条件下混合料试件实体在水中的质量,这个质量(m_2-m_1)加上混合料试件实体排开水的质量等于混合料试件本身的质量m_a(干燥试件在空气中质量),因此$m_a-(m_2-m_1)$为混合料试件实体排开水的质量。而混合料试件实体排开水的质量在数值上等于试件实体排开水的体积(标准状态下水的密度为1.00 g/km^3),也就是混合料试件实体的体积或者说是混合料试件在无(开口)孔隙理想状态下的体积。干燥试件在空气中质量与混合料试件在无孔隙理想状态下的体积,正是沥青混合料理论最大的密度,再与标态下水的密度(1.00 g/cm^3)相除,即得沥青混合料理论最大相对密度。计算过程中涉及两次水的标准状态密度(或密度),水的标准状态密度对计算的影响被抵消,因此实验过程中可不考虑水的密度。

测定沥青混合料理论最大相对密度,供沥青混合料配合比设计、路况调查或路面施工质量管理计算空隙率、压实度等使用。

3. 原材料、试剂及仪器设备

①天平:称量5 kg以上,感量不大于0.1 g;称量2 kg以下,感量不大于0.05 g。

②负压容器:根据试样数量选用表6.7中的A、B、C任何一种类型。负压容器口带橡皮塞,上接橡胶管,管口下方有滤网,防止细料部分吸入胶管。为便于抽真空时观察气泡情况,负压容器至少有一面透明或者采用透明的密封盖。

表 6.7 负压容器类型

类型	容器	附属设备
A	耐压玻璃，塑料或金属制的罐，容积大于 2 000 mL	有密封盖，接真空胶管，分别与真空装置和压力表连接
B	容积大于 2 000 mL 的真空容量瓶	带胶皮塞，接真空胶管，分别与真空装置和压力表连接
C	4 000 mL 耐压真空器皿或干燥器	带胶皮塞，接真空胶管，分别与真空装置和压力表连接

③真空负压装置：由真空泵、真空表、调压装置、压力表及干燥或积水装置等组成。

a. 真空泵应使负压容器内产生(3.7 ±0.3) kPa 负压；真空表分度值不得大于2 kPa。

b. 调压装置应具备过压调节功能，以保持负压容器的负压稳定在要求范围内，同时还应具有卸除真空压力的功能。

c. 压力表应经过标定，能够测定 0 ~ 4 kPa 负压。当采用水银压力表时，分度值为 1 mmHg，示值误差为 2 mmHg；非水银压力表分度值为 0.1 kPa，示值误差为 0.2 kPa。压力表不得直接与真空装置连接，应单独与负压容器相接。

d. 采用干燥或积水装置主要是为了防止负压容器内的水分进入真空泵内。

④振动装置：实验过程中根据需要可以开启或关闭。

⑤恒温水槽：水温控制在(25 ±0.5) ℃。

⑥温度计：分度值 0.5 ℃。

⑦其他：玻璃板、平底盘、铲子等。

4. 实验步骤

(1)准备工作。

①按以下几种方法获取沥青混合料试样，试样数量宜不少于表 6.8 规定数量。

表 6.8 沥青混合料试样数量

公称最大粒径/mm	4.75	9.5	13.2、16	19	26.5	31.5	37.5
试样最小质量/g	500	1 000	1 500	2 000	2 500	3 000	3 500

a. 按照按第 6 章实验一的方法拌制沥青混合料，分别拌制两个平行试样，放置于平底盘中。

b. 按沥青混合料取样法规定的方法，从拌和楼、运料车或者摊铺现场取样，趁热缩分成两个平行试样，分别放置于平底盘中。

c. 从沥青路面上钻芯取样或切割的试样，或者其他来源的冷沥青混合料，应置于温度为(125 ±5) ℃烘箱中加热至变软、松散后，然后缩分成两个平行试样，分别放置于平底盘中。

②将平底盘中的热沥青混合料，在室温中冷却或者用电风扇吹，一边冷却一边将沥青混合料团块仔细分散，粗集料不破碎，细集料团块分散至小于 6.4 mm。若混合料坚硬

时可用烘箱适当加热后再分散,加热温度不超过 60 ℃。分散试样时可用铲子翻动、分散,在温度较低时应用手掰开,不得用锤打碎,防止集料破碎。当试样是从施工现场采取的非干燥混合料时,应用电风扇吹干至恒重后再操作。

③负压容器标定方法。

a. 采用 A 类容器时,将容器全部浸入(25 ±0.5) ℃的恒温水槽中,负压容器完全浸没、恒温(10 ±1) min 后,称取容器的水中质量(m_1)。

b. B、C 类负压容器:

大端口的负压容器,需要有大于负压容器端口的玻璃板。将负压容器和玻璃板放进水槽中,注意轻轻摇动负压容器使容器内气泡排除。恒温(10 ±1 min),取出负压容器和玻璃板,向负压容器内加满(25 ±0.5) ℃水至液面稍微溢出,用玻璃板先盖住容器端口1/3,然后慢慢沿容器端口水平方向移动盖住整个端口,注意查看有没有气泡。擦除负压容器四周的水,称取盛满水的负压容器质量(m_b)。

小口的负压容器,需要采用中间带垂直孔的塞子,其下部为凹槽,以便于空气从孔中排除。将负压容器和塞子放进水槽中,注意轻轻摇动负压容器使容器内气泡排除。恒温(10 ±1) min,在水中将瓶塞塞进瓶口,使多余的水由瓶塞上的孔中挤出。取出负压容器,将负压容器用干净软布将瓶塞顶部擦拭一次,再迅速擦除负压容器外面的水分,最后称其质量(m_b)。

④将负压容器干燥、编号,称取其干燥质量。

(2)具体实验操作。

①将沥青混合料试样装入干燥的负压容器中,称容器及沥青混合料总质量,得到试样的净质量(m_a)。试样质量应不小于上述规定的最小数量。

②在负压容器中注入(25 ±0.5) ℃的水,将混合料全部浸没,并较混合料顶面高出约 2 cm。

③将负压容器放到实验仪上,与真空泵、压力表等连接,开动真空泵,使负压容器内负压在 2 min 内达到(3.7 ±0.3) kPa 时,开始计时,同时开动振动装置和抽真空,持续(15 ±2)min。

为使气泡容易除去,实验前可在水中加浓度 0.01% 的表面活性剂(如每 100 mL 水中加 0.01 g 洗涤灵)。

④当抽真空结束后,关闭真空装置和振动装置,打开调压阀慢慢卸压,卸压速度不得大于 8 kPa/s(通过真空表读数控制),使负压容器内压力逐渐恢复。

⑤当负压容器采用 A 类容器时,将盛试样的容器浸入保温至(25 ±0.5) ℃的恒温水槽中,恒温(10 ±1) min 后,称取负压容器与沥青混合料的水中质量(m_2)。

⑥当负压容器采用 B、C 类容器时,将装有沥青混合料试样的容器浸入保温至(25 ±0.5) ℃的恒温水槽中,恒温(10 ±1) min 后,注意容器中不得有气泡,擦净容器外的水分,称取容器、水和沥青混合料试样的总质量(m_c)。

5. 数据处理

①采用 A 类容器时,沥青混合料的理论最大相对密度按式(6.43)计算。

$$\gamma_t = \frac{m_a}{m_a - (m_2 - m_1)} \tag{6.43}$$

式中 γ_t——沥青混合料理论最大相对密度;

m_a——干燥沥青混合料试样的空中质量,g;

m_1——负压容器在 25 ℃水中的质量,g;

m_2——负压容器与沥青混合料在 25 ℃水中的质量,g。

②采用 B、C 类容器作负压容器时,沥青混合料的理论最大相对密度按式(6.44)计算。

$$\gamma_t = \frac{m_a}{m_a + m_b - m_c} \tag{6.44}$$

式中 m_b——装满 25 ℃水的负压容器质量,g;

m_c——25 ℃时试样、水与负压容器的总质量,g。

③沥青混合料 25 ℃时的理论最大密度按式(6.45)计算。

$$\rho_t = \gamma_t \rho_w \tag{6.45}$$

式中 ρ_t——沥青混合料的理论最大密度,g/cm^3;

ρ_w——25 ℃时水的密度,0.997 1 g/cm^3。

④修正实验。

a. 需要进行修正实验的情况。

ⅰ. 对现场钻取芯样或切割后的试件,粗集料有破碎情况,破碎面没有裹覆沥青。

ⅱ. 沥青与集料拌和不均匀,部分集料没有完全裹覆沥青。

b. 修正实验方法。

ⅰ完成"具体实验操作⑤"后,将负压容器静置一段时间使混合料沉淀后,使容器慢慢倾斜,使容器内水通过 0.075 mm 筛滤掉。

ⅱ将残留部分水的沥青混合料细心倒入一个平底盘中,然后用适当水涮容器和 0.075 mm筛网,并将其也倒入平底盘中,重复几次直到无残留混合料。

ⅲ静置一段时间后,稍微提高平底盘一端,使试样中部分水倒出平底盘,并用吸耳球慢慢吸去水。

ⅳ将试样在平底盘中尽量摊开,用吹风机或电风扇吹干,并不断翻拌试样。每15 min 称量一次,当两次质量相差小于 0.05% 时,认为达到表干状态,称取质量为表干质量,用表干质量代替 m_a 重新计算。

ⅴ允许误差。

重复性实验的允许误差为 0.011 g/cm^3,再现性实验的允许误差为 0.019 g/cm^3。

6. 实验报告

按实验数据整理有关表格和实验报告。

同一试样至少平行实验两次,计算平均值作为实验结果,取 3 位小数。采用修正实验时需要在报告中注明。

7. 注意事项

①本方法不适用于吸水率大于 3% 的多孔集料的沥青混合料。

②负压容器使用前必须标定。

思考题

1. 真空法测定沥青混合料的最大理论密度在工程中有哪些应用？并简要概述。
2. 真空法测定沥青混合料的最大理论密度适用于哪些沥青混合料？

实验十一　沥青混合料理论最大相对密度实验(溶剂法)

1. 实验目的与适用范围

本方法适用于采用溶剂法测定沥青混合料理论最大相对密度,供沥青混合料配合比设计、路况调查或路面施工质量管理计算空隙率、压实度等使用。

本方法不适用于集料吸水率大于1.5%的沥青混合料。

2. 实验原理

沥青混合料理论最大相对密度的有关概念参见上述真空法理论最大相对密度实验。

溶剂法的基本原理是,首先将沥青混合料试件用三氯乙烯溶剂溶解分解为集料和沥青并排除气泡,在此过程中实际上排除了(开口)空隙的影响;然后设法测定沥青和集料的空气中干燥质量与在没有空隙的条件下沥青和集料的实体体积之比值,即得沥青混合料理论最大相对密度。

本方法与真空法的目的相同。须注意溶剂法与真空法测定的结果是有差别的。溶剂法采用溶剂将沥青全部溶解,沥青将渗入集料孔隙内部,使得测定的理论最大相对密度可能偏大,这对吸水率大的多孔性集料更是如此,而且由于实验时溶剂吸入集料的量与沥青吸入的量不同,所以与实际情况也是有差异的,故本方法规定仅适用于集料吸水率小于1.5%的沥青混合料。

另外,真空法仅排除了混合料试件开口孔隙的影响,即认为消除开口孔隙的状态为理论最大密度的理想状态,实际上混合料试件中还有一些集料的开口气孔被沥青薄膜所封闭,被封闭的这一部分开口气孔隙被计算在了混合料试件实体体积之中;溶剂法中,被沥青薄膜所封闭的那些开口气孔重新被溶剂打开,这一部分开口气孔也被排除在混合料试件实体体积之外。因此,真空法和溶剂法所使用的"无空隙理想状态下混合料试件的体积"的基准是有区别的。

3. 原材料、试剂及仪器设备

①恒温水槽:可使水温控制在(25 ±0.5) ℃。

②天平:感量不大于0.1 g。

③广口容量瓶:1 000 mL,有磨口瓶塞。

④溶剂:三氯乙烯。

⑤温度计:分度值0.5 ℃。

4. 实验步骤

(1)准备工作。

①按以下几种方法获得沥青混合料试样,试样数量宜不少于表6.9的规定数量。

表 6.9 沥青混合料试样数量

公称最大粒径/mm	4.75	9.5	13.2、16	19	26.5	31.5	37.5
试样最小质量/g	500	1 000	1 500	2 000	2 500	3 000	4 000

a. 按照要求拌制沥青混合料,分别拌制两个平行试样,放置于平底盘中。

b. 按规定的沥青混合料取样方法从拌和楼、运料车或者摊铺现场取样,趁热缩分成两个平行试样,分别放置于平底盘中。

c. 从沥青路面上钻芯取样或切割的试样,或者其他来源的冷沥青混合料,应置于温度为(125 ±5) ℃烘箱中加热至变软、松散后,然后缩分成两个平行试样,分别放置于平底盘中。

②将平底盘中的热沥青混合料,在室温中冷却或者用电风扇吹,一边冷却一边将沥青混合料团块仔细分散,粗集料不破碎,细集料团块分散到小于 6.4 mm。若混合料坚硬时可用烘箱适当加热后再分散,加热温度不超过 60 ℃。分散试样时可用铲子翻动、分散,在温度较低时应用手掰开,不得用锤打碎,防止集料破碎。当试样是从施工现场采取的非干燥混合料时,应用电风扇吹干至恒重后再操作。

(2)具体实验操作。

①称取干燥的广口容量瓶质量(m_c)。

②广口容量瓶充满三氯乙烯溶剂,盖上磨口瓶塞(多余三氯乙烯溢出),放入(25 ±0.5) ℃恒温水槽中保温 15 min,取出擦净,称取瓶与溶剂的总质量(m_e)。

③将瓶中溶剂倒出,干燥。按照四分法取沥青混合料试样 200 g 左右装入比重瓶,称取瓶与混合料的总质量(m_b)。

④向瓶中混合料加入 250 mL 三氯乙烯溶剂,将瓶浸入(25 ±0.5) ℃恒温水槽中,并不时摇晃,使沥青溶解,同时赶走气泡,持续 1 ~2 h。

⑤待沥青完全溶解且已无气泡冒出时,注入已保温为 25 ℃的溶剂至满,盖上磨口瓶塞(多余三氯乙烯溢出),擦净瓶,称取瓶与沥青混合料及溶剂的总质量(m_a)。

5. 数据处理

沥青混合料的理论最大相对密度按式(6.46)计算。

$$\gamma_t = \frac{m_b - m_c}{[(m_e - m_c) - (m_a - m_b)]/\gamma_c} \tag{6.46}$$

式中 γ_t——沥青混合料理论最大相对密度;

m_a——容量瓶充满混合料与溶剂的总质量,g;

m_b——瓶与混合料的总质量,g;

m_c——容量瓶的质量,g;

m_e——容量瓶充满溶剂的总质量,g;

γ_c——25 ℃时三氯乙烯溶剂对水的相对密度,可取 1.464 2。

6. 实验报告

按实验数据整理有关表格和实验报告。

同一试样至少平行实验两次,计算平均值作为实验结果,取 3 位小数。

7. 注意事项

本方法不适用于集料吸水率大于1.5%的沥青混合料。

向有混合料的瓶中加溶剂后要进行水浴恒温并进行摇晃,使沥青溶解,同时赶走气泡。

思考题

1. 真空法与溶剂法测定的沥青混合料结果会有什么差别?分析其原因。

2. 分析本实验中沥青混合料的理论最大相对密度计算公式的物理意义,用自己的语言表述。

实验十二 沥青混合料马歇尔稳定度实验(体积法)

1. 实验目的与适用范围

本方法适用于马歇尔稳定度实验和浸水马歇尔稳定度实验,以进行沥青混合料的配合比设计或沥青路面施工质量检验。浸水马歇尔稳定度实验(根据需要,也可进行真空饱水马歇尔实验)供检验沥青混合料受水损害时抵抗剥落的能力时使用,通过测试其水稳定性检验配合比设计的可行性。

本方法适用于按第6章实验一击实法的方法成型的标准马歇尔试件圆柱体和大型马歇尔试件圆柱体。

2. 实验原理

马歇尔实验是目前沥青混合料中最重要的一个实验方法,由于实验时条件有所不同,将其分别称为标准马歇尔实验、浸水马歇尔实验(评价水稳定性)和真空马歇尔实验。其中标准马歇尔实验主要用来检测沥青混合料的高温性能,所测定的指标有马歇尔稳定度(MS)、流值(FL)和马歇尔模数(T),并以这些指标来表征其高温时的稳定性和抗变形能力。稳定度是指在规定的温度和加荷速率下,标准试件的破坏荷载。流值是最大破坏荷载时,试件的垂直变形。马歇尔模数为稳定度除以流值的商。浸水马歇尔实验主要用来检验沥青混合料受水损害时抵抗剥落的能力,表征指标为残留稳定度。

实验的准备工作(前期工作)是按规定的方法制备马歇尔试件,测定其密度并计算空隙率、沥青体积百分率、沥青饱和度、矿料间隙率等体积指标。马歇尔稳定度和流值测试利用沥青混合料马歇尔实验仪进行,按规定条件将试件置于马歇尔实验仪上,加载,计算机或$X-Y$记录仪自动记录传感器压力和试件变形曲线并将数据自动存入计算机,当实验荷载达到最大值的瞬间,取下流值计,同时读取压力环中百分表读数及流值计的流值读数。

浸水马歇尔实验和真空马歇尔实验分别在浸水和真空条件下进行。

3. 原材料、试剂及仪器设备

①沥青混合料马歇尔实验仪:分为自动式和手动式。自动马歇尔实验仪应具备控制装置、记录荷载-位移曲线、自动测定荷载与试件的垂直变形,能自动显示和存储或打印实验结果等功能。手动式由人工操作,实验数据通过操作者目测后读取数据。

对于高速公路和一级公路的沥青混合料宜采用自动马歇尔实验仪。

a. 当集料公称最大粒径小于或等于26.5 mm时,宜采用ϕ101.6 mm×63.5 mm的标准马歇尔试件,实验仪最大荷载不小于25 kN,读数准确至0.1 kN,加载速率应能保持(50±5) mm/min。钢球直径16 mm,上下压头曲率半径为(50.8±0.08) mm。

b. 当集料公称最大粒径大于或等于26.5 mm时,宜采用ϕ152.4 mm×95.3 mm的大型马歇尔试件,实验仪最大荷载不得小于50 kN,读数准确至0.1 kN,上下压头的曲率内径为(152.4±0.2) mm,上下压头间距(19.05±0.1) mm。大型马歇尔试件的压头如图6.13所示。

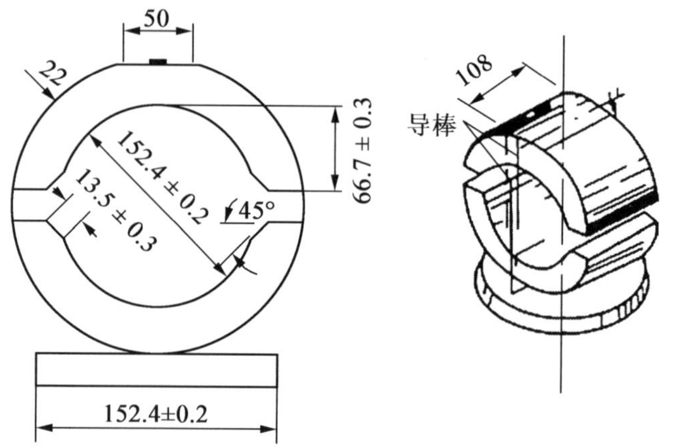

图 6.13　大型马歇尔试件的压头(尺寸单位:mm)

②恒温水槽:控温准确度为 1 ℃,深度不小于 150 mm。

③真空饱水容器:包括真空泵及真空干燥器。

④烘箱。

⑤天平:感量不大于 0.1 g。

⑥温度计:分度为 1 ℃。

⑦卡尺。

⑧其他:棉纱、黄油。

4. 实验步骤

(1)准备工作。

①按第 6 章实验一击实法的方法制作符合要求的马歇尔试件,标准马歇尔尺寸应符合直径(101.6 ±0.2) mm,高(63.5 ±1.3) mm 的要求。对大型马歇尔试件,尺寸应符合直径(152.4 ±0.2) mm,高(95.3 ±2.5) mm 的要求。一组试件的数量最少不得少于 4 个,并符合第 6 章实验一中的规定。

②量测试件的直径及高度:用卡尺测量试件中部的直径,用马歇尔试件高度测定器或用卡尺在十字对称的 4 个方向量测离试件边缘 10 mm 处的高度,准确至 0.1 mm,并以其平均值作为试件的高度。如试件高度不符合(63.5 ±1.3) mm 或(95.3 ±2.5) mm 要求或两侧高度差大于 2 mm 时,此试件应作废。

③按规定方法测定试件的密度,并计算空隙率、沥青体积百分率、沥青饱和度、矿料间隙率等体积指标。

④将恒温水槽调节至要求的实验温度,对黏稠石油沥青或烘箱养生过的乳化沥青混合料为(60 ±1) ℃,对煤沥青混合料为(33.8 ±1) ℃,对空气养生的乳化沥青或液体沥青混合料为(25 ±1) ℃。

(2)具体实验操作。

①将试件置于已达规定温度的恒温水槽中保温,保温时间对标准马歇尔试件需 30 ~ 40 min,对大型马歇尔试件需 45 ~60 min。试件之间应有间隔,底下应垫起,离容器底部

不小于 5 cm。

②将马歇尔实验仪的上下压头放入水槽或烘箱中达到同样温度。将上下压头从水槽或烘箱中取出擦拭干净内面。为使上下压头滑动自如,可在下压头的导棒上涂少量黄油。再将试件取出置于下压头上,盖上上压头,然后装在加载设备上。

③在上压头的球座上放妥钢球,并对准荷载测定装置的压头。

④当采用自动马歇尔实验仪时,将自动马歇尔实验仪的压力传感器、位移传感器与计算机或 $X-Y$ 记录仪正确连接,调整好适宜的放大比例,压力和位移传感器调零。

⑤当采用压力环和流值计时,将流值计安装在导棒上,使导向套管轻轻地压住上压头,同时将流值计读数调零。调整压力环中百分表,对零。

⑥启动加载设备,使试件承受荷载,加载速度为(50 ±5) mm/min。计算机或 $X-Y$ 记录仪自动记录传感器压力和试件变形曲线并将数据自动存入计算机。

⑦当实验荷载达到最大值的瞬间,取下流值计,同时读取压力环中百分表读数及流值计的流值读数。

⑧从恒温水槽中取出试件至测出最大荷载值的时间,不得超过 30 s。

(3)浸水马歇尔实验方法。

浸水马歇尔实验方法与标准马歇尔实验方法的不同之处在于,试件在已达规定温度恒温水槽中的保温时间为 48 h,其余均与标准马歇尔实验方法相同。

(4)真空饱水马歇尔实验方法。

试件先放入真空干燥器中,关闭进水胶管,开动真空泵,使干燥器的真空度达到 98.3 kPa以上,维持 15 min,然后打开进水胶管,靠负压进入冷水流使试件全部浸入水中,浸水 15 min 后恢复常压,取出试件再放入已达规定温度的恒温水槽中保温 48 h,其余均与标准马歇尔实验方法相同。

5. 数据处理

①试件的稳定度及流值。

a. 当采用自动马歇尔实验仪时,将计算机采集的数据绘制成压力和试件变形曲线,或由 $X-Y$ 记录仪自动记录的荷载-变形曲线,按图 6.14 所示的方法在切线方向延长曲线与横坐标相交于 O_1,将 O_1 作为修正原点,从 O_1 起量取相应于荷载最大值时的变形作为流值(FL),以 mm 计,准确至 0.1 mm。最大荷载即为稳定度(MS),以 kN 计,准确至 0.01 kN。

b. 采用压力环和流值计测定时,根据压力环标定曲线,将压力环中百分表的读数换算为荷载值,或者由荷载测定装置读取的最大值即为试样的稳定度(MS),以 kN 计,准确至 0.01 kN。由流值计及位移传感器测定装置读取的试件垂直变形,即为试件的流值(FL),以 mm 计,准确至 0.1 mm。

②试件的马歇尔模数按式(6.47)计算。

$$T=\frac{\mathrm{MS}}{\mathrm{FL}} \tag{6.47}$$

式中 T——试件的马歇尔模数,kN/mm;

MS——试件的稳定度,kN;

FL——试件的流值,mm。

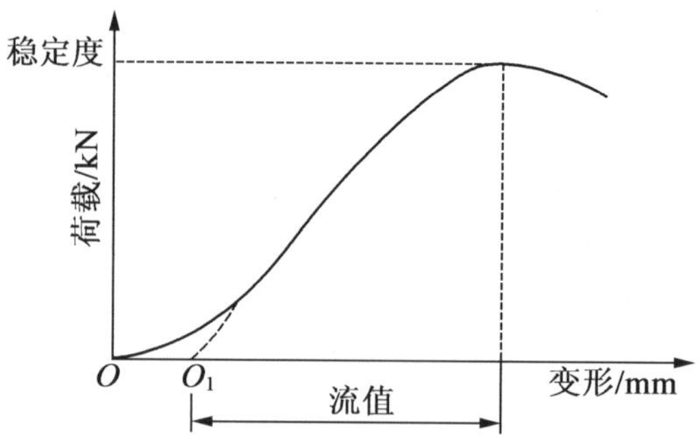

图 6.14　马歇尔实验结果的修正方法

③试件的浸水残留稳定度按式(6.48)计算。

$$MS_0 = \frac{MS_1}{MS} \times 100 \tag{6.48}$$

式中　MS_0——试件的浸水残留稳定度,%;

MS_1——试件浸水 48 h 后的稳定度,kN。

④试件的真空饱水残留稳定度按式(6.49)计算。

$$MS_0' = \frac{MS_2}{MS} \times 100 \tag{6.49}$$

式中　MS_0'——试件的真空饱水残留稳定度,%;

MS_2——试件真空饱水后浸水 48 h 后的稳定度,kN。

6. 实验报告

按实验数据整理有关表格和实验报告。

①当一组测定值中某个测定值与平均值之差大于标准差的 k 倍时,该测定值应予舍弃,并以其余测定值的平均值作为实验结果。当试件数目 n 为 3、4、5、6 个时,k 值分别为 1.15、1.46、1.67、1.82。

②报告中需列出马歇尔稳定度、流值、马歇尔模数,以及试件尺寸、密度、空隙率、沥青用量、沥青体积百分率、沥青饱和度、矿料间隙率等各项物理指标。采用自动马歇尔实验时,实验结果应附上荷载-变形曲线原件或自动打印结果。

7. 注意事项

①不同沥青拌和成的混合料试件,恒温水浴温度要按照规定调节。

②从恒温水槽取出试件至测出最大载荷值的时间不得超过 30 s。

③试件要在已达规定温度的恒温水浴水槽中保温规定时间。

思考题

1. 沥青混合料马歇尔稳定度反映了沥青混合料的什么指标?在实际工程应用中有何意义?
2. 马歇尔稳定度实验有几种?它们之间有什么异同点?
3. 浸水马歇尔实验与标准马歇尔实验有什么不同?
4. 残留稳定度反映沥青混合料什么特性?

实验十三　沥青路面芯样马歇尔实验

1. 实验目的与适用范围

本方法适用于从沥青路面钻取的芯样进行马歇尔实验，供评定沥青路面施工质量是否符合设计要求或进行路况调查。标准芯样钻孔试件的直径为 100 mm，适用的试件高度为 30 ~ 80 mm；大型钻孔试件的直径为 150 mm，适用的试件高度为 80 ~ 100 mm。

2. 实验原理

实验原理同上述马歇尔稳定度实验。不同之处是，试样来源不是实验室制作而是从沥青路面现场钻取。

同样需要规程要求测定试件的密度，并计算空隙率、沥青体积百分率、沥青饱和度、矿料间隙率等体积指标，然后在马歇尔实验基础上测定钻芯取样的马歇尔稳定度和流值。

从沥青路面钻取的芯样与室内成型制作的试件不同，高度很可能不符合(63.5 ± 1.3) mm 或(95.3 ± 2.5) mm 的要求，故进行马歇尔实验的方法也不同，为此专列一个实验方法。本方法规定了当钻芯取样试件高度不符合(63.5 ± 1.3) mm 或(95.3 ± 2.5) mm 时的稳定度修正系数。

3. 原材料、试剂及仪器设备

本方法所用的仪具与材料与第 6 章实验十二沥青混合料马歇尔实验相同。

4. 实验步骤

①按现行《公路路基路面现场测试规程》(JTG 3450—2019)的方法钻取压实沥青混合料路面芯样试件。

②实验前必须将芯样试件黏附的黏层油、透层油和松散颗粒等清理干净。对与多层沥青混合料联结的芯样，宜采用以下方法进行分离。

a. 在芯样上对不同沥青混合料层间画线作标记，然后将芯样在 0 ℃以下冷却 20 ~ 25 min。

b. 取出芯样，用宽 5 cm 以上的凿子对准层间画线标记处，用锤子敲打凿子，在敲打过程中不断旋转试件，直到试件分开。

c. 如果以上方法无法将试件分开，特别是层与层之间的界线难以分清时，宜采用切割方法进行分离，切割时需要连续加冷却水切割，并注意观察切割后的试件不能含有其他层次的混合料。

③试件宜在阴凉处存放(温度不宜高于 35 ℃)，且放置在水平的地方，注意不要使试件产生变形等。

④如缺乏沥青用量、矿料配合比及各种材料的密度数据时，应按第 6 章实验十(真空法)测定沥青混合料理论最大相对密度。

⑤按《公路工程沥青及沥青混合料试验规程》(JTG E20—2011)规定的方法(参见本书相关实验)测定试件的密度，并计算空隙率、沥青体积百分率、沥青饱和度、矿料间隙率

等体积指标。

⑥用卡尺测定试件的直径，取两个方向的平均值。

⑦测定试件的高度，取 4 个对称位置的平均值，准确至 0.1 mm。

⑧按本章实验十二马歇尔稳定度规定的方法进行马歇尔实验，由实验实测稳定度乘以表 6.10 或表 6.11 的试件高度修正系数 *K* 得到标准高度试件的稳定度 MS，其余与马歇尔稳定度实验规定的方法相同。

表 6.10 现场钻取芯样试件高度修正系数（适用于 ϕ100 mm 试件）

试件高度/cm	2.47 ~ 2.61	2.62 ~ 2.77	2.78 ~ 2 93	2.94 ~ 3.09	3.10 ~ 3.25	3.26 ~ 3.40	3.41 ~ 3.56	3.57 ~ 3.72	3.73 ~ 3.88
修正系数 *K*	5.56	5.00	4.55	4.17	3.85	3.57	3.33	3.03	2.78
试件高度/cm	3.89 ~ 4.04	4.05 ~ 4.20	4.21 ~ 4.36	4.37 ~ 4.51	4.52 ~ 4.67	4.68 ~ 4.87	4.88 ~ 4.99	5.00 ~ 5.15	5.16 ~ 5.31
修正系数 *K*	2.50	2.27	2.08	1.92	1.79	1.67	1.50	1.47	1.39
试件高度/cm	5.32 ~ 5.46	5.47 ~ 5.62	5.63 ~ 5.80	5.81 ~ 5.94	5.95 ~ 6.10	6.11 ~ 6.26	6.27 ~ 6.44	6.45 ~ 6.60	6.61 ~ 6.73
修正系数 *K*	1.32	1.25	1.19	1.14	1.09	1.04	1.00	0.96	0.93
试件高度/cm	6.74 ~ 6.89	6.90 ~ 7.06	7.07 ~ 7.21	7.22 ~ 7.37	7.38 ~ 7.54	7.55 ~ 7.69			
修正系数 *K*	0.89	0.86	0.83	0.81	0.78	0.76			

表 6.11 现场钻取芯样试件高度修正系数（适用于 ϕ150 mm 试件）

试件高度/cm	8.81 ~ 8.97	8.98 ~ 9.13	9.14 ~ 9.29	9.30 ~ 9.45	9.46 ~ 9.60	9.61 ~ 9.76	9.77 ~ 9.92	9.93 ~ 10.08	10.09 ~ 10.24
试件体积/cm^3	1 608 ~ 1 636	1 637 ~ 1 665	1 666 ~ 1 694	1 695 ~ 1 723	1 724 ~ 1 752	1 753 ~ 1 781	1 782 ~ 1 810	1 811 ~ 1 839	1 840 ~ 1 868
修正系数 *K*	1.12	1.09	1.06	1.03	1.00	0.97	0.95	0.92	0.90

5. 数据处理

记录实验数据、实验现象、实验条件，整理相关表格。

6. 实验报告

按实验数据整理有关表格和实验报告。

7. 注意事项

①实验前必须将芯样试件黏附的黏油层、透油层和松散颗粒等清理干净。

②试件分割过程中，不符合规定的要废弃。

思考题

1. 本方法测定的实验结果能否作为检验沥青路面是否合格的依据？试分析其原因。
2. 分析路面芯样马歇尔实验与实验室试件马歇尔实验的异同。

实验十四 沥青混合料的车辙实验(高温性能)

1. 实验目的与适用范围

本方法适用于测定沥青混合料的高温抗车辙能力，供沥青混合料配合比设计的高温稳定性检验使用，也可用于现场沥青混合料的高温稳定性检验。

车辙实验的实验温度与轮压（实验轮与试件的接触压强）可根据有关规定和需要选用，非经注明，实验温度为 60 ℃，轮压为 0.7 MPa。根据需要，如在寒冷地区也可采用 45 ℃，在高温条件下采用 70 ℃等，对重载交通的轮压可增加至 1.4 MPa，但应在报告中注明。计算动稳定度的时间原则上为实验开始后 45 ~60 min。

本方法适用于用轮碾成型机碾压成型的长 300 mm、宽 300 mm、厚 50 ~100 mm 的板块状试件。根据工程需要也可采用其他尺寸的试件。本方法也适用于现场切割板块状试件，切割试件的尺寸根据现场面层的实际情况由实验确定。

2. 实验原理

沥青混合料的车辙实验是试件在规定温度及荷载条件下，测定实验轮往返行走所形成的车辙变形速率，以每产生 1 mm 变形的行走次数即动稳定度表示。它源于英国 TRRL，现在已成为欧洲、日本、澳大利亚等世界大多数国家的通用实验。车辙实验是沥青混合料性能检验中最重要的指标。众多研究表明，动稳定度能较好地反映沥青路面在高温季节抵抗形成车辙的能力。车辙大小除受混合料自身影响外，与荷载、温度、时间、车速的关系也很大。车辙实验设备和方法对实验结果有很大影响。

本实验利用车辙实验机进行，车辙实验机模拟行车时荷载车轮对路面的摩擦碾压，在试件的实验轮不行走的部位上粘贴一个热电隅温度计以控制试件温度稳定在(60 ±0.5) ℃。实验时记录仪自动记录变形曲线及试件温度。根据实验记录值和实验曲线计算动稳定度。

本实验方法作为沥青混合料配合比设计高温稳定性检验指标，实验时有一点很重要，即试件必须是新拌混合料配制的，在现场取混合料试样时必须在尚未冷却时制模，不允许将混合料冷却后再二次加热重塑制作。

3. 原材料、试剂及仪器设备

(1) 车辙实验机。

车辙实验机示意图如图 6.15 所示，主要由下列部分组成：

①试件台：可牢固地安装两种宽度(300 mm 及 150 mm)的规定尺寸试件的试模。

②实验轮：橡胶制的实心轮胎，外径 200 mm，轮宽 50 mm，橡胶层厚 15 mm。实验轮行走距离为(230 ±10) mm，往返碾压速度为(42 ±1)次/min(21 次往返/min)。采用曲柄连杆驱动加载实验轮往返运行方式(实验台运动(实验轮不移动)或链驱动实验轮运动(实验台不动)的任一种方式)。

③加载装置:通常情况下实验轮与试件的接触压强在 60 ℃时为(0.7 ±0.05) MPa,施加的总荷重为 780 N 左右,根据需要可以调整接触压强大小。

④试模:钢板制成,由底板及侧板组成,试模内侧尺寸长为 300 mm,宽为 300 mm,厚为 50 ~ 100 mm,也可根据需要对厚度进行调整。

⑤试件变形测量装置:自动采集车辙变形并记录曲线的装置,通常用位移传感器 LVDT 或非接触位移计。位移测量范围 0 ~ 130 mm,精度 ±0.01 mm。

⑥温度检测装置:自动检测并记录试件表面及恒温室内温度的温度传感器,精度 ±0.5 ℃。温度应能自动连续记录。

(2)恒温室:恒温室应具有足够的空间。车辙实验机必须整机安放在恒温室内,装有加热器、气流循环装置及装有自动温度控制设备,同时恒温室还应有至少能保温 3 块试件并进行实验的条件。保持恒温室温度 60 ℃(试件内部温度(60 ±0.5) ℃),根据需要也可为其他需要的温度。

(3)台秤:称量 15 kg,感量不大于 5 g。

4. 实验步骤

①实验轮接地压强测定:测定在 60 ℃时进行,在实验台上放置一块 50 mm 厚的钢板,其上铺一张毫米方格纸,上铺一张新的复写纸,以规定的 700 N 荷载后实验轮静压复写纸,即可在方格纸上得出轮压面积,并由此求得接地压强。当压强不符合(0.7 ±0.05) MPa,荷载应予适当调整。

②用第 6 章实验二碾成型法制作车辙实验试块。在实验室或工地制备成型的车辙试件,其标准尺寸为 300 mm × 300 mm × (50 ~ 100)mm(厚度根据需要确定),也可从路面切割得到需要尺寸的试件。

③当直接在拌和厂取拌和好的沥青混合料样品制作车辙实验试件检验生产配合比设计或混合料生产质量时,必须将混合料装入保温桶中,在温度下降至成型温度之前迅速送到实验室制作试件,如果温度稍有不足,可放在烘箱中稍加热(时间不超过 30 min)后成型。但不得将混合料放冷却后二次加热重塑制作试件。重塑制件的实验结果仅供参考,不得用于评定配合比设计检验是否合格使用。

④如需要,将试件脱模按《公路工程沥青及沥青混合料试验规程》中相关试验规程规定的方法(本书相关实验)测定密度及空隙率等各项物理指标。

⑤试件成型后,连同试模一起在常温条件下放置的时间不得少于 12 h。对聚合物改性沥青混合料,放置的时间以 48 h 为宜,使聚合物改性沥青充分固化后方可进行车辙实验,但室温放置时间也不得长于一周。

⑥将试件连同试模一起,置于已达到实验温度(60 ±1) ℃的恒温室中,保温不少于 5 h,也不得超过 12 h。在试件的实验轮不行走的部位上,粘贴一个热电偶温度计(也可在试件制作时预先将热电偶导线埋入试件一角),控制试件温度稳定在(60 ±0.5)℃。

⑦将试件连同试模移置于车辙实验机的实验台上,实验轮在试件的中央部位,其行走方向须与试件碾压或行车方向一致。开动车辙变形自动记录仪,然后启动实验机,使实验轮往返行走,时间约 1 h,或最大变形达到 25 mm 时为止。实验时,记录仪自动记录变形曲线(图 6.16)及试件温度。

注:对实验变形较小的试件,也可对一块试件在两侧 1/3 位置上进行两次实验,然后取平均值。

图 6.15　车辙实验机

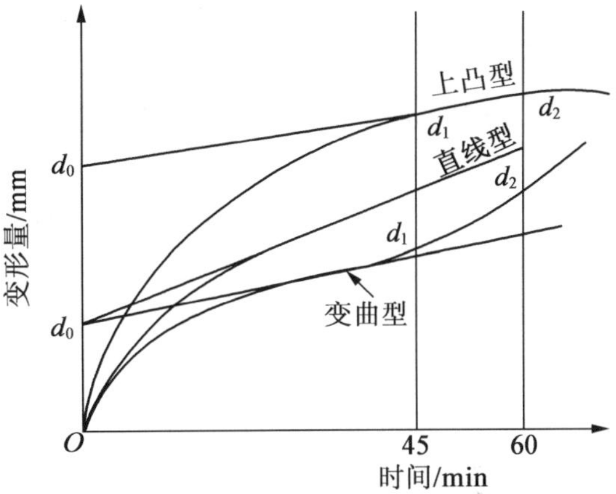

图 6.16　马歇尔实验结果的修正方法

5. 数据处理

①从图 6.16 上读取 45 min(t_1)及 60 min(t_2)时的车辙变形 d_1 及 d_2,准确至 0.01 mm。

当变形过大,在未到 60 min 变形已达 25 mm 时,则以达到 25 mm(d_2)时的时间为 t_2,将其前 15 min 为 t_1,此时的变形量为 d_1。

②沥青混合料试件的动稳定度按式(6.50)计算。

$$DS = \frac{N(t_2 - t_1)}{d_2 - d_1} \times C_1 \times C_2 \tag{6.50}$$

式中　DS——沥青混合料的动稳定度,次/mm;

d_1——对应于时间 t_1 引起的变形量,mm;

d_2——对应于时间 t_2 的变形量,mm;

C_1——实验机类型修正系数,曲柄连杆驱动加载轮往返运行方式为 1.0;

C_2——试件系数,实验室制备的宽 300 mm 的试件为 1.0;

N——实验轮往返碾压速度,通常为 42 次/min。

6. 实验报告

按实验数据整理有关表格和实验报告。

①同一沥青混合料或同一路段的路面,至少平行实验 3 个试件,当 3 个试件动稳定度变异系数不大于 20% 时,取其平均值作为实验结果。变异系数大于 20% 时应分析原因,并追加实验。如计算动稳定度值大于 6 000 次/mm 时,记作 >6 000 次/mm。

②实验报告应注明实验温度、实验轮接地压强、试件密度、空隙率及试件制作方法等。

7. 注意事项

①在进行车辙实验前,应将试件连同试模置于规定实验温度下的合理时间范围内。

②在现场取样时必须在还未冷却前即制模,不允许将混合料冷却后再二次加热重塑

制作。

③严格控制实验温度。

思考题

1. 混合料的车辙实验测定了沥青混合料的什么特性？有哪些用途？怎样通过车辙实验来反映实际工程的检测？

2. 影响沥青混合料动稳定度的因素有哪些？

实验十五　沥青混合料的渗水实验

1. 实验目的与适用范围

本方法用于测定碾压成型的沥青混合料试件的渗水系数，以检验沥青混合料的配合比设计。

2. 实验原理

沥青路面渗水性能是反映路面沥青混合料级配组成的一个间接指标，也是沥青路面水稳定性的一个重要指标。所以要求在配合比设计阶段对沥青混合料的渗水系数进行检验。

按轮碾成型法制作沥青混合料试件。按规定程序将渗水仪安放在试件上，向渗水仪的量筒中注水，打开开关，观察试件的渗水情况，记录渗水体积和相应时间，计算渗水系数，写出实验报告。

3. 原材料、试剂及仪器设备

①路面渗水仪：如图 6.17 所示，上部盛水量筒由透明有机玻璃制成，容积为 600 mL，上有刻度，在 100 mL 及 500 mL 处有粗标线，下方通过 ϕ10 mm 的细管与底座相接，中间有一开关。量筒通过支架联结，底座下方开口内径为 150 mm，外径为 220 mm，仪器附铁圈压重两个，每个质量约为 5 kg，内径为 160 mm。

②量筒及大漏斗。

③秒表。

④密封材料：黄油、玻璃腻子、油灰或橡皮泥等。

⑤其他：水、粉笔、塑料圈、刮刀、扫帚等。

4. 实验步骤

①组合安装路面渗水仪。

②按第 6 章实验二轮碾法制作沥青混合料试件，冷却到规定的时间后脱模，并揭去成型试件时垫在表面的纸。

③将试件放置于稳定的平面上，将塑料圈置于试件中央的测点上，用粉笔分别沿塑料圈的内侧和外侧画上圈，在外环和内环之间的部分就是需要用密封材料进行密封的区域。

④用密封材料对环状密封区域进行密封处理，注意不要使密封材料进入内圈。如果密封材料不小心进入内圈，必须用刮刀将其刮走。然后再将搓成拇指粗细的条状密封材料摞在环状密封区域的中央，并且摞成一圈。

⑤用适当的垫块或木块在左右两侧架起试件，试件下方放置一个接水容器。将渗水仪放在试件的测点上，注意使渗水仪的中心尽量和圆环中心重合，然后略微使劲将渗水仪压在条状密封材料表面，再将配重加上，以防止压力水从底座和试件间流出。

⑥将开关关闭，向量筒中注满水，然后打开开关，使量筒中的水下流排除渗水仪底部内的空气，当量筒中水面下降速度变慢时用双手轻压渗水仪使渗水仪底部的气泡全部排

出。关闭开关，并再次向量筒中注满水。

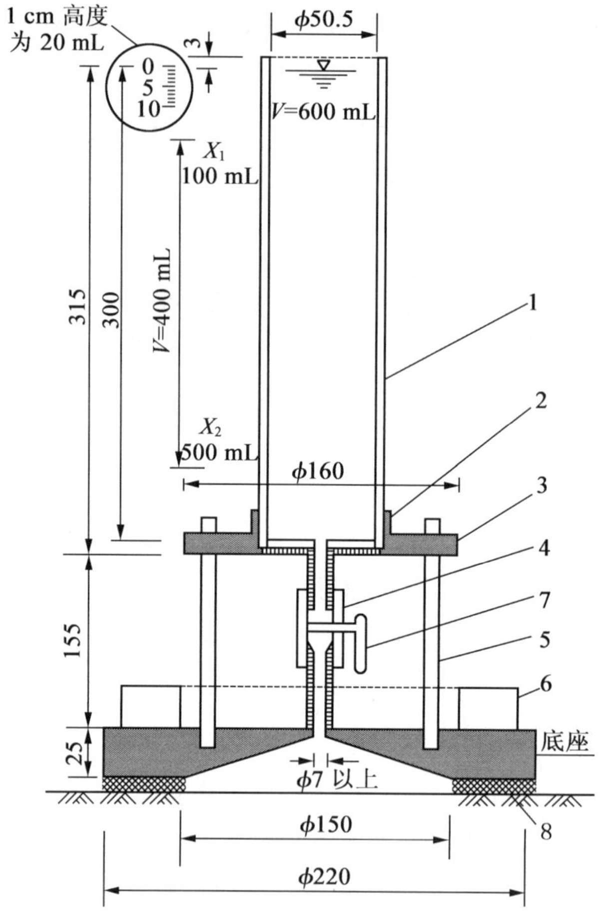

图 6.17　渗水仪(尺寸单位:mm)

1—透明有机玻璃筒;2—螺纹连接;3—顶板;4—阀;5—立柱支架;6—压重钢圈;7—把手;8—密封材料

⑦将开关打开，待水面下降 100 mL 刻度时，立即开动秒表开始计时，每间隔 60 s，读记仪器管的刻度一次，至水面下降 500 mL 时为止。测试过程中，如果水从底座与密封材料间渗出，说明底座与试件密封不好，应重新密封。如果水面下降速度很慢，则测定3 min 的渗水量即可停止；如果水面下降速度较快，在不到 3 min 的时间内达到了 500 mL 刻度线，则记录达到了 500 mL 刻度线时的时间；若实验时水面下降至一定程度后基本保持不动，说明试件基本不透水或根本不透水，则在报告中注明。

⑧按以上步骤对同一种材料制作 3 块试件测定渗水系数，取其平均值，作为检测结果。

5. 数据处理

沥青混合料试件的渗水系数按式(6.51)计算，计算时以水面从 100 mL 下降至

500 mL所需的时间为标准,若渗水时间过长,也可采用3 min通过的水量计算。

$$C_w = \frac{V_2 - V_1}{t_2 - t_1} \times 60 \tag{6.51}$$

式中 C_w——沥青混合料试件的渗水系数,mL/min;

V_1——第一次读数时的水量(通常为100 mL),mL;

V_2——第二次读数时的水量(通常为500 mL),mL;

t_1——第一次计时的时间,s;

t_2——第二次计时的时间,s。

6. 实验报告

按实验数据整理有关表格和实验报告。

逐点报告每个试件的渗水系数及3个试件的平均值。若路面不透水,应在报告中注明。

7. 注意事项

在进行密封处理时不要将密封材料进入内圈。

思考题

1. 简述沥青混合料的渗水系数计算方法?
2. 渗水系数反映沥青混合料的什么特性?

实验十六 沥青混合料弯曲实验(含低温抗裂性)

1. 实验目的与适用范围

本方法适用于测定热拌沥青混合料在规定温度和加载速率时弯曲破坏的力学性质。实验温度和加载速率根据有关规定和需要选用,如无特殊规定,采用实验温度为(15 ±0.5) ℃。当用于评价沥青混合料低温拉伸性能时,采用实验温度为(-10 ±0.5) ℃,加载速率宜为50 mm/min。采用不同的实验温度和加载速率时应予注明。

本方法适用于由轮碾成型后切制的长(250 ± 2. 0) mm,宽(30 ± 2. 0) mm,高(35 ±2.0) mm的棱柱体小梁,其跨径为(200 ±0.5) mm,若采用其他尺寸时,应予注明。

2. 实验原理

沥青混合料的弯曲实验是对规定尺寸的小梁试件,在跨中给试件集中荷载至断裂破坏的实验,由破坏时的最大荷载求得试件的抗弯强度(以 MPa 计),由破坏时的跨中挠度求得沥青混合料的破坏弯拉应变,两者之比值为破坏时的弯曲劲度模量(以 MPa 计)。本方法采用从轮碾机成型的板块状试件上切制的圆柱体试件。

3. 原材料、试剂及仪器设备

①万能材料实验机或压力机:荷载由传感器测定,最大荷载应满足不超过其量程的80% 且不小于量程的 20% 的要求,宜采用 1 kN 或 5 kN,分度值为 0.01 kN。具有梁式支座,下支座中心距 200 mm,上压头位置居中,上压头及支座为半径 10 mm 的圆弧形固定钢棒,上压头可以活动与试件紧密接触。应具有环境保温箱,控制温度准确至 ±0.5 ℃,加载速率可以选择。实验机宜有伺服系统,在加载过程中速度基本不变。

②跨中位移测定装置:LVDT 位移传感器。

③数据采集系统或 $X-Y$ 记录仪:能自动采集传感器及位移计的电测信号,在数据采集系统中储存或在 $X-Y$ 记录仪上绘制荷载与跨中挠度曲线。

④恒温水槽:用于试件保温,温度范围能满足实验要求,控制温度准确至 ±0.5 ℃。当实验温度低于 0 ℃时,恒温水槽可采用 1:1 的甲醇水溶液或防冻液作冷媒介质。恒温水槽中的液体应能循环回流。

⑤卡尺。

⑥秒表。

⑦分度值为 0.5 ℃的温度计。

⑧天平感量不大于 0.1 g。

⑨其他:平板玻璃等。

4. 实验步骤

①按第 6 章实验二轮碾法的方法,由轮碾成型的板块状试件,用切割法制作棱柱体试件,试件尺寸应符合长(250 ±2) mm、宽(30 ±2) mm、高(35 ±2) mm 的要求。

②在跨中及两支点断面用卡尺量取试件的尺寸,当两支点断面的高度(或宽度)之差超过 2 mm 时,试件应作废。跨中断面的宽度为 b,高度为 h,取相对两侧的平均值,准确

至0.1 mm。

③根据混合料类型按试验规程测量试件的密度、空隙率等各项物理指标。

④将试件置于规定温度的恒温水槽中保温45 min,直至试件内部温度达到要求的实验温度 ±0.5 ℃为止。保温时试件应放在支起的平板玻璃上,试件之间的距离应不小于10 mm。

⑤将实验机环境保温箱调整到要求的实验温度 ±0.5 ℃。

⑥将实验机梁式试件支座准确安放好,测定支点间距为(200 ±0.5) mm,使上压头与下压头保持平行,并两侧等距离,然后将位置固定。

⑦将试件从恒温水槽或空气浴中取出,立即对称安放在支座上,试件上下方向应与试件成型时方向一致。

⑧在梁跨下缘正中央安放位移测定装置,支座固定在实验机上。位移计测头支于试件跨中下缘中央或两侧(用两个位移计)。选择适宜的量程,有效量程应大于预计的最大挠度的1.2倍。

⑨将荷载传感器、位移计与数据采集系统或 $X-Y$ 记录仪连接,以 X 轴为位移,Y 轴为荷载,选择适宜的量程后调零。跨中挠度可以用LVDT位移传感器测定。当以高精密度电液伺服实验机压头的位移作为小梁挠度时,可以由加载速率及 $X-T$ 记录仪记录的时间求得挠度。为正确记录跨中挠度曲线,当采用50 mm/min速率加载时。$X-T$ 记录仪 X 轴走纸速度(或扫描速度)根据温度确定。

⑩开动压力机以规定的速率在跨径中央施以集中荷载,直至试件破坏。记录仪同时记录荷载-跨中挠度的曲线,如图6.18所示。

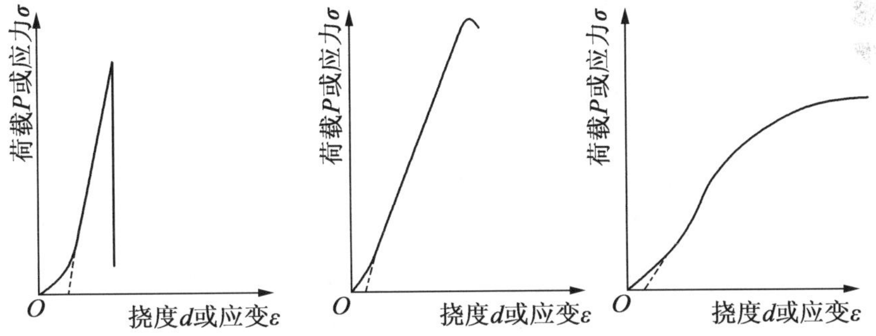

图6.18　荷载-跨中挠度曲线

5.数据处理

①将图6.18中的荷载-挠度曲线的直线段按图示方法延长与横坐标相交作为曲线的原点,由图中量取峰值时的最大荷载 P_B 及跨中挠度 d。

②按式(6.52)、式(6.53)及式(6.54)计算试件破坏时的抗弯拉强度 R_B、破坏时的梁底最大弯拉应变 ε_B 及破坏时的弯曲劲度模量 S_B。

$$R_B=\frac{3LP_B}{2bh^2} \tag{6.52}$$

$$\varepsilon_B=\frac{6hd}{L^2} \tag{6.53}$$

$$S_B = \frac{R_B}{\varepsilon_B} \tag{6.54}$$

式中 R_B——试件破坏时的抗弯拉强度，MPa；

ε_B——试件破坏时的最大弯拉应变，$\mu\varepsilon$；

S_B——试件破坏时的弯曲劲度模量，MPa；

b——跨中断面试件的宽度，mm；

h——跨中断面试件的高度，mm；

L——试件的跨径，mm；

P_B——试件破坏时的最大荷载，N；

d——试件破坏时的跨中挠度，mm。

③计算加载过程中任一加载时刻的应力、应变、劲度模量的方法同上，只需读取该时刻的荷载及变形代替上式的最大荷载及破坏变形即可。

④当记录的荷载－变形曲线在小变形区有一定的直线段时，可以（0.1～0.4）P_B 范围内的直线段的斜率计算弹性阶段的劲度模量，或以此范围内各测点的 σ、ε 数据计算的 $S=\sigma/\varepsilon$ 的平均值作为劲度模量。S、σ、ε 的计算方法同式（6.52）～（6.54）。

6. 实验报告

按实验数据整理有关表格和实验报告。

①当一组测定值中某个数据与平均值之差大于标准差的 k 倍时，该测定值应予舍弃，并以其余测定值的平均值作为实验结果。当实验数目 n 为 3、4、5、6 个时，k 值分别为 1.15、1.46、1.67、1.82。

②实验结果均应注明试件尺寸、成型方法、实验温度及加载速率。

7. 注意事项

数据处理要注意单位、计算公式不要错，平行实验、计算精度要满足规定要求。

思考题

1. 混合料试件弯曲实验的意义和作用是什么？
2. 简述本实验荷载－跨中挠度曲线中，3 种曲线的意义和应用。

实验十七　沥青混合料劈裂实验

1. 实验目的与适用范围

本方法适用于测定沥青混合料在规定温度和加载速率时劈裂破坏或处于弹性阶段时的力学性质，也可供沥青路面结构设计选择沥青混合料力学设计参数及评价沥青混合料低温抗裂性能时使用。实验温度与加载速率可由当地气候条件根据实验目的或有关规定选用，但实验温度不得高于 30 ℃。如无特殊规定，宜采用实验温度为(15 ± 0.5) ℃，加载速率为 50 mm/min。当用于评价沥青混合料低温抗裂性能时，宜采用实验温度(-10 ±0.5) ℃及加载速率 1 mm/min。

测定时采用沥青混合料的泊松比 μ 值见表 6.12，其他实验温度的 μ 值由内插法决定，也可由实验实测的垂直变形及水平变形计算实际的 μ 值，但计算的 μ 值必须在 0.2 ~ 0.5 内。

表 6.12　劈裂实验使用的泊松比 μ

实验温度/℃	≤10	15	20	25	30
泊松比 μ	0.25	0.30	0.35	0.40	0.45

③采用的圆柱体试件应符合下列要求：

a. 当集料公称最大粒径小于或等于 26.5 mm(圆孔筛 30 mm)时，用马歇尔标准击实法成型直径为(101.6 ±0.25) mm、高为(63.5 ±1.3) mm 的试件。

b. 从轮碾机成型的板块试件或从道路现场钻取直径(100 ± 2) mm 或(150 ±2.5) mm、高为(40 ±5) mm 的圆柱体试件。

2. 实验原理

沥青混合料的劈裂实验是对规定尺寸的圆柱体试件，通过一定宽度的圆弧形压条施加荷载，将试件劈裂直至破坏的实验，用以测定沥青混合料试件的力学性能。劈裂实验在国外有两种目的，一是采用动载或冲击法求取设计参数回弹模量；二是用静载实验评价沥青混合料的性质。本实验根据国内外研究成果及实验方法编制，适用于测定破坏时的抗拉强度、极限拉伸应变、破坏劲度模量，也可用于求取弹性阶段的劲度模量作为设计参数使用。

按击实法制作沥青混合料试件，测量试件尺寸，测定试件密度、空隙率等物理指标。将试件浸水、饱水、恒温，迅速置于实验机上，加载，记录荷载 - 变形曲线，计算劈裂抗拉强度和破坏劲度模量等指标。

劈裂实验在计算劲度模量时，必须使用泊松比 μ 值。经近年来我国实际测定表明，仅从单个试件本身的变形测定值计算的 μ 往往出现异常的情况，因此本实验法规定参照英国、澳大利亚、荷兰等国家用诺丁汉实验机测定劲度模量时的 μ 值用于计算，这样变形只需测定垂直或水平变形中的一个。也可以由实测的垂直变形及水平变形计算，不过此

时计算的 μ 值必须为0.2~0.5，超出此范围说明变形测定很可能有误差，此时大多是水平变形不准，则可以仅采用水平变形计算劲度模量。

3. 原材料、试剂及仪器设备

①实验机：能保持规定的加载速率及实验温度的材料实验机，当采用50 mm/min的加载速率时，也可采用具有相当传感器的自动马歇尔实验仪代替。但均必须配置有荷载及试件变形的测定记录装置。荷载由传感器测定，应满足最大测定荷载不超过其量程的80%且不小于其量程的20%的要求，一般宜采用40 kN或60 kN传感器，分辨率为10 N。

②位移传感器：可采用LVDT或电测百分表。水平变形宜用非接触式位移传感器测定，其量程应大于预计最大变形的1.2倍，通常不小于5 mm。测定垂直变形精密度不低于0.01 mm，测定水平变形的精密度不低于0.005 mm。

③数据采集系统或 $X-Y$ 记录仪：能自动采集传感器及位移计的电测信号，在数据采集系统中储存或在 $X-Y$ 记录仪上绘制荷载与跨中挠度曲线。

④恒温水槽：用于试件保温，温度范围能满足实验要求，控制温度精度±0.5 ℃。当实验温度低于0 ℃时，恒温水槽可采用1:1的甲醇水溶液或防冻液作冷媒介质。恒温水槽中的液体应能循环回流。

⑤压条：如图6.19所示，上下各一根，试件直径为(100±2) mm或(101.6±0.25) mm时，压条宽度为12.7 mm，内侧曲率半径为50.8 mm，试件直径为(150±2.5) mm时，压条宽度为19 mm，内侧曲率半径为75 mm，压条两端均应磨圆。

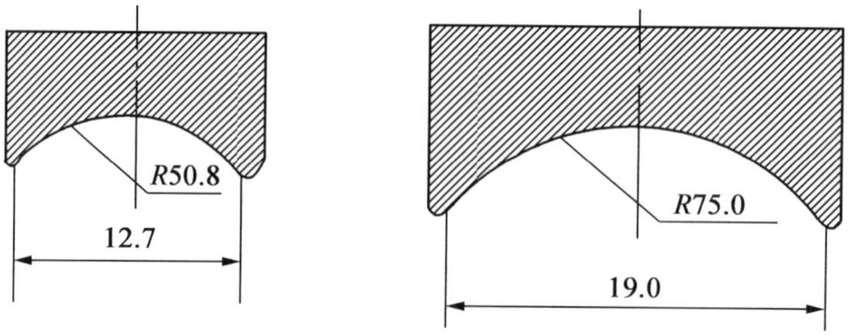

图6.19 压条形状(尺寸单位：mm)

⑥劈裂实验夹具：下压条固定在夹具上，上压条可上下自由活动。

⑦其他：卡尺、天平、记录纸、胶皮手套等。

4. 实验步骤

①根据实验目的与适用范围的要求，按第6章实验一的方法制作圆柱体试件。

②按第6章实验一击实法的方法测定试件的直径及高度，准确至0.1 mm。在试件两侧通过圆心画上对称的十字标记。

③按第6章实验六表干法(JTG E20—2011 T 0705)测定试件的密度、空隙率等各项物理指标。

④使恒温水槽达到预定的实验温度±0.5 ℃。将试件浸入恒温水槽保温不少于1.5 h。当为恒温空气箱时不少于6 h，直至试件内部温度达到要求的实验温度±0.5 ℃为

止，保温时试件之间的距离不少于 10 mm。

⑤将实验机环境保温箱达到要求的实验温度，当加载速率等于或大于 50 mm/min 时，也可不用环境保温箱。

⑥从恒温水槽中取出试件，迅速置于实验台的夹具中安放稳定，其上下均安放有圆弧形压条，与侧面的十字画线对准，上下压条应居中、平行。

⑦迅速安装试件变形测定装置，水平变形测定装置应对准水平轴线并位于中央位置，垂直变形的支座与下支座固定，上端支于上支座上。

⑧将记录仪与荷载及位移传感器连接，选择好适宜的量程开关及记录速度，当以压力机压头的位移作为垂直变形时，宜采用 50 mm/min 速率加载，记录仪走纸速度根据温度确定。

⑨开动实验机，使压头与上下压条接触，荷载不超过 30 N，迅速调整好数据采集系统或 $X-Y$ 记录仪到零点位置。

⑩开动数据采集系统或记录仪，同时启动实验机，以规定的加载速率向试件加载劈裂至破坏，记录仪记录荷载及水平变形（或垂直位移）。当实验机无环境保温箱时，自恒温槽中取出试件至实验结束的时间应不超过 45 s。记录的荷载－变形曲线如图 6.20 所示。

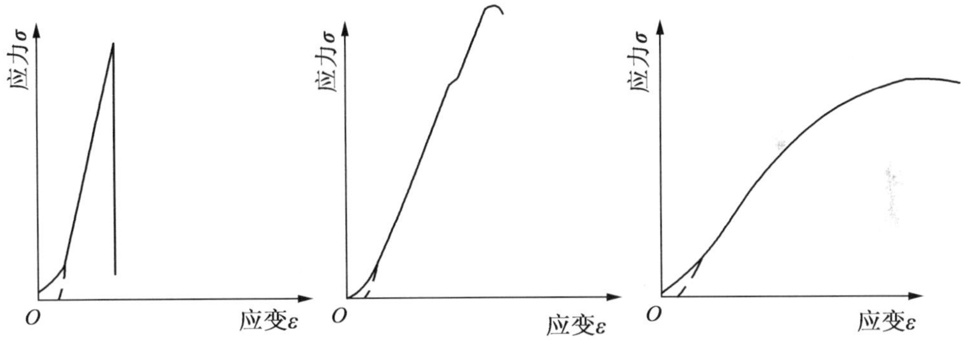

图 6.20　劈裂实验的载荷－变形（水平或垂直变形）曲线

5. 数据处理

①将图 6.20 中的荷载－变形曲线的直线段按图示方法延长与横坐标相交作为曲线的原点，由图中量取峰值时的最大荷载 P_T 及最大变形（Y_T 或 X_T）。

当试件直径为（100 ± 2.0）mm、压条宽度为 12.7 mm 及试件直径为（150.0 ± 2.5）mm、压条宽度为 19.0 mm 时，劈裂抗拉强度 R_T 分别按式(6.55)及式(6.56)计算，泊松比 μ、破坏拉伸应变 ε_T 及破坏劲度模量 S_T 按式(6.57)、式(6.58)、式(6.59)计算。

$$R_T = 0.006\,287 P_T / h \tag{6.55}$$

$$R_T = 0.004\,25 P_T / h \tag{6.56}$$

$$\mu = (0.135\,0A - 1.794\,0)/(-0.5A - 0.031\,4) \tag{6.57}$$

$$\varepsilon_T = X_T(0.030\,7 + 0.093\,6\mu)/(1.35 + 5\mu) \tag{6.58}$$

$$S_T = P_T(0.27 + 1.0\mu)/(hX_T) \tag{6.59}$$

式中　R_T——劈裂抗拉强度，MPa；

ε_T——破坏拉伸应变；

S_T——破坏劲度模量，MPa；

μ——泊松比；

P_T——实验荷载的最大值，N；

h ——试件高度，mm；

A——试件垂直变形与水平变形的比值，$A = Y_T/X_T$；

Y_T——试件相应于最大破坏荷载时的垂直方向总变形，mm；

X_T——按图 6.20 的方法量取的相应于最大破坏荷载时的水平方向总变形，mm。

当实验仪测定垂直方向变形 Y_T 或由实测的 Y_T，X_T 计算的 μ 值大于 0.5 或小于 0.2 时，水平变形（X_T）可由表 6.12 规定的泊松比 μ 按式（6.60）求算。

$$X_T = Y_T(0.135 + 0.5\mu)/(1.794 - 0.031\,4\mu) \tag{6.60}$$

②计算加载过程中任一加载时刻的应力、应变、劲度模量的方法同上，只需读取该时刻的荷载及变形代替上式的最大荷载及破坏变形即可。

③当记录的荷载－变形曲线在小变形区有一定的直线段时，可以（0.1～0.4）P_T 范围内的直线段部分的斜率数据计算弹性阶段的劲度模量，或以此范围内和测点的应力 σ、应变 ε 数据计算的 $S = \sigma/\varepsilon$ 的平均值作为劲度模量，并以此作为路面设计用的力学参数。σ、ε 及 S 的计算方法同 R_T、ε_T、X_T 的计算方法。

6. 实验报告

按实验数据整理有关表格和实验报告。

①当一组测定值中某个数据与平均值之差大于标准差的 k 倍时，该测定值应予舍弃，并以其余测定值的平均值作为实验结果。当实验数目 n 为 3、4、5、6 个时，k 值分别为 1.15、1.46、1.67、1.82。

②实验结果均应注明试件尺寸、成型方法、实验温度、加载速率及采用的泊松比 μ 值。

7. 注意事项

试件的制作和尺寸、试件的保温条件要满足规定要求。

思考题

1. 沥青混合料劈裂实验与冻融劈裂实验有什么区别？在工程中它们的应用都有哪些？
2. 分析图 6.20 荷载－变形曲线中 3 类曲线的意义和作用。

实验十八 沥青混合料冻融劈裂实验(评价水稳定性)

1. 实验目的与适用范围

本方法适用于在规定条件下对沥青混合料进行冻融循环,测定混合料试件在受到水损害前后劈裂破坏的强度比,以评价沥青混合料水稳定性。非经注明,实验温度为25 ℃,加载速率为 50 mm/min。

本方法采用马歇尔击实法成型的圆柱体试件,击实次数为双面各 50 次,集料公称最大粒径不得大于 26.5 mm。

2. 实验原理

沥青混合料的水稳定性,是指沥青混合料抵抗由于水的侵蚀作用而产生的沥青膜剥离、掉粒、松散等破坏的能力。评价沥青路面的水稳性,通常采用的方法有两大类:第一类是沥青与矿料的黏附性实验,这类实验方法主要是用于判断沥青与粗集料(不包括矿粉)的黏附性;第二类是沥青混合料的水稳性实验,测试方法有浸水马歇尔实验(详见马歇尔实验)和冻融劈裂实验,本实验主要介绍冻融劈裂实验方法。

首先用击实法制作圆柱体马歇尔试件,测量试件尺寸,测定试件的密度、空隙率等各项物理指标。将试件真空饱水后在恒温冰箱中进行冻融实验,然后冻融后的试件用规定的劈裂实验方法进行加载劈裂实验。计算劈裂抗拉强度和冻融劈裂抗拉强度。

本方法名为冻融劈裂实验,其真正含义是检验沥青混合料的抗水损害能力,不过条件比一般的进水更苛刻一些。它不同于抗冻性实验,用于评价抗冻性的冻融循环实验次数要多达数 10 次甚至数百次。它虽然是冻融实验,但由于是为了评价水稳定性,所以对于南方非冻融地区也是适用的。

3. 原材料、试剂及仪器设备

①实验机:能保持规定加载速率的材料实验机,也可采用马歇尔实验仪。实验机负荷应满足最大测定荷载不超过其量程的 80% 且不小于其量程的 20% 的要求,宜采用 40 kN或 60 kN 传感器,读数精密度为 0.01 kN。

②恒温冰箱:能保持温度为 -18 ℃,当缺乏专用的恒温冰箱时,可采用家用电冰箱的冷冻室代替,控制温度准确度为 ±2 ℃。

③恒温水槽:用于试件保温,温度范围能满足实验要求,控制温度准确度为 ±0.5 ℃。

④压条:上下各一根,试件直径为 100 mm 时,压条宽度为 12.7 mm,内侧曲率半径为 50.8 mm,压条两端均应磨圆。

⑤劈裂实验夹具:下压条固定在夹具上,压条可上下自由活动。

⑥其他:塑料袋、卡尺、天平、记录纸、胶皮手套等。

4. 实验步骤

①按第 6 章实验一击实法的方法制作圆柱体试件。用马歇尔击实仪双面击实各 50 次,试件数目不少于 8 个。

②按《公路工程沥青及沥青混合料试验规程》(JTG E20—2011)相关实验规程测定试

件的直径及高度，准确至0.1 mm。试件尺寸应符合直径(101.6 ±25) mm、高(63.5 ±1.3) mm的要求。在试件两侧通过圆心画上对称的十字标记。

③按《公路工程沥青及沥青混合料试验规程》(JTG E20—2011)相关试验规程(见本书有关实验)测定试件的密度、空隙率等各项物理指标。

④将试件随机分成两组，每组不少于4个，将第一组试件置于平台上，在室温下保存备用。

⑤按《公路工程沥青及沥青混合料试验规程》(JTG E20—2011 T 0717)标准的实验方法将第二组试件真空饱水，在98.3 ~98.7 kPa 真空条件下保持15 min，然后打开阀门，恢复常压，试件在水中放置0.5 h。

⑥取出试件放入塑料袋中，加入约10 mL的水，扎紧袋口，将试件放入恒温冰箱(或家用冰箱的冷冻室)，冷冻温度为(-18 ±2) ℃，保持(16 ±1) h。

⑦将试件取出后，立即放入已保温为(60 ±0.5) ℃的恒温水槽中，撤去塑料袋，保温24 h。

⑧将第一组与第二组全部试件浸入温度为(25 ±0.5) ℃的恒温水槽中不少于2 h，水温高时可适当加入冷水或冰块调节，保温时试件之间的距离不少于10 mm。

⑨取出试件立即按《公路工程沥青及沥青混合料试验规程》(JTG E20—2011) T 0716的劈裂实验方法用50 mm/min的加载速率进行劈裂实验，得到实验的最大荷载。

5. 数据处理

①劈裂抗拉强度按式(6.61)及式(6.62)计算。

$$R_{T1} = 0.006\ 287P_{T1}/h_1 \tag{6.61}$$

$$R_{T2} = 0.006\ 287P_{T2}/h_2 \tag{6.62}$$

式中 R_{T1}——未进行冻融循环的第一组试件的劈裂抗拉强度，MPa；

R_{T2}——经受冻融循环的第二组试件的劈裂抗拉强度，MPa；

P_{T1}——第一组试件的实验荷载的最大值，N；

P_{T2}——第二组试件的实验荷载的最大值，N；

h_1——第一组试件的试件高度，mm；

h_2——第二组试件的试件高度，mm。

②冻融劈裂抗拉强度比按式(6.63)计算。

$$\text{TSR} = (R_{T2}/R_{T1}) \times 100 \tag{6.63}$$

式中 TSR——冻融劈裂实验强度比，%；

R_{T2}——冻融循环后第二组试件的劈裂抗拉强度，MPa；

R_{T1}——未冻融循环的第一组试件的劈裂抗拉强度，MPa。

6. 实验报告

按实验数据整理有关表格和实验报告。

①每个实验温度下，一组实验的有效试件不得少于3个，取其平均值作为实验结果。当一组测定值中某个数据与平均值之差大于标准差的k倍时，该测定值应予舍弃，并以其余测定值的平均值作为实验结果。当试件数目n为3、4、5、6个时，k值分别为1.15、1.46、1.67、1.82。

②实验结果均应注明试件尺寸、成型方法、实验温度和加载速率。

7. 注意事项

本方法采用马歇尔击实法成型的圆柱试件,击实次数为双面各 50 下,集料的公称最大粒径不得大于 26.5 mm。

思考题

1. 在试件放入恒温冰箱之前,向盛有试件的塑料袋加入 10 mL 水的目的是什么?
2. 集料的公称最大粒径大于 26.5 mm 的沥青混合料是否进行冻融劈裂实验? 实验方法和过程与前者有什么区别?

实验十九　沥青混合料的表面构造深度实验

1. 实验目的与适用范围

本方法适用于测定碾压成型的沥青混合料试件的表面构造深度，用以检验沥青混合料的配合比设计。

2. 实验原理

沥青表面的抗滑性能是一项重要的路用性能，它取决于集料自身的表面纹理结构（微观结构，现用粗集料的加速磨光值 PSV 表示）以及混合料的级配所决定的表面构造深度（宏观结构）。如果沥青混合料的配合比设计所选择的级配不能形成足够的表面构造深度，施工单位不可能在施工过程中达到所要求的构造深度，因此必须在配合比设计阶段对构造深度进行检验。对于沥青混合料抗滑表层及沥青玛𤧛脂混合料（SMA 尤为重要。）

用轮碾法制作沥青混合料试件。粒径为 0.15 ~ 0.3 mm 的干燥洁净的匀质砂，在试件表面上用底面粘有橡胶片的推平板摊铺成圆形，测量摊铺圆直径（使砂填入凹凸不平的试件表面的空隙中），按公式计算沥青混合料表面构造深度。

3. 原材料、试剂及仪器设备

（1）人工砂铺仪：由量砂筒、推平板、刮平尺组成。

①量砂筒：形状和尺寸如图 6.21 所示，一端是封闭的，容积为（25 ±0.15） mL，可通过称量砂筒中水的质量以确定其容积 V，并调整其高度，使其容积符合规定要求。

②推平板：形状和尺寸如图 6.22 所示，推平板应为木制或铝制，直径为 50 mm，底面粘一层厚 1.5 mm 的橡胶片，上面有一圆柱把手。

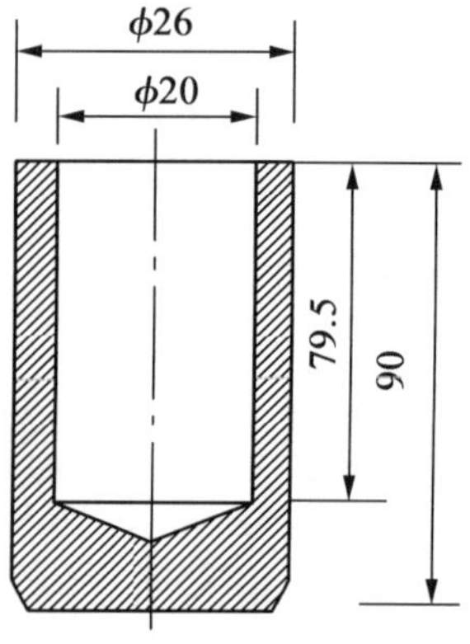

图 6.21　量砂筒（尺寸单位：mm）

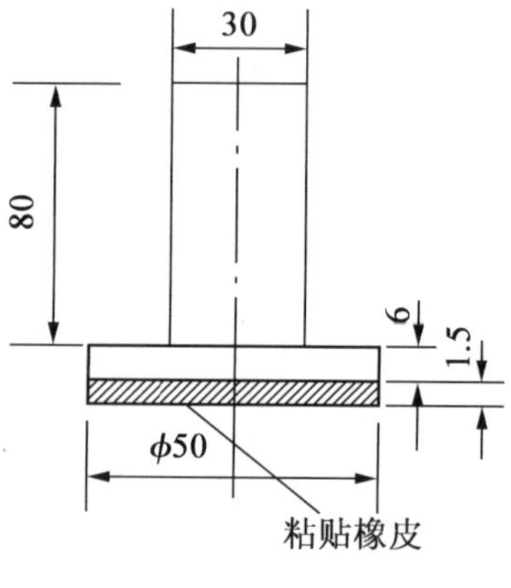

图 6.22　推平板（尺寸单位：mm）

③刮平尺：可用 30 cm 钢板尺代替。

（2）量砂：足够数量的干燥洁净的匀质砂，粒径为 0.15 ~ 0.3 mm。

（3）量尺：钢板尺、钢卷尺，或采用已将直径换算成构造深度作为刻度单位的专用的构造深度尺。

(4)其他:装砂容器(小铲)、扫帚或毛刷、挡风板等。

4. 实验步骤

①按第6章实验二轮碾法制作沥青混合料试件,试件尺寸为30 cm×30 cm×5 cm。

②量砂准备:取洁净的细砂,晾干,过筛,取0.15~0.3 mm的砂置于适当的容器中备用。量砂只能使用一次,不宜重复使用。回收砂必须干燥、过筛处理后方可使用。

③应用小铲沿筒壁向圆筒中装满砂,手提圆筒上方,在地面上轻轻地叩打3次,使砂密实,补足砂面用钢尺一次刮平。注意不得直接用量砂筒装砂,以免影响量砂密度的均匀性。

④将砂倒在试件表面上,用底面粘有橡胶片的推平板,由里向外重复做摊铺运动,稍稍用力将砂细心地尽可能向外摊开,使砂填入凹凸不平的试件表面的空隙中,尽可能将砂摊成圆形,并不得在表面上留有浮动余砂。摊铺时不可用力过大或向外推挤。当试件表面已不足以摊铺全部用砂时,在实验报告中注明。

⑤用钢板尺测量所构成圆的两个垂直方向的直径,取其平均值,准确至1 mm。

⑥按以上方法,同一种材料平行测定不少于3个试件。

5. 数据处理

沥青混合料表面构造深度测定结果按式(6.64)计算,准确至0.01 mm。

$$\mathrm{TD}=\frac{100V}{\pi D^2/4}=\frac{31\ 831}{D^2} \tag{6.64}$$

式中 TD——沥青混合料表面构造深度,mm;

V——砂的体积,25 cm^3;

D——摊平砂的平均直径,mm。

6. 实验报告

按实验数据整理有关表格和实验报告。

取3个试件的表面构造深度的测定结果平均值作为实验结果。当平均值小于0.2 mm时,实验结果以"<0.2 mm"表示。

7. 注意事项

①量砂只能使用一次,不宜重复使用。

②不得直接用量砂筒装砂,以免影响量砂密度的均匀性。

③摊铺砂的过程中不可用力过大或向外推挤。

思考题

1. 沥青混合料的表面构造深度实验在配合比设计中有什么作用? 构造深度的大小对工程质量产生什么影响?

2. 分析本实验中沥青混合料表面构造深度计算公式的物理意义。

实验二十　沥青混合料的沥青含量实验(离心分离法)

1. 实验目的与适用范围

本方法采用离心分离法测定黏稠石油沥青拌制的沥青混合料中的沥青含量(或油石比)。

本方法适用于热拌热铺沥青混合料路面施工时的沥青用量检测,以评定拌和厂产品质量。此法也适用于旧路调查时检测沥青混合料的沥青用量,用此法抽提的沥青溶液可用于回收沥青,以评定沥青的老化性质。

2. 实验原理

本实验直接测定的是沥青混合料中矿料的质量,以此间接测定沥青含量。

利用离心抽提仪,首先将沥青混合料试样用三氯乙烯浸泡使沥青充分溶解,在离心作用下将三氯乙烯沥青溶液抽提出,反复抽提至沥青被抽提干净。过滤计算被抽提出的矿粉质量,称量抽提后剩余的集料质量,计算矿料总质量、沥青用量、油石比。

抽提实验后含有沥青的抽提液,一般要进行三氯乙烯溶剂的回收提炼。

3. 原材料、试剂及仪器设备

①离心抽提仪:如图6.23所示,由试样容器及转速不小于3 000 r/min的离心分离器组成,分离器备有滤液出口。容器盖与容器之间用耐油的圆环形滤纸密封。滤液通过滤纸排出后从出口流出收入回收瓶中,仪器必须安放稳固并有排风装置。

图6.23　离心抽提仪

②圆环形滤纸。

③回收瓶:容量1 700 mL以上。

④压力过滤装置。

⑤天平:感量不大于0.01 g、1 mg的天平各一台。

⑥量筒:最小分度1 mL。

⑦电烘箱:装有温度自动调节器。

⑧三氯乙烯:工业用。

⑨碳酸铵饱和溶液:供燃烧法测定滤纸中的矿粉含量用。

⑩其他:小铲、金属盘、大烧杯等。

4. 实验步骤

(1)准备工作。

①按沥青混合料取样法规定的方法,在拌和厂从运料卡车上采取沥青混合料试样,放在金属盘中适当拌和,待温度稍下降后至 100 ℃以下时,用大烧杯取混合料试样质量 1 000 ~ 1 500 g(粗粒式沥青混合料取高限,细粒式取低限,中粒式取中值),准确至 0.1 g。

②如果试样是在路上用钻机法或切割法取得的,应用电风扇吹风使其完全干燥,置烘箱中适当加热后成松散状态取样,但不得用锤击以防集料破碎。

(2)具体实验操作。

①向装有试样的烧杯中注入三氯乙烯溶剂,将其浸没,浸泡 30 min,用玻璃棒适当搅动混合料,使沥青充分溶解,也可直接在离心分离器中浸泡。

②将混合料及溶液倒入离心分离器,用少量溶剂将烧杯及玻璃棒上的黏附物全部洗入分离容器中。

③称取洁净的圆环形滤纸质量,准确至 0. 01 g。注意,滤纸不宜多次反复使用,有破损的不能使用,有石粉黏附时应用毛刷清除干净。

④将滤纸垫在分离器边缘上,加盖紧固,在分离器出口处放上回收瓶,上口应注意密封,防止流出液成雾状散失。

⑤开动离心机,转速逐渐增至 3 000 r/min,沥青溶液通过排出口注入回收瓶中,待流出停止后停机。

⑥从上盖的孔中加入新溶剂,数量大体相同,稍停 3 ~ 5 min 后,重复上述操作,如此数次直至流出的抽提液成清澈的淡黄色为止。

⑦卸下上盖,取下圆环形滤纸,在通风橱或室内空气中蒸发干燥,然后放入(105 ± 5) ℃的烘箱中干燥,称取质量,其增重部分(m_2)为矿粉的一部分。

⑧将容器中的集料仔细取出,在通风橱或室内空气中蒸发后放入(105 ± 5) ℃烘箱中烘干(一般需 4 h),然后放入大干燥器中冷却至室温,称取集料质量(m_1)。

⑨用压力过滤器过滤回收瓶中的沥青溶液,由滤纸的增重 m_3 得出泄漏入滤液中矿粉量,如无压力过滤器时,也可用燃烧法测定。

⑩用燃烧法测定抽提液中矿粉质量的步骤如下:

a. 将回收瓶中的抽提液倒入量筒中,准确定量至 1 mL(V_a)。

b. 充分搅匀抽提液,取出 10 mL(V_b)放入坩埚中,在热浴上适当加热使溶液试样变成暗黑色后,置高温炉(500 ~ 600 ℃)中烧成残渣,取出坩埚冷却。

c. 向坩埚中按每 1 g 残渣 5 mL 的用量比例,注入碳酸铵饱和溶液,静置 1 h,放入(105 ± 5) ℃烘箱中干燥。

d. 取出放在干燥器中冷却,称取残渣质量(m_4),准确 1 mg。

5. 数据处理

①沥青混合料中矿料的总质量按式(6.65)计算。

$$m_a = m_1 + m_2 + m_3 \tag{6.65}$$

式中 m_a——沥青混合料中矿料部分的总质量,g;

m_1——容器中留下的集料干燥质量,g;

m_2——圆环形滤纸在实验前后的增重,g;

m_3——泄漏入抽提液中的矿粉质量,g;

用燃烧法时可按式(6.66)计算:

$$m_3 = m_4 V_a / V_B \tag{6.66}$$

式中 V_a——抽提液的总量,mL;

V_b——取出的燃烧干燥的抽提液数量,mL;

m_4——坩埚中燃烧干燥的残渣质量,g。

②沥青混合料中的沥青含量按式(6.67)计算,油石比按式(6.68)计算。

$$P_b = (m - m_a)/m \tag{6.67}$$

$$P_a = (m - m_a)/m_a \tag{6.68}$$

式中 m——沥青混合料的总质量,g;

P_b——沥青混合料的沥青含量,%;

P_a——沥青混合料的油石比,%。

6. 实验报告

按实验数据整理有关表格和实验报告。

同一沥青混合料试样至少平行实验两次,取平均值作为实验结果。两次实验结果的差值应小于0.3%,当大于0.3%但小于0.5%时,应补充平行实验一次,以3次实验的平均值作为实验结果,3次实验的最大值与最小值之差不得大于0.5%。

7. 注意事项

要充分考虑抽提液中矿粉质量。

思考题

1. 本实验方法适用范围是什么?在实际混合料生产过程中及工程检测中有哪些应用?

2. 思考一种简便快速测定混合料沥青含量的方法?

实验二十一　沥青混合料的矿料级配检验方法

1. 实验目的与适用范围

本方法适用于测定沥青路面施工过程中沥青混合料的矿料,供评定沥青路面施工质量时使用。

2. 实验原理

沥青混合料的矿料级配检验是沥青路面施工时重要的质量检查项目。它用于沥青混合料抽提沥青含量后的回收矿料的筛分实验,以检验其组成是否符合技术要求。本实验方法就是参照集料筛分实验并根据现场使用的实际情况制定的。

首先将沥青混合料试件按上述沥青含量实验的抽提方法将沥青抽提出来,然后对抽提后剩余的矿料,按规定的程序和方法进行筛分,计算试样的分计筛余、累积筛余百分率,绘制矿料组成级配曲线,直观表示和评定该试样的颗粒组成。抽提方法主要目的是计算沥青混合料的沥青含量和油石比,本实验采用抽提法主要目的是分离出沥青混合料的中矿料,以便进行矿料颗粒组成筛分分析。两个实验也可联合进行。抽提实验后含有沥青的抽提液,一般要进行三氯乙烯溶剂的回收提炼。

国外在评定沥青路面施工时的矿料级配时,一般在质量要求中并不规定对全部筛孔进行筛分、检验,而注重于关键筛孔的质量检验,以减少工作量。所以近年来我国引进的沥青抽提－矿料筛分－溶剂回收自动化联合测定装置(如德国 FHF 产品)中,摇筛机上只能装 5 个标准筛。本实验为统一,规定了必须有 0.075 mm、2.36 mm、5.75 mm 及集料最大粒径等筛孔,另外,再根据混合料类型选用一个合适的筛孔。只要这些筛孔的通过率控制合格,其他筛孔的通过率就不会有太大的出入。

筛分的具体步骤与一般的集料筛分实验方法相同,应注意不能忽略在抽提过程中泄露的矿粉。另外,对抽提筛分联合测定的自动抽提仪,矿料级配相当于水洗法,而将矿料烘干后集中由摇筛机筛分的,相当于干筛,其结果会有所差别。尤其是对施工质量检验,希望尽快得出实验结果,故本方法一般采用干筛法。根据需要,也可采用水筛法,以便与配合比设计的方法一致,这对检验 0.075 mm 筛孔通过率尤为重要。

3. 原材料、试剂及仪器设备

①标准筛:方孔筛,在尺寸为 53.0 mm、37.5 mm、31.5 mm、26.5 mm、19.0 mm、16.0 mm、13.2 mm、9.5 mm、4.75 mm、2.36 mm、1.18 mm、0.6 mm、0.3 mm、0.15 mm、0.075 mm的标准筛系列中,根据沥青混合料级配选用相应的筛号,标准筛必须有密封圈、盖和底。

②天平:感量不大于 0.1 g。

③摇筛机。

④烘箱:装有温度自动控制器。

⑤其他:样品盘、毛刷等。

4. 实验步骤

①按沥青混合料取样法规定的方法，从拌和厂选取代表性的样品。

②将沥青混合料试样按第6章实验二十沥青混合料中沥青含量的测定方法抽提沥青后，将全部矿质混合料放入样品盘中置于温度为(105 ±5) ℃烘箱中烘干，并冷却至室温。

③按沥青混合料矿料级配设计要求，选用全部或部分需要筛孔的标准筛，一般为5个筛孔。做施工质量检验时，至少应包括0.075 mm、2.36 mm、4.75 mm及集料公称最大粒径等4个筛孔，按大小顺序排列成套筛。

④将抽提后的全部矿料试样称量，准确至0.1 g。

⑤将标准筛带筛底置摇筛机上，并将矿质混合料置于筛内，盖妥筛盖后，压紧摇筛机，开动摇筛机筛分10 min。取下套筛后，按筛孔大小顺序，在一清洁的浅盘上，再逐个进行手筛。手筛时可用手轻轻拍击筛框并经常地转动筛子，直至每分钟筛出量不超过筛上试样质量的0.1%时为止。不得用手将颗粒塞过筛孔。筛下的颗粒并入下一号筛，并和下一号筛中试样一起过筛。在筛分过程中，针对0.075 mm筛的料，根据需要可参照《公路工程集料试验规程》(JTG E42—2005)的方法进行水筛，或者对同一种混合料适当进行几次干筛与湿筛的对比实验后，对0.075 mm通过率进行适当的换算或修正。

⑥称量各筛上筛余颗粒的质量，精确至0.1 g。并将粘在滤纸、棉花上的矿粉及抽提液中的矿粉计入矿料中通过0.075 mm的矿粉含量中。所有各筛的分级筛余量和底盘中剩余质量的总和，与筛分前试样总质量之比，不得超过总质量的1%。

5. 数据处理

①试样的分计筛余按式(6.69)计算：

$$P_i = m_i / m \times 100\% \tag{6.69}$$

式中 P_i——第 i 级试样的分计筛余量，%；

m_i——第 i 级筛上颗粒的质量，g；

m——试样的总质量。

②累积筛余百分率：该号筛上的分计筛余百分率与大于该号筛的各号筛上的分计筛余百分率之和，即所有该号筛以上试样质量占试样总质量的百分率，准确至0.1%。

③以该筛孔尺寸为横坐标，各个筛孔的通过质量百分率为纵坐标，绘制矿料组成级配曲线(图6.24)，直观表示和评定该试样的颗粒组成。

本方法采用的是泰勒曲线的标准画法，其指数 $n=0.45$，横坐标按 $y=100.45\ \lg d_i$ 计算(表6.13)，纵坐标为普通坐标，可利用计算机的电子表格功能绘制。

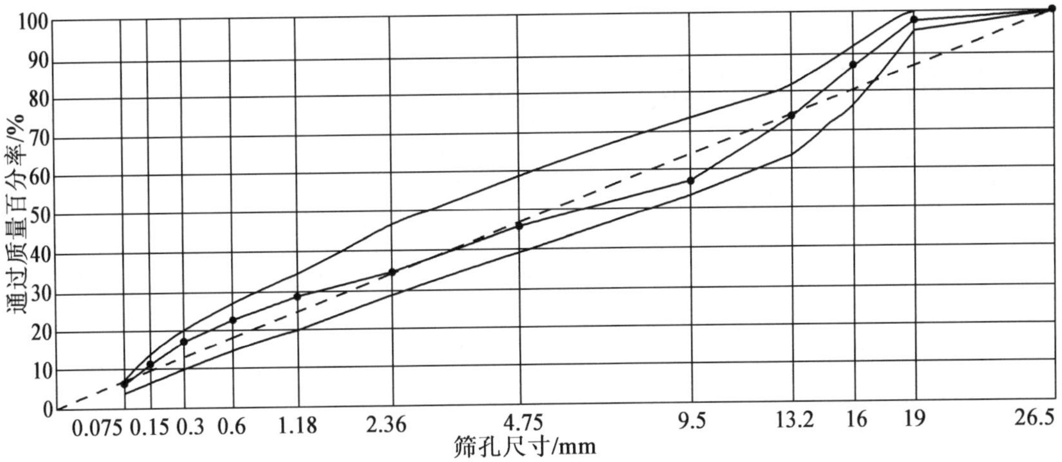

图 6.24　沥青混合料矿料级配组成曲线示例

表 6.13　泰勒曲线纵坐标 y 值计算表

横坐标 d_i/mm	0.075	0.15	0.3	0.6	1.18	2.36	4.75	9.5	13.2	16	19	26.5	31.5	37.5
纵坐标 y	0.312	0.426	0.582	0.795	1.077	1.472	2.016	2.745	3.193	3.482	3.762	4.370	4.732	5.109

6. 实验报告

按实验数据整理有关表格和实验报告。

同一混合料至少取两个试样平行筛分实验两次，取平均值作为每号筛上的筛余量的实验结果，报告矿料级配通过百分率及级配曲线。

7. 注意事项

在矿料筛分过程中不得用手将颗粒塞过筛孔。

思考题

1. 筛分过程中矿粉的含量怎样修正？
2. 分析矿料级配检验的原理和意义。

实验二十二　沥青混合料的单轴压缩动态模量实验

1. 实验目的与适用范围

本方法适用于测定沥青混合料在线黏弹性范围内的单轴压缩动态模量。在无侧限条件下，按一定的温度和加载频率对试件施加偏移正弦波或半正矢波轴向压应力，量测试件可恢复的轴向应变。本方法适用在 -10 ℃、5 ℃、20 ℃、35 ℃及 50 ℃条件下采用 0.1 Hz、0.5 Hz、1 Hz、5 Hz、10 Hz、25 Hz 的加载频率进行测试。

本方法适用于实验室制备的直径为(100 ±2) mm、高为(150 ±2.5) mm 的沥青混合料圆柱体试件。集料的最大公称粒径不得大于 37.5 mm。

本方法所测得的动态模量可用于评价沥青混合料材料性能，以及作为沥青混合料设计、沥青路面设计和评价分析的参数。

2. 实验原理

材料在受力状态下应力与应变之比称为模量。相应于不同的受力状态，有不同的称谓，例如拉伸模量(E)、剪切模量(G)、体积模量(K)、纵向压缩量(L)等。模量在不加任何定冠词时往往就认为指弹性模量，即应力与应变之比是一常数，该值的大小是表示此材料在外力作用下抵抗弹性变形的能力。

动态模量：材料在交变力场作用下任意时刻的应力与应变之比值。黏弹性材料的动态模量是复数，包括弹性贡献的实部和黏性贡献的虚部，即在动态应力下材料的弹性模量。

材料在荷载作用下的力学响应，除了与在静力作用下的影响因素有关，与荷载作用时间、大小、频率及重复效应等也有关，具有一定的应力依赖性。弹性模量是表征材料力学强度的一个重要参数。在动荷载作用上，材料内部产生的应力、应变响应均为时间的函数，相应的，弹性模量在外载作用过程中也不是一成不变的，材料动态模量定义为应力幅值的比值，以表征材料在不同的外载作用下不同的响应特性。

单轴压缩动态模量，即是在单一方向的压缩应力下，材料表现出的弹性模量特征。

首先按规定制备沥青混合料试件，测定沥青混合料参数：沥青含量、矿料级配、密度、空隙率及试件尺寸。实验时，使用能施加偏移正弦波或半正矢波形式荷载的材料实验机，试件在规定温度的环境箱中恒温后，对试件施加偏移正弦波或半正矢波轴向压应力实验荷载，采集最后 5 个波形的荷载及变形曲线，记录并计算实验施加荷载、试件轴向可恢复变形、动态模量及相位角。在不同的温度条件下重复以上加载步骤，最后根据实验数据计算测试沥青混合料的动态模量及相位角。根据确定的有效测试数据，按 t 分布法计算整理动态模量代表值$|E^*|$。

3. 原材料、试剂及仪器设备

①材料实验机：能施加偏移正弦波或半正矢波形式荷载的加载设备，施加荷载的频率为 0.1 ~25 Hz，且施加的最大应力水平应达到 2 800 kPa。加载分辨率能达到 5 N。

②环境箱：控制温度范围为 -10 ~60 ℃，控制温度准确度为 ±0.5 ℃，且具有一定的

容量,至少能存放 3 个试件。

③数据测量及采集系统:采用微机控制,能测量并记录试件在每个加载循环中所承受的轴向荷载和产生的轴向变形。荷载传感器所需最小量程为 0～25 kN,分辨率不大于 5 N,误差不大于 1%;位移传感器可采用 LVDT 或其他合适的设备,具有良好的动态响应特性,其量程应大于 1 mm,分辨率不大于 0.2 μm,误差不大于 2.5 μm。

④加载板:可采用硬质钢板或经处理过的高强度铝板,直径大于或等于试件的直径,分别置于试件的底部和顶部,用来将荷载从实验机传递给试件。

⑤旋转压实仪:成型直径为 150 mm、高度为 170 mm 的圆柱体试件。

⑥钻机:从旋转压实仪成型试件中钻取直径为 100 mm 的芯样,要求将钻机及取芯试件固定,钻头与地面垂直。

⑦切割机:用来将所取芯样切割至动态模量实验试件所需高度,推荐采用双面锯,在能确保芯样两个锯面平行的前提下采用单面锯也行。

⑧聚四氟乙烯薄膜:厚度(0.3 ±0.05) mm。

⑨台秤或天平:感量不大于 0.1 g。

⑩温度计:分度值 0.5 ℃。

⑪卡尺。

4. 实验步骤

(1)试件制备。

①预备试件制备。该实验用来确定正式实验时试件所需沥青混合料的用量。

a. 按目标配合比拌制沥青混合料,在规定的拌和温度下拌和均匀后,用旋转压实仪成型 ϕ150 mm × 170 mm(高)的试件。

b. 采用钻机从旋转压实仪成型的试件中钻取直径为 100～104 mm 的芯样。在取芯时应充分固定钻机和取芯试件,钻头与地面垂直,同时保证取芯试件水平放置,调整合适的钻头旋转速度和下降速度,以确保钻取的芯样呈圆柱体,形状规则,周边面光滑且与两个端面垂直。

c. 采用切割机切除所取芯样两端,保证试件高度为(150 ±2.5) mm。将试件固定,保证试件的轴向与锯片垂直,合理调整切割机锯片旋转速度和试件推进速度,以确保试件的两个切割端面平行,且表面平滑无沟纹。对端面平整度要求为沿任何直径方向沟纹高差控制在 ±0.05 mm 内。保证试件的两个端面与试件轴向垂直,当垂直偏差超过 1°时应舍弃该试件。

d. 芯样取出后,测量试件的直径。在试件的中部和距上下表面 1/3 试件高度的 3 个位置测定其直径,每个位置量测两次,每测一次后,将试件旋转 90°再测一次,然后计算 6 个直径测量值的平均值$\overline{D}$和标准差。如果标准差大于 2.5 mm,则舍弃该试件。对于直径符合要求的试件,平均值$\overline{D}$将作为试件的直径用于后续计算,准确至 0.1 mm。

e. 测量芯样的空隙率。根据芯样空隙率与目标空隙率的偏差来调整并最终确定所需沥青混合料的用量,确保正式试件的空隙率与目标空隙率的偏差能控制在 ±0.5% 范围内。

②正式试件制备。根据预备试件制备得到的混合料标准用量按上述步骤制备并量测试件，保证有效试件不少于4个。

(2)试件储存。

试件制备后两天内如不进行实验，需用聚乙烯薄膜将试件包裹好，在温度为5～27 ℃环境下保存，时间不宜超过两周，存放时试件不可堆叠。

(3)具体实验操作。

①将位移传感器安置于试件侧面中部，使其与试件端面垂直，沿圆周等间距安放3个(即每2个相距120°)。调节位移传感器，使其测量范围可以测量试件中部的压缩变形。

②将试件放置在实验加载架的加载板中心位置，为减少试件表面与上下加载板间的摩阻力，减小端部效应，可在试件与上下加载板间各放一块聚四氟乙烯薄膜。应注意使试件中心与加载架的中心对齐。

③将试件放入规定实验温度±0.5 ℃的环境箱中，恒温4～5 h，直至试件内部达到实验温度。当实验温度为5 ℃以下时，试件恒温时间应不少于8 h。同时也可以通过在环境箱中放置另一个同类试件，在该试件的中部埋设一个温度传感器，根据传感器测定的试件内部温度判断试件是否达到实验温度。

④当试件内外的温度达到测试温度以后，就可以开始进行加载实验。将试件与上加载板轻微接触，调节位移传感器并清零，施加实验荷载，以5%的接触荷载对试件进行预压，持续10 s，使试件与上下加载板板接触良好。

⑤对试件施加偏移正弦波或半正矢波轴向压应力实验荷载，在设定温度下从25～0.1 Hz由高频至低频按表6.14给出的重复加载次数进行实验。在实验之前，先对试件进行加载预处理，预处理的方法是对试件施加偏移正弦波或半正矢波轴向压应力实验荷载，频率为25 Hz，200个循环。在任意两个实验频率下，推荐实验间隔时间为2 min，间隔时间可适当延长，但不应超过30 min。实验采集最后5个波形的荷载及变形曲线，记录并计算实验施加荷载、试件轴向可恢复变形、动态模量及相位角。

表6.14 各荷载频率下重复加载次数

频率/Hz	25	10	5	1	0.5	0.1
重复次数/次	200	200	100	20	15	15

⑥对该试件进行下一个温度实验，温度选择应从-10～50 ℃由低温到高温进行。当试件在各设定温度下各频率的实验累计塑性变形超过1 500 με时，该试件应予以废弃。

5. 数据处理

测量各实验条件下最后5次加载循环中荷载的平均幅值 P_i 和可恢复轴向变形平均幅值 Δ_i 及同一加载循环下变形峰值与荷载峰值的平均滞后时间 t_i，然后根据下列各式计算测试沥青混合料的动态模量及相位角。

$$\sigma_0 = \frac{P_i}{A} \tag{6.70}$$

式中 σ_0——轴向应力幅值,MPa;

P_i——最后5次加载循环中轴向实验荷载平均幅值,N;

A——试件径向横截面面积(可取试件上下端面面积均值),mm^2。

$$\varepsilon_0 = \frac{\Delta_i}{l_0} \tag{6.71}$$

式中 ε_0——轴向应变幅值,mm/mm;

Δ_i——最后5次加载循环中可恢复轴向变形平均幅值,mm;

l_0——试件上位移传感器的量测间距,mm。

$$|E^*| = \frac{\sigma_0}{\varepsilon_0} \tag{6.72}$$

式中 $|E^*|$——沥青混合料动态模量,MPa;

σ_0——轴向应力幅值,MPa;

ε_0——轴向应变幅值,mm/mm。

$$\phi = \frac{t_i}{t_p} \tag{6.73}$$

式中 ϕ——相位角,(°);

t_i——最后5次加载循环中变形峰值与荷载峰值的平均滞后时间,s;

t_p——最后5次加载循环的平均加载周期,s。

6. 实验报告

按实验数据整理有关表格和实验报告。

①沥青混合料参数:沥青含量、矿料级配、密度、空隙率及试件尺寸。

②实验参数:各实验温度和实验频率及在此条件下最后5次加载循环中应力平均幅值 σ_0、可恢复轴向应变平均幅值 ε_0 及变形峰值与荷载峰值的平均滞后时间 t_i。

③当一组试件的测定值中某个测定值与平均值之差大于标准差的 k 倍时,该测定值应予舍弃。有效试件数目 n 为3、4、5、6时,k 值分别为1.15、1.46、1.67、1.82。

④测试资料整理。根据上述确定的有效测试数据,按 t 分布法计算整理动态模量代表值 $|E^*|$。

$$|E^*| = |\overline{E}^*| - t \times \frac{S}{\sqrt{n}} \tag{6.74}$$

式中 $|E^*|$——动态模量代表值,MPa;

$|\overline{E}^*|$——1组试件实测动态模量平均值,MPa;

S——1组试件实测值的标准差,MPa;

n——1组试件的有效试件个数;

t——随保证率变化的系数,对高速公路及一级公路的保证率为95%,其他等级公路的保证率为90%,$\frac{t}{\sqrt{n}}$值见表6.15。

表 6.15　有效试件数 n 与 t 值的关系

有效试件数 n		3	4	5	6	7	8	9	10
临界值 k		1.35	1.46	1.67	1.82	1.94	2.03	2.11	2.18
$\frac{t}{\sqrt{n}}$	保证率 95%	1.686	1.177	0.954	0.823	0.734	0.670	0.620	0.580
	保证率 90%	1.089	0.819	0.686	0.603	0.544	0.500	0.466	0.437

⑤报告各实验温度和实验频率下沥青混合料动态模量及相位角。

7. 注意事项

试件的制备、尺寸、存放条件要满足规定要求。

思考题

1. 单轴压缩动态模量反映沥青混合料什么特性?
2. 单轴压缩动态模量用哪些指标表示?其物理意义是什么?

实验二十三 沥青混合料的四点弯曲疲劳寿命实验

1. 实验目的与适用范围

本方法适用于采用四点弯曲疲劳实验机在规定实验条件下，测定压实沥青混合料承受重复弯曲荷载的疲劳寿命。

标准的实验条件为实验温度(15 ±0.5) ℃，加载频率(10 ±0.1) Hz，采用恒应变控制的连续偏正弦加载模式。也可根据需要选择其他实验条件。实验终止条件为弯曲劲度模量降低到初始弯曲劲度模量50%对应的加载循环次数。

本方法适用于实验室轮碾成型的沥青混合料板块试件或从现场路面钻取板块试件，切割成长度为(380 ±5) mm，厚度为(50 ±5) mm，宽度为(63.5 ±5) mm的小梁试件。

2. 实验原理

本实验利用四点弯曲法测定沥青混合料的疲劳寿命。试件安装于四点弯曲疲劳加载装置内，选择适宜的参数进行循环加载实验，至试件达到疲劳实验终止条件时自动停止。根据实验数据计算最大拉应力、最大拉应变、弯曲劲度模量、相位角、单个循环耗散能、累积耗散能等技术参数。具体实验原理参阅设备说明书。

3. 原材料、试剂及仪器设备

(1)测试系统。

测试系统基本技术要求和参数见表6.16。

表6.16 测试系统基本技术要求和参数

项目	范围	分辨率	准确度
荷载控制与测量	0 ~ 5 kN	2 N	±5 N
位移控制与测量	0 ~ 5 mm	2 μm	±5 μm
频率控制与测量	5 ~ 10 Hz	0.005 Hz	±0.01 Hz
温度控制与测量	-10 ~ 30 ℃	0.25 ℃	±0.5 ℃

(2)加载装置。.

气动或者液压加载装置，能够为疲劳实验系统提供循环动力荷载，可根据实验要求输出不同频率、不同振幅的偏正弦加载波形，并保证每次加载循环结束时，应使试件回到原点(初始位置)。试件夹持系统采用三等分间距布设夹头，相邻夹头中心间距一般为119 mm，梁跨距为357 mm。各夹头宜采用可调节夹持力大小的小型电机进行夹持。

(3)数据采集与控制装置。

使用计算机控制每个加载循环，测量梁的峰值位移，计算梁的峰值拉应变，调整施加荷载保证峰值位移水平为一常量，确保实验期间与期望的峰值拉应变水平保持一致。并能够实时记录和计算加载次数、荷载大小、试件位移、最大拉应力、最大拉应变、相位角、劲度模量、耗散能及累计耗散能等用户所需的相关技术指标。

(4)环境箱。

环境箱应保持箱体内实验温度均匀分布，能够准确测量并显示试件测试位置的温度，保证实验温度误差在 ±0.5 ℃以内。同时应能使加载装置与外部数据采集等控制装置顺利连接，并具有足够的内部空间容纳加载装置，除了实验的试件，至少还能存放两个养生试件，同时能够允许调整加载装置，方便试件放入和移出。

(5)其他。

游标卡尺、天平等。

4. 实验步骤

①试件准备：按照振动轮碾成型的方法制作沥青混合料板块试件，或者从现场路面切割板块试件。然后用高精度金刚石双面锯对板块试件进行切割，取碾压成型方向为试件长度方向制作梁试件，试件的尺寸应符合长度(380 ±5) mm、高度(50 ±6) mm、宽度为(63 ±6) mm 的要求。一块 400 mm × 300 mm × 75 mm 的沥青混凝土板块通常可切成 4 根小梁试件。

②实验前试件的存放：沥青混合料板块试件和切割后的试件存放温度应不超过 35 ℃，切割好的试件应在 30 天内完成实验。存放期间，试件应水平放置于表面平整并具有一定刚度的硬玻璃板(或瓷砖)上，防止试件发生变形。

③试件尺寸测量：应用游标卡尺测量试件的宽度和厚度，分别测定 5 个位置，即试件的两端 20 mm 内的点位、梁中点的 10 mm 内的点位及距离梁中点各 90 mm 的点位，准确至 0.1 mm。取 5 个测量值的平均值为试件尺寸，准确至 0.1 mm。如果宽度或者厚度的 5 个测量值中的任何一个值与平均值相差大于 1.5 mm，则该梁试件作废。

④试件体积参数测量：沥青混合料疲劳和弯曲性能较大程度上依赖于混合料的实际压实水平，每根小梁试件在进行疲劳实验前需先进行空隙率和矿料间隙率的测定。试件实际空隙率应在目标空隙率 ±0.5% 范围内，实测矿料间隙率应在目标矿料间隙率 ±0.5% 范围内，超过该范围的试件应作废。

⑤试件养生：小梁试件宜直接放入环境箱内进行养生，应在实验温度 ±0.5 ℃条件下养生 4 h 以上方可进行实验。

⑥试件安放：将养护好的试件放入四点弯曲疲劳加载装置内，用夹具进行固定。使位移传感器 LVDT 滑轮接触试件表面，调整位移传感器到试件中部，LVDT 的读数尽可能接近于零。

⑦实验参数选择：选择偏正弦加载模式，在实验参数设定界面输入试件编号和尺寸、目标拉应变、加载频率及实验终止标准等参数。

⑧在目标实验应变水平下预加载 50 个循环，计算第 50 个加载循环的试件劲度模量为初始的劲度模量，作为确定试件疲劳失效判据的基准劲度模量。

⑨开始实验：当确定好初始劲度模量后，实验机应在 50 个循环内自动调整并稳定到实验所需要的目标拉应变水平，同时按选择的加载循环间隔监控和记录实验参数和实验结果，确保系统操作正确。当试件达到疲劳实验终止条件时，自动停止加载。

5. 数据处理

①最大拉应力按式(6.75)计算。

$$\sigma_t = \frac{LP}{wh^2} \tag{6.75}$$

式中 σ_t——最大拉应力,Pa;

L——梁跨距,即外端两个夹具间距(一般为0.357 m),m;

P——峰值荷载,N;

w——梁宽,m;

h——梁高度,m。

②最大拉应变按式(6.76)计算。

$$\varepsilon_t = \frac{12\delta h}{3L^2 - 4a^2} \tag{6.76}$$

式中 ε_t——最大拉应变,m/m;

δ——梁中心最大应变,m;

a——相邻夹头中心间距(为$L/3$,一般为0.119 m),m。

③弯曲劲度模量按式(6.77)计算。

$$S = \frac{\sigma_t}{\varepsilon_t} \tag{6.77}$$

式中 S——弯曲劲度,Pa。

④相位角按式(6.78)计算。

$$\phi = 360ft \tag{6.78}$$

式中 ϕ——相位角,(°);

f——加载频率,Hz;

t——应变峰值滞后于应力峰值的时间,s。

⑤单个循环耗散能按式(6.79)计算。

$$E_D = \pi\sigma_t\varepsilon_t\sin\phi \tag{6.79}$$

式中 E_D——单个循环耗散能,J/m^3。

⑥累积耗散能按式(6.80)计算。

$$E_{CD} = \sum_{i=1}^{n} E_{Di} \tag{6.80}$$

式中 E_{CD}——疲劳实验过程中累积耗散能,J/m^3;

E_{Di}——第i次加载的单个循环耗散能,J/m^3,按式(6.79)计算。

6. 实验报告

按实验数据整理有关表格和实验报告。

①同一种沥青混合料,在相同实验条件下应至少进行3次平行实验。平行实验结果按实验数据的离散程度应进行弃差处理,弃差标准为:当一组试件的测定值中某个测定值与平均值之差大于标准差的k倍时,该次实验数据应予以舍弃,同时应保证每组实验的有效试件不少于3根。有效试件数为n时的k值见表6.17。

表 6.17 有效试件数为 n 时的 k 值

有效试件数 n	3	4	5	6	7	8	9	10
临界值 k	1.15	1.46	1.67	1.82	1.94	2.03	2.11	2.18

②报告应包括如下内容:

a. 混合料类型、集料公称最大粒径、沥青含量、集料来源、沥青品种、沥青混合料板块试件的制作日期、从路面切割试件的日期、空隙率等相关信息。

b. 实验条件参数包括加载模式、目标拉应变、实验温度、频率、失效条件等。

7. 注意事项

①试件的制备、尺寸、存放条件要满足规定要求。

②数据处理要注意单位,计算公式不要错,平行实验、计算精度要满足规定要求。

思考题

1. 试件体积参数测量过程中,不满足要求的试件应如何处理?

2. 恒应变控制加载方式有几种? 怎样进行选择?

实验二十四　沥青(玛琋脂碎石)混合料谢伦堡析漏实验

1. 实验目的与适用范围

本方法用以检测沥青结合料在高温状态下从沥青混合料析出并沥干多余的游离沥青的数量,供检验沥青玛琋脂碎石混合料(SMA)、排水式大空隙沥青混合料(OGFC)或沥青碎石类混合料的最大沥青用量使用。

2. 实验原理

谢伦堡沥青析漏实验(Schellenberg Binder Drainage Test)是德国为沥青玛琋脂碎石沥青混合料(SMA)的配合比设计而制定的方法。他是为了确定沥青混合料由无多余的自由沥青或沥青玛琋脂而进行的实验,由此确定沥青最大用量,与飞散实验相结合,可以得出一个合理的沥青用量范围。

本实验使用的实验样品不是已成型的沥青混合料试件而是拌和好的 SMA 沥青混合料。将 SMA 混合料倒入烧杯中于(170 ±20 ℃封闭加热持续(60 ±1) min,将混合料不加震动地倒出。由于 SMA 混合料在加热过程中的析漏,烧杯上会黏附部分沥青结合料、细集料、玛琋脂等,称量黏附的物料总量(即析漏量),计算 SMA 混合料的析漏损失。由此评价 SMA 混合料中自由沥青或自由玛琋脂的富余水平。

3. 原材料、试剂及仪器设备

①烧杯:800 mL。

②烘箱。

③小型沥青混合料拌和机。

④玻璃板。

⑤天平:感量不大于 0.1 g。

⑥其他:手铲、棉纱等。

4. 实验步骤

①根据实际使用的沥青混合料的配合比,对集料、矿粉、沥青、纤维稳定剂等按第 6 章实验一击实法的方法用小型沥青混合料拌和机拌和混合料。拌和时纤维稳定剂应在加入粗细集料后加入,并适当干拌分散,再加入沥青拌和至均匀。每次只能拌和一个试件。一组试件分别拌和 4 份,每份为 1 kg。第一锅拌和后即予废弃不用,使拌和锅或炒锅黏附一定量的沥青结合料,以免影响后面 3 锅油石比的准确性。当为施工质量检验时,直接从拌和机取样使用。

②洗净烧杯,干燥,称取烧杯质量 m_0,准确至 0.1 g。

③将拌和好的 1 kg 混合料,倒入 800 mL 烧杯中,称烧杯及混合料的总质量(m_1),准确至 0.1 g。

④在烧杯上加玻璃板盖,放入(170 ±2) ℃(当为改性沥青 SMA 时,宜为 185 ℃)烘箱中,持续(60 ±1) min。

⑤取出烧杯,不加任何冲击或振动,将混合料向下扣倒在玻璃板上,称取烧杯以及黏

附在烧杯上的沥青结合料、细集料、玛瑞脂等的总质量(m_2),准确到0.1 g。

5. 数据处理

沥青析漏损失按式(6.81)计算。

$$\Delta m = \frac{m_2 - m_0}{m_1 - m_0} \times 100\% \tag{6.81}$$

式中 m_0——烧杯质量,g;

m_1——烧杯及实验用沥青混合料总质量,g;

m_2——烧杯以及黏附在烧杯上的沥青结合料、细集料、玛瑞脂等的总质量,g;

Δm——沥青析漏损失,%。

6. 实验报告

按实验数据整理有关表格和实验报告。

实验至少应平行实验3次,取平均值作为实验结果。

7. 注意事项

不同沥青制成的混合料的恒温条件不同。

思考题

1. 什么是析漏?如何表示析漏损失?
2. 析漏实验在配合比设计中的有什么用途?适合哪些类型沥青混凝土的检验?

实验二十五 沥青(玛琋脂碎石)混合料飞散实验

1. 实验目的与适用范围

本方法用以评价由于沥青用量不够或黏结性不足,在交通荷载作用下,路面表面集料脱落而散失的程度,以马歇尔试件在洛杉矶实验机中旋转撞击规定的次数及沥青混合料试件散落材料的质量百分率表示。

标准飞散实验可用于确定沥青路面表面层使用的沥青玛琋脂碎石混合料(SMA)、排水式大空隙沥青混合料、抗滑表层混合料、沥青碎石或乳化沥青碎石混合料所需的最少沥青用量。

本方法用以评价沥青混合料的水稳性。

2. 实验原理

沥青混合料的飞散实验,国外称为肯塔堡实验(cantabro test)。沥青玛琋脂碎石混合料(SMA)、大空隙排水性沥青混合料(OGFC)、抗滑表层混合料、沥青碎石或乳化沥青碎石混合料等路面的表面层材料,往往表面构造深度较大,粗集料外露,空隙中经常充满了水,在交通荷载的反复作用下,由于集料与沥青的黏结力不足而引起集料的脱落、掉粒、飞散,并成为坑槽的路面损坏,是常见的一种严重的沥青路面破坏现象。为了防止这种破坏,在配合比设计时,辅以飞散实验进行检验是必要的。

首先制备符合要求的沥青混合料试件,测量相关数据,测试计算相关体积参数,试件养生后,放入洛杉矶实验机中以 30 ~ 33 r/min 的速度旋转 300 r。取出试件及碎块,称取试件的残留质量。当试件已经粉碎时,称取最大一块残留试件的混合料质量(m_1),计算沥青混合料的飞散损失。

浸水飞散实验是在 60 ℃水中浸水 48 h 后进行实验的,目的是考察试件在热水中膨胀和沥青老化,对集料和沥青黏结力下降的影响。对于积雪寒冷地区,也可进行较低温度的飞散实验。

3. 原材料、试剂及仪器设备

①沥青混合料马歇尔试件制作设备,同第 6 章实验一击实法。

②洛杉矶磨耗实验机。

③恒温水槽:可控制恒温为(20 ±0.5) ℃。

④烘箱:大、中型各一台,装有温度调节器。

⑤天平或电子秤:用于称量矿料的感量不大于 0.5 g,用于称量沥青的感量不大于 0.1 g。

⑥插刀或大螺丝刀。

⑦温度计:分度为 1 ℃。宜采用有金属插杆的插入式数显温度计,金属插杆的长度不小于 150 mm,量程 0 ~ 300 ℃。

⑧其他:电炉或煤气炉、沥青熔化锅、拌和铲、标准筛、滤纸(或普通纸)、胶布、卡尺、秒表、粉笔、棉纱等。

4. 实验步骤

①根据实际使用的沥青混合料的配合比,成型马歇尔试件,除非另有要求,击实成型次数为双面各50次。试件尺寸应符合直径(101.6±0.2) mm、高(63.5±1.3) mm的要求,一组试件的数量不得少于4个。拌和时应注意事先在拌和锅或炒锅中加入相当于拌和沥青混合料时在拌和锅内所黏附的沥青用量,以免影响油石比的准确性。

②量测试件的直径及高度准确至0.1 mm,尺寸不符合要求的试件应作废。

③按《公路工程沥青及沥青混合料试验规程》(JTG E20—2011)相关试验规程测定试件的密度、空隙率、沥青体积百分率、沥青饱和度、矿料间隙率等物理指标。

④将恒温水槽调节至要求的实验温度,标准飞散实验的实验温度为(20±0.5) ℃,浸水飞散实验的实验温度为(60±0.5) ℃。

⑤将试件放入恒温水槽中养生。对标准飞散实验,在(20±0.5) ℃恒温水槽中养生20 h。对浸水飞散实验,先在(60±0.5) ℃恒温水槽中养生48 h,然后取出后在室温中放置24 h。

⑥从恒温水槽中逐个取出试件,称取试件质量(m_0),准确至0.1 g。

⑦立即将一个试件放入洛杉矶实验机中,不加钢球,盖紧盖子(一次只能实验一个试件)。

⑧开动洛杉矶实验机,以30~33 r/min的速度旋转300转。

⑨打开实验机盖子,取出试件及碎块,称取试件的残留质量。当试件已经粉碎时,称取最大一块残留试件的混合料质量(m_1)。

⑩重复以上步骤,一种混合料的平行实验不少于3次。

5. 数据处理

沥青混合料的飞散损失按式(6.82)计算。

$$\Delta S = \frac{m_0 - m_1}{m_0} \times 100 \tag{6.82}$$

式中 ΔS——沥青混合料的飞散损失,%;

m_0——实验前试件的质量,g;

m_1——实验后试件的残留质量,g。

6. 实验报告

按实验数据整理有关表格和实验报告。

7. 注意事项

进行飞散实验时,每次只能实验一个试件。

思考题

1. 什么是飞散实验?它表示沥青混合料什么指标?
2. 飞散实验在配合比设计中的用途?适合哪些类型沥青混合料的检验?

实验二十六 乳化沥青稀浆封层混合料稠度实验

1. 实验目的与适用范围

用圆锥体测定乳化沥青稀浆封层混合料的稠度,用以检验乳化沥青稀浆封层混合料的摊铺和易性。在乳化沥青稀浆封层混合料的配合比设计中确定合适的用水量。

2. 实验原理

本实验测定乳化沥青稀浆封层混合料稠度实际上还是用坍落度法。将拌和好的沥青稀浆封层混合料装满倒置的圆锥台(坍落桶),盖上底板对准中心(底板同心圆的中心圆直径与圆锥台大端直径相同)并翻转,立即提起坍落桶,观察稀浆封层混合料坍落情况,用以表征沥青稀浆封层混合料稠度。

3. 原材料、试剂及仪器设备

①乳化沥青稀浆封层混合料稠度仪:如图 6.25 所示,由截头圆锥体及底板组成,金属制,圆锥体上下口内径为 38 mm 及 89 mm,高 76 mm,壁厚 2 mm。底板上有同心圆刻线。

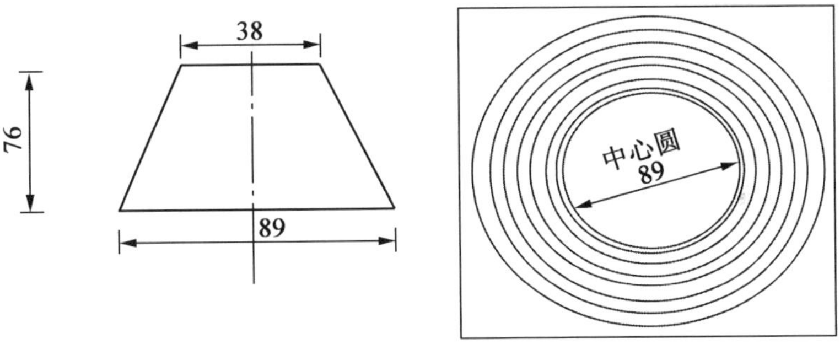

(a)截头圆锥体　　(b)底板

图 6.25 乳化沥青稀浆封层混合料稠度仪(尺寸单位:mm)

②金属板。

③天平:感量不大于 1 g。

④其他:拌锅、拌铲。

4. 实验步骤

①按要求的级配准备粗、细集料及填料,烘干,称混合料总质量 500 g,准确至 1 g。

②拌锅内先放入 500 g 混合料料拌匀,再加入预定的用水量拌匀,最后加入定量的乳化沥青,拌和时间不少于 1 min,不超过 3 min,拌匀。

③把圆锥体小端向下,放在金属板上,然后装入拌匀的稀浆混合料并刮平。

④将稠度仪底板刻有同心圆的一面盖在圆锥体大端面上,使圆锥体大端外圆正好对准底板的中心圆上居中(圆锥体大端外圆与底板的中心圆直径相等)。

⑤把圆锥体连同底板一起拿住倒转过来,使圆锥体大端向下立在底板上,立即向上

提起圆锥体,让里面的混合料自然向下坍落。

⑥量取坍下的稀浆混合料边缘离中心圆边的距离为稀浆的稠度,以 cm 计。

⑦记录实验时的温度和湿度。

5. 数据处理

记录实验数据、实验现象、实验条件。

6. 实验报告

按实验数据整理有关表格和实验报告。

报告应记述下列事项:

①配制乳化沥青的乳化剂及沥青的品种,乳化剂用量,沥青含量。

②矿料种类及级配。

③用水量与稠度。

7. 注意事项

测定稠度过程中,翻转后立即提起圆锥体使混合料自然向下坍落。

思考题

1. 什么是稀浆封层?在路面施工中有何作用?

2. 乳化沥青稀浆封层混合料稠度在工程应用中是如何体现的?它在配合比设计过程中有什么价值?

实验二十七　乳化沥青稀浆封层混合料湿轮磨耗实验

1. 实验目的与适用范围

本方法用于检验乳化沥青稀浆封层混合料成型后的耐磨耗性能,用以确定稀浆封层混合料的最佳沥青含量。

2. 实验原理

按照规定的程序和方法制备乳化沥青稀浆封层混合料试件,将试件固定在湿轮磨耗仪上,升起升降平台并锁住,此时试件顶起磨耗头,磨耗管与试样表面接触,使磨耗头转动(300 ±2) s 后停止。根据磨耗实验前后试样的质量计算乳化沥青稀浆封层混合料的磨耗值。

3. 原材料、试剂及仪器设备

①湿轮磨耗仪:如图 6.26 所示,主要由盛样盘、磨耗头及机架组成。

图 6.26　湿轮磨耗仪

1—试件托盘;2—磨耗头;3—试件夹具;4—电机;5—提升手柄;6—磨耗管;7—试件台;8—底座

a. 平底金属盛样盘的直径为 320 mm,垂直壁高为 50 mm,可以取下,可依靠夹具与升降平台固定。

b. 磨耗头:总质量(包括橡胶磨耗管)为 2 270 g,下面靠夹具可固定胶管。磨耗头的标准转速为自转 140 r/min,公转为 61 r/min。

c. 磨耗管:内经 19 mm、壁厚 6.4 mm、长度 127 mm 的橡胶软管。磨耗管外层应为聚氯丁橡胶,中间需加筋。磨耗管外层橡胶硬度为 HRC 60 ~ HRC 70。

②圆形模板:不小于(300 ±300) mm,厚 6 mm 的塑料板,中间有一直径为 279 mm 的圆孔。

③油毛毡圆片:直径 286 mm。

④天平:称量 6 000 g,感量不大于 1 g。

⑤水槽:温度能控制在(25 ±1) ℃。

⑥烘箱:带强制通风,温度能控制在(60 ±3) ℃。

⑦刮板:有橡胶刮片,长 300 mm。

⑧其他:拌锅、拌铲等。

4. 实验步骤

(1)准备工作。

①按要求的级配准备粗、细集料及填料,烘干。

②称混合料总质量 800 g 放入拌锅拌匀,然后加入适量的水拌匀,再加入定量的乳化沥青拌和 1 ~3 min。

③将油毛毡圆片平铺在平底的搪瓷盘内,再将圆形模板放在平整的油毛毡圆片上居中,立即把拌匀的稀浆封层混合料倒入模板的圆孔中。

④用刮板刮平,刮掉多余的稀浆混合料。

⑤取走模板,把盛有试样的搪瓷盘放入 60 ℃的烘箱中烘至恒重,一般不少于 16 h。

(2)具体实验操作。

①把试件从烘箱中取出冷却到室温,称取油毛毡圆片及试件的总质量(m_a),准确至 1 g。

②浸水 1 h 湿轮磨耗实验时,将试件及油毛毡放入(25 ±1) ℃的水槽中保温60 min;浸水 6 天湿轮磨耗实验时,将试件及油毛毡放入(25 ±1) ℃的水槽中保温 6 天。

③把试件及油毛毡从水槽中取出,放入盛样盘中,往盛样盘中加 25 ℃的水,使试件完全浸入水中,水面到试件表面的深度不少于 6 mm。

④把装有试件的盛样盘固定在磨耗仪升降平台上,提升平台并锁住,此时试件顶起磨耗头。

⑤开动仪器,使磨耗头转动(300 ±2) s 后停止。每次实验后把磨耗头上的橡胶软管转动半圈,以获得一个新磨耗面(用过的面不得使用),或换上新的橡胶软管。

⑥降下平台将试件从盛样盘中取出,用水冲洗掉磨下的碎屑,放入 60 ℃烘箱中烘至恒重。

⑦从烘箱中取出试件,冷却到室温,然后称取试件与油毛毡的总质量(m_b),准确至 0.1 g。

5. 数据处理

①乳化沥青稀浆封层混合料的磨耗值按式(6.83)计算。

$$\mathrm{WTAT} = (m_a - m_b)/A \tag{6.83}$$

式中 WTAT——乳化沥青稀浆封层混合料的磨耗值,g/m²;

m_a——磨耗前的试件质量,g;

m_b——磨耗后的试件质量,g;

A——磨耗头胶管的磨耗面积(由仪器说明书提供),m²。

②当一组测定值中某个测定值与平均值之差大于标准差的 k 倍时,该测定值应予舍弃,并以其余测定值的平均值作为实验结果。当试件数目 n 为 3、4、5、6 时,k 值分别为 1.15、1.46、1.67、1.82。一组试件个数不少于 3 个。

6. 实验报告

按实验数据整理有关表格和实验报告。

报告应包括混合料配合比、试件的湿轮磨耗值。

7. 注意事项

混合料中的矿料为4.75 mm筛筛余部分。

思考题

1. 实验过程中为什么在橡胶管出现新磨耗面时要进行更换?
2. 影响混合料磨耗值的因素有哪些?

实验二十八 稀浆混合料破乳时间实验

1. 实验目的与适用范围

本方法适用于确定稀浆混合料的破乳时间。

2. 实验原理

实际上，稀浆混合料的破乳和初凝是两个不同的概念。初凝时间一般认为是黏聚力值达到 1.2 N · m 的时间，通过黏聚力测验确定；而破乳时间是乳化沥青中的沥青和水分离，沥青微粒吸附到石料上而水析出所需要的时间。

破乳后，沥青微粒被吸附到石料上，因而吸水白纸巾在混合料上轻轻按压时不会沾上沥青褐色斑点；未破乳前，吸水白纸巾上会有褐色斑点，据此可判断稀浆混合料是否破乳。

3. 原材料、试剂及仪器设备

①吸水白纸巾。

②计时工具。

③环形试模：内径为 60 mm，厚度为 6 mm 或者 10 mm。

④油毛毡：尺寸 152 mm × 152 mm。

⑤其他：拌和杯和拌铲等。

4. 实验步骤

①按照拌和实验确定的配合比称取矿料、水、乳化沥青或改性乳化沥青和添加剂。通常以干矿料 100 g 为准。

②将矿料、填料倒入杯中，拌匀，再将水、添加剂倒入杯中拌匀，然后倒入乳化沥青或改性乳化沥青拌和，时间不超过(30 ± 2) s。

③取刚拌匀的稀浆混合料立即倒入油毛毡上的试模内，ES - 1、ES - 2、MS - 2 混合料采用 6 mm 厚的试模，ES - 3、MS - 3 型混合料采用 10 mm 厚的试模，开始计时。

④将试样在(25 ± 2) ℃的环境下成型，对于微表处和快凝型稀浆封层试样，隔 5 min 后，用一张吸水白纸巾轻轻按压混合料表面。如果在纸上没有见褐色的斑点，就认为乳化沥青已经破乳；如果有褐色斑点出现，就再隔 5 min 重复测试；如果 1 h 后仍未破乳，就每隔 15 min 测试一次，直至破乳为止。对于慢凝型稀浆封层试样，实验的间隔时间为 15 min；如果 1 h 后仍未破乳，就每隔 30 min 测试一次，直至达到破乳为止。

⑤记录破乳时间。

⑥记录实验时的温度和湿度。

5. 数据处理

①同一试样平行实验两次，每两次测定值的差值符合重复性实验允许误差要求时，取其平均值作为实验结果，准确至 5 min。

②报告应包括：混合料配合比，实验温度、湿度，稀浆混合料的破乳时间。

③允许误差：当试样破乳时间小于或等于 60 min 时，重复性实验的允许误差为

5 min；当试样破乳时间大于 60 min 时，重复性实验的允许误差为 15 min。

6. 实验报告

按实验数据整理有关表格和实验报告。

7. 注意事项

吸水白纸巾按压混合料表面时要轻，实验时掌握好分寸，每次按压的位置不要重复。

实验二十九　乳化沥青稀浆封层混合料黏聚力(初凝时间)实验

1. 实验目的与适用范围

本实验用于确定乳化沥青稀浆封层混合料达到初凝所需的时间和开放交通时间。

2. 实验原理

本实验使用黏聚力实验仪进行。首先按规定程序制备试样,养生,试样置于黏聚力实验仪上,在气动压力 200 kPa 将扭矩扳手测力表套住气缸杆扭转 90°~120°,读取扭力扳手读数。检查试件破损状态,判断成型程度,确定初凝时间。初凝时间一般认为是黏聚力值达到 1.2 N·m 的时间,通过黏聚力测验确定。

3. 原材料、试剂及仪器设备

(1)黏聚力实验仪。

黏聚力实验仪如图 6.27 所示,应满足以下要求:

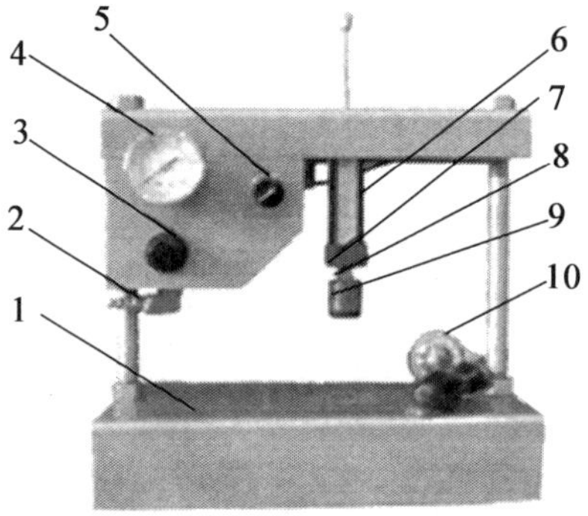

图 6.27　黏聚力实验仪

1—测试台;2—进气口;3—气压调节阀;4—压力表;5—释放钮;6—气缸;7—传力杆;8—压头;9—橡胶垫片;10—扭矩扳手

①压头尺寸:压头呈圆柱形,由不锈钢材料制作,并牢固连接在气缸传力杆下部。压头直径(28.6 ±0.1) mm,压头厚度(28 ±1.0) mm。

②压头底部装有橡胶垫片,橡胶垫片直径(28.6 ±0.1) mm,厚度(6.4 ±0.1) mm,橡胶硬度为 HRC (60 ±2)。

③压头高度与下落速度:压头底面距离底座顶面的高度适宜,既有足够的空间方便放置和取下试件,又不得超过气缸行程,一般在 50 ~ 70 mm。压头下落速度不大于 8 cm/s。

④压头压力:在试样台上产生的压力为(128.5 ±1.0) N。

⑤扭矩扳手:扭矩扳手套在传力杆上。扭矩表量程不小于 3.5 N·m,宜采用数显式扳手。采用机械指针式扭矩扳手时,扭矩表应带有从动指针。

⑥气缸:气缸活塞的行程不宜小于 75 mm。

⑦空气压力表:空气压力表量程 0 ~ 700 kPa,分度值 10 kPa。

⑧重复性:用 220 号粗砂纸做"黏聚力实验",10 次实验扭矩扳手读数最大值和最小值的差值应小于 0.3 N · m,测量结果的标准差不应大于 0.2 N · m。

(2)环形试模:内径 60 mm。ES – 1、ES – 2、MS – 2 混合料采用 6 mm 厚的试模,ES – 3、MS – 3 型混合料采用 10 mm 厚的试模。

(3)计时工具

(4)砂纸:220 号。

(5)油毛毡:尺寸为 150 mm × 150 mm。

(6)其他:拌和杯、拌铲等。

4. 实验步骤

(1)黏聚力实验仪的标定。

用 220 号粗砂纸做"黏聚力实验",10 次实验扭矩扳手读数最大值和最小值的差值应小于 0.3 N · m,测量结果的标准差不应大于 0.2 N · m。

(2)试样准备。

①按照拌和实验确定的混合料配比配料,通常以干矿料 300 g 为准。

②将矿料、填料倒入杯中,拌匀,再将水、添加剂倒入杯中拌匀,然后倒入乳化沥青或改性乳化沥青拌和,时间不超过(30 ± 2) s。

③将稀浆混合料倒入预湿过的试模中,用油毡垫底,刮平,脱模并计时。试样在(25 ± 2) ℃环境下养生。

(3)具体实验操作。

①养生 30 min 后测试步骤如下:

a. 将试件置于黏聚力实验仪的测试台上。

b. 将气动压头压在试件上,此时空气压力表的读数应保持在 200 kPa。

c. 保持压力不变,将扭矩扳手测力表归零并套住气缸杆上端,在 0.7 ~ 10 s 内平稳、坚定、水平地扭转 90° ~ 120°,读取扭力扳手读数。

d. 按以下 4 种情况描述试样的破损状态:完全成型:试样没有任何破损或裂纹,没有集料散落情况出现,压头在试样表面打滑,表面沥青膜可能被磨掉而留下圆形痕迹(与黏聚力值 2.6 N · m 等效);中度成型:试样表面没有裂纹出现,但压头下的集料会被碾落或粘起(与黏聚力值 2.3 N · m 等效);初级成型:试样表面有一条裂纹出现(与黏聚力值 2.0 N · m等效);未成型:多条裂纹出现,甚至整个试样被碾散(黏聚力值低于 1.2 N · m)。

e. 升起压头,擦干净后待下次测试使用。

②试样养生 60 min 后的测试步骤同上。

5. 数据处理

①同一试样平行实验两次,当两次测定值的差值符合重复性实验允许误差时,取其平均值作为实验结果,准确至 0.1 N · m。

②报告应包括:混合料配合比,实验温度、湿度,及其他环境条件;混合料 30 min 和 60 min 的黏聚力值,并描述 60 min 黏聚力试样测试后的破坏状态。

③完全成型时可以开放交通；中度成型时控制开放交通；初级成型一般被认为是乳化沥青混合料的初凝时间（黏聚力值达到1.2 N·m以上）。

④允许误差：重复性实验的允许误差为0.2 N·m。

6. 实验报告

按实验数据整理有关表格和实验报告。

7. 注意事项

黏聚力实验仪使用前要进行标定。

实验三十 稀浆混合料负荷轮粘砂实验(碾压实验)

1. 实验目的与适用范围

本实验用于测定乳化沥青稀浆封层混合料中是否有过量沥青,控制沥青用量的上限,与湿轮磨耗实验一起确定乳化沥青稀浆封层混合料的最佳沥青用量。

2. 实验原理

按规定程序制作混合料试件,养生,固定在负荷轮碾压实验仪上,开机碾压 1 000 次使试件稳定。然后再在热砂接触条件下开机碾压 100 次,通过负荷轮碾压实验仪的橡胶轮的循环碾压,试样会吸附一定的砂子。根据吸附砂子的质量计算单位面积吸附砂量,表征稀浆混合料粘砂能力的大小,粘砂能力大则说明沥青用量过大。

3. 原材料、试剂及仪器设备

(1)负荷轮碾压实验仪。

负荷轮碾压实验仪如图 6.28 所示,它应满足以下要求:

图 6.28 负荷轮碾压实验仪

1—电动机;2—曲柄;3—减速器;4—计数器;5—从动连杆;6—配重箱;7—负荷轮;8—试件承板

①碾压频率:应选择适宜的电动机和齿轮减速器,使橡胶轮的碾压频率满足(44 ± 1)次/min的要求。

②曲轴半径:与齿轮减速器相连的传动曲柄的半径为(152 ±2) mm。

③橡胶轮尺寸:橡胶轮直径(76.5 ±1.0) mm,橡胶厚度(12.0 ±0.5) mm,橡胶轮宽度(26.0 ±1.0) mm。

④橡胶轮的橡胶硬度:橡胶轮的橡胶硬度应为 HRC(60 ~70)。

⑤橡胶轮的位置:橡胶轮轮轴至曲柄连杆铰接轴的水平距离为(610 ±1) mm。

⑥橡胶轮加载质量:曲柄连杆,连同配重、橡胶轮等通过橡胶轮作用在试样上的总质量为(56.7 ±0.5) kg。

⑦橡胶轮跑偏量:在加入规定的负荷后,橡胶轮的跑偏量小于 2 mm。

(2)加载物:铁砂或铁块。

(3)标准砂:粒径 0.15 ~0.6 mm。

(4)试模:试模厚度分别为(6.4 ±0.1) mm(Ⅱ型级配用)、(12.7 ±0.1) mm(Ⅲ型级配用),内部尺寸为长(380.0 ±1.0) mm,宽(50.0 ±1.0) mm,外部尺寸为长(406.0 ±1) mm,宽(76.0 ±1) mm。

(5)砂框架:钢质砂框架的内部尺寸为长(355.0 ±1.0) mm,宽(38.0 ±1.0) mm,厚度为(5.0 ±0.5) mm。砂框架底部应粘贴厚度为 6 mm 左右的泡沫橡胶,防止实验过程中砂外泄。

(6)钢盖板:尺寸为 353 mm ×36 mm ×3 mm。

(7)台秤:称量为 100 kg,感量不大于 0.5 kg。

(8)天平:称量为 2 000 g,感量不大于 0.1 g。

(9)烘箱:带强制通风,温度能控制在(60 ±3) ℃。

(10)筛子:孔径 0.6 mm 和 0.15 mm。

(11)其他:拌和锅、拌铲等。

4. 实验步骤

(1)准备工作。

①按要求的级配比例准备粗、细集料及填料,烘干。

②按照试模厚度一般比最大矿料粒径大 25% 的原则选择合适厚度的试模。

③试样中各组分的配合比以拌和实验所确定的矿料、填料、添加剂、乳化沥青或改性乳化沥青和水的比例为准。

④称混合料总质量 500 g 的矿料放入拌和锅内,掺入填料,拌匀,然后加入水拌匀,再加入乳化沥青或改性乳化沥青拌和,拌和时间不超过(30 ±2) s。然后将拌匀的混合料倒入石磨中并迅速刮平,刮平过程宜一次完成,不能反复刮,整个操作过程宜在 45 s 内完成。成型的试件表面应均匀,否则应废弃。

⑤取走试模,把试样放入 60 ℃的烘箱中烘至恒重,一般不少于 16 h。取出试样,冷却至室温。

(2)具体实验操作。

①将负荷车轮实验仪调整好,使负荷质量为 56.7 kg。

②将试样正确安装在试件承板上。

③保持实验温度在(25 ±2) ℃。

④将橡胶轮放下,压到试样上。

⑤将计数器复位到零,调整碾压频率为 44 次/min。

⑥开机碾压 1 000 次后(碾压过程中如果发现试样上出现发黏现象或明显发亮时,可撒少量水防止轮子粘起样品),停机、卸载、冲洗、烘干至恒重(60 ℃,不少于 16 h),冷却至室温并称质量(m_1),准确至 0.1 g。

⑦把试样重新装在仪器的原来位置上。把砂框放在试样上对好位置,把 300 g、82 ℃的热砂倒入砂框架中摊平(或称取 200 g,82 ℃的热砂倒入砂框架中摊平,将钢盖板放在砂框架中间),然后将橡胶轮放下开机碾压 100 次。

⑧取下试样,用毛刷刷去试样上的浮砂,然后称试样及吸附的砂子总质量(m_2),准确至 0.1 g。

5. 数据处理

①单位面积吸附砂量按式(6.84)计算。

$$\mathrm{LWT} = (m_2 - m_1)/A \qquad (6.84)$$

式中 LWT——乳化沥青稀浆封层混合料单位面积黏附的砂量,g/m^2;

A——试样碾压面积,m^2;

m_1——第一次 1 000 次碾压、冲洗和烘干后试样质量,g;

m_2——第二次加砂碾压 100 次后试样与砂的总质量,g。

②当一组测定值中某个测定值与平均值之差大于标准差的 k 倍时,该测定值应予舍弃,并以其余测定值的平均值作为实验结果。当试件数目 n 为 3、4、5、6 时,k 值分别为 1.15、1.46、1.67、1.82。一组试件个数不少于 3 个。

6. 实验报告

按实验数据整理有关表格和实验报告。

报告应包括混合料配合比、试件的黏附砂量。

7. 注意事项

严格掌握拌和时间。

附录 A　公路工程方孔筛集料标准筛

1. 目的与适用范围

规定适用于公路工程的方孔筛集料标准筛的结构形式与规格。

2. 结构形式

标准筛由一系列具有规定筛孔的标准筛及筛盖和筛底组成，套筛使用时，通过橡胶圈连接密封和减振。

标准筛的结构由筛框及底板筛网或筛孔板组成，材料宜采用不锈钢，表面不得喷漆。

标准筛的筛框：支撑筛网的框架，尺寸如附图 A.1 所示，尺寸公差应符合附表 A.1 的要求。

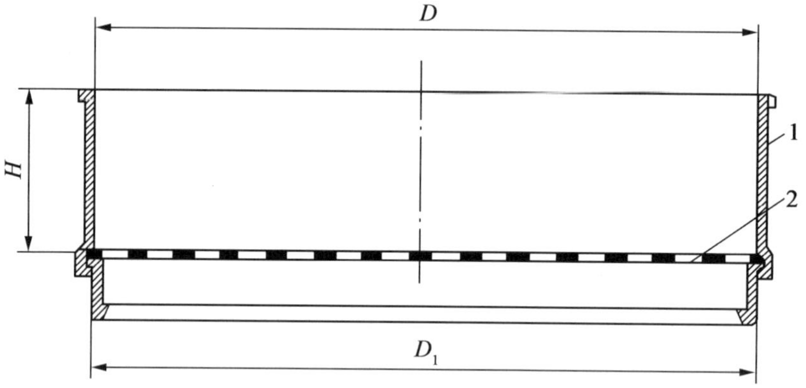

附图 A.1　标准筛的筛框

1—筛框；2—筛面

附表 A.1　标准筛的筛框的尺寸公差

直径 *D* 或 *d*/mm			高度 *H*/mm	
公称尺寸	*D* 的公差	*d* 的公差	公称尺寸	公差
200	+0.8 −0	−0.01 −0.4	62	±1.5

标准筛的底板可以为金属丝编织网或金属穿孔板，筛孔形状为正方形，筛孔位置必须按规定要求排列。

①筛孔 16 mm 以下的标准筛可以采用金属丝编织网筛面，编织形式为平纹编织，钢丝的编织方式应该先弯曲后互相横向穿过，如附图 A.2 所示。用于编织金属丝编织网的材料，可以为不锈钢（适用于所有尺寸的筛网）、磷青铜（适用于 0.25 mm 以下的筛网）、黄铜（适用于 0.25 ~ 16 mm 筛网）。标准筛金属丝编织网的基本尺寸（孔径）为 W，筛孔尺寸的极限偏差为 X，平均尺寸偏差为 Y，中间偏差为 Z，由式（A.1）、式（A.2）、式（A.3）规定，式中 W、X、Y、Z 的单位均以 μm 计，并应符合附表 A.2 的要求。

a. 任一筛孔的最大尺寸不得大于($W+X$)。

$$X=\frac{2}{3}W^{0.075}+4W^{0.25} \tag{A.1}$$

b. 筛孔的平均尺寸不得超过($W+Y$)。

$$Y=\frac{1}{27}W^{0.98}+1.6 \tag{A.2}$$

c. 筛孔尺寸在($W+X$)及($W+Z$)之间的筛孔数不得超过筛孔总数的 6%。

$$Z=\frac{X+Y}{2} \tag{A.3}$$

附表 A.2　金属丝编织网的尺寸及制造公差

标准筛的筛直径/mm		16.0	13.2	9.50	4.75	2.36	1.70	1.18	0.60	0.30	0.15	0.075
金属丝直径 d/mm		3.15	2.80	2.24	1.60	1.00	0.80	0.63	0.400	0.200	0.100	0.050
公差 /mm	极限偏差 X	+0.99	+0.86	+0.68	+0.41	+0.25	+0.20	+0.16	+0.101	+0.065	+0.043	+0.029
	平均尺寸偏差 Y	±0.49	±0.41	±0.30	±0.15	±0.08	±0.06	±0.04	±0.021	±0.012	±0.0066	±0.0041
	中间偏差 Z	+0.74	+0.64	+0.49	+0.28	+0.17	+0.13	+0.10	+0.061	+0.038	+0.025	+0.017

当一个筛子的筛孔数少于 50 个时,筛孔尺寸在($W+X$)及($W+Z$)之间的筛孔数不得超过 3 个。

②筛孔 4.75 mm 以上的标准筛可以采用金属穿孔板筛面,金属穿孔板的排列式样如附图 A.3 所示。

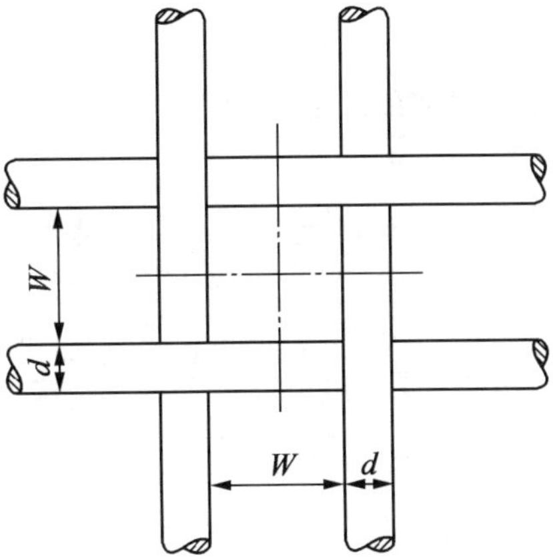

附图 A.2　金属丝编织网的形状与要求
W—筛孔基本尺寸;d—金属丝直径

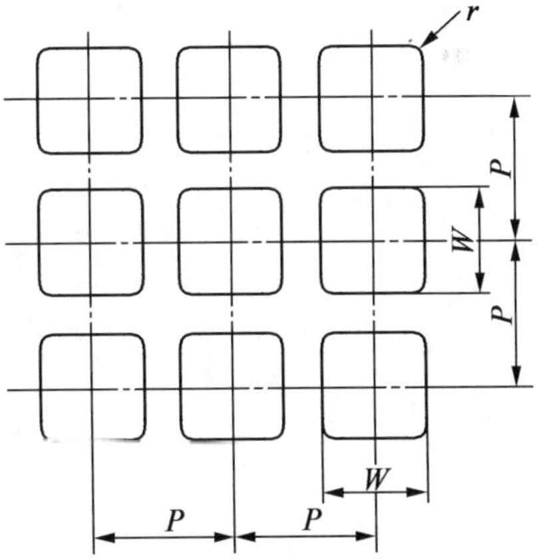

附图 A.3　方孔筛金属穿孔板的式样
W—筛孔基本尺寸:P—孔中心距;r—圆角半径

标准筛穿孔板的筛孔尺寸(孔径)W、板厚、孔中心距、桥宽、筛孔尺寸偏差应符合附表 A.3 的要求。方孔圆角半径 r_{max} 不得超过($0.05W+0.30$)mm。标准筛的检验方法及技术要求应符合国家标准 GB 6003—85 的要求。任何不符合要求的标准筛不得使用。

附表 A.3 金属穿孔板的尺寸及制造公差

孔径 W/mm		75.0	63.0	53.0	37.5	31.5	26.5	19.0	16.0	13.2	9.5	4.75
厚度/mm	标准	3.0			2.0					1.0		1.00
	最大	4.00			2.50					2.00		1.25
	最小	2.50			1.50					1.00		0.8
孔中心距 P/mm		95	80	67	47.5	40.0	33.5	23.6	20.0	17.0	12.1	6.6
单孔公差/mm		±0.70	±0.60	±0.55	±0.45	±0.40	±0.35	±0.29	±0.27	±0.25	±0.21	±0.18

标准筛必须附有出厂标志，注明标准规格、材质、出厂日期、制造商及商标。

3. 条文说明

我国的标准筛历来很混乱，国家标准《试验筛》(GB 6003—85)是由湖南省常德市仪器厂起草，湘西科学仪器研究所归口，中华人民共和国机械部提出，国家标准局批准于1985年5月22日发布。该标准参照了ISO 3310—1982的金属丝编织网实验筛及金属穿孔板实验筛部分。本书选用的方孔筛系列在GB 6003—85中均属R 40/3系列，附表A.2及附表A.3的尺寸也与国家标准完全相同。

由于我国方孔筛的标准施行时间较短，GB 6003—85国家标准中的筛孔很多，为防止误用，特将其中有关筛孔的尺寸及规定列出，供方孔筛标准筛的制作和使用单位使用。关于标准筛质量检验的方法请查阅国家标准执行。

各个国家的标准筛并不统一，本标准等效于国际标准化组织ISO/TC 24、ISO 565通用标准及国家标准GB 6003—85。2002年5月欧洲共同体CEN 13043《沥青路面用集料标准》规定的集料标准筛系列与我国有很大差别，见附表A.4。

附表 A.4 CEN 13043《沥青路面用集料标准》规定的集料标准筛系列

标准筛系列/mm	0	1	2	4	—	8	—	—	—	—	16	—	—	31.5(32)	—	—	63
标准筛系列附加系列 1/mm	0	1	2	4	5.6(5)	—	8	11.2(11)	—	—	16	—	22.4(22)	31.5(32)	—	45	63
标准筛系列附加系列 2/mm	0	1	2	—	6.3(6)	8	10	—	11.2(11)	14	16	20	—	31.5(32)	40	—	63

注：在系列2中表面层也可采用2.8 mm。

附录 B　不同温度水的密度修正方法

1. 目的与适用范围

本方法适用于测定各种集料、矿粉时对所测定的各种密度需要按水的温度计算实验时的非标准温度时的密度修正使用。实验温度的适用范围为 15 ~25 ℃。

2. 修正方法

不同水温时水的密度 ρ_T 及水温修正系数 α_T 按附表 B.1 取用。

附表 B.1　不同水温时水的密度 ρ_T 及水温修正系数 α_T

水温/℃	15	16	17	18	19	20	21	22	23	24	25
水的密度 ρ_T/(g·cm^{-3})	0.99913	0.998 97	0.998 80	0.998 62	0.998 43	0.998 22	0.998 02	0.997 79	0.997 56	0.997 33	0.997 02
水温修正系数 α_T	0.002	0.003	0.003	0.004	0.004	0.005	0.005	0.006	0.006	0.007	0.007

3. 条文说明

由于集料密度通常是在常温下先测定相对密度。根据定义,集料的密度等于相对密度乘以同温度下水的密度,或近似地减去水温修正系数得到。例如对表观密度 $\alpha_T = \gamma_a(1-\rho_T/\rho_w)$,说明 α_T 不仅与水在不同温度下的密度 ρ_T 有关,还与集料本身的密度有关。由于不同集料的 γ_a 或 γ_s、γ_b 是不同的,所以附表 B.1 中的 α_T 只是近似值。

参 考 文 献

[1] 赵永生. 公路工程实验室建设与管理[M]. 北京:人民交通出版社,2011.

[2] 中华人民共和国交通运输部. 公路工程沥青及沥青混合料试验规程:JTG E20—2011[S]. 北京:人民交通出版社,2011.

[3] 中华人民共和国交通运输部. 公路工程集料试验规程:JTG E42—2005[S]. 北京:人民交通出版社,2005.

[4] 中华人民共和国交通运输部. 公路沥青路面施工技术规范:JTG F40—2004[S]. 北京:人民交通出版社,2004.

[5] 李云雁,胡传荣. 实验设计与数据处理 [M]. 2 版. 北京:化学工业出版社,2009.

[6] 《公路工程常用材料试验手册》编委会. 公路工程常用材料试验手册[M]. 北京:人民交通出版社,2009.

[7] 《公路工程材料试验手册》编委会. 公路工程材料试验手册[M]. 北京:人民交通出版社,2003.

[8] 中华人民共和国交通部. 公路沥青路面设计规范:JTG D50—2017[S]. 北京:人民交通出版社,2017.

[9] 中华人民共和国交通部. 公路工程无机结合料稳定材料试验规程:JTG E51—2009[S]. 北京:人民交通出版社,2009.

[10] 中华人民共和国国家质量监督检验检疫总局,中国国家标准化管理委员会. 沥青取样法:GB/T 11147—2010[S]. 北京:中国标准出版社,2011.

[11] 虎增福. 乳化沥青及稀浆封层技术[M]. 北京:人民交通出版社,2001.

[12] 中华人民共和国交通部. 公路土工试验规程:JTG 3430—2020[S]. 北京:人民交通出版社,2020.

[13] 张金升,张银燕,夏小裕,等. 沥青材料[M]. 北京:化学工业出版社,2009.